TUDO é GEOGRAFIA

Lúcia Marina & Tércio

7º ANO

Lúcia Marina Alves de Almeida Bacharel e licenciada em Geografia pela Faculdade de Filosofia, Ciências e Letras de São Bento, da PUC-SP. • Professora de Geografia no ensino fundamental e no ensino médio das redes pública e particular do estado de São Paulo.

Tércio Barbosa Rigolin Bacharel e licenciado em História pela USP. • Bacharel e licenciado em Ciências Sociais pela Unesp, *campus* de Araraquara. • Professor de Geografia no ensino fundamental e no ensino médio das redes pública e particular do estado de São Paulo.

editora ática

Gerente Editorial
Márcia Takeuchi

Coordenação da edição
Regina Gomes de Sousa

Edição de texto
Maria Elena O. Ortiz Assumpção,
Maria Otília Bocchini, Mitsue Morissawa

Editora-Assistente
Ana Vidotti

Revisão técnica
Ricardo Gurgel Azzi
Bacharel em Geografia pela FFLCH-USP
Licenciado em Geografia pela Faculdade de Educação da USP

Profª Ms. Ana Lúcia de Araújo Guerrero
Professora do curso de Especialização em Ensino de Geografia-Cogeae/PUC-SP
Bacharel, licenciada e mestre em Geografia pela Universidade de São Paulo
Professora de Geografia da rede particular do município de São Paulo

Pesquisa e serviços de apoio editorial
Brunna Paulussi (estagiária)

Revisão
Hélia de Jesus Gonsaga (ger.),
Kátia Scaff Marques (coord.),
João Carlos Ribeiro Júnior, Marise Goulart de Andrade,
Maurício Baptista Vieira, Patrícia Travanca,
Rosângela Muricy

Pesquisa iconográfica e cartográfica
Sílvio Kligin (superv.), Sara Plaza (iconografia),
Márcio Santos de Souza (cartografia),
Josiane Laurentino (cartografia)

Edição de arte
Margarete Gomes Rivera (superv.)

Programação visual
Vanessa Bertolucci

Editoração eletrônica
Luccicomunic, Alice Guimarães,
Loide Iizuka, Mauro Fernandes

Ilustradores
KLN Artes Gráficas e Studio Argozino

Cartografia
Allmaps e Maps World

Capa
Homem de Melo & Troia Design
Foto da capa: Fachada do Museu de Arte de São Paulo (MASP), Brasil.
Crédito da foto: Fernando Moraes/Editora Abril

Impressão/Acabamento – Margraf
1ª edição
1ª impressão
São Paulo – 2009

ISBN 978 85 08 12556 2 (aluno)
ISBN 978 85 08 12557 9 (professor)

Cód. de obra CL 735537

Av. Otaviano Alves de Lima, 4400 – 5º andar e andar intermediário Ala A
Freguesia do Ó – CEP 02909-900 – São Paulo – SP
Tel.: 0800 115152 – Fax: 0(XX)11 3990-1616
www.atica.com.br
editora@atica.com.br

Caro aluno

Este é o seu livro de Geografia, o segundo volume de uma coleção feita especialmente para você. Mesmo sem conhecer cada aluno pessoalmente, escrevemos este livro imaginando as crianças e os adolescentes que frequentam as escolas deste Brasil tão extenso e de características tão diversificadas.

Nossa principal preocupação foi aproximar a Geografia da sua vida, partindo do estudo do lugar onde você mora e ampliando esses conhecimentos para o país onde você vive e para outras nações do mundo.

Por meio da Geografia, você vai compreender melhor não só as transformações realizadas pelo ser humano no meio natural como o funcionamento e a ação das forças da natureza nesse mesmo meio.

Para enriquecer sua aprendizagem, incluímos nesta coleção muitas fotos, mapas, gráficos, tabelas e textos interessantes e atuais, que vão ajudar você a conhecer melhor o mundo em que vivemos.

É muito importante compreender o espaço onde você vive e as relações desse espaço com outros lugares do Brasil e do mundo.

Esperamos que o conhecimento geográfico ajude você a se tornar um cidadão consciente, capaz de participar da construção de uma sociedade mais humana e mais justa.

Com carinho,

Os autores

Sumário

UNIDADE I
Caracterização e regionalização de um país-continente

Capítulo 1

Ocupação e formação do território brasileiro

STEFAN KOLUMBAN/PULSAR IMAGENS

Os primeiros povoamentos do Brasil foram fundados no litoral da região Nordeste. Na foto, Praia do Francês, no litoral sul de Maceió, no estado de Alagoas, em 1998.

Este vasto país que hoje chamamos Brasil nasceu sob o domínio de Portugal, uma importante potência europeia do século XVI. O ano 2000 marcou 500 anos da ocupação europeia. Porém, há milhares de anos, o território já era habitado por diferentes povos indígenas.

Inicialmente os portugueses desembarcaram no litoral do atual estado da Bahia. Nesse local, hoje Porto Seguro, teve origem o primeiro povoamento português no continente americano. Outros povoamentos se formaram e, ao longo de cinco séculos, o território brasileiro se expandiu até ocupar uma extensão de 8 514 876 quilômetros quadrados, isto é, quase metade da América do Sul.

Neste capítulo você vai estudar a ocupação do território brasileiro do século XVI aos dias de hoje.

Antes da chegada dos europeus

O território que hoje chamamos de Brasil já era habitado havia milhares de anos quando os portugueses aqui chegaram, em 1500. Sobre esse assunto, leia o texto a seguir.

Oficina de texto

O Brasil antes dos brasileiros

O Brasil é uma criação recente. Antes da chegada dos europeus [...], essas terras imensas que formam nosso país tiveram sua própria história, construída ao longo de muitos séculos, de muitos milhares de anos. [...]

[...] Os primeiros **colonizadores** do Brasil, que desbravaram terras que nenhum homem havia ainda tocado, aqui chegaram há muitos **milênios**. Traziam uma tecnologia simples, é verdade, mas adaptaram-se muito bem a um ambiente hostil, multiplicaram-se, espalharam-se por vários tipos de terras e, pouco a pouco, desenvolveram culturas diferentes, ricas, variadas. E sua longa história, que ainda conhecemos mal, parece ter sido tão agitada e cheia de transformações como a história dos demais povos do planeta. [...]

Os primeiros habitantes e seus vestígios

História

Esses primeiros colonizadores, no entanto, não deviam ser muito numerosos e deixaram poucos traços de sua presença. O mapa mostra a distribuição dos sítios mais antigos descobertos no território do Brasil atual [...].

[...] Os restos mais antigos foram encontrados no Piauí, numa região rochosa cheia de cavernas, em São Raimundo Nonato. Numa caverna chamada "Toca da Pedra Furada" alguns pedaços de carvão parecem datar de mais de 40 mil anos! Seria o sítio arqueológico mais antigo de todas as Américas. [...]

Trechos extraídos de Norberto Luiz Guarinello. *Os primeiros habitantes do Brasil*. 3. ed. São Paulo: Atual, 1994. p. 6, 12. (Coleção A Vida no Tempo).

Os sítios arqueológicos mais antigos do Brasil

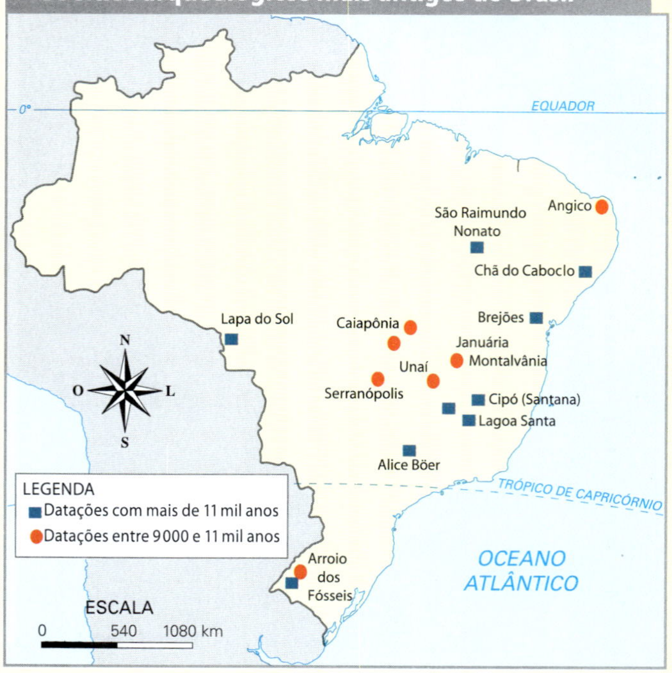

FONTE: ADAPTADO DE: NORBERTO, LUIZ GUARINELLO. *OS PRIMEIROS HABITANTES DO BRASIL*. SÃO PAULO: ATUAL, P. 12.

Responda no caderno, depois de reler o texto com atenção:

1. O autor escreve que os primeiros habitantes do Brasil atual encontraram um ambiente hostil. Quais características desse tipo de ambiente você encontrou no texto?
2. Dê um exemplo de ambiente hostil atualmente.
3. Apresente uma justificativa para o fato de os primeiros sítios habitados estarem situados em regiões rochosas, com cavernas.

As palavras destacadas nesta cor estão no **glossário**, no fim do capítulo.

As atividades econômicas e a ocupação do território

O território brasileiro foi ocupado em sucessivas etapas de sua história, de acordo com as atividades econômicas desenvolvidas, primeiramente nos tempos da **colônia** e depois no Brasil independente.

Cada uma dessas atividades econômicas – exploração do pau-brasil, grandes plantações de cana-de-açúcar, café, pecuária, mineração, indústrias – alterou profundamente as paisagens naturais.

Matas derrubadas, águas poluídas, estradas ligando lugares distantes, cidades crescendo em alguns locais, desaparecendo em outros, dinheiro circulando em torno de uma atividade e outras sendo abandonadas. Principalmente gente se movimentando, pessoas atravessando mares e terras em busca de um lugar melhor para trabalhar, ganhar a vida ou enriquecer.

As atividades econômicas determinaram as diferentes paisagens culturais brasileiras. Foi assim que a sociedade ocupou e deu ao território o aspecto e a organização que ele tem nos dias atuais.

O Brasil começou a ser explorado no século XVI, um período caracterizado pela busca de especiarias (cravo-da-índia, noz-moscada, pimenta-do-reino, canela, gengibre e açafrão, entre outras) e de ouro, que ficou conhecido como **Expansão Marítimo-Comercial** (séculos XV e XVI), época das **Grandes Navegações**.

Uma das consequências dessa busca de riquezas fora do espaço europeu foi a exploração e a colonização de territórios até então desconhecidos, como o continente americano, onde se localiza o Brasil.

A partir do século XVI, a ocupação do território brasileiro foi motivada por atividades que geravam riquezas para os exploradores.

Podemos dizer que a sociedade vem transformando e organizando o espaço geográfico brasileiro ao longo do tempo segundo o **modelo econômico** implantado no território desde a chegada dos portugueses. Esse modelo econômico é chamado de **capitalismo**.

Aprendendo mais

O capitalismo

O capitalismo teve origem na Europa, nos séculos XV e XVI, e se expandiu para outros lugares do mundo (Ásia, África, América, Oceania) que estavam sendo incorporados à economia mundial.

Veja a seguir as principais características do sistema socioeconômico capitalista:

- **lucro**: quando compramos um produto por um preço e o vendemos por um preço maior, essa diferença representa o lucro. Lembre-se das especiarias já mencionadas neste capítulo que os europeus compravam no Oriente e revendiam na Europa por um preço maior.
- **propriedade privada dos meios de produção**: perceba que o mercado ou a loja em que sua família faz compras pertence a alguém, os bancos têm dono, podem pertencer a pessoas ou grupos. Fábricas, casas e veículos têm donos, são propriedade de alguém. Isso significa afirmar que no capitalismo as propriedades são particulares ou privadas.
- **o dinheiro** é um meio de troca, ou seja, é pelo uso do dinheiro que se realizam muitas atividades capitalistas. Lembre-se de que os cartões de crédito também equivalem a dinheiro. Quanto maior o lucro ou quanto mais dinheiro um empresário acumular, mais rico ele será.

História

- **economia de mercado**: lembrando as primeiras atividades econômicas da colônia, você verá que elas têm o funcionamento de um mercado. Os portugueses se interessaram pelo pau-brasil porque a madeira e o corante produzido a partir dele eram muito procurados na Europa. Quando essa **procura** diminuiu, os portugueses buscaram outra fonte de lucro e passaram a fazer a **oferta** de outro produto, o açúcar. Quando outros países passaram a produzir açúcar, estabelecendo uma **concorrência**, o preço do açúcar baixou e os lucros dos portugueses diminuíram. Essa situação representa a economia de mercado, isto é, a lei da oferta e da procura.
- **o trabalho assalariado**: podemos dividir a sociedade capitalista principalmente em patrões (os proprietários dos meios de produção) e empregados ou funcionários (aqueles que vendem sua força de trabalho em troca de um salário). No capitalismo há muito mais trabalhadores assalariados do que patrões. Na maioria das vezes, o lucro é do proprietário, que paga salários a seus empregados.

EYRE CROWE/MANCHESTER ART GALLERY, UK/THE BRIDGEMAN ART LIBRARY

O capitalismo moderno se consolidou e se expandiu com a Revolução Industrial, iniciada por volta de 1760, na Inglaterra. A tela *A hora do almoço* (1874) do pintor Eyre Crowe representa operárias da indústria têxtil na cidade de Wigan, Reino Unido.

Expansão territorial no período colonial

As atividades econômicas foram um fator essencial para a expansão territorial brasileira.

A economia do Brasil Colônia (1500-1822) girava em torno da produção de **gêneros primários** e destinava-se, na sua maior parte, à exportação e às necessidades da **metrópole** (Portugal). Por esse motivo, durante os primeiros séculos de colonização, a ocupação do território brasileiro foi mais intensa no litoral, onde estavam os portos.

O **pau-brasil**, espécie da mata Atlântica, foi a primeira riqueza explorada em solo brasileiro. A árvore era muito procurada por sua madeira, para a confecção de móveis e instrumentos musicais, e sua tinta vermelha, utilizada como corante de tecidos.

Após a exploração do pau-brasil, a **cana-de-açúcar** fez do litoral nordestino a mais importante região econômica da colônia até o início do século XVII. A atividade açucareira transformou-se em empresa e o Brasil, em colônia do açúcar. O açúcar era também considerado uma especiaria e, por isso, alcançava elevado valor comercial. A população e as principais atividades econômicas concentravam-se no litoral, principalmente no Nordeste.

É preciso lembrar que Portugal e Espanha foram nações pioneiras na Expansão Marítimo-Comercial, realizada nos séculos XV e XVI, quando foi iniciada a ocupação do território brasileiro.

Essa expansão resultou na conquista de novas terras, entre elas o Brasil, e em muitos conflitos entre Portugal e Espanha pela posse dessas terras.

NICOLAU JAN VISCHER/FUNDAÇÃO JOAQUIM NABUCO, RECIFE

Gravura de Nicolau Jan Vischer, de 1630, mostrando o trabalho de africanos escravizados em um engenho de cana-de-açúcar no Nordeste brasileiro.

Para tentar solucionar os conflitos, Portugal e Espanha assinaram, em 7 de junho de 1494, o **Tratado de Tordesilhas**. Esse tratado estabeleceu uma linha imaginária a 370 léguas a oeste do arquipélago de Cabo Verde (África) e dividiu o mundo entre as duas nações. As terras a leste desse meridiano seriam portuguesas e as terras a oeste seriam espanholas. Veja o mapa ao lado.

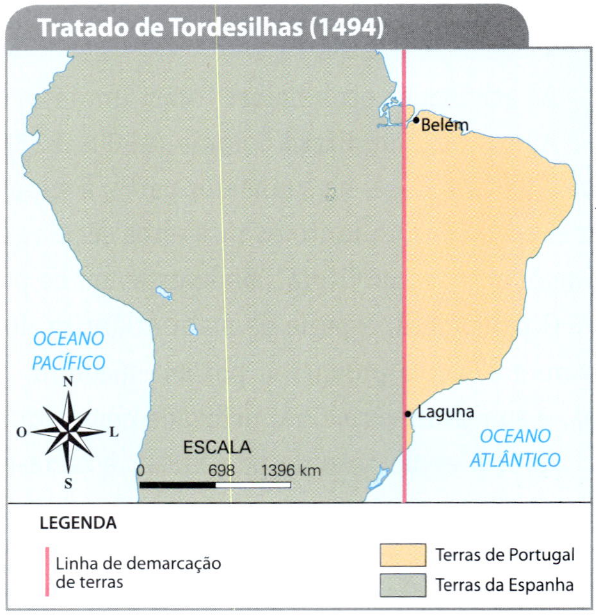

FONTE: ADAPTADO DE JOSÉ JOBSON DE A. ARRUDA. *ATLAS HISTÓRICO BÁSICO*. SÃO PAULO: ÁTICA, 2001.

Você observa no mapa que os limites do território brasileiro estabelecidos pelo Tratado de Tordesilhas iam de Belém, no atual estado do Pará (Norte), até Laguna, no atual estado de Santa Catarina (Sul). Se esses limites tivessem sido respeitados, a extensão do território brasileiro seria inferior a 3 milhões de km^2, pouco maior que a da nossa vizinha Argentina.

PRÍNCIPE MAXIMILIANO DE WEID-NEUWIED/ BIBLIOTECA DA ROBERT BOSCH GMBH

Vaqueiro montado num boi, aquarela e pena de Maximiliano de Weid-Neuwied, 1817.

AURÉLIO ZIMMERMAN/MUSEU PAULISTA DA USP, SÃO PAULO

Pouso de monção no sertão bruto (1919), tela de Aurélio Zimmerman, mostra descanso de bandeirantes que viajavam pelo interior do Brasil.

Além da economia canavieira, outros fatores determinaram a interiorização e o avanço do domínio português em áreas que pertenciam à Espanha pelo Tratado de Tordesilhas. Vejamos alguns dos mais importantes.

- **A expansão da pecuária** – Foi responsável pelo povoamento do interior nordestino, onde complementou a lavoura de cana-de-açúcar, que dominava o litoral. A pecuária fornecia carne para a alimentação e animais para o trabalho nos engenhos. Mais tarde, as tropas de **muares** e o gado foram fundamentais para o povoamento dos atuais estados de São Paulo, Paraná e Rio Grande do Sul.
- **A atividade mineradora** – Em função da atividade de exploração de ouro e diamante, várias vilas foram fundadas no interior da colônia. Com isso, o território do reino português ficou ainda maior.
- **As bandeiras** – Podem ser divididas em dois tipos: a bandeira de **apresamento**, com expedições organizadas visando escravizar indígenas, e a bandeira **prospectora**, com expedições que visavam descobrir ouro e pedras preciosas. Muitas vezes, as bandeiras tinham os dois objetivos.

RUBENS CHAVES/ACERVO DO FOTÓGRAFO

Ruínas da Igreja de São Miguel das Missões, no Rio Grande do Sul, em foto de 2003.

- **As missões jesuíticas** – Os padres jesuítas, tanto portugueses como espanhóis, que eram contrários à escravização dos indígenas, criaram **missões** para refugiá-los e catequizá-los. Essas missões ficavam em locais afastados, onde se construíam casas, igrejas, colégios e até fazendas. Nesses povoados, os indígenas ficavam protegidos dos bandeirantes e outros colonos caçadores de escravos. Ainda hoje é possível encontrar ruínas dessas missões no sul do país.
- **A coleta de vegetais** – A castanha, o cacau e as plantas medicinais, estas tão conhecidas pelos indígenas, principalmente no Norte, fizeram parte de uma atividade que propiciou a expansão territorial do país: o **extrativismo vegetal**.

Todos esses fatores contribuíram para que os portugueses aumentassem consideravelmente o território da colônia.

Diante dessa situação, outro tratado foi assinado em 1750: o **Tratado de Madri**. O novo acordo anulou o Tratado de Tordesilhas e determinou que a posse das terras seria de quem, efetivamente, as ocupasse. Os espanhóis reconheceram os direitos portugueses sobre as terras dos atuais estados de Mato Grosso do Sul, Goiás, Tocantins, Rio Grande do Sul, Santa Catarina, Amazonas, Rondônia, Pará, Amapá, entre outras. Por isso, pode-se dizer que foi o Tratado de Madri que, praticamente, garantiu a extensão territorial que o Brasil tem hoje. Veja o mapa ao lado.

Tratado de Madri (1750)

FONTE: ADAPTADO DE JOSÉ JOBSON DE A. ARRUDA. *ATLAS HISTÓRICO BÁSICO*. SÃO PAULO: ÁTICA, 2001.

Todas as atividades econômicas do período colonial tinham como objetivo o mercado representado pelos países europeus. Como você vê no mapa da próxima página, essas atividades econômicas se desenvolviam em regiões distantes umas das outras e que quase não se relacionavam.

Atividades econômicas no período colonial (século XVIII)

FONTE: ADAPTADO DE MANOEL MAURÍCIO DE ALBUQUERQUE ET ALII. *ATLAS HISTÓRICO ESCOLAR*. RIO DE JANEIRO: MEC, 1991.

Expansão das fronteiras depois da Independência

Após a Independência do Brasil (1822), foi incorporado ao território brasileiro aproximadamente 1 milhão de quilômetros quadrados (km^2), área equivalente ao território da Bolívia ou da Colômbia.

Do final do século XIX até 1930, a principal atividade econômica do Brasil foi o café. A expansão da cultura cafeeira foi responsável pelo povoamento de grandes áreas nos estados de São Paulo e no norte do Paraná.

A maior alteração no mapa do Brasil ocorreu entre 1903 e 1909, com a anexação das terras que hoje formam o estado do Acre e foram disputadas com a Bolívia e o Peru.

Em acordos semelhantes, o Brasil já havia ampliado seu território com áreas do Uruguai, Venezuela, Bolívia, Paraguai, Argentina e Guiana Francesa.

A questão do Acre

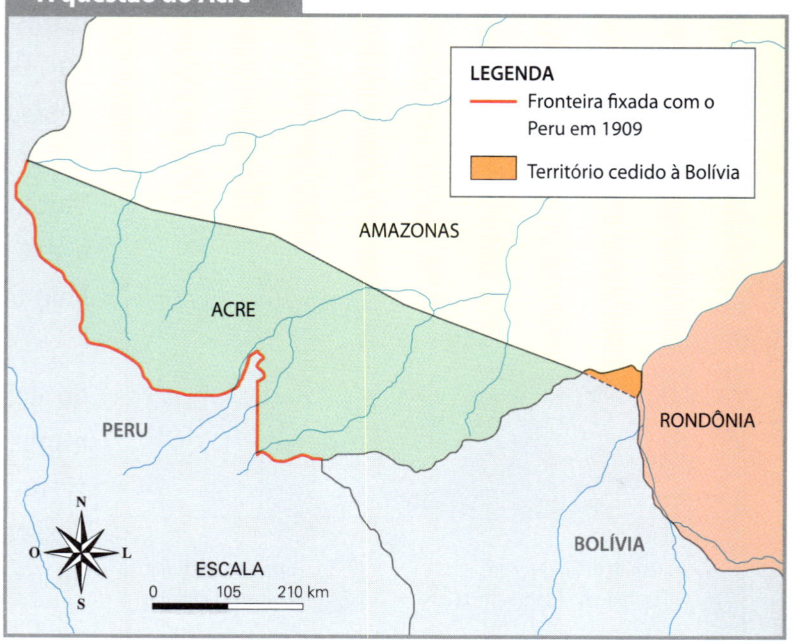

O território brasileiro nos séculos XX e XXI

Na primeira década do século XX, as fronteiras brasileiras já estavam estabelecidas como hoje. No entanto, a **organização interna** do território passou por mudanças significativas nos últimos cem anos.

Na década de 1950, com o crescimento da industrialização, ocorreu um período de grande desenvolvimento interno do país: os portos foram aparelhados, novas rodovias e ferrovias foram construídas e o transporte aéreo possibilitou que correios e telégrafos chegassem a lugares distantes. Houve uma integração territorial e econômica do Brasil. Pela primeira vez na história brasileira as regiões do país se interligaram umas às outras.

A mudança da capital para Brasília, em 1960, possibilitou a construção de estradas, o povoamento e a expansão agrícola para as regiões Centro-Oeste e Norte do país. A região Norte teve sua ocupação acelerada a partir da década de 1970 graças à atividade extrativa mineral, à agricultura e à industrialização.

No século XXI, o desenvolvimento das telecomunicações (internet, telefones celulares, telefonia fixa, comunicação por satélite) fortaleceu ainda mais as ligações entre as várias regiões do país. Apesar disso, parte do território brasileiro, principalmente o Norte, permanece em grande parte à margem das mudanças que integraram as várias regiões do país.

Como você pode perceber, as mudanças não param de acontecer na configuração interna do território brasileiro, neste início do século XXI. Isso porque a organização do país é um processo contínuo, sempre sujeito a mudanças, conforme as ações da sociedade que o transformam em cada momento histórico.

ACERVO AGÊNCIA ESTADO / ARQUIVO DA EDITORA

Máquinas trabalhando na abertura da rodovia Belém-Brasília, em trecho próximo a Belém, no Pará, em 1959.

Repensando o capítulo

Faça no caderno as atividades a seguir.

1 Caso o Tratado de Tordesilhas vigorasse até hoje, oito estados brasileiros estariam fora das atuais fronteiras. Quais são eles? Consulte um atlas geográfico ou o mapa da página 20.

2 Leia o texto e depois responda às questões:

História

> [...] a dimensão do território brasileiro, sua variedade geográfica e a generosidade da natureza, com grandes rios e imensas áreas favoráveis ao plantio, estimulavam os interesses econômicos da coroa portuguesa.
>
> AQUINO, Rubem Santos Leão de (org.). *Sociedade brasileira: uma história*. 2. ed. Rio de Janeiro/São Paulo: Record, 2000. p. 106.

a) Qual foi a primeira grande atividade econômica implantada pelos portugueses no Brasil? Onde ela ocorreu inicialmente?

b) Explique um fator que garantiu o sucesso dessa atividade econômica para Portugal.

c) Que importância Portugal teve no período conhecido como Expansão Marítimo-Comercial?

3 Explique esta afirmação de um historiador brasileiro:

História

> [...] a Colônia servia mais aos interesses da Metrópole do que aos seus próprios. Como o comércio exterior brasileiro era monopólio português [...].
>
> BOULOS JR., Alfredo *Coleção História, Sociedade & Cidadania*. São Paulo: FTD, 2004. p. 16.

4

> Em lugar dos servos, os novos proprietários empregavam trabalhadores assalariados.
>
> CARDOSO, Oldimar. *Coleção Tudo é História*, 6ª série. São Paulo: Ática, 2006. p. 78.

- O trabalho assalariado é uma característica de que sistema econômico? Identifique outras duas características desse sistema.

Glossário

colônia: situação política de uma região ou país que pertence ou depende de outro denominado metrópole.

metrópole: é como os historiadores chamam a nação colonizadora em relação à sua colônia.

muar: burro e mula.

Outras fontes de informação

Por dentro da rede (acesso em dez. 2008).

- http://www.geocities.com/SoHo/3808/navegadr.html
- www.arquivonacional.gov.br

Consultando a biblioteca

- *A Carta de Pero Vaz de Caminha*: versão ilustrada em linguagem atual, de Poliana Asturiano, FTD, 1999.
- *A descoberta da América*, de Carlos Guilherme Mota, Ática, 2004.
- *Caravelas no Novo Mundo*, de Antonio da Costa Faria, Ática, 2006.
- *Como o Brasil ficou assim?*, de Enrique Perigalli, Global, 1997.
- *Os bandeirantes*, de Mustafá Yasbek, Ática, 2003.

VITCHÉ PALACIN/FOLHA IMAGEM

Capítulo 2

Caracterização do território brasileiro

Único país atravessado ao mesmo tempo pelo equador e pelo trópico de Capricórnio, o Brasil tem um dos mais vastos territórios do mundo. Por esse motivo apresenta uma imensa variedade de paisagens.

Marco do equador, monumento que simboliza a linha imaginária que delimita os hemisférios norte e sul da Terra e que passa pela cidade de Macapá, no estado do Amapá. Foto de 2006.

JUCA MARTINS/OLHAR IMAGEM

Placa na rodovia Ayrton Senna, no trecho do município de Itaquaquecetuba, estado de São Paulo, marca o local por onde passa a linha imaginária do trópico de Capricórnio. Foto de 2006.

Neste capítulo você vai conhecer algumas características gerais do território brasileiro, como posição geográfica, localização, divisão político-administrativa, fronteiras e limites.

Configuração atual do território

Como consequência de seu processo histórico e da definição das últimas questões de fronteiras, o território brasileiro tem 8 514 876 km². É o maior país da América do Sul e, no continente americano como um todo, só é superado pelo Canadá e pelos Estados Unidos. É o quinto país mais extenso depois de Rússia, Canadá, Estados Unidos e China, pela ordem. Veja a tabela abaixo.

Os países mais extensos do mundo (em terras descontínuas)		
País	**Área** (km²)	**Continente**
1º Rússia	17 075 400	Europa e Ásia
2º Canadá	9 984 670	América
3º Estados Unidos	9 629 091	América
4º China	9 600 000	Ásia
5º Brasil	8 514 876	América
6º Austrália	7 741 200	Oceania
7º Argentina	3 761 274	América
8º Índia	3 165 596	Ásia
9º Casaquistão	2 717 300	Ásia
10º Sudão	2 508 813	África

Fontes: Dominique e Michèle Frémy. *Quid 2005*. Paris: Robert Laffont, 2004; <www.ibge.gov.br>. Acesso em setembro 2008.

Posição geográfica e localização

O Brasil é atravessado pelo equador e pelo trópico de Capricórnio, como você leu na abertura do capítulo. Por esse motivo, e estando localizado a oeste do meridiano de Greenwich, possui terras em três dos quatro hemisférios da Terra. Observe o mapa a seguir.

Brasil: posição geográfica

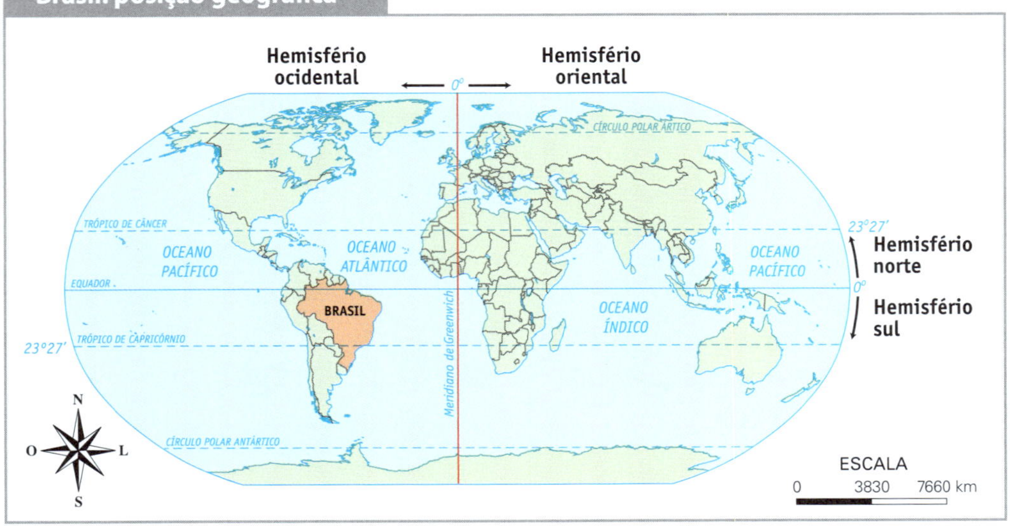

FONTE: ADAPTADO DE IBGE. *ATLAS NACIONAL DO BRASIL*. RIO DE JANEIRO: IBGE, 2000.

Por sua localização, 92% do território brasileiro está na zona intertropical, que é limitada pelos trópicos de Câncer e de Capricórnio.

Você pode ter uma noção da grandeza territorial do Brasil ao destacar os seus pontos extremos. Do ponto extremo norte (nascente do rio Ailã no monte Caburaí, no estado de Roraima) ao ponto extremo sul (arroio Chuí, no estado do Rio Grande do Sul), a distância é de 4 394,7 km.

Do ponto extremo leste (ponta do Seixas, no estado da Paraíba) ao ponto extremo oeste (nascente do rio Moa na serra de Contamana, no estado do Acre), são 4 319,4 km.

O Brasil é banhado a leste pelo oceano Atlântico em 7 367 quilômetros de costa. Veja o mapa ao lado.

Brasil: dimensões e pontos extremos

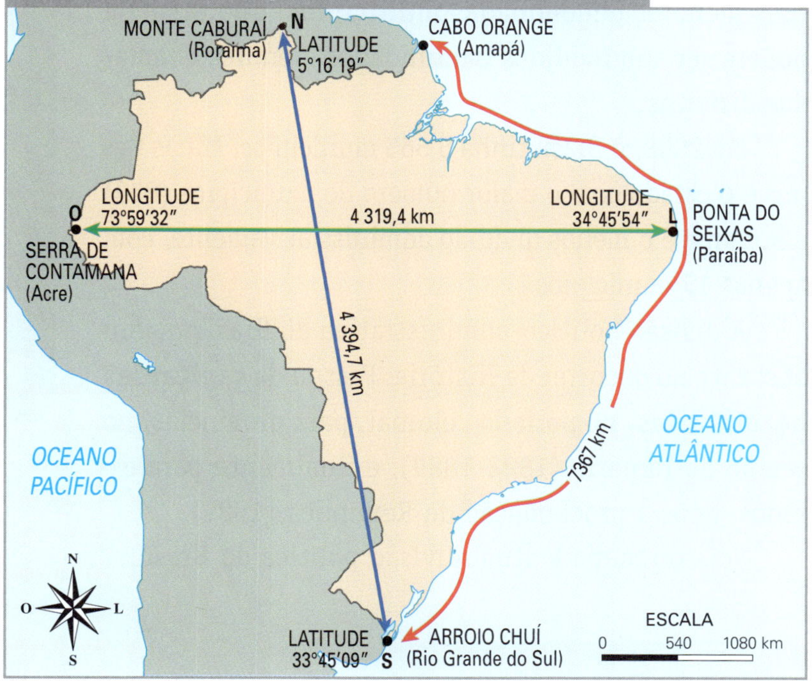

FONTE: ELABORADO COM BASE EM DADOS EXTRAÍDOS DE IBGE. *ANUÁRIO ESTATÍSTICO DO BRASIL 1998*. RIO DE JANEIRO: IBGE, 1998.

Oficina de texto

A Terra do Sol Madrugador

O Seixas, uma ponta de areia que avança mar adentro perto de João Pessoa, capital da Paraíba, é uma praia diferente. Ela nem é tão bonita assim e suas areias já estão tomadas daquelas às vezes incômodas barracas. Apesar disso, não há sensação mais interessante que se banhar no mar verde e quente do lugar, principalmente com os primeiros raios de sol. Por um motivo singular: a ponta do Seixas define o extremo leste, ou o extremo oriental, de todo o continente americano. Nenhuma outra porção de terra das Américas está tão dentro do oceano Atlântico e tão perto da África quanto aquela praia. E ela é, por isso, num exercício de precisão, a primeira terra brasileira a ser iluminada pelo Sol, quando ele nasce, no meio do mar, surgindo do leste.

Ronaldo Ribeiro, *Os Caminhos da Terra*, ano 5, n. 9, setembro de 1996, p. 10.

Recordando o que você já aprendeu sobre o movimento de rotação da Terra, responda no seu caderno: Por que a ponta do Seixas é a primeira parte do território brasileiro a ser iluminada pelo Sol?

Divisão político-administrativa

A atual organização político-administrativa do Brasil compreende 27 unidades: 26 estados e o Distrito Federal. O Distrito Federal é uma divisão territorial especial, onde está localizada a capital do país, a cidade de Brasília, inaugurada em 21 de abril de 1960, durante a presidência de Juscelino Kubitschek.

Os **estados** estão divididos em unidades territoriais menores denominadas **municípios**, que também podem ser subdivididos em unidades menores chamadas distritos.

Em 2008, o Brasil tinha 5 565 municípios. Minas Gerais é o estado com o maior número de municípios (853) e Roraima é o menos dividido administrativamente, com apenas 15 municípios.

A divisão político-administrativa do Brasil mudou bastante no decorrer da História. Passou de **capitanias hereditárias**, no período colonial, para províncias, no tempo do Império (1822-1889), e finalmente para estados, após a proclamação da República (1889).

Veja no mapa a atual divisão política do Brasil.

CARLOS TERRANA / KINO.COM.BR

Brasília, a capital do país, é considerada, desde 1987, Patrimônio Cultural da Humanidade pela Unesco. Na foto, vista aérea do Congresso Nacional e da Esplanada dos Ministérios, 2005.

Brasil: divisão política atual

FONTE: MARIA ELENA SIMIELLI. *GEOATLAS*. SÃO PAULO: ÁTICA, 2006.

Veja, agora, um exemplo de divisão administrativa de um estado do Brasil.

Estado do Acre: municípios

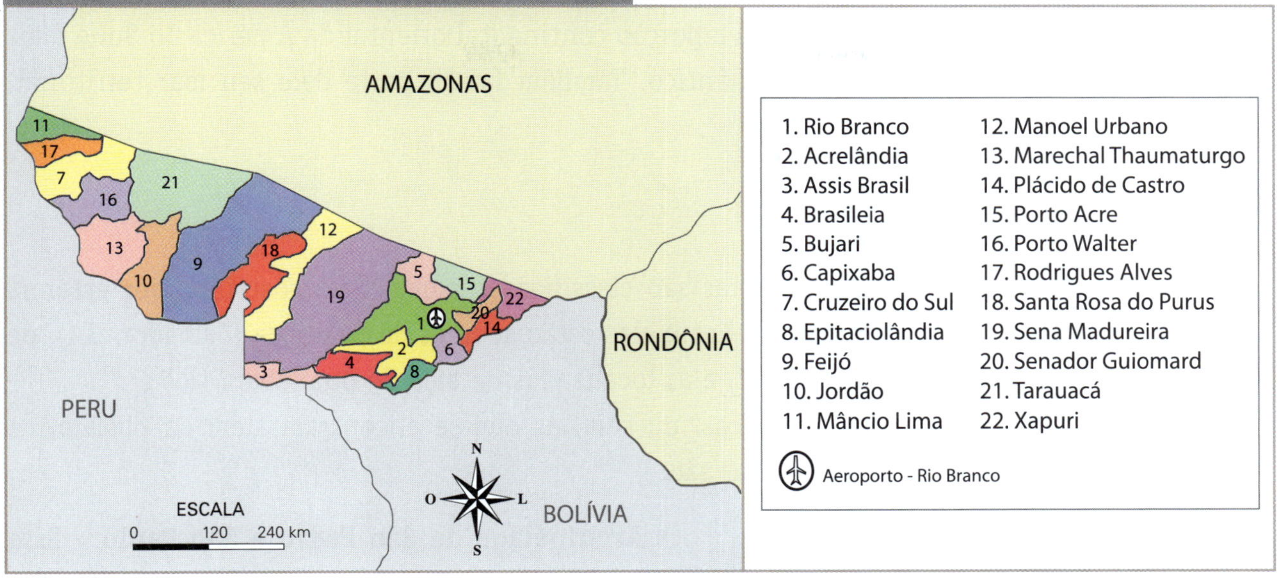

FONTE: MARIA ELENA SIMIELLI. *GEOATLAS*. SÃO PAULO: ÁTICA, 2008.

JANDUARI SIMÕES/FOLHA IMAGEM

Vista parcial da cidade de Altamira (PA), às margens do rio Xingu, em foto de setembro de 2000.

Altamira: o maior município do país

Situado no estado do Pará, o município de Altamira é o maior do Brasil e do mundo, com 159 696 km^2. É tão extenso que um dos seus distritos está localizado a 1 100 km da sede do município. Tem como principais atividades econômicas a pesca (comercial e esportiva), o turismo, a agricultura, a pecuária e o comércio. Em 2008, tinha 96 842 habitantes.

JOSÉ LUIS DA CONCEIÇÃO/AGÊNCIA ESTADO

Vista parcial da cidade de Águas de São Pedro (SP) em foto de abril de 2005.

Águas de São Pedro: o menor município do Brasil

Com 3,9 km^2, o município de Águas de São Pedro, no estado de São Paulo, é o menor do Brasil. Suas principais atividades econômicas são a agricultura, o turismo (**estância hidrotermal**), a pecuária e o comércio. Em 2008, tinha 2 547 habitantes.

Território brasileiro e soberania

O território brasileiro é a porção do espaço geográfico mundial na qual o governo de nosso país exerce sua **soberania**. Abrange toda a porção continental oriental da América do Sul e mais algumas ilhas localizadas no oceano Atlântico. Também fazem parte dele seu mar territorial, espaço aéreo e subsolo.

As ilhas oceânicas

O Brasil possui muitas ilhas. Algumas são classificadas como ilhas costeiras, por estarem localizadas na **plataforma continental**. Entre elas estão as ilhas de Itaparica (Salvador, BA), de Itamaracá (PE), Porchat (São Vicente, SP) e as localizadas na baía de Guanabara (RJ).

O país possui também ilhas oceânicas, ou seja, as que se encontram além da plataforma continental. As ilhas oceânicas brasileiras são:

ANDRE SEALE/PULSAR IMAGENS

Rochedos do arquipélago de São Pedro e São Paulo em foto de setembro de 2007.

DORIVAL MOREIRA/PULSAR IMAGENS

Praia do Meio na ilha principal do arquipélago de Fernando de Noronha, em foto de maio de 2007.

HAROLDO PALO JR/KINO.COM.BR

Ilha de Martim Vaz, a 48 km de distância da ilha de Trindade.

- **Arquipélago de São Pedro e São Paulo** – Esse conjunto de ilhas faz parte do estado de Pernambuco e está localizado a 900 km da costa brasileira. Com uma área de apenas 70 000 m^2, não tem população, uma vez que não conta com água potável. De origem vulcânica, os penedos são habitados por aves marinhas, que cobrem as ilhotas com seus excrementos, formando o guano, adubo orgânico natural.
- **Fernando de Noronha** – Arquipélago de origem vulcânica, formado por cerca de vinte ilhas. Administrativamente pertence ao estado de Pernambuco. É o único arquipélago oceânico brasileiro efetivamente habitado e que pode receber turistas.
- **Ilhas de Trindade e Martim Vaz** – Grupo de ilhas de origem vulcânica, localizado a mais de mil quilômetros da costa do estado do Espírito Santo, ao qual pertence. Não tem população permanente.
- **Atol das Rocas** – Único **atol** do Atlântico Sul, localiza-se na costa do estado do Rio Grande do Norte, ao qual pertence.

ROGÉRIO CASSIMIRO/FOLHA IMAGEM

Ilha de Trindade, a 1 167 km de Vitória, (ES), com seus picos e montanhas de colorações diferentes, que abriga uma base militar. Foto de março de 2007.

O Brasil na Antártida

O Brasil, como outros países, mantém uma base de pesquisas na Antártida, a Estação Antártica Comandante Ferraz (EACF), com capacidade para abrigar 46 pessoas.

Essa base localiza-se na ilha Rei George, do arquipélago das Shetlands do Sul. Embora não existam efetivamente terras brasileiras na Antártida, você deve se lembrar de que navios ou bases militares do país fora do território nacional têm soberania brasileira.

HAROLDO PALO JR/KINO.COM.BR

Estação Antártica Comandante Ferraz, base de pesquisas permanente do Brasil na Antártida, situada na ilha Rei George.

Mar territorial, espaço aéreo e subsolo

A soberania brasileira não se limita às terras de superfície. Também fazem parte do território brasileiro o seu **subsolo**, o **espaço aéreo** e o **mar territorial**.

O subsolo, onde podem ser explorados recursos minerais, energéticos e água subterrânea, pertence exclusivamente ao Estado brasileiro.

O Brasil tem também o direito de fiscalizar o tráfego aéreo realizado na atmosfera localizada sobre seu território terrestre e seu mar continental.

Para regularizar os direitos de exploração e a soberania dos países sobre a faixa de mar que banha o seu litoral, foi assinado na Jamaica, em 1982, um tratado internacional – a CNUDM (Convenção das Nações Unidas sobre o Direito do Mar). O tratado inclui o Brasil e mais 118 países, e entrou em vigor em 1994.

Segundo a Convenção, o Brasil tem soberania e controle pleno sobre as águas, o espaço aéreo e o subsolo dessas águas, na faixa de fronteira marítima denominada mar territorial, a qual deve ter, no máximo, 12 milhas marítimas (21,6 km) além da costa brasileira.

O tratado também estabeleceu uma faixa que se estende por mais ou menos 370 km a partir do mar territorial dos países que têm litoral. Essa faixa foi denominada Zona Econômica Exclusiva (ZEE), isto é, dentro de seus limites todos os recursos marítimos podem ser explorados apenas pelo país que a detém.

A Zona Econômica Exclusiva (ZEE) mais a plataforma continental formam a Amazônia Azul. Com quase 4,5 milhões de km², acrescenta ao país uma área de quase 50% a mais de sua superfície. Observe o mapa e a tabela a seguir.

Amazônia Azul e ilhas oceânicas

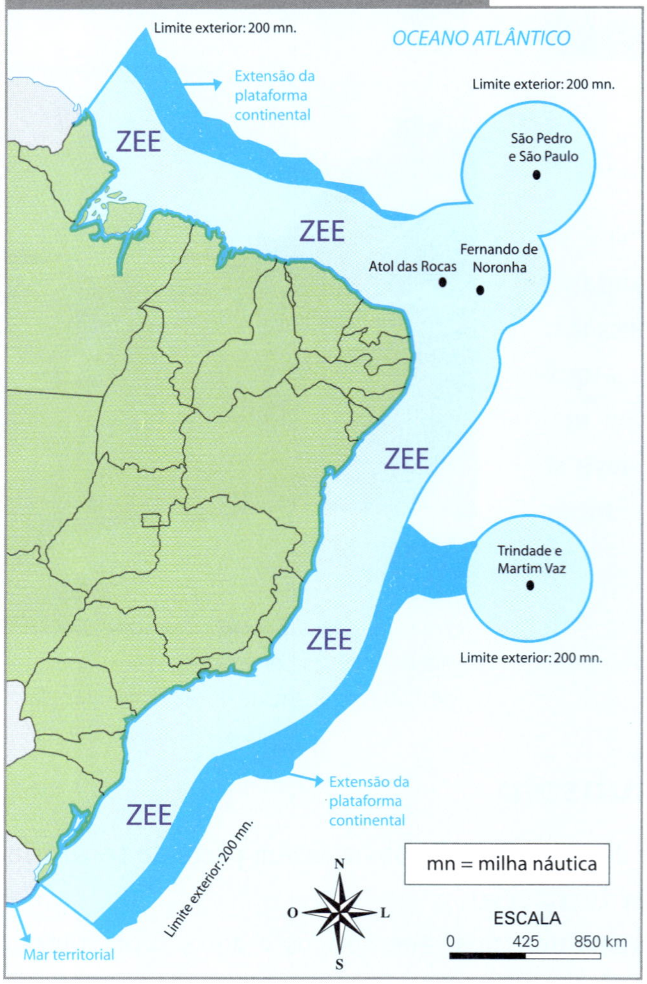

FONTE: MARINHA DO BRASIL. "AMAZÔNIA AZUL: FRONTEIRA BRASILEIRA NO MAR". DISPONÍVEL EM: <WWW.MAR.MIL.BR/CAAML/ARQUIVOS/AMAZONIAAZUL.PDF>. ACESSO EM: SETEMBRO DE 2008.

Brasil	Área
Território continental	8 514 876 km²
Zona Econômica Exclusiva	3 500 000 km²
Extensão da plataforma continental	911 000 km²
Zona Econômica Exclusiva + extensão da plataforma continental	4 411 000 km²
Mar territorial	12 milhas
Território continental + Zona Econômica Exclusiva + plataforma continental	12 925 876 km²

Aprendendo mais

ONU autoriza Brasil a ampliar limites de sua fronteira marítima

Além das 200 milhas náuticas, o país tem 712 mil quilômetros quadrados da plataforma continental e briga por mais.

A ONU (Organização das Nações Unidas) deu sinal verde para o país incorporar, para além das 200 milhas náuticas, mais 712 mil quilômetros quadrados de extensão da chamada plataforma continental. Nessa área, correspondente ao tamanho dos estados de São Paulo, Rio Grande do Sul e Paraná, o país também já tem assegurada a soberania de exploração e aproveitamento de todos os recursos naturais do solo e do subsolo marinhos.

Adaptado de: Tânia Monteiro, *O Estado de S. Paulo*, 6 de maio de 2007, Nacional.

Fronteiras e limites do território brasileiro

Ocupando cerca de 50% da América do Sul, o Brasil possui 23 102 km de fronteiras, sendo 15 735 km terrestres e 7 367 km marítimos.

As fronteiras marítimas de nosso país, banhadas a leste pelo oceano Atlântico, estendem-se desde o cabo Orange, no Amapá, até o arroio Chuí, no Rio Grande do Sul.

Com exceção do Chile e do Equador, o Brasil faz fronteiras terrestres com todas as nações da América do Sul:

- ao norte – com a Guiana Francesa, o Suriname, a Guiana e a Venezuela;
- a noroeste – com a Colômbia;
- a oeste – com o Peru e a Bolívia;
- a sudoeste – com o Paraguai e a Argentina;
- ao sul – com o Uruguai.

Como você pode observar no mapa ao lado, o Brasil faz fronteira com nove países e com o território da Guiana Francesa. Veja também, representada em marrom, a faixa interna de 150 km de largura paralela às fronteiras terrestres do país.

Limites e fronteiras terrestres do Brasil

FONTE: ELABORADO COM BASE EM <WWW.MRE.GOV.BR/DAA/DFHTM> (ACESSO EM JANEIRO DE 2009).

Repensando o capítulo

Faça no caderno as atividades a seguir.

1 Responda às questões consultando um atlas geográfico:

a) Aponte três países atravessados pela linha imaginária do equador.

b) Dê o nome de três países cortados pelo trópico de Capricórnio.

c) Identifique três países atravessados pelo trópico de Câncer.

d) Quais são os hemisférios ocupados por terras brasileiras?

e) Com que país o Brasil faz a maior fronteira terrestre? Observe o mapa e escreva qual a extensão dessa fronteira.

2 Leia este texto sobre a questão das desigualdades entre os estados brasileiros:

> [...] Há ainda o problema da posição geográfica de cada estado, a localização em relação aos centros históricos e a maior ou menor distância do litoral. Alguns estados têm o seu território banhado pelo oceano, o que é apontado pelos geopolíticos como uma grande vantagem, enquanto outros são estados centrais...
>
> ANDRADE, Manoel Correia de; ANDRADE, Sandra Correia de. *A Federação brasileira*. São Paulo: Contexto, 1999. p. 73. (Coleção Repensando a Geografia.)

a) Indique uma vantagem de um estado brasileiro ser banhado pelo oceano.

b) Construa no seu caderno dois mapas políticos do Brasil. No primeiro, você vai colorir apenas os estados banhados pelo Atlântico e, no segundo, apenas os estados "centrais". Identifique cada estado por sua sigla. Crie uma legenda para cada mapa.

3 Um importante historiador brasileiro escreveu uma obra que se tornou clássica, isto é, ela não perde seu valor mesmo tendo sido escrita há muitos anos. Diz ele:

História

> No seu conjunto, e visto no plano mundial e internacional, a colonização dos trópicos toma o aspecto de uma vasta empresa comercial, destinada a explorar os recursos naturais de um território virgem em proveito do comércio europeu. É este o verdadeiro sentido de colonização tropical, de que o Brasil é uma das resultantes. Ele explicará os elementos fundamentais, tanto no social como no econômico, da formação e evolução dos trópicos americanos.
>
> JÚNIOR, Caio Prado. *História econômica do Brasil*. São Paulo: Brasiliense, 1961. p. 42.

- Responda às questões com base no que você aprendeu nos capítulos 1 e 2.

a) Pesquise em um atlas geográfico cinco países americanos, cinco países africanos e cinco países asiáticos que tenham terras dentro da faixa tropical.

b) Qual foi o sentido da colonização dos trópicos?

Glossário

atol: recife de coral em forma de círculo.

capitania hereditária: cada uma das faixas de terra localizadas entre o litoral e o limite do Tratado de Tordesilhas, que no tempo do Brasil Colônia eram concedidas pelo rei a donatários para administrá-las.

estado: unidade da federação que tem autonomia político-administrativa em seu território. Possui suas próprias leis, mas estas estão subordinadas à Constituição Federal (lei maior do país).

estância hidrotermal: localidade que possui águas que podem ser usadas em tratamento de saúde.

município: subdivisões dos estados cujas leis estão subordinadas à Constituição Estadual (lei maior do estado) e à Constituição Federal.

plataforma continental: porção do relevo submarino mais próxima do continente.

soberania: autoridade total de um país sobre seu território e governo.

Outras fontes de informação

Por dentro da rede (acesso em dez. 2008)

- www.ibgeteen.gov.br

Consultando a biblioteca

- *Brasil 500 anos*, de Tânia Vieira Patara, Ática, 2000.
- *Brasil: uma história; a incrível saga de um país*, de Eduardo Bueno, Ática, 2003.
- *Regimes políticos: uma viagem*, de Jayme Brener, Scipione, 1994.
- *Viver e morrer no Brasil colônia*, de Sheila de Castro Faria, Moderna, 2000.

Capítulo 3

Visões regionais do território brasileiro

O Brasil, com sua grande extensão territorial, pode ser considerado um país-continente. Se você viajasse pelo território brasileiro, percorrendo todos os estados, certamente iria notar muitos contrastes, tanto nos elementos naturais como nos elementos construídos pelo ser humano.

*O território brasileiro está dividido em porções menores, denominadas **regiões**, que agrupam alguns estados. Esse é o assunto que você vai estudar a partir deste capítulo.*

JUCA MARTINS/OLHAR IMAGEM

Bairro industrial às margens da rodovia Castelo Branco, em Barueri, (SP), 2008.

BIA PARREIRAS/EDITORA ABRIL

Mercado Ver-o-Peso, em Belém (PA).

Margem de rio no Pantanal Mato-Grossense, em 2006.

PALÊ ZUPPANI/PULSAR IMAGENS

LUIZ CLÁUDIO MARIGO/OPÇÃO BRASIL IMAGENS

Vaqueiro na região do Semiárido cearense na década de 1990.

No capítulo anterior você estudou a caracterização do território brasileiro. Agora, vai conhecer três formas diferentes de regionalizar esse território.

Regiões e regionalização

Os contrastes naturais e humanos, encontrados tanto no Brasil como em outros lugares do mundo, geram espaços com características próprias, que os tornam diferentes de outras partes da superfície terrestre. Esses espaços são chamados regiões e facilitam o estudo de países de grande extensão territorial, como o Brasil.

A regionalização de um continente ou de um país varia de acordo com os critérios escolhidos para fazê-la. Quais são esses critérios? Eles podem ser baseados nos elementos naturais, como relevo, clima e vegetação, ou nos aspectos econômicos, históricos e sociais.

Dessa forma, podemos ter as regiões naturais, as regiões geoeconômicas e as regiões geográficas.

- As **regiões naturais** são unidades territoriais menores, marcadas por determinados elementos naturais.
- As **regiões geoeconômicas** são determinadas pelas características geradas pela forma de ocupação do território e pela expansão das atividades econômicas nele desenvolvidas.
- As **regiões geográficas** são porções do espaço onde determinadas características humanas e naturais determinam aspectos semelhantes nas paisagens.

Uma região pode ser dividida em unidades menores, como as sub-regiões e as microrregiões, e seus limites nem sempre coincidem com as divisões políticas dos territórios regionalizados.

Assim como não existe um único tipo de região, não há uma só maneira de dividir o Brasil em regiões. Como você acabou de estudar, a regionalização pode levar em conta as regiões naturais, as geoeconômicas e as geográficas. Veja a seguir cada uma delas de forma mais detalhada.

As regiões naturais do Brasil

No final da década de 1960, o geógrafo Aziz Nacib Ab'Sáber reuniu as principais características do relevo e do clima do território brasileiro com os elementos naturais da paisagem. Ele deu a esses conjuntos espaciais o nome de **domínios morfoclimáticos**, ou seja, regiões naturais complexas que reúnem mais de um elemento natural.

Os domínios morfoclimáticos representam a síntese dos elementos da natureza que dão um aspecto característico a uma determinada área do território brasileiro.

Domínios morfoclimáticos do Brasil

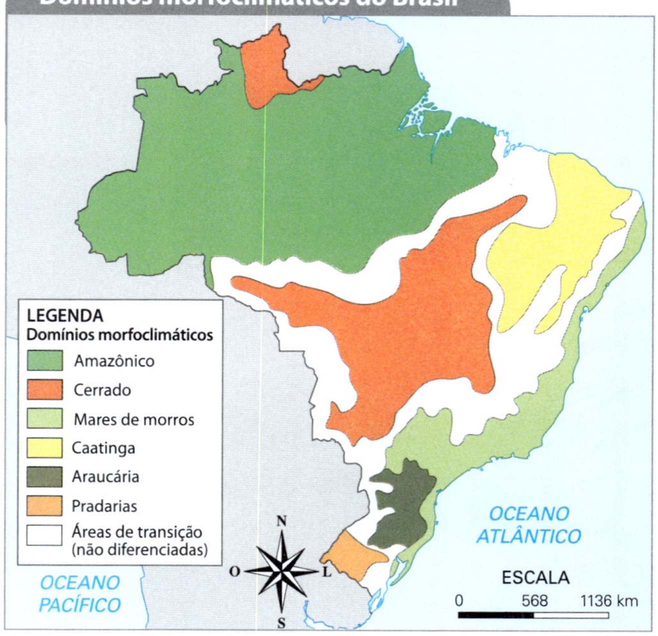

FONTE: AZIZ NACIB AB'SÁBER/*REVISTA ORIENTAÇÃO*, IG-USP, 1965.

Como você observou no mapa, os domínios morfoclimáticos brasileiros são:

- **Domínio Amazônico** – Estende-se por toda a **Amazônia Legal**. É caracterizado por um relevo formado por planícies e depressões (terras baixas), atravessado pela maior bacia hidrográfica do mundo – a bacia Amazônica – e recoberto pela floresta Amazônica (floresta equatorial). O tipo de clima predominante nesse domínio é o clima equatorial quente e úmido.

- **Domínio do Cerrado** – Caracteriza a região Centro-Oeste (Goiás, Mato Grosso e Mato Grosso do Sul). Um dos aspectos marcantes é a presença de planaltos e chapadões sedimentares. Apresenta um clima tropical típico ou continental, com duas estações bem definidas: uma chuvosa, no verão, e outra seca, no inverno. A vegetação dominante nesse domínio é o cerrado.

- **Domínio dos Mares de Morros** – Corresponde à área próxima ao litoral da região Sudeste. Apresenta um relevo bem característico, com morros arredondados. A visão desses morros lembra as ondas do oceano, daí o nome do domínio. Sua área foi originalmente recoberta pela mata Atlântica ou floresta tropical. Dessa vegetação, só restam manchas espalhadas pela região. Nesse domínio predomina o clima tropical úmido.

- **Domínio da Caatinga** – É característico do interior da região Nordeste e do norte de Minas Gerais. Domínio de clima semiárido, com um tipo de vegetação adaptada à escassez de chuva, como as bromélias e o cacto mandacaru. O relevo é formado por planaltos e depressões. A grande maioria dos rios é do tipo **temporário**, isto é, rios que perdem suas águas e parecem verdadeiros caminhos de areia durante a estação seca.

ADRIANO GAMBARINI/PULSAR IMAGENS

Rio São Benedito cortando a floresta Amazônica, no estado do Pará, 1998.

ELZA FIÚZA / AGÊNCIA BRASIL

Vegetação típica do Cerrado, na Reserva Biológica de Contagem, no Distrito Federal, 2007.

WERNER RUDHART / KINO.COM.BR

Mar de morros na serra da Mantiqueira, na região de São Francisco Xavier, São Paulo, 2004.

MARCOS MICHAEL / JC IMAGEM

Vegetação da Caatinga, com destaque para o mandacaru, na região de Taperoá, na Paraíba, em 2007.

Floresta de araucárias no município de Turvo, no Paraná, 2006.

Coxilhas no município de Bagé, no Rio Grande do Sul, 2002.

- **Domínio das Araucárias** – Caracteriza os planaltos do sul do país. Área de clima subtropical com invernos muito frios, já foi coberto pela mata das Araucárias (pinheiros), que hoje está muito devastada. A forma de relevo predominante é a de planaltos.

- **Domínio das Pradarias** – Também é chamado de Pampas ou Campanha Gaúcha, por estar localizado no Rio Grande do Sul. Trata-se de uma área de relevo ondulado, com colinas suaves, que recebem o nome de **coxilhas**. Tem clima subtropical, chuvas bem distribuídas e apresenta vegetação rasteira, formada principalmente de gramíneas.

Como são formados por fatores naturais, os domínios não têm fronteiras exatas. Entre eles existem o que chamamos **áreas de transição** (de passagem) ou **ecótonos**, áreas com características comuns aos domínios que separam.

Leitura de interesse

Como um baú cheio de tesouros

Conheça a região que abriga um terço das espécies de plantas e animais do Brasil!

Tente imaginar um lugar que abrigue metade das aves brasileiras e 40 de cada 100 mamíferos do país, além de muitos outros animais e de quase sete mil espécies de plantas. Como você acha que deve ser esse espaço? Para começar, deve ser enorme, não é? Também precisa ter clima favorável e água para todos, concorda?

Ciências

Esse lugar existe e é ocupado pelo que chamamos de cerrado. Ele contém nada menos que um terço da biodiversidade do nosso país, ou seja, de cada 100 espécies de seres vivos brasileiros, cerca de 33 vivem por lá. O cerrado é considerado o segundo maior **bioma** do Brasil, isto é, o segundo maior conjunto de espécies animais e vegetais que vivem em uma mesma área, atrás apenas da Amazônia.

O cerrado é um tipo de savana – vegetação característica de lugares que sofrem períodos de seca e que têm dois níveis de vegetação bem definidos: um formado por árvores e outro por plantas rasteiras. E ocupa boa parte do território brasileiro. Só para você ter uma ideia, caso o Brasil fosse dividido em cem partes iguais, esse bioma preencheria vinte e uma delas. A área central do cerrado está concentrada nos estados do Piauí, Maranhão, Tocantins, Bahia, Minas Gerais, Goiás, Mato Grosso, Mato Grosso do Sul, São Paulo e Paraná, mas ele chega também a Rondônia, Amazonas, Roraima e Amapá.

Localizado na região Centro-Oeste, o cerrado brasileiro estende-se por um terreno plano, com algumas depressões e vales onde nascem importantes rios do país, como o São Francisco e o Tocantins. Os períodos de seca e chuva são bem definidos e, apesar de não ser rico em nutrientes, o solo do cerrado pode ser adaptado com facilidade à agricultura.

A marca registrada desse bioma é mesmo a variedade de espécies animais e vegetais. São bichos e plantas tão distintos que, passeando pelo cerrado, podemos ficar surpresos com as diferentes paisagens que encontramos. Quer um exemplo? Ao longo dos cursos de água, nascem árvores como o jatobá e o jacarandá, que formam as **matas de galeria**.

Já no topo das **chapadas** ou próximo a campos úmidos, onde o solo não é muito profundo, a vegetação é bem diferente, com espécies como o capim-flecha e o capim-rabo-de-burro.

São dois ecossistemas diferentes num mesmo bioma! E mais: além desses, existem muitos outros ecossistemas no cerrado, como os **campos rupestres** e as matas secas.

Com tanta variedade, logo surgiram utilidades para as plantas do cerrado: o buriti fornece fibras para a fabricação de tecidos, o babaçu é uma fonte de óleo, a arnica e a catuaba são usadas na medicina, os bambus são aproveitados para o artesanato. Tem até uma raiz, chamada arcassu, que, misturada ao leite, fica com aroma e gosto semelhantes ao do chocolate!

Além disso, alguns alimentos que estamos acostumados a ver nas feiras e supermercados são originais do cerrado. Caju, mandioca, abacaxi, pinha e amendoim são alguns exemplos. Pena que um lugar tão rico esteja também muito ameaçado.

Adaptado de: Catarina Chagas. Disponível em: <www.cienciahoje.uol.com.br>. Acesso em: agosto de 2007.

As regiões geoeconômicas brasileiras

Em 1967, o geógrafo Pedro Pinchas Geiger propôs uma divisão do Brasil em regiões geoeconômicas. Essa divisão considera três grandes complexos, levando em conta a formação econômica do território brasileiro, e não segue, exatamente, as fronteiras estaduais.

Como você observa no mapa, essas regiões são: Amazônia, Nordeste e Centro-Sul. Veja, a seguir, as características gerais de cada uma delas.

Regiões geoeconômicas brasileiras: complexos regionais do Brasil

FONTE: BERTA BECKER. CRESCIMENTO ECONÔMICO E ESTRUTURA ESPACIAL DO BRASIL. *REVISTA BRASILEIRA DE GEOGRAFIA*. RIO DE JANEIRO, ANO 34, N. 4, 1972.

RICARDO AZOURY/OLHAR IMAGEM

Vista aérea do polo industrial da Zona Franca de Manaus, Amazonas, 2000.

- **Amazônia** – Área de 5 milhões de km², que compreende 58% do território brasileiro e equivale a duas vezes o território da Argentina. Possui pequena população absoluta, baixa densidade demográfica e sua economia é baseada nos extrativismos mineral e vegetal. Desde a década de 1960, tornou-se fronteira de expansão agropecuária e de povoamento. A atividade industrial também evoluiu na região, após a criação da **Zona Franca de Manaus**, em 1967.

- **Nordeste** – Ocupa 18% do território brasileiro, estendendo-se por 1,5 milhão de km² (equivalente ao território da Mongólia). De povoamento antigo, do início da colonização do país, a região apresenta problemas, como perda de população para outras regiões, altos índices de **mortalidade infantil**, analfabetismo, desemprego e concentração de renda e de terras. Pelos contrastes existentes entre o litoral e o interior, a região Nordeste pode ser subdividida em quatro sub-regiões: Meio-Norte, Sertão, Agreste e Zona da Mata.

- **Centro-Sul** – Com cerca de 2 milhões de km² (equivalente ao território da Arábia Saudita), o complexo regional do Centro-Sul abriga a maior parte da produção agropecuária e industrial do país. É o centro econômico do país, com 60% da população brasileira e as maiores áreas metropolitanas do país.

DIEGO PADGURSCHI/FOLHA IMAGEM

Favela construída embaixo de passarela no bairro Aricanduva, em São Paulo (SP), 2006.

LALO DE ALMEIDA/FOLHA IMAGEM

Operários da construção civil na cidade de São Paulo (SP), 2003.

As desigualdades sociais são mais evidentes dentro desse complexo. Por ser a região geoeconomica mais rica do país, o Centro-Sul atrai a população dos lugares mais pobres, em busca de uma vida melhor. Muitas dessas pessoas, sem escolaridade e capacitação profissional, não conseguem entrar no concorrido mercado de trabalho das grandes cidades. Acabam desempregadas ou subempregadas, sem condições elementares para uma vida digna. Por isso, ao lado de agricultura moderna, indústrias importantes e conquistas tecnológicas, o Centro-Sul apresenta grandes áreas de pobreza, ocupadas por pessoas sem alimentação adequada, saneamento básico e saúde e educação de qualidade.

As regiões geográficas: propostas do IBGE

O IBGE (Instituto Brasileiro de Geografia e Estatística) é uma instituição da administração pública federal, hoje subordinada ao Ministério do Planejamento, Orçamento e Gestão. Sua função é coordenar trabalhos de pesquisa de dados para melhor compreensão de certos aspectos do território brasileiro, as características de sua gente e as estatísticas de suas atividades econômicas. O IBGE é responsável pela coleta, análise, interpretação e apresentação de dados numéricos e dados estatísticos da população, entre outros.

Para realizar essa tarefa, é preciso considerar as enormes diferenças existentes entre as

IBGE: divisão regional do Brasil de 1941

FONTE DOS MAPAS: *ANUÁRIO ESTATÍSTICO DO BRASIL*. RIO DE JANEIRO: IBGE, 1999.

IBGE: divisão regional do Brasil de 1945

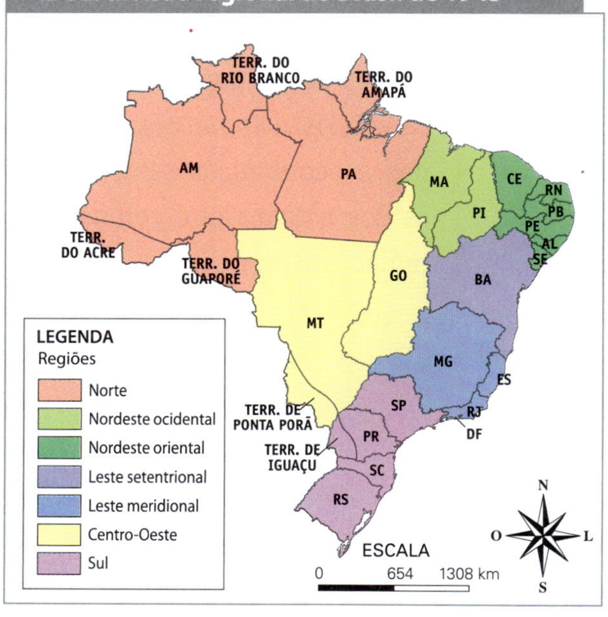

IBGE: divisão regional do Brasil de 1969

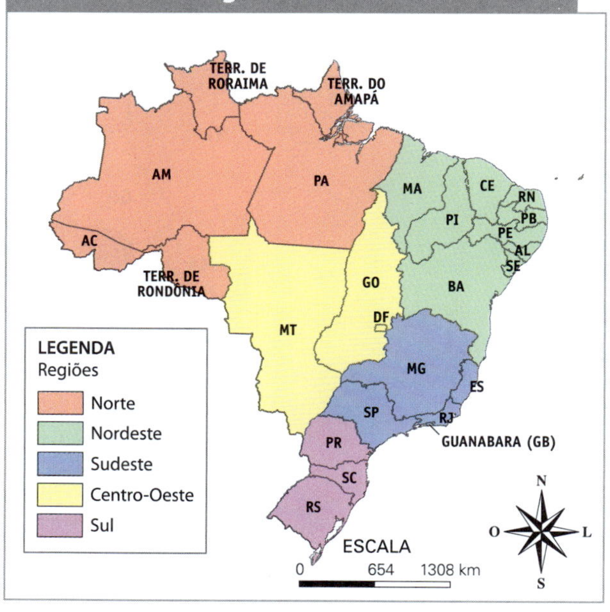

várias áreas do país. Para isso, foi necessário dividir o país em regiões. O IBGE realizou três regionalizações do Brasil (1941, 1945 e 1969). As modificações foram necessárias porque, durante esse período, a economia do país passou por mudanças que alteraram a organização do território brasileiro.

As duas primeiras divisões regionais do país (1941 e 1945) foram elaboradas segundo o critério de **região natural**. Você já viu que se compreende por região natural uma determinada área geográfica caracterizada por um ou mais aspectos naturais, como clima, relevo e vegetação.

Em 1969, o IBGE realizou nova divisão regional que levava em conta não só aspectos naturais, mas também características sociais e econômicas de cada região.

Trabalhando com mapas

Responda no caderno.

1. Analise os mapas da divisão regional do Brasil de 1945 e de 1969 e identifique as mudanças ocorridas.
2. Compare ainda esses mapas e identifique dois territórios federais que existiam em 1945 e não aparecem em 1969.

IBGE: divisão regional do Brasil de 1988 (divisão atual)

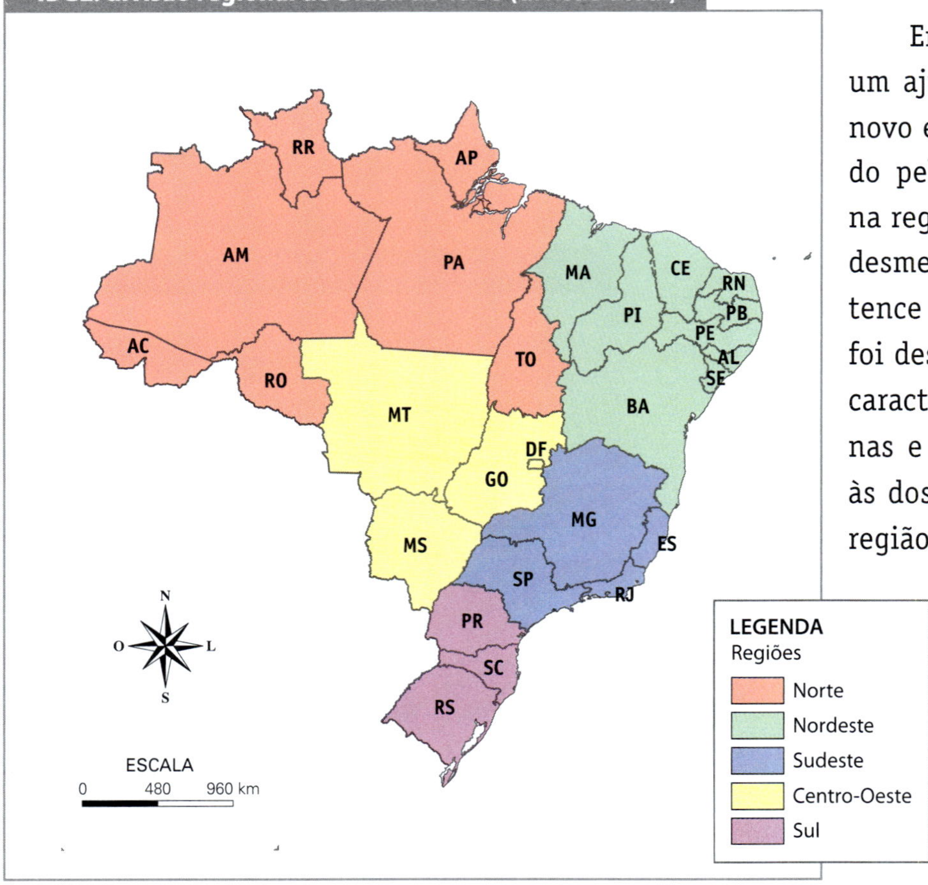

FONTE: *ANUÁRIO ESTATÍSTICO DO BRASIL*. RIO DE JANEIRO: IBGE, 1999.

Em 1988, foi feito apenas um ajuste para incluir o então novo estado do Tocantins (criado pela Constituição de 1988) na região Norte. Esse estado foi desmembrado de Goiás, que pertence à região Centro-Oeste, e foi deslocado por causa de suas características naturais, humanas e econômicas semelhantes às dos estados que compõem a região Norte.

Além dessa alteração, pela Constituição brasileira de 1988, os territórios de Roraima, Amapá e Rondônia tornaram-se estados e o de Fernando de Noronha passou a integrar o estado de Pernambuco.

Praticando a Geografia

Responda no caderno.

Considerando a divisão regional do IBGE, em que região está o lugar onde você mora?

Repensando o capítulo

Faça no caderno as atividades a seguir.

1. Identifique os domínios morfoclimáticos brasileiros com base nas características apontadas a seguir por Zysman Neiman, professor de Biologia, em seu livro *Era verde? Ecossistemas brasileiros ameaçados*.

   a) "Abrangendo nove países, ocupa quase a metade da América do Sul."

   b) "Forneceu madeiras para os mais diversos fins, como a construção das casas típicas da região Sul do país."

   c) "É uma vegetação composta de arbustos, vegetação rasteira e pequenas árvores retorcidas e de folhas grossas."

2. Sobre os complexos regionais brasileiros, responda:

   a) Quais são eles? Qual o critério usado para classificá-los?

   b) Qual é o complexo brasileiro menos modificado pelas ações dos seres humanos?

   c) Qual é o mais populoso?

3. Acompanhe a descrição de um domínio brasileiro feita por um dos principais geógrafos mundiais:

> De sua posição geográfica resultou uma fortíssima entrada de energia solar [...] de baixa amplitude térmica anual e de ausência de estações secas pronunciadas [...].
>
> AB' SÁBER, Aziz. *Os domínios de natureza no Brasil: potencialidades paisagísticas.* São Paulo: Ateliê, 2003. p. 65.

a) Identifique o domínio descrito.

b) Quais aspectos aparecem nessa descrição? Dê um exemplo.

c) Identifique outra característica desse domínio que não tenha sido descrita no texto anterior.

d) Esse domínio está inserido em que complexo brasileiro?

4 Em que domínio natural está o lugar onde você mora?

5 Em qual complexo econômico está o lugar onde você mora?

6 Entre os critérios de regionalização apresentados, qual você escolheria para dividir o território brasileiro?

Glossário

Amazônia Legal: região administrativa brasileira que tem um território maior do que o da região Norte, pois, além dos estados que formam essa região (Amazonas, Pará, Amapá, Roraima, Rondônia, Acre e Tocantins), abrange o norte do estado de Mato Grosso e o oeste do estado do Maranhão.

bioma: comunidade de seres vivos adaptada às condições ecológicas de uma certa região.

campo rupestre ou **campo de altitude**: região de vegetação de campos, encontrada em áreas mais altas de serras brasileiras (900 m).

chapada: formação rochosa que apresenta topo elevado e plano, em forma de mesa, e com bordas abruptas.

ecossistema: sistema que inclui os seres vivos e o ambiente e a sua inter-relação.

mata de galeria ou **mata-galeria** ou **mata ciliar**: mancha de vegetação florestal característica de margens de rios (devido a maior quantidade de umidade), em áreas onde a vegetação dominante não é florestal.

mortalidade infantil: índice estatístico que mostra quantas crianças morrem, no primeiro ano de vida, em cada mil nascidas vivas.

Zona Franca de Manaus: criada em 1967, é uma área de livre-comércio, com isenção de impostos. Sua criação teve por objetivo incentivar a industrialização na região.

Outras fontes de informação

Por dentro da rede (acesso em dez. 2008)

- www.ibge.gov.br/home/geociencias/cartogramas/evolucao.html
- mapas.ibge.gov.br/website/divisão/viemer.htm

Consultando a biblioteca

- *A federação brasileira: uma análise geopolítica e geossocial*, de Manuel Correa Andrade e Sandra Maria Correa Andrade, Contexto, 1999.
- *Brasil: paisagens naturais*, de Marcelo Leite, Ática, 2007.
- *Era verde? Ecossistemas brasileiros ameaçados*, de Zysman Neiman, Atual, 1989.
- *O ambiente urbano*, de Francisco C. Scarlato e Joel A. Pontin, Atual, 1999.
- *O desafio amazônico*, de Samuel Murgel Branco, Moderna, 1989.

Capítulo
4

Cinco regiões, vários "brasis"

Como você estudou no capítulo anterior, o Brasil apresenta uma enorme variedade de paisagens naturais e culturais, com muitas diferenças do ponto de vista socioeconômico.

LULA SAMPAIO/OPÇÃO BRASIL IMAGENS

Festival Folclórico de Parintins, no estado do Amazonas.

ANTÔNIO CRUZ/AGÊNCIA BRASIL

Em Olinda (PE), o Encontro de Bonecos Gigantes durante o carnaval de 2008.

JUCA MARTINS/OLHAR IMAGEM

Cavalhada em Pirenópolis (GO), em 2000.

RICARDO SILVA/FOLHA IMAGEM

Em Blumenau (SC), grupo de dança folclórica alemã durante a Oktoberfest de 2005.

JOÃO WAINER/FOLHA IMAGEM

Na cidade do Rio de Janeiro (RJ), desfile da Escola de Samba Beija-Flor no carnaval de 2007.

Neste capítulo você vai estudar as principais características naturais, humanas e econômicas do Brasil por meio dos contrastes que podemos reconhecer nas regiões definidas pelo IBGE.

Regiões brasileiras: divisão política, extensão e população

A divisão regional proposta pelo IBGE respeita os limites dos estados. Mesmo não sendo perfeita, permite compreender as imensas diversidades naturais, humanas e culturais do território brasileiro. Por não coincidir de forma exata com a delimitação dos estados, algumas características são compartilhadas por mais de uma região. Veja um exemplo na foto ao lado.

Como você deve se lembrar, as diversidades naturais decorrem da formação geológica e da posição geográfica das regiões. As diferenças econômicas e humanas também são marcantes e decorrem, como você viu no capítulo 1, das diferentes formas de ocupação e exploração do território das regiões brasileiras.

Por esse motivo, estudaremos as regiões brasileiras, nos próximos capítulos, na ordem em que passaram a fazer parte da economia nacional brasileira: Nordeste, Sudeste, Sul, Centro-Oeste e Norte.

Observe a tabela a seguir.

FERNANDO DONASCI/FOLHA IMAGEM

No norte de Mato Grosso, estado que faz parte da região Centro-Oeste, encontramos a floresta Amazônica, que é identificada com a região Norte. Na foto, a floresta é cortada por rio com parte da margem degradada, no município de Feliz Natal, Mato Grosso, 2005.

Regiões brasileiras: divisão política, área e população

Estados	Capitais	Área (km^2)	População (milhões de hab.)*
Região Norte		3 869 637,9	15,1
Amazonas	Manaus	1 570 745,7	3,3
Pará	Belém	1 247 689,5	7,3
Amapá	Macapá	142 814,6	0,6
Roraima	Boa Vista	224 298,9	0,4
Rondônia	Porto Velho	237 576,1	1,5
Acre	Rio Branco	152 581,4	0,7
Tocantins	Palmas	277 620,9	1,3

Estados	Capitais	Área (km²)	População (milhões de hab.)*
Região Nordeste		1 561 177,8	53,1
Maranhão	São Luís	331 983,3	6,3
Piauí	Teresina	251 529,2	3,1
Ceará	Fortaleza	148 825,6	8,4
Rio Grande do Norte	Natal	52 796,8	3,1
Pernambuco	Recife	98 311,6	8,7
Paraíba	João Pessoa	56 439,8	3,7
Alagoas	Maceió	27 767,6	3,1
Sergipe	Aracaju	21 910,3	2,0
Bahia	Salvador	564 692,6	14,5
Região Sudeste		927 286,2	80,2
Espírito Santo	Vitória	46 077,5	3,4
Minas Gerais	Belo Horizonte	586 528,3	19,8
Rio de Janeiro	Rio de Janeiro	43 696	15,9
São Paulo	São Paulo	248 209,2	41,0
Região Sul		577 214	27,5
Paraná	Curitiba	199 314,8	10,6
Santa Catarina	Florianópolis	95 346,2	6,0
Rio Grande do Sul	Porto Alegre	281 748,5	10,8
Região Centro-Oeste		1 612 077,2	13,7
Mato Grosso	Cuiabá	903 357,9	2,9
Mato Grosso do Sul	Campo Grande	357 124,9	2,3
Goiás	Goiânia	340 086,7	5,8
Distrito Federal	—	5 801,9	2,5

* Valores aproximados.

Fonte: IBGE. *Pnad (Pesquisa nacional por amostra de domicílios 2007).*

Trabalhando com tabelas

Analise os dados da tabela acima e responda no caderno às questões propostas.

1. Qual é a região mais populosa?
2. Qual é a região mais extensa?
3. Identifique os três estados mais populosos do país e determine em que região estão localizados.
4. Qual é o estado menos populoso do Brasil?

Distribuição demográfica e condições de vida

Como você viu na tabela anterior, as regiões brasileiras mais populosas são o Sudeste (SE), o Nordeste (NE) e o Sul (S). Já o Norte (N) e o Centro-Oeste (CO) apresentam um número bem menor de habitantes. Você sabe também que essas duas regiões (N e CO) são maiores que as demais.

Agora observe a tabela a seguir. Nela você encontra a densidade demográfica e a relação entre população e área de cada região.

Regiões brasileiras: proporção de área e população em relação ao total do país

Regiões	Hab./km²	Área (% do total)	População (% do total)
Norte	4,0	45,3	8,1
Nordeste	33,7	18,2	27,6
Sudeste	87,4	10,9	42,6
Sul	48,1	6,8	14,6
Centro-Oeste	8,4	18,8	7,1

Fonte: IBGE. *Síntese dos Indicadores Sociais 2008; Pnad (Pesquisa nacional por amostra de domicílios 2007).*

Nessa tabela, você verifica que as regiões mais populosas ocupam uma porção reduzida do território brasileiro. Por outro lado, as menos populosas ocupam mais da metade do país.

A população brasileira está, portanto, irregularmente distribuída entre as regiões geográficas. O Sudeste, o Nordeste e o Sul abrigam cerca de 84,8% da população em uma área que representa apenas 35,9% do território nacional. Já o Norte e o Centro-Oeste, com 64,1% do território nacional, têm apenas 15,2% da população total do país.

Além da distribuição populacional desigual pelo território, existem diferenças regionais de composição por cor e de indicadores socioeconômicos que dão uma noção da qualidade de vida dessas populações.

De modo geral, temos uma concentração maior de população que se declara negra nas regiões Nordeste e Sudeste. Isso se deve ao largo emprego da mão de obra escrava de origem africana nas principais atividades econômicas desenvolvidas nessas regiões: cana-de-açúcar (NE), mineração e café (SE), ao longo da história do Brasil.

Regiões brasileiras: composição da população por cor (%)

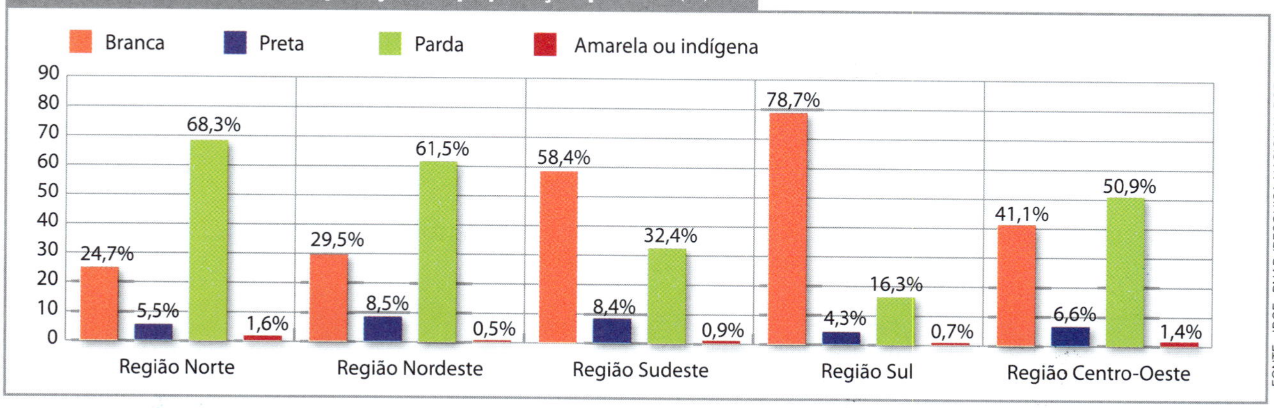

FONTE: IBGE. *PNAD (PESQUISA NACIONAL POR AMOSTRA DE DOMICÍLIOS 2007)*. RIO DE JANEIRO: IBGE, 2008.

As regiões Sul e Sudeste concentram a maior parte da população **branca** do país. A imigração estrangeira, ocorrida no final do século XIX, principalmente no Sul, explica essa concentração.

A população considerada **parda** (mestiça) só não é marcante na região Sul, onde, além do grande contingente de imigrantes europeus, houve menor utilização de mão de obra escrava africana na economia.

É importante lembrar, ainda, que a porcentagem de pardos no Norte deve-se à presença da população indígena na região. No Nordeste são os mestiços de branco com negro que se destacam.

Regiões brasileiras: indicadores sociais selecionados

Regiões	**Natalidade** (‰)	**Mortalidade** (‰)	**Mortalidade infantil** (‰)	**Esperança de vida** (anos)	**Analfabetismo** (%)
N	21,9	4,9	25,8	71,3	10,8
NE	20,2	6,7	36,9	69,4	19,9
SE	15,5	6,4	18,3	73,8	5,7
S	14	6,1	16,7	74,4	5,4
CO	17,9	5,3	19,5	73,5	8,1

Fonte: IBGE. *Síntese dos Indicadores Sociais 2007.*

Na tabela acima, observe que a região Sul apresenta os melhores indicadores sociais. Isso pode ser explicado pelo fato de a região ter tido uma ocupação diferente das demais. A partir do

Brasil: percentuais de domicílios com microcomputador e acesso à internet no total de domicílios particulares permanentes por região (2007)

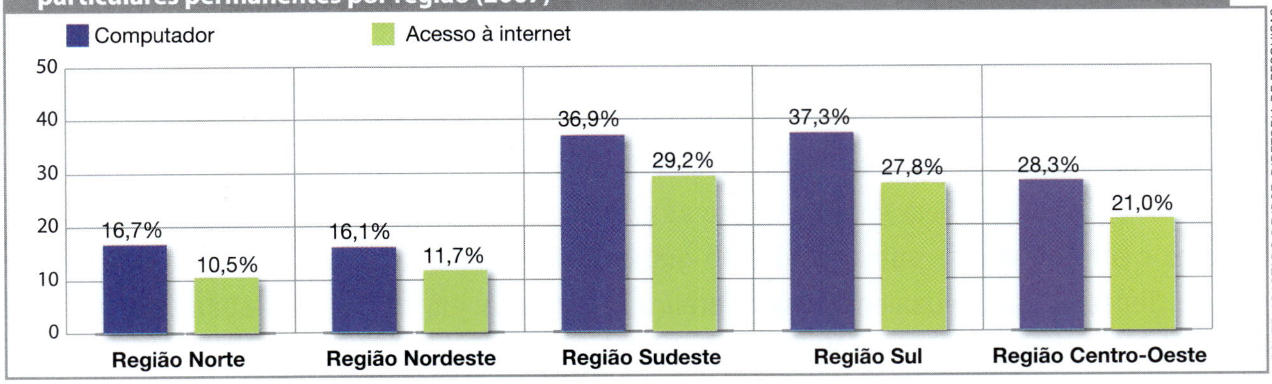

FONTE: ADAPTADO DE IBGE, DIRETORIA DE PESQUISAS, COORDENAÇÃO DE TRABALHO E RENDIMENTO. *PNAD (PESQUISA NACIONAL POR AMOSTRA DE DOMICÍLIOS 2006-2007).*

Brasil: percentuais de domicílios com alguns bens duráveis no total de domicílios particulares permanentes segundo as Grandes Regiões (2007)

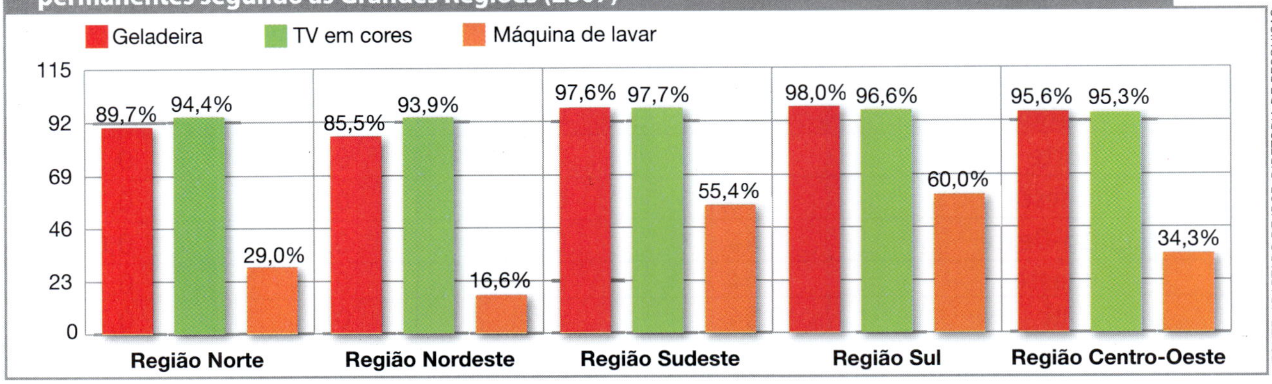

FONTE: ADAPTADO DE IBGE, DIRETORIA DE PESQUISAS, COORDENAÇÃO DE TRABALHO E RENDIMENTO. *PNAD (PESQUISA NACIONAL POR AMOSTRA DE DOMICÍLIOS 2006-2007).*

final do século XIX, imigrantes europeus introduziram uma estrutura agrária baseada em pequenas propriedades, com mão de obra familiar e reduzida participação de escravos. Esse processo de ocupação resultou nos melhores índices sociais do país.

Em seguida vem a região Sudeste, a mais urbanizada, populosa e contrastante do Brasil.

Brasil: percentuais de domicílios com rede de esgotos regular por região

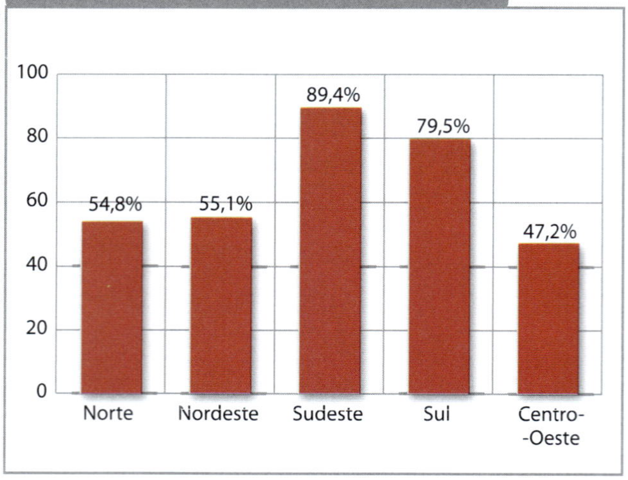

FONTE: ADAPTADO DE IBGE, DIRETORIA DE PESQUISAS, COORDENAÇÃO DE TRABALHO E RENDIMENTO. *PNAD (PESQUISA NACIONAL POR AMOSTRA DE DOMICÍLIOS 2006-2007).*

Esses três gráficos apresentam dados que dão uma boa ideia das diferenças da qualidade de vida das pessoas nas diversas regiões. Rede de esgotos, luz elétrica e presença de eletrodomésticos nos domicílios são alguns dos itens que permitem avaliar o bem-estar dessas pessoas.

De modo geral, as regiões Sudeste e Sul apresentam os melhores resultados, seguidas do Centro-Oeste. O Norte e o Nordeste são as regiões com os piores **índices de desenvolvimento social**, assunto que você vai estudar a seguir.

O IDS (Índice de Desenvolvimento Social)

Você já constatou que existem grandes diferenças de condições de vida entre as regiões brasileiras. Para avaliar melhor essas diferenças, o BNDES (Banco Nacional de Desenvolvimento Econômico e Social) criou um indicador único. Trata-se do IDS (Índice de Desenvolvimento Social), que considera educação, renda e saúde. Os valores de classificação vão de zero a 1, e quanto mais alto o IDS, mais próximo de 1.

Veja na tabela a seguir a evolução desse índice de 1995 a 2006 nas regiões brasileiras.

Pelos índices da tabela você nota que as diferenças entre o Sudeste e o Sul, de um lado, e o Norte e o Nordeste, de outro, ainda são grandes. O Centro-Oeste está bem mais próximo das regiões Sudeste e Sul. Felizmente essa diferença vem caindo: em 1995, o Sudeste apresentava um índice 4,5 vezes maior que o do Nordeste. Em 2006, a diferença entre as duas regiões foi de cerca de 2,5 vezes. Se você observar com atenção, verá que a região que teve a maior recuperação no índice foi o Nordeste, passando de 0,13 em 1995 para 0,35 em 2006.

IDS por região brasileira (1995-2006)

Região	1995	1999	2005	2006
Norte	0,32	0,35	0,36	0,39
Nordeste	0,13	0,19	0,30	0,35
Centro-Oeste	0,44	0,50	0,61	0,65
Sudeste	0,64	0,67	0,74	0,77
Sul	0,54	0,58	0,68	0,71

Fonte: BNDES. Disponível em: <www.bndes.gov.br/noticias/2007/not275_07.asp>. Acesso em agosto de 2008.

Contrastes da natureza nas regiões brasileiras

Cachoeira Casca D´Anta na serra da Canastra, Minas Gerais, 2007.

MAURÍCIO SIMONETTI/PULSAR IMAGENS

As fotos desta página e da página seguinte permitem identificar alguns aspectos do relevo brasileiro. Você nota, também, as diferenças entre as montanhas de Minas Gerais (região Sudeste, foto **A**), as ondulações suaves das coxilhas gaúchas (região Sul, foto **B**), a imensa planície do Pantanal (região Centro-Oes e, foto **C**) e as chapadas da região Nordeste (foto **D**).

Essas não são as únicas diferenças entre as paisagens naturais das regiões brasileiras. O clima e a vegetação criaram exemplos os mais diversificados dessas paisagens. Mesmo considerando um único tipo de vegetação, como as florestas, percebe-se que elas apresentam características diferentes conforme a região e o tipo de clima.

LEONID STRELIAEV/NEXT FOTO

Paisagem de Lavras do Sul, Rio Grande do Sul, 2005.

PALÉ ZUPPANI/PULSAR IMAGENS

Vista aérea da planície do Pantanal Mato-Grossense em Poconé, Mato Grosso, 2006.

EDSON SATO/PULSAR IMAGENS

Chapada Diamantina na região de Caeté-Açu, na Bahia, 2007.

Se você atravessar a floresta Amazônica, sempre quente e úmida, terá muita dificuldade para enxergar os raios solares. Já na mata das Araucárias, caracterizada por temperaturas bem mais baixas, isso não acontece, pois as árvores são mais separadas umas das outras e a luz se infiltra entre elas. Os contrastes são ainda maiores quando comparamos a floresta Amazônica (Norte) com a caatinga nordestina, o cerrado (Centro-Oeste) e a vegetação rasteira dos campos gaúchos (Sul).

RICARDO AZOURY/OLHAR IMAGEM

Vista do rio Negro em Manaus, Amazonas, 1998.

Muitos outros contrastes naturais podem ser verificados entre as regiões brasileiras. Existem áreas onde predominam terrenos de formação geológica muito antiga, como o Nordeste e o Sudeste, entre outras, e áreas onde há grande ocorrência de terrenos de formação geológica recente, como as da região Norte, do Pantanal Mato-Grossense (Centro-Oeste) e áreas litorâneas, entre outras. Quanto ao clima, há regiões com temperaturas elevadas durante praticamente o ano todo (Nordeste, Norte e Centro-Oeste) e áreas onde chega a cair neve no inverno (região Sul).

Os rios são abundantes em quase todas as regiões. Norte, Centro-Oeste, Sudeste e Sul reúnem as maiores bacias hidrográficas brasileiras. Na região Nordeste destaca-se a bacia do São Francisco, com grande parte de rios temporários, que "somem" em épocas de seca, como o da foto ao lado.

ALIPIO Z. DA SILVA/KINO.COM.BR

Leito seco do rio Dois Irmãos durante a época de seca, no município de Lajes, no Rio Grande do Norte, 2007.

Economia e urbanização

O Sudeste é a região econômica mais importante do Brasil, contribuindo com mais da metade do que o Brasil produz em todos os setores de atividade durante um ano. Sua **renda *per capita*** é a mais alta do país, maior que o dobro da apresentada pelo Nordeste.

Observe a tabela.

Participação no PIB e renda *per capita* por região			
Regiões	**Valor** (em milhões de R$)	**% do total**	**Renda *per capita*** (R$)
N	93,4	5,3	6 500,00
NE	248,4	14,1	4 927,00
SE	970,2	54,9	12 540,00
S	321,7	18,2	12 081,00
CO	132,7	7,5	10 394,00

Fonte: IBGE. *Contas nacionais 2004.*

Examinando os dados da tabela, você nota que a renda *per capita* do Nordeste é a mais baixa do país. Além disso, dos 100 municípios com mais baixa renda do Brasil, 95 estão na região Nordeste.

Também encontramos grande diferença entre a renda das pessoas nas diversas regiões do país. Enquanto a média de renda mais alta é encontrada no Centro-Oeste (R$ 1 058,00), a mais baixa está no Nordeste (R$ 493,00). Até 2006, a renda mais alta era da região Sudeste, que agora ocupa o segundo lugar (R$ 1 044,00). Essa alteração pode ser explicada pelo fortalecimento das atividades agropecuárias e do agronegócio no Centro-Oeste.

Você já sabe que a diversidade econômica entre as regiões brasileiras pode ser explicada, em parte, pela forma como o Brasil foi ocupado ao longo de sua história.

O Sudeste firmou-se como o maior exportador de café mundial e, em consequência, tornou-se o coração econômico do país, destacando-se como região industrializada e com agricultura moderna. As demais regiões, no entanto, também exercem papel importante na economia brasileira, como veremos mais adiante, nos próximos capítulos.

A **urbanização** também não ocorreu de modo uniforme em todas as regiões do Brasil. O Sudeste tem a mais alta taxa de urbanização (91,8%), seguido pelo Centro-Oeste (86%), e o Nordeste é a região que tem a taxa mais baixa (70,7%). É preciso ressaltar, também, que a **rede urbana** do Norte é muito pouco articulada, devido às deficientes redes de transportes e de telecomunicações dessa região.

Repensando o capítulo

Faça no caderno as atividades a seguir.

1 Acompanhe o texto abaixo com atenção, releia o capítulo e responda às questões propostas:

Língua Portuguesa

> No Brasil, desde o tempo colonial, os problemas dos ricos foram resolvidos rapidamente, os problemas dos pobres são problemas para muito debate, muita conversa e nenhuma solução a tempo [...].
>
> Betinho, *O Globo*, Rio de Janeiro, 1996.

a) Identifique um problema da parcela da população que o texto chama de "pobres" brasileiros.

b) Que título você daria para o texto escrito por Betinho?

2 O que significa afirmar que a população brasileira está desigualmente distribuída pelo território?

3 Qual região brasileira apresenta a maior porcentagem de população negra? Explique por quê.

4 Que região brasileira apresenta a maior porcentagem de população branca? Explique por quê.

5 Que regiões apresentam os melhores e os piores indicadores sociais brasileiros?

6 Identifique a região brasileira pelas características naturais ou físicas dadas a seguir:

a) Alguns de seus rios secam durante certos períodos.

b) Pode ocorrer queda de neve durante os invernos mais rigorosos.

c) É a região mais montanhosa do país.

d) Possui a maior bacia hidrográfica.

e) É a única região brasileira sem saída para o mar.

Glossário

PIB (Produto Interno Bruto). indicador econômico que representa a soma dos valores de todos os bens produzidos dentro de um país em determinado período.

renda *per capita*: quantia em reais que cada habitante receberia, durante o ano, caso o PIB fosse dividido igualmente entre toda a população.

Outras fontes de informação

Por dentro da rede
(acesso em dez. 2008)
- www.ibge.gov.br/7a12
- www.amazonia.org.br
- www.ciencia.org.br
- www.aids.gov.br/betinho

Consultando a biblioteca
- *A Terra vista do alto*, de Fernando A. Carraro, FTD, 2000.
- *Amazônia: quem ama educa*, de Fernando A. Carraro, FTD, 2006.
- *Cidades em tempos modernos*, de Maria Ângela B. Salvadori, Atual, 1995.
- *Parques Nacionais – Brasil*. Guias Philips, Publifolha, 1999.
- Revista *Ciência Hoje das Crianças*. Especial Amazônia, ano 20, n. 179. Rio de Janeiro, maio de 2007.
- *Secas no Nordeste*, de Fernando Portela e Joaquim C. Andrade, Ática, 1992.
- *A centopeia que pensava*, de Herbert José de Souza, Salamandra, 1999.

UNIDADE II
Um olhar para a região Nordeste

Capítulo
5

Os quatro Nordestes

Como você pode observar nas fotos, mesmo dentro da região Nordeste as paisagens naturais podem ser muito diferentes. Elas dão origem a paisagens culturais também diversas, marcadas por aspectos econômicos e sociais muito variados.

DELFIM MARTINS/PULSAR IMAGENS
Pequena propriedade na Zona da Mata, no município de Mataraca, na Paraíba, 2006.

RUBENS CHAVES/PULSAR IMAGENS
Criação de gado no Agreste paraibano, município de Riachão do Bacamarte, 2007.

PALÊ ZUPPANI/PULSAR IMAGENS
Sertanejo conduzindo cabras na região de Caatinga, no município de Juazeiro, na Bahia, 2007.

EMÍDIO BASTOS/OPÇÃO IMAGENS

Praia de Barra Grande, Bahia.

Neste capítulo você vai conhecer aspectos gerais das quatro sub-regiões nordestinas.

Uma região, vários Nordestes

O Nordeste é formado por nove estados e, como você já estudou, é a segunda região em população e a terceira em extensão do país. Os estados que a compõem são: Maranhão, Piauí, Ceará, Rio Grande do Norte, Paraíba, Pernambuco, Alagoas, Sergipe e Bahia. Observe o mapa.

Brasil: Nordeste político

FONTE: ADAPTADO DE *GEOATLAS*. SIMIELLI, M. E. SÃO PAULO: ÁTICA, 2006.

Praticando a Geografia

Responda às questões no caderno:

1. Lembre uma importante modificação feita pelas atividades humanas no Nordeste.
2. Se você não mora no Nordeste, cite uma importante intervenção humana na região em que você mora.

Os marcantes contrastes da região Nordeste referem-se às paisagens naturais, à ocupação humana e às atividades econômicas. Além de vários tipos de paisagem natural, a região Nordeste apresenta grande diversidade geoeconômica. Sua população tem raízes históricas comuns, mas diferencia-se pela composição por cor e pelas condições sociais, em suas subunidades.

A quantidade e a distribuição das chuvas são o principal elemento natural do qual resultam as diferenças no quadro físico da região. As chuvas caem no Nordeste de forma desigual durante o ano, determinando climas variados, desde o quente e úmido (no litoral oriental e na área próxima à floresta Amazônica) até o quente semiárido (no interior da região). Essa variedade de climas dá condições de existência a tipos de vegetação muito diversificados, que vão desde a floresta tropical até a vegetação adaptada ao clima seco da Caatinga. Observe nas fotos dois exemplos dessa diversidade.

ALIPIO Z. DA SILVA/KINO.COM.BR

Pasto seco na Caatinga, município de Tangará, Rio Grande do Norte, 2007.

FABIO COLOMBINI/ACERVO DO FOTÓGRAFO

Carnaubal na região de Fortaleza, capital do Ceará, 2005.

O mapa ao lado mostra as quatro principais **sub-regiões** do Nordeste.

As sub-regiões foram estabelecidas pelo geógrafo e professor pernambucano Manuel Correia de Andrade, em seu livro, considerado clássico, *A terra e o homem no Nordeste*, publicado em 1963.

Região Nordeste: sub-regiões

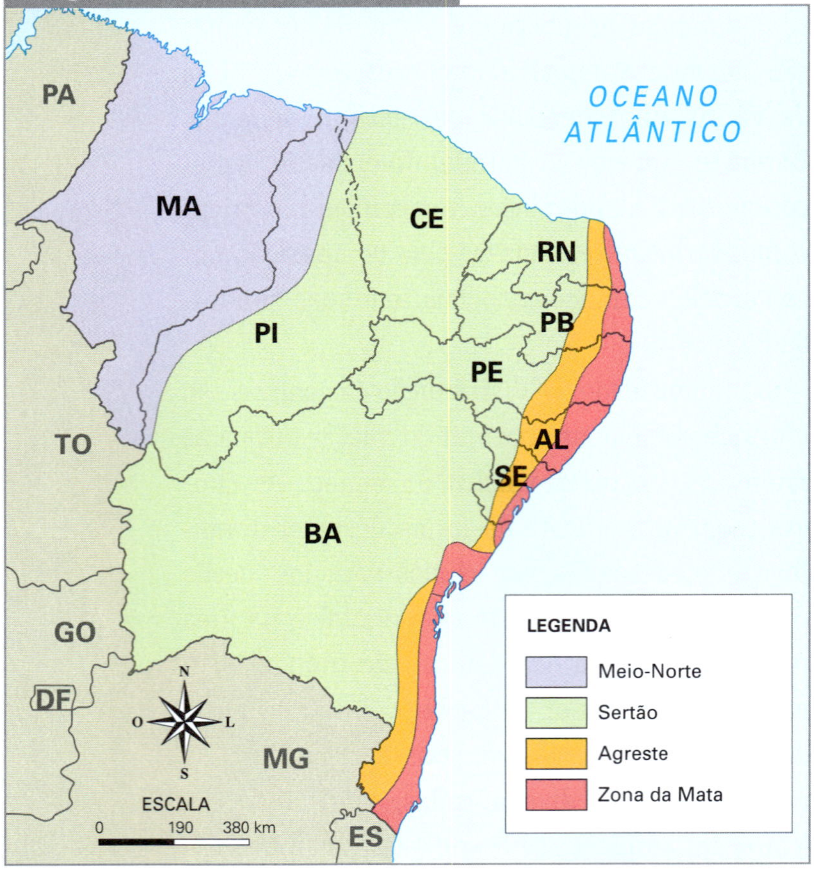

FONTE: *A TERRA E O HOMEM NO NORDESTE*. ANDRADE, M. C. SÃO PAULO: CORTEZ, 2005.

Meio-Norte: um pouco do Norte e um pouco do Nordeste

Essa sub-região compreende o estado do Maranhão e a porção ocidental (oeste) do Piauí. Como o nome indica, apresenta muitas características da região Norte, sua vizinha mais próxima, e outras do Nordeste. Por isso, o Meio-Norte pode ser considerado uma **área de transição** entre a Amazônia e o Sertão nordestino, principalmente do ponto de vista do clima e da vegetação.

No relevo do Meio-Norte predominam as áreas sedimentares, tanto no litoral como no interior. Na faixa litorânea, são comuns largas praias e também grandes extensões de **dunas**, como as que fazem parte do Parque Nacional dos Lençóis Maranhenses.

CLAUDIO LARANGEIRA/EDITORA ABRIL

Lagoas sazonais no Parque Nacional dos Lençóis Maranhenses (MA), 2000.

A paisagem do Meio-Norte é muito bonita, com altitudes que vão se elevando em direção ao interior, onde não ultrapassam os 800 metros. Na porção centro-sul, predominam as chapadas com formato de mesa. Essas chapadas recebem o nome de "serras", como as da Desordem e das Alpercatas, no Maranhão, e as da Gameleira e Grande, no Piauí.

O principal rio do Meio-Norte é o Parnaíba, que tem 1 716 km de extensão e separa os estados do Maranhão e do Piauí. Trata-se de um rio perene que, no entanto, recebe rios temporários como afluentes, como o rio das Balsas e o Gurgueia. Os rios do leste maranhense, como o Gurupi, o Turiaçu, o Mearim e o Pindaré, são caudalosos e, junto com o Parnaíba, formam a **bacia do Meio-Norte**. Eles também fazem parte da divisão hidrográfica do Atlântico Nordeste Ocidental.

A sub-região do Meio-Norte está sob o domínio de elevadas temperaturas anuais (27 °C e 28 °C). As amplitudes térmicas são menores no litoral. Em Teresina, por exemplo, situada no interior, os termômetros já marcaram 40 °C à tarde e 10 °C à noite. Também chove mais nas áreas litorâneas que no interior.

A umidade aumenta à medida que se vai do Sertão nordestino para o oeste. As diferenças de umidade são responsáveis pela sucessão de distintas coberturas vegetais nesse mesmo sentido: Caatinga, Cerrado, mata dos Cocais e floresta equatorial. As duas primeiras aparecem no sudeste da sub-região. A mata dos Cocais é a vegetação típica do Meio-Norte, e a floresta equatorial pode ser encontrada no extremo oeste do Maranhão. Veja os mapas ao lado.

Região Nordeste: vegetação original

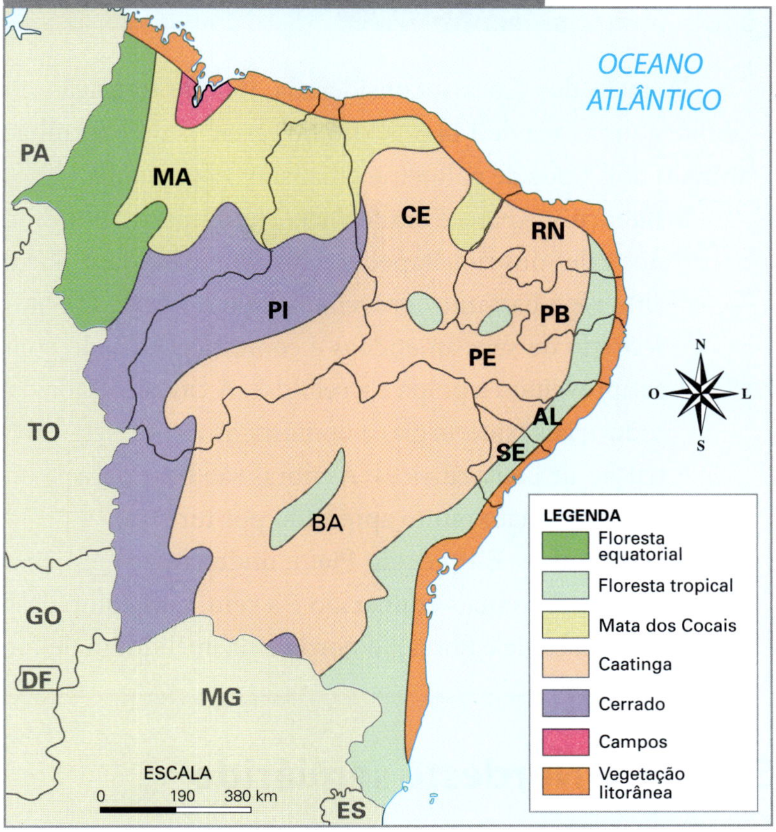

FONTE: *GEOGRAFIA DO BRASIL – REGIÃO NORDESTE*. RIO DE JANEIRO: IBGE, 1977. VOL. 2.

Região Nordeste: vegetação atual

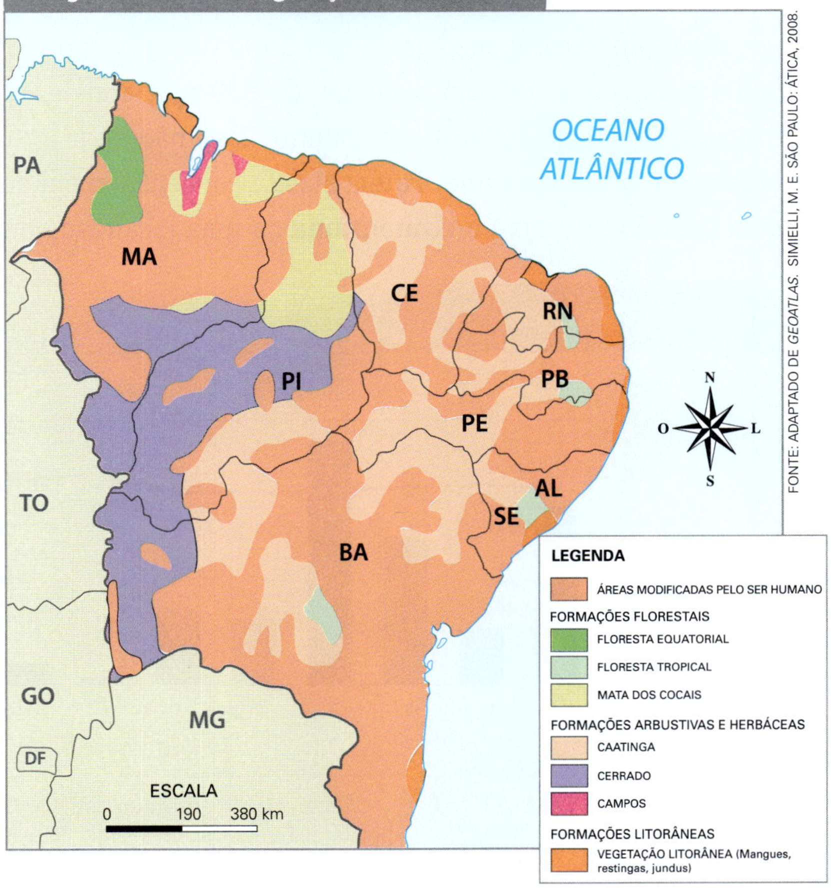

FONTE: ADAPTADO DE *GEOATLAS*. SIMIELLI, M. E. SÃO PAULO: ÁTICA, 2008.

Aprendendo mais

A mata dos Cocais, considerada área de transição entre a caatinga e a floresta equatorial, abrange uma área de 144 583 km² nos estados do Maranhão e do Piauí. Nesse ecossistema predominam dois tipos de palmeira: o babaçu e a carnaúba.

Ciências

- **Babaçu** – Aparece em formações compactas e uniformes – os babaçuais –, principalmente nos vales dos rios Itapecuru, Mearim e Pindaré. Sua palmeira pode atingir até 20 metros de altura e é bastante aproveitada pelo homem. O palmito é utilizado como alimento; o óleo retirado de suas amêndoas é comestível e usado como lubrificante e combustível; também se aproveitam a polpa e a celulose. A casca é usada na fabricação de carvão vegetal para fins industriais (siderurgia) e domésticos (biodiesel). Os troncos e as folhas servem para a construção de casas rústicas. As fibras são base para a confecção de bolsas, cintos e esteiras, um rico artesanato muito apreciado por turistas.
- **Carnaúba** – É típica do Piauí, onde cresce em baixadas mais úmidas de clima semiárido. Seu produto mais conhecido é a cera, mas como dessa palmeira tudo pode ser aproveitado (folhas, caule e fibras), o nordestino apelidou-a de "árvore-providência".

Sertão: o Nordeste semiárido

Essa sub-região nordestina é muito conhecida por apresentar um problema que, ao longo dos séculos, as autoridades brasileiras não conseguiram resolver: as secas que periodicamente castigam a sua população.

As temperaturas médias anuais do Sertão são superiores a 23 °C. A quantidade de chuvas pode variar de 1 500 mm a menos de 500 mm anuais, característica que torna essa área um exemplo único no território brasileiro. Isso não seria problema se as chuvas se distribuíssem igualmente durante o ano. Porém elas se concentram em determinados meses e, em alguns anos, nem ocorrem. Observe o **climograma** de uma localidade do Sertão do Nordeste.

Quixeramobim (Ceará)

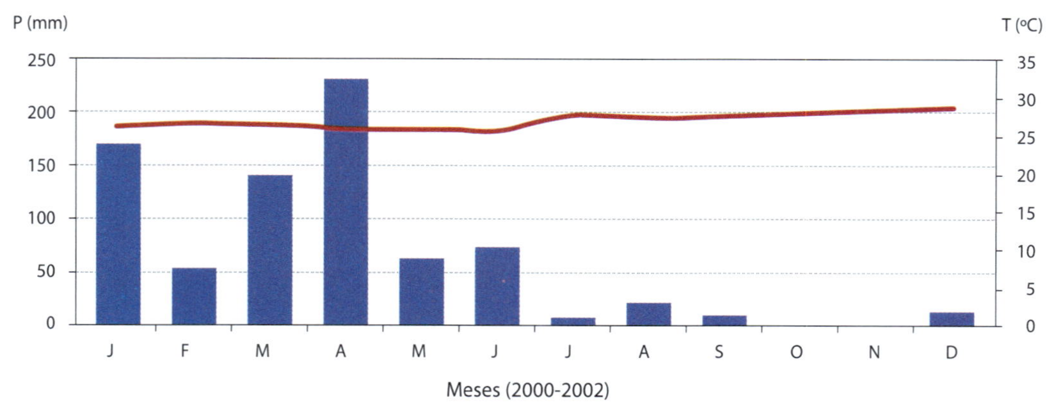

Fonte: 3º Disme (Distrito de Meteorologia) do Inmet (Instituto Nacional de Meteorologia). Disponível em: <http://www.pgb.ufrpe.br/doctos/Tese_Sergio_Romero_da_Silva_Xavier.pdf>. Acesso em: janeiro de 2009.

Trabalhando com gráficos

Matemática

Observe o gráfico da página ao lado e, com base nas informações que ele contém, responda no caderno:

1. Período de concentração das chuvas.
2. Meses mais chuvosos.
3. Período seco.
4. Meses mais secos.
5. Estações do ano mais chuvosas.

O problema das secas no Sertão é agravado pelo fato de as chuvas se concentrarem em um período curto, que corresponde ao verão e ao início do outono.

Em épocas normais, as chuvas começam em meados de dezembro, aumentam em março e abril e começam a diminuir a partir de maio e junho. Esse período é chamado de "inverno" pelos habitantes da região. Em junho, tem início a época da seca ou o "verão". Em alguns anos, chegam os meses de dezembro e janeiro e as chuvas não caem. Se a situação prossegue até abril, ocorrem as grandes secas, com consequências gravíssimas para a população local, como perda de lavouras e morte do gado.

A área atingida pelas secas ultrapassa as fronteiras dos estados nordestinos, atingindo também parte do norte de Minas Gerais. O conjunto forma a região conhecida como **Polígono das Secas**, que tem sido alvo de políticas públicas para aliviar de alguma forma as dificuldades da população. O organismo governamental responsável pela política de combate às secas é o DNOCS (Departamento Nacional de Obras contra as Secas). No próximo capítulo, você vai aprender mais sobre as secas no Sertão nordestino.

Há duas explicações possíveis de ordem natural para a escassez de chuvas no Sertão e as secas nesta sub-região: a disposição do seu relevo e o regime das massas de ar.

O Polígono das Secas

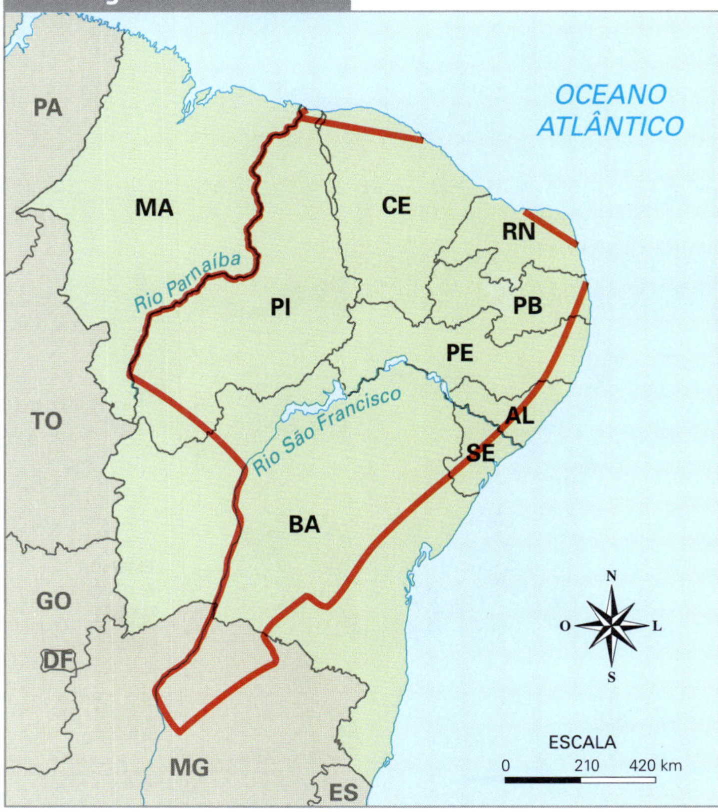

FONTE: ADAPTADO DE MARIA ELENA SIMIELLI. *GEOATLAS*. SÃO PAULO: ÁTICA, 2008.

A barreira do relevo

O relevo da região Nordeste é formado predominantemente por planaltos e depressões e uma faixa litorânea onde se destacam planícies e **tabuleiros**.

Região Nordeste: formas de relevo

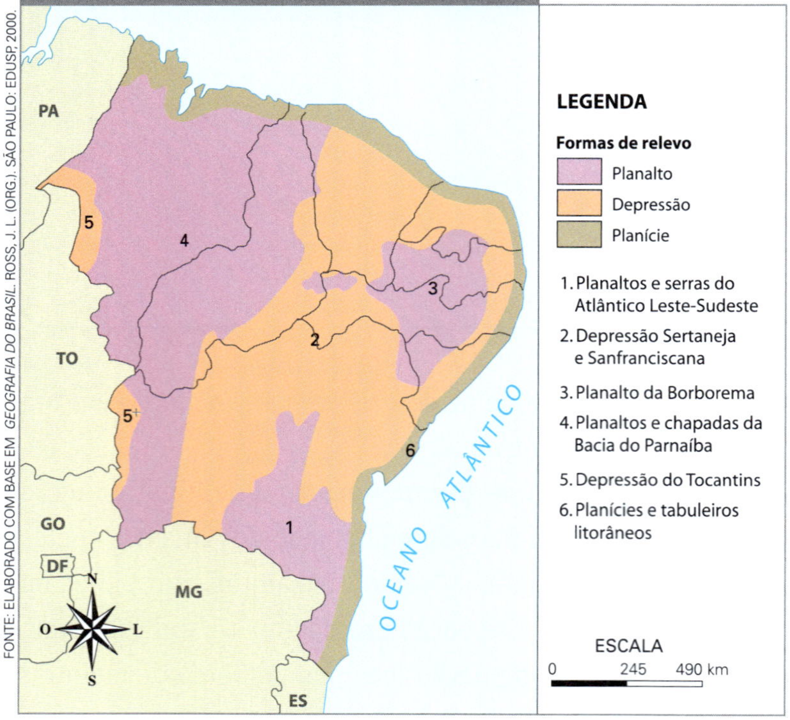

FONTE: ELABORADO COM BASE EM *GEOGRAFIA DO BRASIL*. ROSS, J. L. (ORG.). SÃO PAULO: EDUSP, 2000.

Região Nordeste: serras, chapadas e o planalto da Borborema

FONTE: ADAPTADO DE *GEOATLAS*. SIMIELLI, M. E. SÃO PAULO: ÁTICA, 2006. P. 130.

No relevo regional destacam-se o planalto da Borborema, as chapadas, como a de Apodi, Diamantina, Ibiapaba (ou serra Grande) e do Araripe, e as serras, como a Dois Irmãos, dos Cariris Velhos e de Uruçuí. Veja a localização desses **acidentes** do relevo nordestino no mapa abaixo. A depressão Sanfranciscana ocupa o centro da região. No limite com a região Centro-Oeste, ergue-se o espigão Mestre.

A disposição dos acidentes do relevo nordestino, como o planalto da Borborema ou a chapada Diamantina, é um dos fatores responsáveis pela escassez de chuvas na sub-região do Sertão.

Como você notou no mapa das formas de relevo, as elevações formam uma "barreira" que impede a passagem dos ventos carregados de umidade, vindos do oceano Atlântico, ou seja, do leste para o interior.

Veja no esquema a seguir como isso ocorre:

Chuvas orográficas (chuva de montanha)

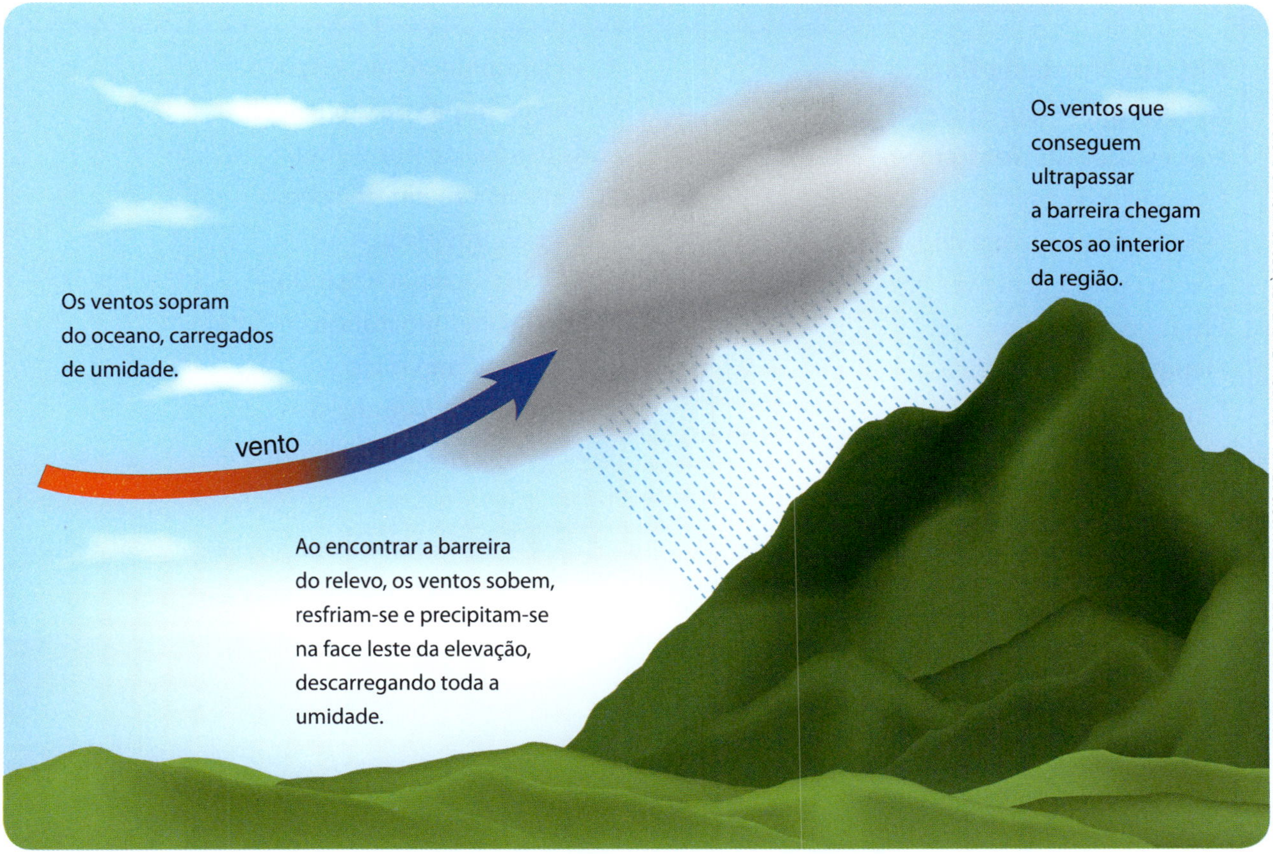

FONTE: ADAPTADO DE JEAN-FRANÇOIS BEAUX. *L'ENVIRONNEMENT*, REPÈRES,PRATIQUES. PARIS, NATHAN, 1998.

Os ventos que fazem chover no Sertão

Os **ventos alísios**, vindos do hemisfério norte, têm importante participação no regime de chuvas do Sertão, que ocorrem no período entre março e maio. A parte localizada mais ao sul do Sertão sofre a influência das massas de ar frio vindas do Sul e do Sudeste que, ao encontrar o ar quente predominante nessa área, formam chuvas. Isso acontece nos meses da estação mais fria. Os ventos úmidos, vindos do leste, têm a sua ação prejudicada pela presença das barreiras do relevo, como você viu no esquema anterior.

O fenômeno El Niño, que é o aquecimento anormal das águas do oceano Pacífico, na costa do Peru, também é responsável pelas secas nordestinas.

Caatinga – a vegetação do Semiárido

Devido ao seu clima semiárido e solos pouco espessos, a vegetação predominante no Sertão é a **Caatinga**, cujas plantas (**xerófitas**) são adaptadas à falta de chuvas. Essa vegetação perde as folhas na época das chuvas ou apresenta espinhos no lugar de folhas. Algumas espécies armazenam água nos troncos ou nas raízes para ser utilizada em épocas mais secas. Apesar de seu aspecto sem cores, que parece sem vida na época de estiagem, a Caatinga é um ecossistema extremamente rico em espécies vegetais e animais.

Oficina de texto

ABC do Nordeste flagelado

A – Ai como é duro viver
Nos estados do Nordeste,
Quando o nosso Pai Celeste
Não manda a nuvem chover.
É bem triste a gente ver
Findar o mês de janeiro,
Depois findar fevereiro
E março também passar,
Sem o inverno começar
No Nordeste brasileiro.

Língua Portuguesa

B – Berra o gado impaciente
Reclamando o verde pasto,
Desfigurado e arrasto
Com o olhar de penitente;
O fazendeiro, descrente
Um jeito não pode dar
O sol ardente a queimar
E o vento forte soprando,
A gente fica pensando
Que o mundo vai se acabar.

C – Caminhando pelo espaço,
Como os trapos de um lençol,
Pras bandas do pôr do sol,
As nuvens vão em fracasso:
Aqui e ali um pedaço
Vagando... sempre vagando,
Quem estiver reparando
Faz logo a comparação
De umas pastas de algodão
Que o vento vai carregando
[...]

Cordel. Patativa do Assaré. Hedra, 2004, p. 121-2.

Durante a seca no Semiárido, criança busca água em cacimba no interior do Ceará, 2000.

JUCA MARTINS/PULSAR IMAGENS

➠ Responda às questões no seu caderno.

1. Quando o poeta diz: "Ai, como é duro viver nos estados do Nordeste", a que sub-região ele se refere?

2. Nos versos "e março também passar, / sem o inverno começar / no Nordeste brasileiro", o inverno é a estação do ano que começa em 21 de junho?

3. Explique por que o autor diz que é triste março passar sem chover.

O Velho Chico e muitos rios temporários

Outra consequência da escassez de chuvas no Sertão é a existência de rios que, durante os períodos de seca, perdem totalmente suas águas, parecendo longos caminhos de areia. São os **rios temporários**.

O mais importante rio do Sertão nordestino é o São Francisco, também chamado de Velho Chico. Ele nasce na região Sudeste, no estado de Minas Gerais, e desemboca no oceano Atlântico, entre Sergipe e Alagoas. Sua presença é extremamente importante para a vida humana e econômica das áreas que atravessa. Suas águas são utilizadas para projetos de irrigação e para a construção de hidrelétricas. O rio São Francisco é navegável em grande parte de seu curso.

AGLIBERTO LIMA/AGÊNCIA ESTADO

O rio São Francisco foi por muito tempo considerado o "rio da integração nacional", por ter servido de orientação por água e terra para tropeiros, mineradores e viajantes. A foto mostra uma "gaiola", nome popular dos barcos que navegam no rio, transportando passageiros e mercadorias.

Agreste

O Agreste é a menos extensa das sub-regiões nordestinas, funcionando como faixa de transição entre o Sertão e a Zona da Mata.

Em seus trechos mais secos, apresenta algumas características do Sertão, como a Caatinga. Em seus trechos mais úmidos, tem características da Zona da Mata, como a floresta tropical.

Zona da Mata

Nesta sub-região, domina o clima tropical úmido, com médias entre 25 °C e 26 °C e chuvas de outono-inverno que podem chegar a 2400 mm anuais. É o antigo domínio da mata Atlântica, quase toda derrubada pela ocupação humana na região Nordeste (a exploração do pau-brasil, a lavoura da cana-de-açúcar e a construção de cidades).

O relevo é levemente ondulado, atravessado por rios perenes, pertencentes à região hidrográfica Atlântico Nordeste Oriental. Entre esses rios estão o Capiberibe (Pernambuco), o Paraíba do Norte (Paraíba), o Vaza-Barris, o de Contas e o Paraguaçu (Bahia).

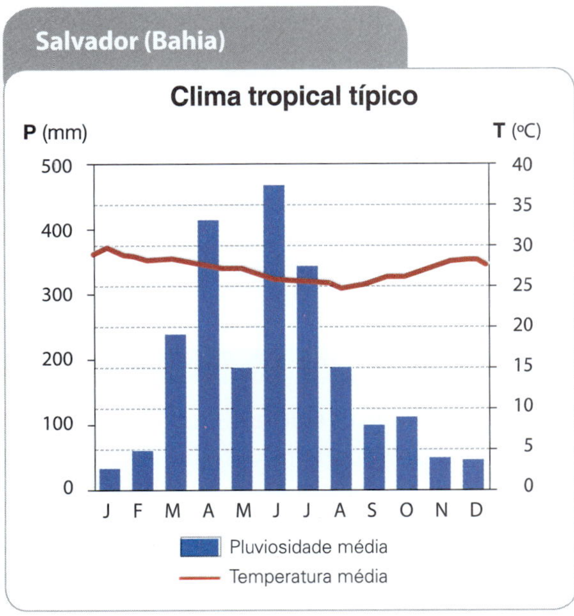

Fonte: IBGE. *Anuário Estatístico do Brasil 1999.*

Repensando o capítulo

Faça no caderno as atividades a seguir.

1 Compare a sub-região da Zona da Mata com a sub-região do Meio-Norte com base em suas localizações geográficas e vegetações.

2 Leia o texto e depois responda à questão:

> O bioma Caatinga apresenta uma surpreendente diversidade de ambientes, proporcionada por um mosaico de tipos de vegetação, em geral caducifólia, xerofítica e, por vezes, espinhosa.
>
> ALMEIDA-CORTEZ, Jarcilene S. *Caatinga*. São Paulo: Harbra, 2007. p. 20. (Col. Biomas do Brasil.)

- Procure no capítulo e no dicionário o significado de "caducifólia" e "xerofítica".

3 Localize a cidade de Mossoró em um mapa do Nordeste para explicar esta previsão do tempo do dia 23 de setembro de 2007.

Mossoró
Domingo, 23/9/2007

mín: 22 C
máx: 37 C
prob*: 00%
mm: 00 mm

Sol e poucas nuvens

* **Prob**: probabilidade de chuva (%).

Fonte: Jornal *O Mossoroense*, Mossoró, RN, 23/9/07. p. 1.

Glossário

ABC: composição poética popular em que as estrofes começam com as primeiras letras do alfabeto.
acidente (geográfico): aspecto diferenciado no relevo terrestre. Uma serra, um golfo, um planalto, um pico, por exemplo, são acidentes geográficos.
climograma: gráfico usado para representar o clima de um determinado lugar durante um ano.
duna: colina de areia formada pelo vento em áreas litorâneas e desertos.
tabuleiro: relevo que aparece no litoral do Nordeste e se caracteriza por grandes paredões de rochas sedimentares.
ventos alísios: ventos que sopram durante todo o ano dos trópicos para o equador.

Outras fontes de informação

Por dentro da rede (acesso em dez. 2008)
- www.wwf.org.br/natureza_brasileira/biomas/bioma_caatinga/index.cfm

Consultando a biblioteca
- *Caatinga*, de Jarcilene S. Almeida-Cortez e outros, Harbra, 2007.
- *Nordeste: mito ou realidade*, de Yná Andrigueti, Moderna, 2002.
- *Nordeste*, de Paulo Roberto Moraes e Carlos Fioravanti, Harbra, 2007.
- *Secas no Nordeste*, de Fernando Portella e Joaquim Correa de Andrade, Ática, 2005.

O casario e as igrejas que você vê nas fotos revelam a antiguidade da ocupação da região Nordeste, "berço da nação brasileira". Como você já estudou, essa foi a primeira região a ter uma atividade econômica organizada no Brasil.

Capítulo 6

Os habitantes do Nordeste

ZIG KOCH/OLHAR IMAGEM

Casarões coloniais da Rua XV de Novembro em Olinda, Pernambuco, 2007.

Aspecto do largo do Pelourinho, Salvador, Bahia, 2007.

ROGÉRIO REIS/PULSAR IMAGENS

Neste capítulo você vai conhecer as atividades econômicas que contribuíram para o povoamento e a organização do território nordestino.

Tudo começou com a cana-de-açúcar

A ocupação do Nordeste pelos portugueses teve início no século XVI, com o estabelecimento das primeiras vilas e cidades. Isso se deu em terras localizadas na sub-região da Zona da Mata, pertencentes aos atuais estados da Bahia e de Pernambuco.

São cidades da década de 1530: Porto Seguro e Ilhéus (Bahia) e Igaraçu, Olinda e Recife (Pernambuco). Em 1549, foi fundada a cidade de Salvador (Bahia), primeira capital da Colônia. No final do século XVI, duas outras cidades foram fundadas na região: Natal (Rio Grande do Norte) e a atualmente chamada João Pessoa (Paraíba).

O litoral norte da região Nordeste, que não pertence à Zona da Mata, não foi povoado sob a influência da cana-de-açúcar. O povoamento ocorreu mais tarde, com a fundação da cidade de São Luís (Maranhão), em 1612, e da vila de Aquiraz (Ceará), em 1700.

HAROLDO PALO JR / KINO.COM.BR

João Pessoa, capital do estado da Paraíba, foi fundada no século XVI com o nome de Filipeia de Nossa Senhora das Neves. Na foto, vista da cidade em 2004.

GENTIL BARREIRA / IMAGEM BRASIL

São Luís, cidade fundada por franceses em 1612 às margens da baía de São Marcos, no Maranhão. Na foto, vista da cidade em 2003.

Entretanto, só a fundação de cidades não garantia a fixação da população. Era necessária uma atividade econômica que assegurasse a sobrevivência das pessoas na nova terra. Essa atividade foi a cana-de-açúcar, que encontrou na região condições favoráveis para o seu cultivo, como o clima tropical e o fértil solo de **massapê**.

Além de fixar a população e promover o povoamento da sub-região da Zona da Mata, por longo tempo a cana-de-açúcar deu destaque ao Nordeste na economia da nova colônia portuguesa. Não demorou muito para que, na busca de mão de obra, a região recebesse grande contingente de africanos, que passariam a ser parte importante da população nordestina.

Aprendendo mais

Africanos no Brasil

Os historiadores nunca chegaram a um consenso em relação ao total de africanos que foram trazidos ao Brasil na condição de escravos. Algumas fontes históricas falam em 3,5 milhões, outras afirmam que foram 6 milhões.

História

Os **quilombos** constituíram as principais formas de resistência contra a escravidão. O mais importante deles, o **Quilombo dos Palmares** (1597-1695), localizava-se em terras que hoje pertencem ao estado de Alagoas, na região Nordeste. Nele destacou-se um jovem chamado Zumbi. O dia 20 de novembro, aniversário da morte de Zumbi, é comemorado no Brasil como o Dia Nacional da Consciência Negra.

O Brasil Colônia foi o maior produtor mundial de cana-de-açúcar até o início do século XVII. A colonização e a produção basearam-se no trabalho escravo africano, na grande propriedade rural (latifúndio) e no cultivo exclusivo de um produto agrícola (monocultura), a cana-de-açúcar. Esse cultivo era voltado para a exportação, sem atender às necessidades internas da Colônia.

Oficina de texto

A partir da chegada dos **donatários**, a cultura açucareira adquiriu estupendo impulso no Brasil. Impossibilitados por lei de explorar o pau-brasil (monopólio da Coroa), os donatários – Duarte Coelho à frente – trouxeram consigo colonos da ilha da Madeira, deram início à derrubada das matas litorâneas e instalaram os primeiros engenhos. O aumento da população na Europa, a relativa queda do preço do produto, a fertilidade do massapé nordestino – tudo contribuiu para tornar o açúcar um produto cada vez mais consumido nas cidades e disputado no mercado.

Em 1628, havia em torno de 235 engenhos instalados no Nordeste.

História

Eduardo Bueno. *Brasil: uma história*. São Paulo: Ática, 2003. p. 44-45.

Consulte seus professores de História e de Geografia e responda, no caderno, às questões propostas.

1. De qual capitania hereditária Duarte Coelho era donatário?
2. Quais foram as principais condições naturais favoráveis ao cultivo da cana-de-açúcar?
3. No texto, você encontra mais uma condição favorável para esse cultivo na época. Qual é ela?
4. A riqueza propiciada pela cana-de-açúcar do litoral do Nordeste atraiu a cobiça de outros povos europeus, que invadiram a região. Quais foram esses povos, onde e quando eles se estabeleceram no Nordeste?
5. Pergunte ao seu professor de Língua Portuguesa nomes de dois importantes escritores brasileiros que tiveram como tema de suas obras a cana-de-açúcar no Nordeste. Escreva, no seu caderno, esses nomes e pelo menos duas de suas obras.

Língua Portuguesa

O povoamento do Sertão: gado e missões religiosas

Enquanto o litoral era ocupado pela cana-de-açúcar, nos séculos XVI e XVII, o interior do atual Nordeste era uma grande extensão de terra a desbravar, habitada apenas pelos povos indígenas. No início da ocupação da região, os portugueses chamavam de "sertão" tudo aquilo que não fosse o litoral.

A **criação de gado** e as **missões religiosas** destacaram-se na difícil tarefa de explorar o interior, área que hoje chamamos de Sertão.

As missões eram aldeamentos fundados pelos padres jesuítas com o objetivo de converter os indígenas à fé católica. Esses aldeamentos deram origem a muitas cidades do interior do Maranhão, do Ceará, de Alagoas, da Paraíba e da Bahia.

Mais importante ainda foi a criação de gado, pela dimensão da área que ajudou a povoar. Os animais forneciam o couro, a carne para alimentação, moviam as moendas e transportavam a cana. A pecuária foi, portanto, uma atividade muito lucrativa e tinha mercado garantido nos engenhos da Zona da Mata. Nessa interiorização, muitas fazendas, chamadas "currais", foram formadas no vale médio do rio São Francisco, no Piauí e nos planaltos nordestinos. O gado trazido pelos colonizadores era deixado em currais. Em geral eram dez vacas e um touro, além de um casal de escravos para trabalhar. Desta maneira, formaram-se as primeiras vilas nas margens do São Francisco e o rio passou a ser conhecido também como "rio dos Currais".

Sedes de fazendas de gado foram núcleos que depois constituíram cidades. Um exemplo é Oeiras (1761), antiga capital do estado do Piauí. Veja o mapa ao lado.

Além das missões religiosas e da criação de gado, a cultura do algodão também foi fator importante do povoamento do Sertão nordestino.

Região Nordeste: os caminhos do gado no século XVII

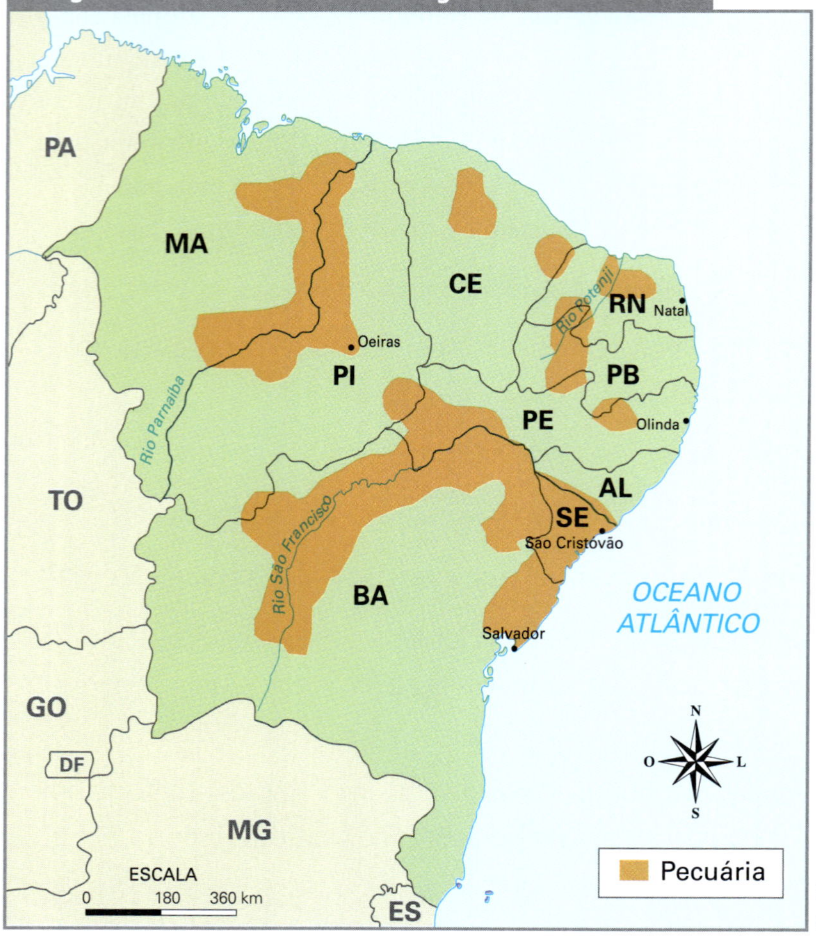

Fonte: elaborado com base em *Atlas histórico escolar*. Rio de Janeiro: MEC/Fename. 1991.

Povoamento mais recente

Já no século XX, novas correntes de povoamento foram significativas para o Nordeste. Seringueiros e garimpeiros ocuparam o leste do Maranhão (década de 1930) e a construção da rodovia Belém-Brasília (década de 1960) atraiu população para o sudoeste do Maranhão. No início do século XXI, verificou-se um expressivo movimento de migração de agricultores do Rio Grande do Sul, que ocuparam áreas do sul do Piauí e do Maranhão. No Piauí, eles são chamados de "piúchos".

Uma região de emigração

Uma das principais características da população nordestina, sobretudo durante o século XX, é a sua mobilidade. A região se firmou como a principal região de **emigração** do país. Analise os dados da tabela ao lado.

Participação dos nordestinos na população total do país (%)

Ano	Participação
1872	47,7
1920	36,7
1970	28,6
2007	27,6

Fonte: IBGE. *Censos demográficos.*

Como você pode ver, o Nordeste tinha, em 1872, quase metade da população total do país, mas tem hoje menos de um terço. Note também que houve uma estabilidade das porcentagens de 1970 para 2007. Isso reflete a diminuição da saída de emigrantes do Nordeste e o início da volta de pessoas que deixaram a região para viver em outros lugares.

Entre os principais motivos dessa grande emigração nordestina estão as secas no Sertão e o desemprego, principalmente nas áreas rurais. Por isso podemos dizer que o movimento populacional que mais marca a região Nordeste é o **êxodo rural**, isto é, a saída de pessoas do campo para a cidade.

Oficina de texto

Língua Portuguesa
História

Seca no Nordeste: castigo da natureza ou dos homens?

[...] Recebemos da zona da seca – assim podemos chamá-la, visto que a seca já é cíclica – uma carta dolorida de quem ainda confia em Deus, mas perdeu toda a confiança nos homens, especialmente nos políticos do lugar, e não é para menos. Quantos sofrimentos, quantas caminhadas para ter uma

RENATO SPENCER / JC IMAGEM

Operários trabalham na construção da Ferrovia Transnordestina, em Salgueiro (PE), 2008. Prevista para ser concluída em 2010, essa obra faz parte das "frentes de trabalho" cuja finalidade é diminuir os efeitos da seca para a população do Sertão nordestino.

lata de água barrenta que dá cólicas e disenterias, que não mata a sede, quando na mesma caatinga estorricada pelo sol a mansão do político tem piscina até de água mineral, plantas vicejantes regadas pela antiga Sudene, reses bem alimentadas [...].

Em novembro, os pequenos açudes já estavam secos e barrentos. O sertanejo está vivendo o enésimo drama da seca nordestina que dura séculos. Tenta sobreviver de qualquer maneira, esperando o socorro dos carros-pipas: quando chegam (se é que chegam) é como festa de Natal que, aliás, este ano não tiveram.

Temos de reconhecer que algumas prefeituras estão tentando algo como carros-pipas, algumas adutoras, mas tudo insuficiente para atender à demanda dos flagelados, alguns açudes, ainda inacabados, cujo resto de água podre nem serve para matar a sede dos animais.

O *Diário do Nordeste*, na folha regional do dia 5 de novembro, relata o que parece um absurdo. "O garoto Francisco José, de apenas 12 anos, conta que sai de casa todos os dias, do distrito de Cipó dos Anjos – parece ironia –, para conseguir água para a família. Ele caminha mais de seis quilômetros para conseguir abastecer a pequena pipa carregada por um jumento. Só que o garoto não monta no animal. 'O jumento não aguenta o meu peso, pois ele já sofre muito com a seca.' Francisco José diz que não tem vergonha de fazer o que faz. Afirma que, se pudesse, trabalharia nas frentes de trabalho. O pai dele trabalha nas frentes de serviço e a mãe é doente".

Ernesto Arosio, Revista *Mundo e Missão*, nº 31, outubro de 1999.

1. O texto fala em frentes de trabalho. Pesquise, em dupla e com a ajuda de seu professor, sobre esse assunto e escreva no seu caderno o que descobriram.
2. Pelo que você ficou sabendo das frentes de trabalho, elas resolvem o problema dos nordestinos do Sertão durante as secas?

Existem também movimentos populacionais dentro da própria região Nordeste. Entre eles, destaca-se a ida de trabalhadores do Sertão e do Agreste para a Zona da Mata. Eles vão em busca de trabalho na lavoura da cana-de-açúcar ou nas grandes cidades da sub-região.

Você sabe quem são os **corumbas**? São trabalhadores que se dirigem à Zona da Mata durante as épocas em que aumenta a procura por mão de obra na lavoura da cana (plantio e colheita). Quando o trabalho acaba, eles regressam para a sua sub-região de origem.

Distribuição desigual da população

A região Nordeste como um todo possui o segundo maior contingente populacional do país. Sua densidade demográfica é alta, mais ou menos 30 hab./km^2, principalmente se comparada com a de outras regiões do país.

As mais altas densidades demográficas estão na Zona da Mata e as mais baixas, no Sertão. Assim, temos áreas de forte concentração populacional na Zona da Mata de Pernambuco, Paraíba, Alagoas e Sergipe. Também são concentradoras as regiões do Recôncavo Baiano (área situada ao redor de Salvador) e a Região Metropolitana de Fortaleza. As áreas pouco povoadas estão no sul do Maranhão, no centro-sul do Piauí e no oeste de Pernambuco e da Bahia.

EDUARDO KNAPP/FOLHA IMAGEM

Multidão acompanha o desfile do bloco Galo da Madrugada, em Recife (PE), no carnaval de 2004, atravessando a ponte Duarte Coelho, sobre o rio Capibaribe.

SÍLVIO KLIGIN/ARQUIVO DA EDITORA

Vaqueiro em estrada de terra no município de Limoeiro do Norte, Ceará. Foto de 2007.

Região Nordeste: densidade demográfica

LEGENDA
DENSIDADE DEMOGRÁFICA (Habitantes por km²)
- MENOS DE 1
- 1 – 10
- 10 – 50
- 50 – 200
- MAIS DE 200

ELABORAÇÃO: SIMIELLI, 2006, com dados do Censo Demográfico 2000 e do Atlas nacional do Brasil, 2002. © 2006, M. E. Simielli.

FONTE: ADAPTADO DE MARIA ELENA SIMIELLI. *GEOATLAS*. SÃO PAULO: ÁTICA, 2006. P. 120.

Grande número de mestiços

Os mestiços ou pardos representam o maior grupo étnico do Nordeste: 61,5% (2007). Esse grupo é representado por três processos de miscigenação dos quais resultam: os **caboclos** ou **mamelucos** (branco com índio), os **cafuzos** (negro com índio) e os **mulatos** (negro com branco).

Os caboclos são encontrados principalmente no Meio-Norte e no Sertão; os mulatos, nas áreas onde os africanos escravizados foram introduzidos em maior número (Zona da Mata); os cafuzos, muito numerosos, no Maranhão.

O Nordeste tem o segundo maior contingente de negros do país, produto do elevado número de africanos trazidos para trabalhar principalmente na lavoura da cana-de-açúcar. As áreas nordestinas que concentram o maior número de negros são: a Zona da Mata, da Paraíba até Alagoas, o litoral do Maranhão e o Recôncavo Baiano.

No Nordeste, a populacão branca descende dos colonizadores portugueses ou dos invasores holandeses e franceses. É muito menor a presença de imigrantes europeus no Nordeste que no Sul e no Sudeste. Mais recentemente, as cidades litorâneas da região têm recebido um tipo diferente de imigrante. São idosos, vindos de países europeus (principalmente Portugal), que procuram um clima mais quente e um custo de vida mais baixo.

Indicadores sociais pouco satisfatórios

No capítulo 4, na tabela da página 40, você já viu que indicadores como natalidade, mortalidade, mortalidade infantil, esperança de vida e analfabetismo são piores no Nordeste do que em outras regiões do Brasil.

A região Nordeste também não se sai muito bem em indicadores como renda e concentração de renda. A renda média do trabalhador nordestino é a mais baixa do Brasil. A região apresenta o maior grau de **concentração de renda**, o que reforça a existência de grandes desigualdades sociais na população nordestina.

Repensando o capítulo

Faça no caderno as atividades a seguir.

1 O economista Celso Furtado, em sua obra *Formação econômica do Brasil* (São Paulo: Nacional, 1977, p. 57), fala da "formação de um sistema econômico de alta produtividade e em rápida expansão na faixa litorânea do Nordeste brasileiro", nos séculos XVI e XVII.

a) Identifique o sistema ecônomico citado e a sub-região onde ele se desenvolveu.

b) Por que esse sistema econômico foi considerado de alta produtividade?

c) Apresente três características desse sistema econômico.

d) Pode-se afirmar que esse sistema econômico gerou riquezas para toda a população do Nordeste? Justifique a sua resposta.

2 Há uma importante obra sociológica brasileira intitulada *Casa grande & senzala*. Em duplas, pesquisem e respondam:

- Quem a escreveu?
- Quando ela foi publicada pela primeira vez?
- O que o título revela sobre a obra?

3 Leia o texto e responda às questões.

História

> **A presença negra teve início por volta de 1550 e, em menos de três séculos, no fim do período colonial, de cada três brasileiros, um era escravo africano ou tinha origem africana.**
>
> ARRUDA, José Jobson de A. e PILETTI, Nelson. *Toda a História: História Geral e História do Brasil*. 6. ed. São Paulo: Ática, 1996. p. 160.

- Por que o número de africanos escravizados foi tão alto no Brasil?

4 Observe a tabela da página 63 e responda:

a) Qual a principal conclusão que você tira dessa tabela?

b) Apresente a causa das porcentagens observadas na tabela.

5

> **[...] o problema não está nas secas, mas nas cercas dos grandes latifundiários.**
>
> PORTELLA, Fernando; ANDRADE Joaquim Correia de. *Secas no Nordeste*. 19. ed. São Paulo: Ática, 2005. p. 47. (Coleção Viagem pela Geografia).

- Você concorda com essa afirmação? Por quê?

Glossário

concentração da renda: situação em que a maior parte da riqueza do país ou de um lugar está nas mãos de poucas pessoas.
donatário ou capitão donatário: era a pessoa a quem o rei de Portugal concedeu uma ou mais das capitanias hereditárias em que a colônia brasileira foi dividida no século XVI.
emigração: saída de uma pessoa ou de um contingente de pessoas do lugar de origem para viver em outro.
massapê: solo argiloso, originado da decomposição do granito, de cor escura e favorável ao cultivo da cana-de-açúcar.
quilombo: local onde os escravos fugidos de fazendas se escondiam e formavam uma comunidade.

Outras fontes de informação

Por dentro da rede (acesso em dez. 2008)

- www.fgf.org.br/ – *site* da Fundação Gilberto Freyre.
- www.nossahistoria.net/
- www.sosracismo.pt

Consultando a biblioteca

- *A escravidão no Brasil*, de Júlio Quevedo, FTD, 1998.
- *No tempo das Missões*, de Maria Lúcia Mott, Scipione, 1998.
- *Palmares*, de Luiz Galdino, Ática, 2003.
- *Zumbi – O último herói dos Palmares*, de Carla Caruso, Callis, 2005.

O espaço rural do Nordeste é marcado por diversidades e contrastes, como você pode observar nas duas paisagens fotografadas. Cada sub-região tem suas características próprias.

Capítulo 7

O espaço rural na Zona da Mata e no Agreste

RUBENS CHAVES/PULSAR IMAGENS

Plantação de cana-de-açúcar na Usina Monte Alegre, em Mamanguape, na Zona da Mata da Paraíba, 2007.

RUBENS CHAVES/PULSAR IMAGENS

Propriedade agrícola familiar no Agreste paraibano, no município de Boa Vista, 2007.

Neste capítulo você vai estudar a agricultura e a pecuária praticadas em duas sub-regiões do Nordeste: a Zona da Mata e o Agreste.

Um grande potencial e muitos problemas

Leia a seguir duas afirmações do geógrafo e professor pernambucano Manuel Correia de Andrade (1922-2007), profundo conhecedor da sua região de origem.

> Apesar da imagem que se faz do Nordeste nos centros mais desenvolvidos do país, esta região tem grande importância econômica e social. Dispõe de riquezas ponderáveis em seu solo e subsolo. Possui um ponderável rebanho e dispõe de recursos minerais expressivos em petróleo, sal marinho. Seu litoral é piscoso e suas atividades econômicas se encontram em fase de modernização.
>
> *O Nordeste e a questão regional*. 2. ed. São Paulo: Ática, 1993. p. 13. (Série Princípios.)

> O Nordeste é a região mais pobre e com sérios problemas sociais e ecológicos a exigir solução.
>
> *A terra e o homem no Nordeste*. São Paulo: Cortez, 2005. p. 261.

As duas afirmações dão uma ideia da realidade socioeconômica do Nordeste: uma região com grande potencial e, ao mesmo tempo, com muitos problemas. Considerando os pontos positivos mencionados pelo autor dos textos acima, por que o Nordeste teria os piores resultados socioeconômicos entre as cinco regiões brasileiras?

Além das secas, os problemas do Nordeste, como a alta concentração da renda e da terra, que privilegia poucos em prejuízo de muitos, têm origem na história da região. Sem falar nas inadequadas políticas de administração.

Alguns dos principais problemas da atividade agrária no Nordeste são:

- fraco desenvolvimento de tecnologias modernas na pecuária e na agricultura;
- baixa produtividade nessas duas atividades em relação ao Centro-Sul;
- alto índice de concentração da terra (os latifúndios);
- secas;
- saída da população do campo para a cidade (o "êxodo rural");
- desertificação de uma grande área de solos cultiváveis na região;
- alto índice de concentração da renda, isto é, poucas pessoas com muito dinheiro e muitas pessoas com pouco.

A importância do espaço rural

Em 2006, 36,1% da população nordestina estava empregada na atividade agropecuária, o que dá a medida da importância desse setor na economia regional.

FABIO COLOMBINI/ACERVO DO FOTÓGRAFO

Plantação de caju no estado do Ceará, 2005.

A agropecuária abastece de matérias-primas grande número de indústrias, como as de açúcar ou de sucos de frutas – as chamadas **agroindústrias**. Entre os principais produtos da agroindústria nordestina, destacam-se: polpa e suco de frutas (caju, maracujá, abacaxi, goiaba), molho de tomate, óleos comestíveis (de soja e algodão) e não comestíveis (de mamona), castanha-de-caju, doces variados, produtos de milho (fubá e canjica) e rações para o gado (bovino e ovino).

A modernização do espaço rural

Desde a década de 1990, a agropecuária nordestina tem passado por um processo de modernização. Para a região, foi desenvolvido um projeto governamental de instalação de Polos de Desenvolvimento Integrados, que reúnem agricultura, pecuária e agroindústria. Os polos receberam investimentos para a irrigação das terras, pesquisa de tipos de solos e orientação para o cultivo do que se adaptaria bem à região.

Existe, porém, um grande problema no projeto de modernização da agricultura do Nordeste: não houve preocupação com a produção de alimentos para a população regional. Na contramão das necessidades das pessoas da região, o projeto foi voltado para o plantio de produtos destinados ao consumo do Centro-Sul do país ou ao mercado externo.

Aprendendo mais

Sudene

Não podemos estudar a evolução econômica do Nordeste sem mencionar as ações da Sudene (Superintendência do Desenvolvimento do Nordeste), criada em 1959, no governo do presidente Juscelino Kubitschek. A criação desse órgão fazia parte de uma política que visava reduzir as desigualdades entre as regiões e integrar aquelas que estavam isoladas economicamente do resto do país, entre elas o Nordeste.

A Sudene foi importante para a instalação de novos projetos agropecuários e industriais. Infelizmente não conseguiu solucionar os grandes problemas regionais: a falta de **reforma agrária** na Zona da Mata e as secas do Sertão.

O órgão foi extinto em 2001 por denúncias de desvio de dinheiro público e substituído pela Adene (Agência de Desenvolvimento do Nordeste).

Em 2006, o Congresso Nacional aprovou a lei que recriou a Sudene, mas até o início de 2009 o órgão não estava funcionando efetivamente.

A agropecuária na Zona da Mata

Na Zona da Mata do Nordeste, podemos destacar a atividade sucroalcooleira e a do cultivo de fumo ou tabaco, de cacau e de coco, também chamado coco-da-baía.

A atividade sucroalcooleira

A Zona da Mata recebeu esse nome porque era originalmente recoberta pela mata Atlântica (floresta tropical), hoje praticamente devastada. Atualmente a sub-região cultiva a cana-de-açúcar e produz açúcar, como no passado. Só que, agora, no lugar dos engenhos, temos as usinas, que produzem também o álcool. Não existe mais escravidão, mas as condições de trabalho são, de modo geral, muito precárias, e os salários, insuficientes para uma vida digna.

FRANS POST/MUSEU NACIONAL DE BELAS ARTES, RJ

Vista de um engenho de cana-de-açúcar, óleo sobre madeira de Frans Post, século XVII.

RUBENS CHAVES/PULSAR IMAGENS

Usina de álcool e açúcar em Santa Rita, na Zona da Mata da Paraíba, 2008.

Observe nas imagens acima as diferenças entre um engenho do tempo do auge da cana-de-açúcar e uma moderna usina sucroalcooleira do Nordeste.

Um dos grandes problemas sociais da sub-região da Zona da Mata é a concentração de terras rurais nas mãos de poucas famílias ou empresas. Essa situação pode ser em parte explicada pelo processo histórico de ocupação do território, desde a época das **capitanias hereditárias** e das **sesmarias**.

A luta pela terra deu origem aos movimentos pela reforma agrária. O mais conhecido é o MST (Movimento dos Trabalhadores Rurais Sem-Terra). Mas convém ter em mente que a concentração da terra não é problema apenas da Zona da Mata, mas de todo o Nordeste, como você pode verificar na tabela a seguir.

Nordeste: número de estabelecimentos agrários por categoria e percentuais em relação à área total

Categoria	Número de estabelecimentos (%)	Área (%)
Minifúndios	74,0	8,6
Pequenas propriedades	18,9	23,0
Médias propriedades	5,2	23,7
Grandes propriedades	1,4	40,0

Fonte: Disponível em: <www.incra.gov.br>. Acesso em: setembro de 2006.

O chamado "litoral açucareiro" estende-se do Rio Grande do Norte até Sergipe. A safra 2006--2007 foi responsável por 13,2% da produção de cana-de-açúcar, 8,3% da produção de álcool e 14,8% da produção de açúcar do país. Na região Nordeste, a maior produção de cana-de-açúcar é a do estado de Alagoas, terceiro lugar nacional. O estado de Pernambuco é o maior produtor regional de açúcar.

Oficina de texto

Língua Portuguesa

Cana-caiana

Pernambuco da cana-caiana
Do verde imburana,
Do cajá, do mel
Se destina, vida severina
A moer na usina o amargor do fel

Pernambuco dos olhos de holanda,
Do negro luanda
Cheirando a banguê
Se destina, vida severina,
A moer na usina, remoer, moer

No remoer de sol a sol
Para mover velho banguê
Remoer fazer forró
Arrasta-pé no massapé

Fonte: Alceu Valença. CD *Sol & Chuva*, 1997.

FABIO COLOMBINI/ACERVO DO FOTÓGRAFO

Depois de ler a letra da canção acima, responda às questões no caderno.

1. A que atividade a letra da música faz referência?
2. Por que o autor chama a vida de quem trabalha na usina de "vida severina"?
3. Por que a música fala em massapê?

No final do século passado e início deste, a atividade econômica de plantio da cana e de produção do açúcar e do álcool (sucroalcooleira), no Nordeste, passou por períodos difíceis. A consequência foi a grande diminuição do dinamismo de tempos anteriores. Anote as principais causas desse problema:

- a falta de chuvas e as pragas que atacaram as lavouras;
- a concorrência das áreas produtoras do Centro-Sul;
- a perda do apoio governamental com a extinção, em 1990, do IAA (Instituto do Açúcar e do Álcool), órgão que apoiava os produtores nordestinos.

Essa paralisia da atividade sucroalcooleira na Zona da Mata teve consequências graves, como o fechamento de várias usinas e o aumento do desemprego nas áreas rurais. Isso motivou a migração em massa de trabalhadores para as periferias das grandes cidades e a piora das condições de vida dessas pessoas.

A solução para esses problemas pode ser a diversificação de culturas e de atividades econômicas, que tem sido tentada principalmente em estados como Pernambuco e Paraíba. Para isso, é preciso que haja uma mudança na estrutura fundiária, ou seja, que se reveja o tamanho das propriedades e a forma como estão distribuídas.

Entre as atividades que podem ter sucesso na região e gerar renda e emprego estão a criação de peixes (aquicultura) e o cultivo de produtos agrícolas, como o abacaxi, a banana, o maracujá, o inhame, o caju e a mandioca. A floricultura e a plantação de eucalipto e de bambu também são atividades que podem dar bom resultado no combate à carência de emprego e de renda.

Tabaco e cacau

Na Zona da Mata, duas outras culturas se destacam pela antiguidade e produção:

- o **tabaco** ou **fumo**, matéria-prima para a indústria de cigarros e charutos, no Recôncavo Baiano (área localizada ao redor da baía de Todos-os-Santos) e em Alagoas;
- o **cacau**, matéria-prima para a fabricação do chocolate, no sul do estado da Bahia.

O tabaco

O estado da Bahia é ponto de início da cultura do tabaco no Brasil. A partir do século XIX, começou a se formar, no Recôncavo Baiano, um complexo agroindustrial de fumo que, até 1950, foi o maior do país.

Desde a década de 1960, porém, a produção da região vem decrescendo. Em 2006, a Bahia já era o quarto produtor brasileiro, perdendo para Santa Catarina, Rio Grande do Sul e Alagoas. Os municípios baianos de Santo Antônio de Jesus, Feira de Santana e Alagoinhas destacam-se como fumicultores.

RICARDO MALTA/N IMAGENS

Fábrica de charutos na cidade de Cachoeira, no estado da Bahia, s.d.

As fábricas de charutos, cigarrilhas e **fumo de corda** dos municípios de Alagoinhas, São Félix e Cruz das Almas são reconhecidas pela qualidade de sua produção.

Em Alagoas, o fumo é cultivado na região da cidade de Arapiraca, localizada no Agreste e denominada "capital do fumo".

O cacau

O cacau, nativo da América Central e da Amazônia, foi introduzido no século XVIII no sul da Bahia, região de clima semelhante ao de origem (equatorial superúmido), com sementes vindas do Pará.

Assim como o tabaco, o cacau já teve dias áureos e foi muito importante na economia da Bahia, na época dos poderosos "senhores do cacau", que mandavam na região onde o produto era cultivado. O escritor baiano Jorge Amado (1912-2001) retratou esse período em obras ambientadas no século XX e nos principais centros cacaueiros. É o caso de Ilhéus e de Itabuna, terra natal desse grande autor.

Oficina de texto

Ilhéus nascera sobre ilhas, o corpo maior da cidade numa ponta de terra, apertado entre dois morros. Ilhéus subira por esses morros – o do Unhão e o da Conquista – e invadira também as ilhas vizinhas. Numa delas ficava o arrabalde de Pontal, onde a gente rica da cidade tinha suas casas de veraneio. A população crescia assustadoramente desde que a lavoura do cacau se estendera.

Jorge Amado. *Terras do Sem Fim*. 33. ed. Rio de Janeiro: Record, 1995. p. 198.

RUBENS CHAVES/ACERVO DO FOTÓGRAFO

Fachada do bar *Vesúvio*, que inspirou Jorge Amado a escrever o romance *Gabriela, cravo e canela*, em foto de 2005.

Língua Portuguesa e História

1. Pesquise, com a orientação de seu professor de Língua Portuguesa, a importância de Jorge Amado na literatura brasileira e mundial. Escreva um texto a respeito e cole-o no mural da escola.

2. Forme um grupo com colegas para pesquisar, com a orientação de seus professores de História e de Geografia, a cidade de Ilhéus na época do auge do cacau e hoje. Elaborem cartazes com desenhos ou fotos e troquem ideias com os colegas sobre o que aprenderam.

Em 1985, as lavouras de cacau do sul da Bahia começaram a ser destruídas por uma praga chamada vassoura-de-bruxa, que causa o apodrecimento tanto do fruto como do pé de cacau. A praga tem esse nome porque deixa a planta com a aparência de uma vassoura velha.

A partir daí, a cultura do cacau nunca mais recuperou seu lugar na economia regional, apesar de a Bahia continuar sendo a maior produtora nacional dessa fruta. Os baixos preços do produto no mercado internacional agravaram a situação.

RICARDO AZOURY/PULSAR IMAGENS

Plantação de cacau no sul da Bahia, 1999.

Leitura de interesse

Veja, no texto a seguir, a descrição de uma fazenda de cacau na década de 1950, ainda na melhor fase da cacauicultura.

História

O *habitat* rural na Zona Cacaueira

Nas fazendas muito grandes, via de regra, além da casa do proprietário, estão outros estabelecimentos diretamente ligados ou à própria produção, como a estufa, as barcaças, ou às necessidades materiais ou espirituais suas ou dos trabalhadores, como armazém, escola e hospital, formando uma verdadeira povoação. Os trabalhadores, exceção feita aos que são necessários ao trabalho na sede, têm que residir no meio do cacaual, para evitar, exatamente, a perda de tempo com viagens cotidianas, a pé ou no lombo de animais, para os locais de trabalho, o mesmo sucedendo com os **contratistas**.

Milton Santos. *Zona do cacau*. São Paulo: Nacional, 1957. (Col. Brasiliana, vol. 296).

A produção baiana é destinada principalmente à exportação e ao abastecimento da indústria de chocolates nacional. Também tem crescido a produção de outros derivados, como o suco de cacau, que tem sabor agradável e começou a ser bem-aceito pelos consumidores.

Para fugir da dependência de um só produto, fazendeiros da região estão tentando diversificar suas atividades, com o cultivo do **palmito-pupunha**, a criação de gado e a aquicultura.

O coco-da-baía

Na faixa litorânea da Zona da Mata existe um tipo de agroindústria que tem crescido bastante nos últimos anos: o cultivo e aproveitamento do coco-da-baía.

No início, era uma atividade extrativista, porque o coqueiro é nativo dos litorais tropicais. Depois de certo tempo, passou a ser também cultivado. Além do fruto, muito consumido pelas pessoas, esse cultivo abastece uma florescente agroindústria. Entre seus principais produtos estão a água de coco, o coco ralado desidratado, o leite e a gordura de coco. Os estados da Bahia, Alagoas e Sergipe são grandes produtores.

A atividade agropecuária no Agreste

O Agreste compreende uma faixa localizada entre a Zona da Mata e o Sertão e se estende do Rio Grande do Norte ao sul da Bahia. Suas características são bem diferentes das descritas para a Zona da Mata. No Agreste predominam as pequenas e médias propriedades e a policultura (cultivo de vários produtos).

Entre as atividades praticadas no Agreste, pode ser citada a pecuária de leite, que abastece uma indústria artesanal e semiartesanal de laticínios. Há ali também a avicultura e o cultivo de muitos produtos que abastecem o mercado interno local, como o feijão, a mandioca, o milho, o algodão, as flores e uma importante fibra vegetal, o sisal.

O planalto da Borborema é a mais importante forma de relevo do Agreste. Nos seus trechos de maior altitude estão situados os "brejos", com condições de umidade semelhantes às da Zona da Mata, isto é, com boa quantidade de chuvas.

São importantes cidades do Agreste: Campina Grande (Paraíba), Caruaru e Garanhuns (Pernambuco).

DELFIM MARTINS/PULSAR IMAGENS

A cidade de Caruaru, localizada no Agreste Central pernambucano, é onde se realiza uma das mais famosas e concorridas feiras do Nordeste.

ROGÉRIO REIS/PULSAR IMAGENS

Vista geral de Campina Grande, segunda maior cidade do estado da Paraíba.

Repensando o capítulo

Responda no caderno às questões a seguir.

1. Para você, qual é o principal problema da atividade agropecuária da região Nordeste? Comente e proponha alguma solução.
2. Justifique a importância da atividade agropecuária no Nordeste.
3. Escreva sobre as duas principais diferenças entre o espaço agrário da Zona da Mata e o do Agreste.

Glossário

capitania hereditária: cada uma das faixas de terra localizadas entre o litoral e o limite do Tratado de Tordesilhas, que no tempo do Brasil Colônia foram doadas pelo rei de Portugal a donatários que deviam administrá-las.
contratista: trabalhador de fazenda de cacau que recebe um lote de terra para plantar cacaueiros e produtos para sua subsistência, mas devolve a terra a seu dono, recebendo indenização, assim que as plantas frutificam.
fumo de corda: rolo feito com folhas de tabaco, que o usuário pica e enrola em palha de milho.
palmito-pupunha: produto da pupunheira (palmeira), matéria-prima para a indústria de alimentos, que pode ser produzido pelo sistema de cultivo, poupando o abate de milhões de palmeiras nativas.
reforma agrária: projeto de governo que pretende tornar mais igualitária a distribuição de terras para a agricultura no Brasil, por meio da desapropriação de terras improdutivas para o assentamento de trabalhadores rurais.
sesmaria: divisão jurídica portuguesa de distribuição de terras para a produção, que foi usada no Brasil no início da colonização.

Outras fontes de informação

Por dentro da rede
(acesso em dez. 2008)
- www.facom.ufba.br/com024/cacau

Consultando a biblioteca
- *A civilização do açúcar. Século XVI a XVIII*, de Vera Lucia Amaral Ferlini, Brasiliense, 1990.
- *Verdes canaviais*, de Vera Toledo e Cândida Gancho, Moderna, 2003.

O espaço rural no Sertão e no Meio-Norte

Capítulo
8

Vista da chapada Diamantina a partir do Morro do Pai Inácio, em 2007.

PALÊ ZUPPANI/PULSAR IMAGENS

A região da chapada Diamantina, localizada no Sertão da Bahia, é um verdadeiro oásis no meio da vegetação da Caatinga. Os turistas que visitam a chapada têm muitas opções: conhecer grutas, admirar as cachoeiras, percorrer antigas trilhas de garimpeiros, praticar esportes de aventura.

Neste capítulo você vai conhecer algumas características do espaço rural no Sertão e no Meio-Norte.

Produção agropecuária do Sertão

As duas atividades mais antigas do Sertão nordestino, também responsáveis por seu povoamento, são a **pecuária** e o cultivo do **algodão**.

A importância do algodão na economia nordestina tem diminuído muito devido à concorrência com a produção dos estados de São Paulo e do Paraná e à praga-do-bicudo, que atingiu as plantações do Sertão. Mesmo assim, a Paraíba, o Ceará, o Rio Grande do Norte, Pernambuco e o Piauí ainda apresentam grande produção de **algodão arbóreo**.

A pecuária continua sendo praticada na sub-região sertaneja, com a criação de bovinos, ovinos e caprinos. Estes dois últimos constituem os maiores rebanhos do Brasil. Faltam, porém, tecnologias avançadas, como as de seleção de raças e de inseminação artificial, para melhorar a produtividade do rebanho bovino local.

A agricultura familiar resiste bravamente à falta de água e de condições para utilizar técnicas modernas de plantio. Seus principais produtos são feijão, mandioca, milho e fava.

Desde a década de 1990, o Sertão nordestino possui áreas contempladas pelo programa Polos de Desenvolvimento Integrado do Nordeste, um projeto agroindustrial do Banco do Nordeste. Alguns desses polos estão inteiramente no Semiárido, concentrando as mais importantes atividades agropecuárias do Sertão. Veja no mapa ao lado quais são esses polos.

Polos de Desenvolvimento Integrado do Nordeste

FONTE: ELABORADO PELOS AUTORES COM BASE EM INFORMAÇÕES DO BANCO DO NORDESTE (ACESSO EM OUTUBRO DE 2008).

Veja agora as principais características de cada um desses polos.

- **Polo Açu-Mossoró** – Abrange, entre outras, as cidades de Açu, Mossoró, Carnaubais e Serra do Mel, localizadas no extremo noroeste do Rio Grande do Norte. É uma região de fruticultura (melão, melancia, coco) irrigada pela barragem Armando Ribeiro Gonçalves, pelo rio Piranhas e pelo aquífero da chapada do Apodi.

FABIO COLOMBINI/ACERVO DO FOTÓGRAFO

Colheita de melões no município de Mossoró, no Rio Grande do Norte, em 2005.

- **Polo Cariri Cearense** – Entre outros municípios, engloba Barbalha, Crato, Juazeiro do Norte e Brejo Santo. É o maior produtor de grãos do estado do Ceará, com agricultura irrigada.

- **Polo Bacia Leiteira de Alagoas** – Reúne vários municípios, como Palmeira dos Índios, Belo Monte e Pão de Açúcar. Com razoável nível técnico, é o maior produtor de leite do Nordeste.

- **Polo Baixo Jaguaribe** – Situado no estado do Ceará, compreende, entre outros, os municípios de Aracati, Limoeiro e Russas, e se destaca pela cultura de frutas e de arroz e pela pecuária.

- **Polo Alto Piranhas** – Sousa, Cajazeiras e Aparecida são algumas das cidades da Paraíba pertencentes a esse polo, que é grande produtor de coco.

- **Polo Oeste Baiano** – Juntamente com o Polo Juazeiro-Petrolina, é um dos mais dinâmicos do Sertão nordestino. Entre as suas principais cidades, estão os municípios de Barreiras, Luís Eduardo Magalhães e Correntina. Trata-se de um importante complexo agroindustrial, em que se destacam as culturas de soja, café, algodão, milho e arroz. Também é uma região de criação de gado bovino.

- **Polo Petrolina-Juazeiro** – É o mais importante polo de fruticultura irrigada do país. Localizado nas margens do rio São Francisco, reúne as cidades de Petrolina, Lagoa Grande e Orocó, em Pernambuco, e Juazeiro e Sobradinho, na Bahia, entre outras. Produz uva (destinada principalmente à indústria de vinho), manga, goiaba, papaia, melão, melancia, frutas cítricas, feijão, tomate industrial e de mesa, pimentão e abóbora. Em seus projetos de irrigação é importante o papel da Codevasf (Companhia do Desenvolvimento dos Vales do São Francisco e do Parnaíba).

SÍLVIO KLIGIN/ARQUIVO DA EDITORA

Vista do município de Juazeiro do Norte (CE) e estação de tratamento de água no centro da imagem.

RODRIGO LOBO/JC IMAGEM

Plantação de soja no município de Barreiras, no estado da Bahia, em foto de 2006.

CHICO PORTO/JC IMAGEM

PABLO DE SOUSA/EDITORA ABRIL

(A) Ponte Presidente Dutra, que une as cidades de Petrolina (PE) a Juazeiro (BA) e **(B)** plantação de uva na região, em fotos de 2008. Essas cidades do semiárido nordestino utilizam as águas do rio São Francisco para irrigação de suas culturas agrícolas.

Dificuldades da agropecuária no Sertão

Apesar do clima desfavorável, a economia da sub-região do Sertão do Nordeste está diretamente ligada à agropecuária. Na opinião de alguns estudiosos, poderiam ser experimentadas na região atividades mais adequadas ao clima semiárido, como as que são desenvolvidas nos desertos de Negev (Israel), da Austrália e da Califórnia (Estados Unidos), por exemplo.

A agropecuária no Sertão enfrenta os seguintes problemas:

- concentração da terra e da renda;
- baixo nível tecnológico; e
- oposição **agricultura familiar** x grande propriedade.

A eles podemos somar, ainda, dois obstáculos de caráter natural: as secas e a desertificação.

Você já estudou as razões das secas nessa sub-região e sabe que as políticas para seu combate são feitas pelo DNOCS. Agora leia o texto a seguir, que trata de um aspecto interessante desse problema: a "indústria da seca".

Como você pode perceber, o problema das secas no Nordeste é mais difícil de ser resolvido do que se pensa. Não basta aproveitar as águas da época das cheias com a construção de açudes e barragens. Também é necessário que haja consciência por parte das autoridades públicas envolvidas nesse processo.

Leitura de interesse

A "indústria da seca"

A questão da seca não se resume à falta de água. A rigor, não falta água no Nordeste. Faltam soluções para resolver a sua má distribuição e as dificuldades de seu aproveitamento.

Crises climáticas periódicas, como enchentes, geadas e secas, acontecem em qualquer parte do mundo, prejudicando a agricultura. Em alguns casos, tornam-se calamidades sociais. Porém, só se transformam em flagelo social quando precárias condições sociais, políticas e econômicas assim o permitem. Regiões semiáridas e áridas do mundo são aproveitadas pela agricultura, por meio do desenvolvimento de culturas secas ou culturas irrigáveis, como acontece nos Estados Unidos, Israel, México, Peru, Chile ou Senegal.

Língua Portuguesa

O fenômeno natural das secas ensejou o surgimento de um fenômeno político denominado "indústria da seca".

Os grandes latifundiários nordestinos, valendo-se de seus aliados políticos, interferem nas decisões tomadas em escala federal, estadual e municipal. Beneficiam-se dos investimentos realizados e dos créditos bancários concedidos. Não raro aplicam os financiamentos obtidos em outros setores que não o agrícola, e aproveitam-se da divulgação dramática das secas para não pagarem as dívidas contraídas.

Os trabalhadores que não têm terra são os mais vulneráveis à seca, porque são os primeiros a serem despedidos ou a terem os acordos desfeitos.

A tragédia da seca encobre interesses escusos daqueles que têm influência política ou são economicamente poderosos, que procuram eternizar o problema e impedir que ações eficazes sejam adotadas.

Adaptado de: <www.fundaj.gov.br> – Fundação Joaquim Nabuco. Acesso em: setembro de 2007.

As secas e o rio São Francisco

O rio São Francisco tem uma importante participação no combate às secas do Nordeste. Além de permitir uma **agricultura de vazante** em suas margens, suas águas são utilizadas para a irrigação de vários projetos agrícolas realizados em seu vale.

Existe um projeto de canalizar as águas do rio para regiões fora do seu vale, o Projeto de Integração do Rio São Francisco com Bacias Hidrográficas do Nordeste Setentrional, mais conhecido por **Transposição do Rio São Francisco.** Esse projeto tem encontrado resistência, porque muitos setores o consideram agressivo ao meio ambiente. Até 2008 o projeto não havia sido concretizado. Confira no mapa os principais canais que distribuiriam as águas do rio.

CLAUDIO LARANGEIRA/KINO.COM.BR

Barragem do açude de Orós, projetado ainda na época do Império, mas concluído apenas em 1961, em foto de 2000.

DELFIM MARTINS/PULSAR IMAGENS

Irrigação em plantação de uva *cabernet* no Vale do São Francisco, município de Casa Nova, na Bahia, em foto de 2006.

Transposição do rio São Francisco

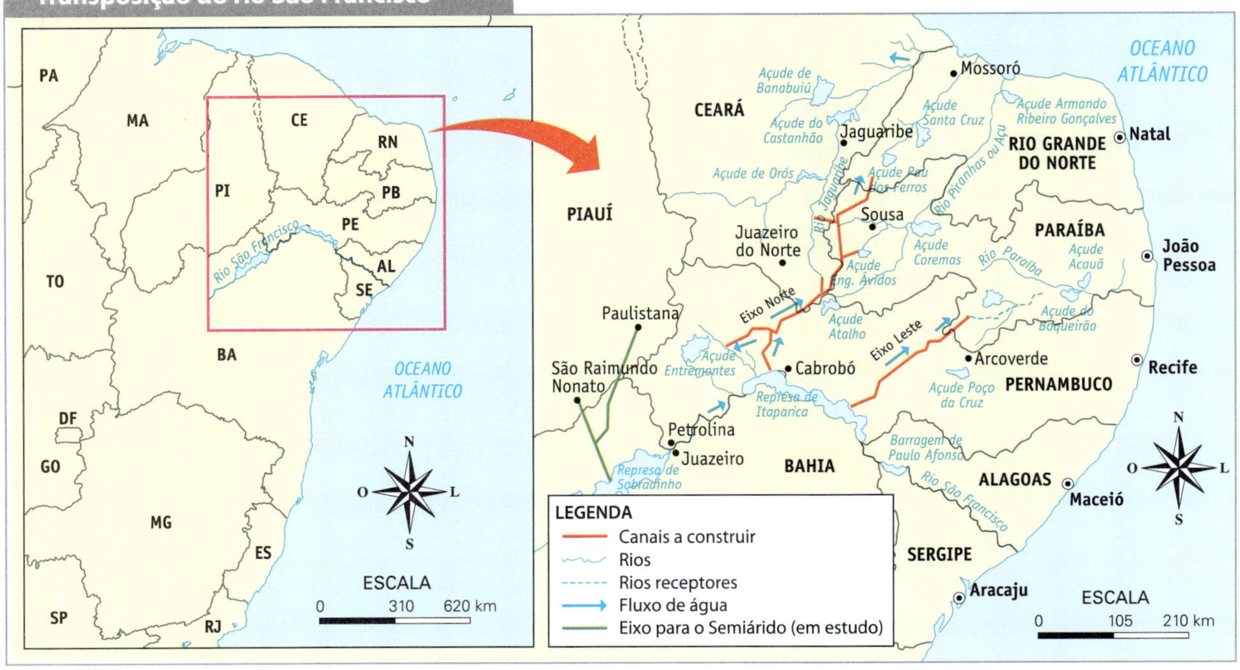

FONTE: < WWW.ESTADO.COM.BR>. ACESSO EM: OUTUBRO DE 2008.

A desertificação

Outro grave problema do Sertão nordestino é a **desertificação**, isto é, a degradação dos solos de uma área, tornando-os um deserto ou com características de deserto. A maneira inadequada de arar a terra, o pastoreio sem cuidados com o solo, o desmatamento e as queimadas são os grandes responsáveis pela desertificação no Nordeste. Veja no mapa as principais áreas de desertificação no Semiárido nordestino.

JARBAS OLIVEIRA/FOLHA IMAGEM

Região de Gilbués, no sul do Piauí, que tem um dos maiores índices de desertificação do Brasil, em foto de 2004.

Oficina de texto

Língua Portuguesa

Será que o sertão vai virar "desertão"?

É de seca em seca que o nordestino vem se tornando vilão de si mesmo. No semiárido, cortar madeira nativa da caatinga virou ganha-pão. Rende só o pouco para aliviar o drama da estiagem. Jurema, catingueira, juazeiro, marmeleiro, pereiro, espécies originárias da região são arrancadas sem dó para serem vendidas a carradas. Outra árvore, a algaroba, trazida do deserto de Piúma, no Peru, cinco décadas atrás, vai ocupando o espaço perdido do bioma original. Espalha-se pela paisagem como praga e também não escapa do machado e do facão daqueles que precisam sobreviver.

Na região do Seridó, no Rio Grande do Norte e na Paraíba, madeira vira lenha. Serve para alimentar fornos de cerâmicas que encontraram ali terreno fértil. Pois é no chão castigado pela falta de chuvas que as fábricas buscam argila. Alguns, por necessidade, vendem a terra boa do quintal para os ceramistas. Mas o grosso é retirado dos açudes. Homens munidos de pás arrancam o que podem. Deixam o solo nu. Contribuem para a erosão no local e além dele. Antes, a água baixava e o sertanejo plantava uma hortinha.

Outra ameaça é a pecuária de bodes e cabras. Espraia-se como erva daninha. São 9,5 milhões de cabeças (92,6% do rebanho brasileiro). É raro encontrar uma produção confinada e com manejo adequado. Os animais ficam soltos no pasto. Comem o que veem pela frente. Devoram até a mata nativa, porque também querem sobreviver. No passado, o desmatamento em larga escala ocorreu por causa do gado bovino de corte e leiteiro. Ambos baseados no pastoreio exagerado. No longo prazo, a criação de gado caprino vai reduzir ainda mais a caatinga.

Eduardo Nunomura. *O Estado de S. Paulo*, 30 de setembro de 2007, p. A27.

Aponte três maneiras de degradação do meio ambiente causada pelo sertanejo que agravam as condições de vida no Sertão nordestino.

A agropecuária no Meio-Norte

A sub-região Meio-Norte, como você pode ver no mapa a seguir, compreende o estado do Maranhão e uma faixa do oeste do estado do Piauí. O restante desse estado faz parte do Sertão, mas será estudado junto com o Meio-Norte.

A atividade agropecuária da sub-região não tem grande destaque no total nacional, mas representa muito do ponto de vista local, pois só no estado do Maranhão 40% da população está empregada nesse setor, constituindo a maior população rural do Brasil.

No Maranhão, a mais importante área agropecuária localiza-se no centro-norte do estado, no vale dos rios Itapecuru, Pindaré e Mearim. No vale do Itapecuru está o segundo rebanho do estado. Nos vales do Mearim e Pindaré, os agricultores plantam arroz e milho. Ainda no centro-norte do estado encontra-se a região dos campos de Perises, a mais importante área maranhense de criação de gado. Nela, destacam-se bovinos, caprinos e ovinos.

No Piauí, os principais produtos agrícolas são, tradicionalmente, o milho, o feijão, a mandioca, o arroz, o algodão e a cana-de-açúcar. Frutas, como o caju, a manga, o mamão, a lima ácida e a laranja, também se destacam. O caju alimenta uma crescente indústria, cujo principal produto é a castanha-de-caju, além do suco e

Região Nordeste: agricultura do Meio-Norte

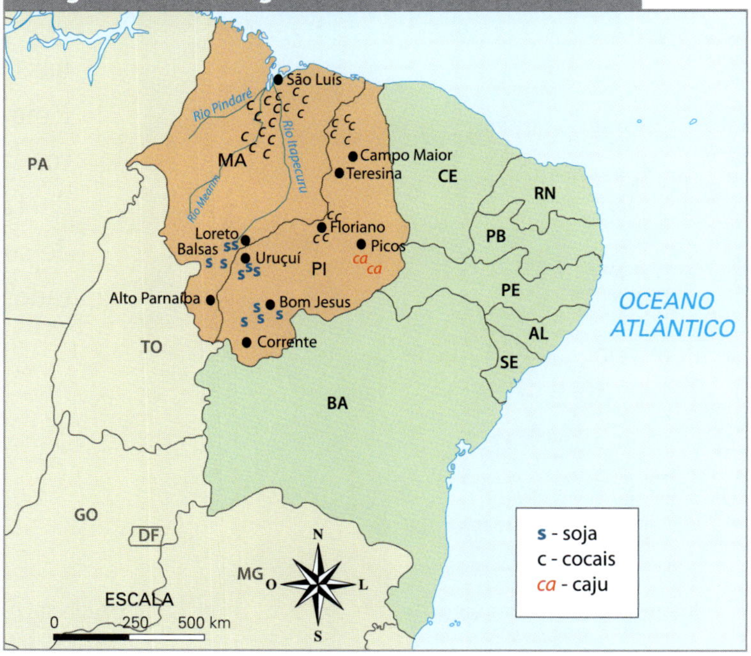

FONTE: ELABORADO PELOS AUTORES, 2008.

ALCIDES FILHO/EDITORA ABRIL

dos doces. O estado é o segundo maior produtor dessa fruta no Brasil. O primeiro polo da cadeia produtiva do caju está na cidade de Picos (foto à esquerda).

A pecuária foi a maior responsável pelo povoamento do Piauí, cuja ocupação se deu do interior para o litoral, com a vinda de fazendeiros de gado do Vale do São Francisco para essa sub-região. No estado, destacam-se os caprinos, seguidos pelos bovinos, ovinos e asininos.

A agricultura familiar

A agricultura familiar tem destaque no Meio-Norte, tanto no Maranhão como no Piauí. Os maiores obstáculos que enfrenta são a falta de condições financeiras para empregar **insumos** e tecnologia em suas culturas, e a carência de ajuda técnica governamental para irrigação e obtenção de sementes selecionadas. Outro empecilho é o analfabetismo. A Embrapa (Empresa Brasileira de Pesquisa Agropecuária) tem aplicado programas de agricultura familiar no Meio-Norte.

Os principais produtos da agricultura familiar do Meio-Norte são o arroz, o milho, o feijão caupi (variedade cujo cultivo é incentivado pela Embrapa, por seu alto valor nutritivo), a mandioca e a fava. Há também a criação rudimentar de caprinos, ovinos, suínos e aves.

RODRIGO LOBO/JC IMAGEM

Colheita mecanizada de soja em fazenda do município de Balsas, no Maranhão. Foto de 2006.

O cultivo de soja

A soja, um produto vindo do Centro-Sul, passou a ter importância na agricultura do Meio-Norte a partir da década de 1990. Muitos fazendeiros, atraídos pelos baixos preços da terra, acabaram introduzindo plantações de soja na área de cerrados (sudoeste dos estados do Maranhão e do Piauí).

No Maranhão, a produção de soja cresceu mais que no Piauí devido ao asfaltamento de algumas rodovias e à utilização do Corredor de Exportação Norte, que permitem o seu escoamento. Esse importante Corredor é formado pela Estrada de Ferro Carajás e pelo porto de Ponta da Madeira, em São Luís. Além disso, a região produtora de soja faz parte do Polo de Desenvolvimento Integrado do Sul do Maranhão. Nele, destacam-se, entre outras, as cidades de Balsas, Alto Parnaíba, Loreto e São Raimundo das Mangabeiras.

No Piauí, o complexo da soja localiza-se no Polo de Desenvolvimento Integrado Uruçuí-Gurgueia, onde estão cidades como Alvorada de Gurgueia, Corrente, Bom Jesus, Uruçuí e outras.

Extrativismo vegetal e animal

Os produtos mais importantes da economia do Meio-Norte são originários da atividade extrativista: o **babaçu** e a **carnaúba**, dos quais já falamos no capítulo 5.

O babaçu é mais explorado no Maranhão, chamado de Terra das Palmeiras, principalmente nos vales dos rios Mearim e Pindaré. Cerca de 300 mil famílias vivem da extração do babaçu no Maranhão, principalmente mulheres (cerca de 90%). São típicas da região as quebradeiras de coco-de-babaçu.

No Piauí, tem mais importância a carnaúba, cuja cera é um produto de sustentação da economia do estado. Piauí e Ceará são responsáveis por 87% da produção de cera de carnaúba do Brasil. Juntos, exportam o produto para Estados Unidos, Japão, Alemanha, Itália, Taiwan e Índia. No Piauí, os principais centros produtores são Campo Maior e Floriano.

WERNER RUDHART/KINO.COM.BR

A atividade das quebradeiras de coco-de-babaçu vem sendo praticada há mais de um século, mas as condições de trabalho ainda são precárias no século XXI.
Na foto, mulher quebra coco na Comunidade Quilombola Monte Alegre, em São Luís Gonzaga do Maranhão, 2008.

ANDRÉ PENNER/EDITORA ABRIL

PALÊ ZUPPANI/PULSAR IMAGENS

No município de Campo Maior, no Piauí, a atividade extrativista é uma das principais fontes de renda da população, principalmente a exploração da carnaúba. Na foto **A**, praça da cidade em 1995. Na foto **B**, plantação de carnaúba em 2007.

Nessas atividades extrativistas, o maior beneficiado não é o trabalhador. Quem lucra é aquele que compra a preços baixos a matéria-prima que, depois de transformada em produtos, é vendida a preços muito mais altos.

No que diz respeito ao **extrativismo animal**, destacam-se a pesca e a produção de mel de abelha.

A pesca é praticada na costa norte e na costa oriental do Nordeste. De forma artesanal ou moderna, destacam-se a pesca da lagosta e do camarão, este já cultivado em fazendas especializadas em carcinicultura.

O Piauí é o maior produtor de mel de abelha do país. A produção e a industrialização do mel têm grande importância na área semiárida do estado.

Repensando o capítulo

Faça no caderno as atividades a seguir.

1 Releia o texto sobre a indústria da seca, na página 80, reflita e depois responda às questões.

a) Cite três estados atingidos pela situação retratada na reportagem.

b) Por que podemos afirmar que a seca é mais um problema social do que natural?

c) Identifique dois lugares no mundo que, apesar de estarem em áreas desérticas, conseguem bom aproveitamento agrícola.

2 Leia e reflita.

> [...] a monocultura esgota rapidamente o solo e faz com que o agricultor busque novas terras e assim reinicie o processo de desmatamento. Aliás, o desmatamento da caatinga é tão sério que, em estados como o Piauí, Pernambuco e Ceará, observam-se grandes áreas de desertificação.
>
> PEREIRA, Luís Fernando. *Faces do sertão*. São Paulo: Escala Educacional, 2007. p. 115. (Série Encantos do Brasil).

a) O que é monocultura? Dê exemplo de uma monocultura nordestina e localize geograficamente a sub-região onde ela está presente.

b) O que é desertificação? Aponte duas causas do processo de desertificação no Nordeste.

3 Acompanhe o trecho da letra de música.

Língua Portuguesa

> Dorme o sol à flor do Chico, meio-dia
> Tudo esbarra embriagado de seu lume
> Dorme ponte, Pernambuco, Rio, Bahia
> [...]
> Entre Petrolina e Juazeiro canta
> [...]
> Velho Chico, vens de Minas
>
> "O ciúme", de Caetano Veloso. In: *Caetano*, 1987.

DANIEL CYMBALISTA/PULSAR IMAGENS

a) Que Chico é esse que aparece no trecho da letra da música?

b) Que atividade econômica vem se destacando nas duas cidades citadas na letra?

c) Quais são as principais atividades econômicas nas regiões percorridas pelo "Velho Chico"?

Glossário

agricultura de vazante: cultura que aproveita as terras naturalmente fertilizadas pelas águas dos rios, depois das cheias.

agricultura familiar: agricultura feita geralmente em pequenas propriedades, que envolve a família do agricultor e eventualmente alguns poucos agregados.

algodão arbóreo: tipo de algodão cuja planta tem porte mais alto e cujas fibras são mais duras que os do algodão herbáceo.

insumo: cada um dos elementos necessários à produção de mercadorias.

Outras fontes de informação

Por dentro da rede (acesso em dez. 2008)

- www.adene.gov.br

Consultando a biblioteca

- *Faces do Sertão*, de Luis Fernando Pereira, Escala Educacional, 2007.
- *Seca no Nordeste: desafios e soluções*, de Edith Menezes e José Micaelson Morais, Atual, 2002.

O espaço urbano e outras riquezas do Nordeste

Capítulo 9

MÁRCIO GARCEZ/FOLHA IMAGEM

Plataforma de petróleo no campo de Piranema, costa de Sergipe, que inaugura a extração de petróleo leve em águas profundas na região Nordeste, 2007.

Além das atividades da agropecuária e da agroindústria, a região Nordeste desenvolve outros projetos, que abrangem indústria, riquezas minerais e turismo. Observe as fotos antes de iniciar a leitura do capítulo.

Fortaleza é uma das capitais nordestinas com maior taxa de urbanização. Na foto, a ponte dos Ingleses, um dos pontos turísticos mais conhecidos da capital cearense, na praia de Iracema, 2005.

DIVULGAÇÃO/ARQUIVO DA SECRETARIA DO TURISMO DO CEARÁ

Nos capítulos anteriores desta unidade você conheceu vários aspectos da região Nordeste: características das sub-regiões, povoamento e população, atividades econômicas do espaço rural. Neste capítulo você vai estudar o espaço urbano e saber mais sobre a indústria, as riquezas minerais e o turismo, atividades que representam um grande potencial de crescimento para o Nordeste.

A urbanização na região Nordeste

Como você já estudou, o Nordeste é a região de mais antiga ocupação no território brasileiro. Muitas de suas cidades e vilas foram fundadas no início da colonização do Brasil. Apesar disso, o Nordeste é hoje comparativamente a região menos urbanizada do país. Sua taxa de urbanização era de 71,4% em 2007. Isso significa que 71 em cada 100 nordestinos vivem nas cidades da região. E essas cidades não têm infraestrutura para oferecer vida digna a todos os seus habitantes.

É preciso lembrar, porém, que o processo de urbanização vem se acelerando com rapidez na região, devido ao elevado movimento do êxodo rural.

Assim como as atividades econômicas, as aglomerações urbanas estão irregularmente distribuídas pelas sub-regiões do Nordeste, concentrando-se no litoral, na Zona da Mata e no Agreste. Esse fato é mais uma herança histórica, pois as primeiras atividades realizadas na região aconteceram nessas sub-regiões. De todas as capitais dos estados nordestinos, apenas Teresina está situada no interior. Fortaleza, capital do estado do Ceará, localiza-se no litoral norte da região, área considerada integrante do Sertão.

Origem das cidades nordestinas

As cidades nordestinas foram, de modo geral, fundadas no período colonial e originaram-se de vários **embriões urbanos**. Veja alguns exemplos:

- fortalezas – Natal (RN) e João Pessoa (PB);
- engenhos ou usinas de açúcar – Maceió (AL) e Catende (PE);
- núcleos de mineração – Vitória da Conquista (BA);
- fazendas de gado – Oeiras (PI) e Jequié (BA);
- aldeamentos de índios, criados por missionários católicos – Caxias (MA) e Crato (CE).

São todas, portanto, **cidades espontâneas**, com duas exceções: uma delas é **Teresina**, capital do Piauí, construída especialmente para ser capital do estado, em 1852. Recebeu esse nome em homenagem à imperatriz Teresa Cristina, esposa de dom Pedro II (1825-1891). A outra exceção é **Aracaju**, criada para ser a capital do estado de Sergipe em 1855, localizada às margens do rio Sergipe e banhada pelo mar.

BENONIAS CARDOSO/FOLHA IMAGEM

Igreja Matriz de Nossa Senhora da Vitória, que teve origem em capela construída em 1695, na cidade de Oeiras, Piauí, 2005.

Teresina foi construída no local que antigamente era conhecido como "Chapada do Corisco" (= raio), porque essa capital é a terceira cidade do mundo em número de descargas elétricas.

O **topônimo** Aracaju, do tupi-guarani, significa 'cajueiro dos papagaios'. São Cristovão, a antiga capital, ficava no interior do estado e a província necessitava de uma cidade portuária para escoar a produção açucareira. Assim, Aracaju já surgiu com o objetivo de sediar a capital. Foi alvo de "planejamento urbano", com ruas traçadas e obras da engenharia da época para resolver problemas, como lagos, mangues e areais.

RUBENS CHAVES/ACERVO DO FOTÓGRAFO

Teresina, a "Cidade Verde", localiza-se na convergência dos rios Parnaíba e Poti. Vista aérea da avenida Frei Serafim, em 2007.

Rede urbana e hierarquia

A **rede urbana** do Nordeste, mais articulada na Zona da Mata, tem uma razoável rede de transportes. Por isso, essa sub-região se relaciona mais facilmente com os mercados externo (outros países) e com o mercado interno (outras regiões do país).

Quanto à **hierarquia das cidades**, a região Nordeste como um todo tem oito RMs (regiões metropolitanas). Seis estão localizadas na Zona da Mata, uma no Meio-Norte, uma no litoral norte (que integra o Sertão) e nenhuma no Agreste. Veja na tabela as principais RMs do Nordeste e algumas de suas características.

Regiões Metropolitanas do Nordeste: algumas características

Região Metropolitana	População	Municípios	Sub-região	Ano da criação
Salvador	3 408 273	10	Zona da Mata	1973
Recife	2 646 204	14	Zona da Mata	1973
Fortaleza	3 415 455	13	Litoral – Sertão	1973
São Luís	1 160 027	4	Meio-Norte	1989
João Pessoa	1 062 791	9	Zona da Mata	2003
Aracaju	759 998	4	Zona da Mata	1995
Natal	1 266 507	8	Zona da Mata	1997
Maceió	1 116 075	11	Zona da Mata	1998

Fonte: IBGE. *Síntese dos Indicadores Sociais 2006* e *Contagem da População 2007*.

Existem também importantes centros regionais, como Imperatriz e Caxias (MA), Picos e Floriano (PI), Caruaru e Garanhuns (PE), Campina Grande (PB), Juazeiro do Norte e Crato (CE), Arapiraca (AL), Feira de Santana (BA), Mossoró (RN) e Lagarto (SE).

Além das RMs, a região Nordeste apresenta duas crescentes **conurbações**: Juazeiro (BA) e Petrolina (PE), separadas pelo rio São Francisco, e Teresina (PI) e Timon (MA), separadas pelo rio Parnaíba.

A industrialização no Nordeste

A instalação de indústrias na região Nordeste é resultado dos esforços do governo para dinamizar a economia local a partir da década de 1960. A Sudene (sobre a qual você aprendeu no capítulo 7) teve participação importante na instalação do parque industrial nordestino. Esse órgão foi responsável pelos primeiros polos industriais na região.

A primeira etapa da industrialização nordestina, durante as décadas de 1960 e 1970, foi, portanto, introduzida por uma política governamental que não privilegiou as atividades locais, como a agroindústria (cana-de-açúcar, têxteis, gêneros alimentícios). Ao contrário, procurou introduzir indústrias de bens de consumo duráveis que, por falta de um mercado de consumo local, acabaram dirigindo suas produções ao Centro-Sul. Isso encarecia os produtos, deixando-os menos competitivos em relação aos das outras regiões do país. Lembre-se de que, no Centro-Sul, já existiam indústrias semelhantes. Dessa forma, muitas dessas iniciativas não foram bem-sucedidas. Os estados mais favorecidos pela Sudene foram Bahia e Pernambuco.

No Ceará, na mesma época, a indústria foi incentivada por capitais do próprio estado.

Uma segunda etapa da industrialização nordestina teve início na década de 1980, com indústrias destinadas ao mercado mundial, a serviço do processo de globalização da economia, além dos incentivos às indústrias de bens de consumo não duráveis para os mercados interno e externo. Houve, ainda, preocupação de investir em uma rede de transportes que facilitasse o escoamento da produção.

Nesse sentido, o Finor (Fundo de Investimentos do Nordeste) subsidiou projetos de construção ou melhoramento de rodovias, ferrovias e portos. Foram construídos os portos de Suape, em Pernambuco (1980), e o de Pecém, no estado do Ceará (2002).

ALEXANDRE SEVERO/JC IMAGEM

O Complexo Industrial Portuário de Suape localiza-se no município de Ipojuca, litoral sul do estado de Pernambuco. Vista áerea das obras de ampliação do porto em 2008.

RODRIGO LOBO/JC IMAGEM

O Terminal Portuário de Pecém, inaugurado em 2002, localiza-se no município de São Gonçalo do Amarante, no Ceará. Foto de 2006.

Também foi beneficiada a Companhia Ferroviária do Nordeste, que em 1998 passou a operar a antiga Malha Nordeste da Rede Ferroviária Nacional. Seu principal projeto é a ferrovia Nova Transnordestina, que deverá ligar o porto de Suape (PE) ao porto de Pecém (CE). Ou seja, a ferrovia unirá duas importantes regiões industriais.

Um aspecto importante dessa segunda fase da industrialização nordestina é o que se chamou de "guerra fiscal". Entenda melhor essa expressão tão agressiva: municípios e estados disputam a instalação de indústrias, oferecendo incentivos fiscais (as empresas não pagam impostos por determinado tempo) e terrenos gratuitos. No caso nordestino, o baixo preço da mão de obra também contribuiu para atrair as indústrias do Centro-Sul que mudaram para o Nordeste. Como exemplo, podemos citar as indústrias de calçados transferidas de cidades do Rio Grande do Sul e de São Paulo.

Energia para indústrias e cidades

Para abastecer as indústrias que nasciam, era preciso criar um parque gerador de energia elétrica. Desde 1954, a região contava com a usina Paulo Afonso I, localizada no rio São Francisco. A partir de então, a empresa responsável por esta usina, a Chesf (Companhia Hidro Elétrica do São Francisco), projetou e construiu, no mesmo rio, outras geradoras de energia na região: Paulo Afonso II (1967), Paulo Afonso III (1971), Apolônio Sales ou Moxotó (1975), Sobradinho e Paulo Afonso IV (1979), Luiz Gonzaga ou Itaparica (1988) e Xingó (1994).

A Chesf construiu, também, a usina de Boa Esperança, no rio Parnaíba, no estado do Piauí. Veja no mapa a localização das principais usinas geradoras de energia elétrica do Nordeste.

Região Nordeste: usinas hidrelétricas

FONTE: <WWW.CHESF.GOV.BR/ENERGIA_PARQUEDEGERACAO_USINAS.SHTML>. ACESSO EM: JANEIRO DE 2008.

MARCOS MICHAEL/JC IMAGEM

Parque de produção de energia eólica no município de Rio do Fogo, no Rio Grande do Norte, 2007.

No Nordeste também se tem investido em fontes alternativas de energia, como a **eólica** (produzida pela força do vento). Usinas para aproveitamento desse tipo de energia existem no Ceará (Taíba e Aquiraz) e no Rio Grande do Norte (Parque Eólico do Rio do Fogo).

Distribuição espacial da indústria nordestina

O primeiro polo ou complexo industrial do Nordeste, criado pela Sudene, foi o **Polo Industrial de Aratu**, localizado nos municípios de Candeias e Simões Filho, na Bahia. Instalado em 1967, com indústrias químicas, metalmecânicas, de eletroeletrônicos e de fertilizantes, continua sendo importante. Mantém, ainda, as tradicionais fábricas de calçados, alimentos e tecidos.

A descoberta e a exploração do **petróleo** no Nordeste trouxeram para a região um importante setor industrial – o petroquímico, ou seja, de derivados do petróleo. A primeira refinaria, a Landulpho Alves, pertencente à Petrobras, começou a funcionar no estado da Bahia, na década de 1950. Localiza-se no município de São Francisco do Conde e refina o petróleo extraído na região.

O Nordeste é o segundo produtor de petróleo do país, atrás da região Sudeste (Rio de Janeiro e Espírito Santo). Os principais produtores regionais são o Rio Grande do Norte, com exploração na área de Mossoró, e a Bahia, na área do Recôncavo. Em menor escala, Alagoas e Sergipe também são produtores.

Aprendendo mais

Além de produtora de petróleo, a região Nordeste tem se destacado entre as pioneiras na implantação do Programa do **Biodiesel**, importante fonte renovável de energia. Para essa produção, os governos têm incentivado o cultivo de mamona, dendê, soja, pinhão-manso e amendoim, e a exploração do babaçu. O Ceará é o segundo produtor brasileiro desse combustível, atrás do Mato Grosso e seguido da Bahia, que vem em terceiro lugar.

No Piauí, a agricultura familiar da mamona também visa à produção do biodiesel, principalmente nos municípios de São Raimundo Nonato, Canto do Buriti, Caracol e Bonfim do Piauí. Há uma usina desse combustível na cidade de Floriano. A maior parte do biodiesel é feita de soja produzida no cerrado piauiense, com um complemento da mamona de São Raimundo Nonato e Campos do Buriti.

O **Polo Integrado Petroquímico de Camaçari** (BA) iniciou suas atividades em 1978. Atualmente sua principal empresa recebe o petróleo da Refinaria Landulpho Alves, transformando-o em derivados. A maioria das indústrias do polo é petroquímica, mas existem também outros tipos de fábrica, como a automobilística. Uma grande

CARLOS CASAES/AGÊNCIA A TARDE

Linha de produção de automóveis em fábrica do distrito industrial de Camaçari, na Bahia. Foto de 2007.

montadora, que migrou para o Nordeste em vista da chamada "guerra fiscal", levou para o polo várias indústrias de autopeças e outros fornecedores. A abrangência do polo envolve indústrias de celulose, de metalurgia de cobre, têxteis e de bebidas.

O estado da **Bahia** é o mais industrializado da região, com indústrias concentradas principalmente na região metropolitana de Salvador. Outra importante área industrial baiana é o **Centro Industrial de Subaé**, no município de Feira de Santana. Nela, encontramos indústrias de cerveja, de caixas de papelão, de pneus, de distribuição elétrica para veículos e outras.

Além dos polos agroindustriais, já citados no capítulo 8, outros centros industriais do estado estão instalados nas seguintes cidades:

- Vitória da Conquista – metalurgia, química e de móveis;
- Alagoinhas – plásticos e bebidas;
- Barreiras – metalurgia e alimentos;
- Eunápolis – minerais não metálicos e móveis;
- Ilhéus – informática e comunicação;
- Itapetinga – calçados.

As principais indústrias do estado de **Pernambuco** concentram-se na Região Metropolitana de Recife, nos municípios de Goiana, Jaboatão dos Guararapes e Paulista. Além das agrocanavieiras, as principais indústrias são as metalúrgicas, alimentares, de vestuário, calçadistas, têxteis e de material elétrico.

No importante **Complexo Industrial e Portuário de Suape**, vários projetos estão previstos: uma refinaria deverá fornecer matéria-prima para o polo têxtil e o polo petroquímico, que deverão funcionar a partir de 2011. Outro projeto é um estaleiro para a construção de navios de grande porte.

O **polo de confecções de Pernambuco**, o segundo do país, abrange as cidades de Caruaru, Toritama e Santa Cruz do Capiberibe.

Na chapada do Araripe, localizada no Sertão, está localizado o **polo gesseiro** do estado, principal produtor brasileiro de gipsita, matéria-prima regional, que produz gesso para as regiões Sul e Sudeste.

Em **Sergipe**, encontramos uma fábrica de fertilizantes da Petrobras, a mesma que atua na Bahia. Está localizada no município de Laranjeiras e em vários distritos industriais, como os dos municípios de Estância, Nossa Senhora do Socorro e outros.

Em **Alagoas**, destaca-se o **Complexo Cloroquímico** (Maceió-Marechal Deodoro) que produz soda cáustica. Para isso, aproveita a matéria-prima encontrada na superfície da terra, o sal-gema, mistura de cloreto de sódio com outros sais.

THIAGO SAMPAIO / AGÊNCIA ALAGOAS/ SECOM

Aspecto de indústria de embalagens plásticas localizada no polo multifabril de Marechal Deodoro (AL). Foto de 2008.

O estado do **Ceará** atraiu muitas indústrias, oferecendo as vantagens da "guerra fiscal". Empresas de outros estados aproveitaram os benefícios, como uma indústria de calçados do Rio Grande do Sul que se instalou em Sobral, Crato e Fortaleza, e outra, paulista, que está agora sediada em Horizonte. O estado possui um **polo de confecções** estabelecido na região de Baturité, abrangendo ainda as cidades de Araçoiaba, Pacoti e outras, que já produzem para os mercados interno e externo. Na crescente indústria metalúrgica do estado destaca-se uma montadora de jipes instalada no município de Horizonte.

Na **Paraíba**, município de Campina Grande (Agreste), está a maior unidade fabril de uma grande indústria de sandálias de borracha.

No **Rio Grande no Norte**, a exploração do sal marinho no litoral norte do estado alimenta indústrias de sal de cozinha e de barrilha. Os principais centros salineiros, nessa área, são Mossoró, Galinhas, Guamaré, Macau e Caraúbas. Em Areia Branca está localizado um porto-ilha, construído para embarcar o sal destinado ao mercado interno.

FLÁVIO R. BERGER / FOTO IMAGEM

Para abrigar o porto de Areia Branca (RN), inaugurado em 1974, foi construída uma ilha artificial a 14 km da costa.

VALE/DIVULGAÇÃO

Terminal da Ponta da Madeira, no Porto de Itaqui, em São Luís (MA).

No **Meio-Norte**, o destaque é o **Consórcio Alumínio do Maranhão**. Localizado na ilha de São Luís, transforma a bauxita, vinda do Pará, em alumínio utilizado em vários ramos industriais. Nessa mesma ilha, localiza-se o porto de Itaqui, no terminal da Ponta da Madeira. Exporta principalmente minérios (ferro, manganês, alumínio) extraídos na região Norte.

Riquezas minerais, matéria-prima para as indústrias

Além do sal marinho, do sal-gema e do petróleo, a região Nordeste possui outros recursos minerais, utilizados como matérias-primas na região ou em outros lugares do Brasil e do mundo.

A Bahia é o estado onde há maior abundância de riquezas minerais, o que o torna o primeiro produtor de cromo e o segundo de urânio (Caetité) no Brasil. Extrai também bário, fosfato, calcário, esmeralda, pedras brasileiras, sal-gema, talco, pedras ornamentais (ardósia, granito, mármore) e tem importante reserva de magnesita (Brumado).

Em outros estados, encontramos sal-gema (AL), potássio e argila (PE), caulim (PE, PB, PI), calcário (CE, PB) e gipsita (PE, CE). Garimpos de ouro e diamante são encontrados no vale do rio Gurupi, no Maranhão. No Piauí, a riqueza mineral está representada pelas jazidas de opala (Pedro II).

FONTE: REVISTA *VIAGEM E TURISMO*. EDITORA ABRIL, MAIO DE 2008, P. 130/ARQUIVO DA EDITORA

O Nordeste atrai tanto turistas brasileiros como de outros países. Acima, anúncio de viagem em revista brasileira de 2008. Abaixo, anúncio de agência de turismo portuguesa oferece opções para festas do final de ano de 2007.

FONTE: REVISTA *ROTAS E DESTINOS*, EDIÇÃO 151, DEZEMBRO DE 2007.

A indústria do turismo

Os anúncios reproduzidos nesta página revelam a importância econômica do turismo no Nordeste. A região é privilegiada pela beleza de suas **paisagens naturais**, que atraem turistas do mundo inteiro. Contudo, o movimento do setor ainda enfrenta sérios problemas, apesar do incentivo governamental e de investimentos estrangeiros.

O litoral é a grande atração dessa parte do país, com praias muito brancas e águas transparentes (3 300 km), recifes que formam "piscinas naturais", falésias (costa alta) formadas por rochas coloridas, lagoas e lagunas costeiras e extensos coqueirais.

As belezas naturais do Nordeste, porém, não estão apenas no litoral. No interior, regiões serranas (Ibiapaba, CE, e Borborema, PE), com clima de montanha, recebem numerosos turistas da própria região.

Longe do mar existem também importantes **sítios arqueológicos**. Alguns deles são os mais antigos das Américas, como os da Serra da Capivara e de Sete Cidades (PI). Outros são mais recentes, como o Vale dos Dinossauros (PB) e o Parque Nacional de Catimbau (PE).

BENONIAS CARDOSO/FOLHA IMAGEM

Em 1991, a Unesco incluiu o Parque Nacional da Serra da Capivara, no Piauí, como Patrimônio Cultural da Humanidade pela riqueza de suas pinturas rupestres. Na foto, sala do Museu do Homem Americano, São Raimundo Nonato (PI), 2005.

MÁRCIA MENDES/JC IMAGEM

Igreja Matriz de Nossa Senhora da Vitória, da cidade de São Cristóvão (SE), construída no século XVII, passou por uma reconstrução após ser destruída em lutas contra os holandeses, entre 1637 e 1645. Foto de 2006.

O Nordeste possui quinze **parques nacionais** (áreas de preservação ambiental), nos quais é praticado o turismo ecológico. Como região de ocupação mais antiga do país, concentra vários sítios históricos. Entre eles, cinco Patrimônios da Humanidade, tombados pela **Unesco**: os centros históricos de Salvador (BA) e de São Luís (MA), a cidade de Olinda (PE), a Costa do Descobrimento (BA) e o Parque Nacional da Serra da Capivara (PI). Cidades como São Cristóvão (SE), Penedo (AL) e Oeiras (PI) são verdadeiros monumentos ao passado.

Há, ainda, o **turismo religioso**, com intenso movimento de romeiros durante o ano inteiro. Juazeiro do Norte (CE), onde o Padre Cícero (1844-1934) morou durante muito tempo, e Bom Jesus da Lapa (BA) estão entre as cidades mais procuradas.

A festa que mais atrai visitantes para a região é o **carnaval**, principalmente nas cidades de Salvador, Recife, Olinda e Fortaleza. As **festas juninas** são outra atração regional, principalmente na Paraíba.

O fluxo de turistas internacionais, principalmente vindos da Europa e da América do Norte, tem aumentado nos últimos anos, mas ainda é bem menor que a quantidade recebida por outras áreas tropicais do exterior, como a região do Caribe, por exemplo. O aeroporto internacional dos Guararapes (Gilberto Freyre), localizado no bairro Imbiribeira, em Recife, Pernambuco, é um dos mais modernos do Brasil.

Os principais obstáculos para o desenvolvimento da atividade turística no Nordeste são:

- a deficiente infraestrutura de transportes, principalmente no interior, apesar da construção de aeroportos e estradas em regiões mais visitadas;
- a falta de mão de obra especializada para receber e orientar o turista;
- o descaso com a conservação dos patrimônios culturais e dos parques nacionais.

Outro problema grave, consequência da exploração turística, são os impactos ambientais, notadamente nos ecossistemas litorâneo e da caatinga.

Ainda assim, grupos hoteleiros e estrangeiros, principalmente europeus, têm investido no litoral nordestino. O turismo, pela importância histórica e cultural do Nordeste, representa uma nova perspectiva para a geração de empregos e o aumento de renda da população.

RUBENS CHAVES/PULSAR IMAGENS

A apresentação de quadrilhas, durante as festas juninas na Paraíba, é um dos principais eventos culturais do Nordeste. Na foto, grupo se apresenta na cidade de Campina Grande, 2007.

Repensando o capítulo

Faça no caderno as atividades a seguir.

1 Leia este pequeno trecho de uma obra do século XVIII:

História

> Dom João III (1502-1577), quando mandou que se povoasse a colônia portuguesa na América, sabia que todos os gêneros produzidos junto ao mar poderiam ser conduzidos para a Europa facilmente. Já os do sertão, ao contrário, nunca chegariam aos portos onde os embarcassem.
>
> Frei Gaspar da Madre de Deus. *Memórias para a história da capitania de São Vicente*. Lisboa, 1797. Apud OLIVEIRA, Conceição; MIUCCI, Carla; PAULA Andrea. *História em projetos 7.º ano*. São Paulo: Ática, 2007. p. 221.

- Sabemos que oito das nove capitais nordestinas estão localizadas no litoral. Que relação histórica podemos estabelecer entre essa informação e as do texto que você acabou de ler?

2 Apesar de a região Nordeste apresentar crescimento do setor industrial, há fatores que impedem que esse crescimento beneficie todos os seus habitantes. Apresente um fator que comprove essa afirmação.

3 A partir da leitura do capítulo, identifique:

a) o estado mais industrializado do Nordeste;

b) um tipo de indústria desse estado e seu respectivo polo industrial.

c) O Piauí vem se destacando pelo incentivo à agricultura familiar. Que atividade econômica recebe esse incentivo?

d) Que posição ocupa o Nordeste em relação à produção de petróleo no Brasil? E quais de seus estados são importantes produtores?

e) O Ceará vem recebendo filiais de grandes indústrias brasileiras. Quais vêm se destacando?

f) Qual é e em que estado está localizado o principal porto marítimo do Nordeste?

Glossário

biodiesel: combustível de origem vegetal que pode substituir o derivado de petróleo.

cidade espontânea: cidade que se originou de um embrião urbano, sem planejamento. Exemplo: a cidade de São Paulo, que surgiu de um colégio de jesuítas, no planalto de Piratininga.

conurbação: ligação de grandes áreas urbanas (cidades) em consequência do seu crescimento .

embrião urbano: núcleo de povoamento que dá origem a uma cidade.

topônimo: nome geográfico de lugar (cidade, vila, ilha, montanha, rio, etc.).

Unesco: sigla, em inglês, para a Organização das Nações Unidas para a Educação, Ciência e Cultura. Fundada em 1945, suas atividades visam a preservação de grandes patrimônios naturais e culturais. Essa preservação inclui patrimônios materiais, como o Cristo Redentor do Corcovado (RJ) e imateriais, como a tradição da literatura de cordel, no Nordeste.

Outras fontes de informação

Por dentro da rede (acesso em dez. 2008)

- www.unb.br/ig/sigep/sitio026/sitio026.htm

Consultando a biblioteca

- *A conquista do Sertão*, de Antonio Celso Ferreira e Rogério Ivano, Atual, 2002.
- *Nordeste: o berço do Brasil*, de Paulo Roberto Moraes e Carlos Fioravanti, Atual, 1998.
- *O cotidiano brasileiro no século XVIII*, de Hernani Donato, Melhoramentos, 1998.
- *O poço do Visconde*, de Monteiro Lobato, Brasiliense, 1993.

UNIDADE III
Um olhar para a região Sudeste

Capítulo 10

A ocupação das paisagens naturais

ANDRÉ VALENTIM/STRANA/EDITORA ABRIL

Navios atracados para abastecimento no terminal da praia Mole, complexo Porto de Tubarão em Vitória, Espírito Santo, 2006.

Observe as fotografias. De todas as regiões brasileiras, o Sudeste é a mais modificada pelas atividades humanas. No Sudeste encontramos as áreas mais populosas e também a economia mais desenvolvida do país.

Vista aérea de Belo Horizonte com destaque para a praça Tiradentes e avenida Afonso Pena, com a serra do Curral ao fundo, em foto de 2004.

WERNER RUDHART/KINO.COM.BR

Para começar o estudo do Sudeste, neste capítulo você vai conhecer alguns aspectos da ocupação e características do território dessa região.

Sudeste: a paisagem natural mais modificada

Formado pelos estados de São Paulo, Minas Gerais, Rio de Janeiro e Espírito Santo, o Sudeste é a região mais populosa e urbanizada do país, embora ocupe apenas cerca de 11% da área total do território brasileiro. Trata-se, portanto, da porção do território brasileiro onde grupos humanos mais interferiram nas paisagens naturais. Como exemplo, tome-se a mata Atlântica, que cobria toda a faixa litorânea e foi quase totalmente derrubada para dar lugar a cidades, lavouras, indústrias e outras atividades humanas.

Brasil: Sudeste político

FONTE: ADAPTADO DE MARIA ELENA SIMIELLI. *GEOATLAS*. SÃO PAULO: ÁTICA, 2006.

Praticando a Geografia

Responda às questões no caderno.

1. Lembre mais uma importante modificação feita pelas atividades humanas no Sudeste.
2. Se você não mora no Sudeste, cite uma importante intervenção humana na região em que você mora.

Transpondo as "terras altas"

Em termos de ocupação pelos portugueses, o Sudeste não é menos antigo que o Nordeste: sua primeira vila, São Vicente, no litoral paulista, data de 1532. Porém, enquanto o Nordeste prosperava com a cana-de-açúcar, na região de São Vicente não havia um produto que despertasse a cobiça dos colonizadores.

Nesses primeiros tempos, o relevo de "terras altas" e a densa floresta que cobria as terras da região eram obstáculo para a ocupação do seu interior.

Região Sudeste: planaltos, depressões e planícies

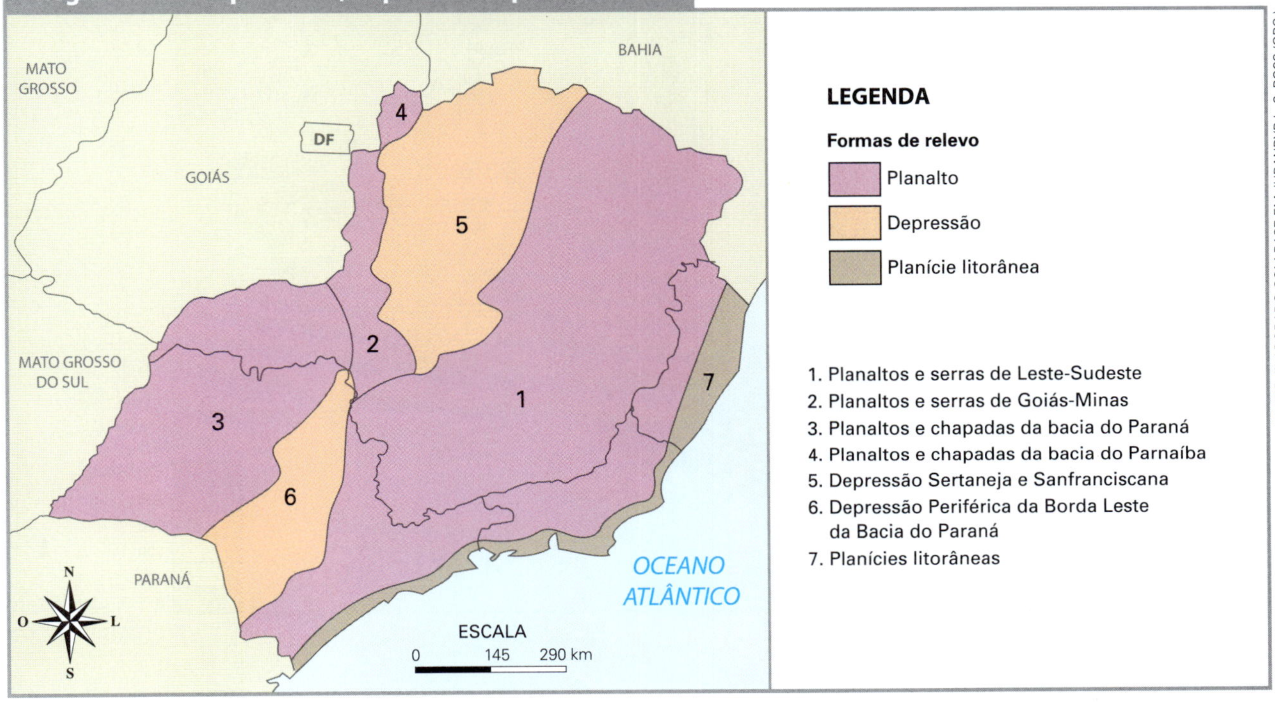

FONTE: ELABORADO COM BASE EM JURANDYR L. S. ROSS (ORG.). *GEOGRAFIA DO BRASIL*. SÃO PAULO: EDUSP, 1998. P. 53.

Grande parte do relevo da região é formada pelos **planaltos e serras do Atlântico Leste--Sudeste** (segundo a classificação do Prof. Jurandyr Ross), caracterizada pelas maiores altitudes médias do relevo brasileiro. Cerca de 87% de sua extensão têm mais de 300 metros de altitude, dos quais quase metade está acima dos 600 metros. Contudo, o pico da Neblina, o ponto mais alto do Brasil, está localizado na região Norte (AM).

As formas mais típicas desse relevo são os **mares de morros** e as meias-laranjas (observe na foto ao lado), como o Pão de Açúcar, no Rio de Janeiro, resultados da erosão das rochas em clima quente e chuvoso (tropical úmido).

BRUNO VEIGA/STRANA/EDITORA ABRIL

O morro do Pão de Açúcar é um exemplo de "meia-laranja", forma típica do relevo do Sudeste. Na foto, vista parcial da baía de Guanabara, 1997.

Região Sudeste: serras

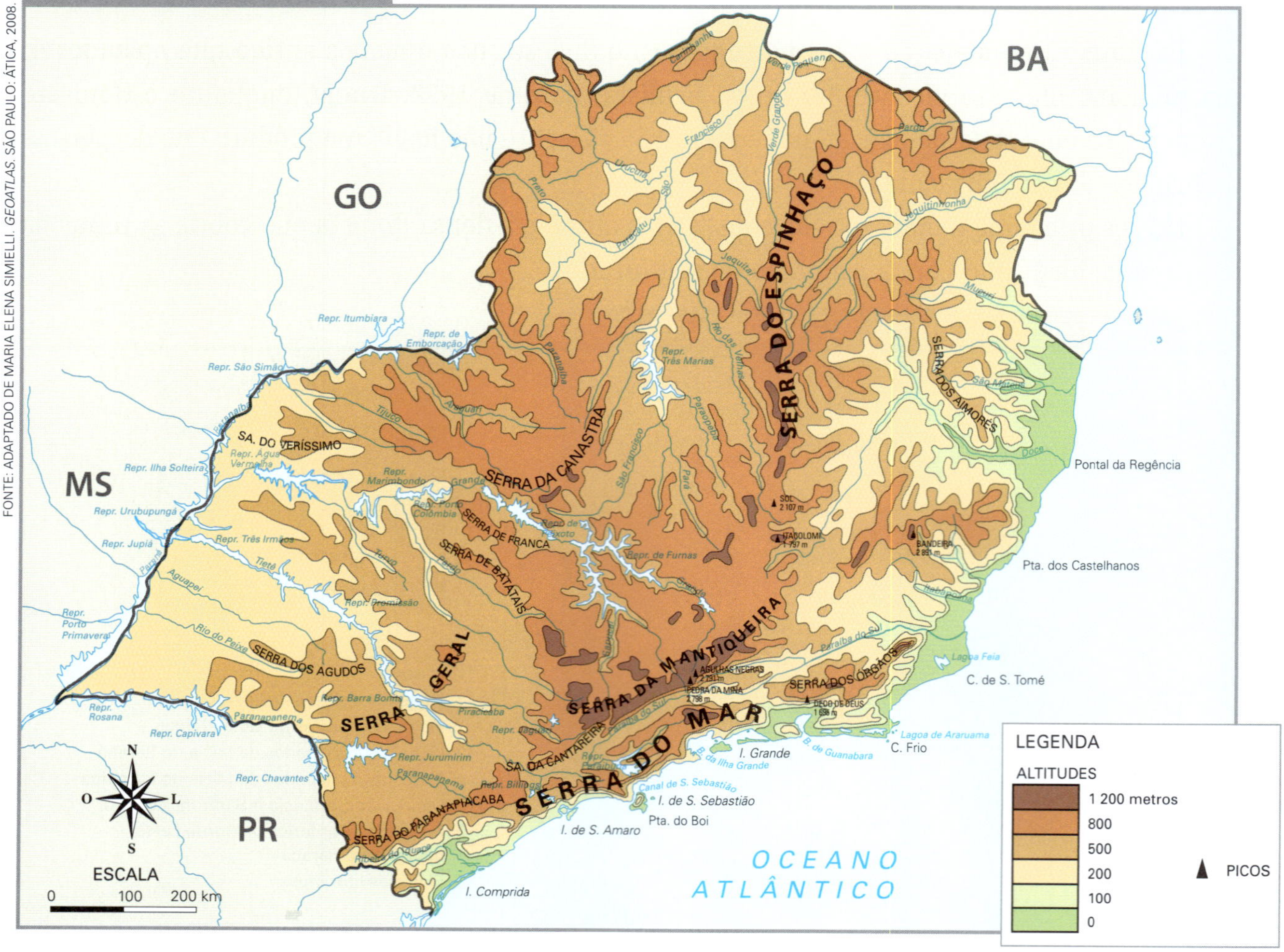

FONTE: ADAPTADO DE MARIA ELENA SIMIELLI. *GEOATLAS*. SÃO PAULO: ÁTICA, 2008.

Destacam-se, entre os planaltos e as serras do Sudeste, as serras do Mar (SP, RJ), da Mantiqueira (SP, RJ, MG) e do Espinhaço (MG). Embora obstáculo inicial à ocupação do interior, mais tarde tornaram-se importantes por serem ricas em minério de ferro e manganês (serra do Espinhaço, MG). Graças a obras de engenharia, as "terras altas" puderam ser atingidas e se tornaram também atrações turísticas (serras do Mar e da Mantiqueira). No oeste do estado de Minas Gerais, localiza-se a serra da Canastra, onde se encontra a nascente do rio São Francisco.

Se você viajar pelo interior da região Sudeste, acompanhando o curso dos dois maiores rios da região, encontrará terras mais baixas, chamadas de **depressões**, como a Sanfranciscana e a da Borda Leste da Bacia do rio Paraná.

No oeste do estado de São Paulo e sul e sudoeste de Minas Gerais, estão os **planaltos e chapadas da bacia do Paraná**, entre os quais encontramos a serra de Botucatu e a serra de Franca. Em terras paulistas, nessa última unidade de relevo da bacia do rio Paraná, encontramos um solo muito fértil, a **terra roxa**, que permitiu o desenvolvimento da cultura cafeeira na região.

O litoral do Sudeste apresenta extensas **planícies**, como a Baixada Santista (SP) e a Baixada Fluminense (RJ), regiões de alta densidade demográfica e de grande importância econômica, ou montanhas que chegam até o mar, formando paredões.

Utilizando os rios

Os rios do Sudeste exerceram importante papel no início da ocupação da região, pois serviram de "caminho" para os primeiros exploradores do interior do país.

Oficina de texto

Língua Portuguesa

A meditação sobre o Tietê

Água do meu Tietê
Onde me queres levar?
— Rio que entras pela terra
E que me afastas do mar...
[...]
Meu rio, meu Tietê, onde me levas?
Sarcástico rio que contradizes o curso das águas
E te afastas do mar e te adentras na terra dos homens,
Onde me queres levar?
Por que me proíbes assim praias e mar, por que
Me impedes a fama das tempestades do Atlântico
E os lindos versos que falam em partir e nunca mais voltar?
[...]

DANIEL AUGUSTO JR/PULSAR IMAGENS

Mário de Andrade. *Os melhores poemas de Mário de Andrade*. 3. ed. São Paulo: Global, 1993. p. 69.

Após ter lido o poema, observe com atenção, em um atlas geográfico, o traçado dos principais rios de São Paulo. Em seguida, responda às perguntas no caderno.

1. Por que o autor pergunta ao rio: "Onde me queres levar? / Por que me proíbes assim praias e mar?"

2. Você, que já conhece a disposição do relevo do Sudeste, seria capaz de explicar por que o Tietê e outros rios do estado de São Paulo não correm para o mar, como a maioria dos rios brasileiros?

Com a transformação do Sudeste em coração econômico do país, os rios deixaram de ser apenas "caminhos" e passaram a abastecer cidades, indústrias e lavouras. Entretanto, os cursos de água regionais são pouco aproveitados para a navegação. A **hidrovia** mais importante é a Tietê-Paraná, da qual falaremos mais adiante. Como você já sabe, correndo por tantas "terras altas" (planaltos), esses cursos são acidentados e não podem ser muito utilizados como vias de transporte.

Duas bacias hidrográficas muito importantes atravessam as terras do Sudeste: a **bacia do rio Paraná** e a **bacia do rio São Francisco**. Os demais rios fazem parte da região hidrográfica do Atlântico-Sudeste, como o Ribeira de Iguape (SP), o Doce e o São Mateus (MG e ES) e o Paraíba do Sul (SP e RJ).

A bacia do rio Paraná

Essa bacia não é exclusiva da região, pois, juntamente com os rios Uruguai e Paraguai, forma a **bacia Platina** e desemboca no oceano Atlântico, já em terras argentinas (estuário do Prata). Tem fundamental importância também para as regiões Centro-Oeste e Sul do Brasil e para o Uruguai, o Paraguai e a Argentina.

O rio Paraná nasce da junção dos rios Paranaíba e Grande, entre os estados de São Paulo, Minas Gerais e Mato Grosso do Sul. Em terras paulistas, recebe importantes afluentes, como o Tietê, o rio do Peixe e o Paranapanema, que separa o estado de São Paulo do estado do Paraná.

Por ser **rio de planalto**, com muitos desníveis em seu curso, foram construídas, ao longo do rio Paraná, várias usinas hidrelétricas, que abastecem as cidades e indústrias do Sudeste e outras regiões. Veja no boxe da página ao lado como é produzida e distribuída a energia hidrelétrica e por que os rios de planalto são usados para esse fim. No mapa a seguir veja as principais hidrelétricas do Sudeste.

Região Sudeste: hidrografia e principais hidrelétricas

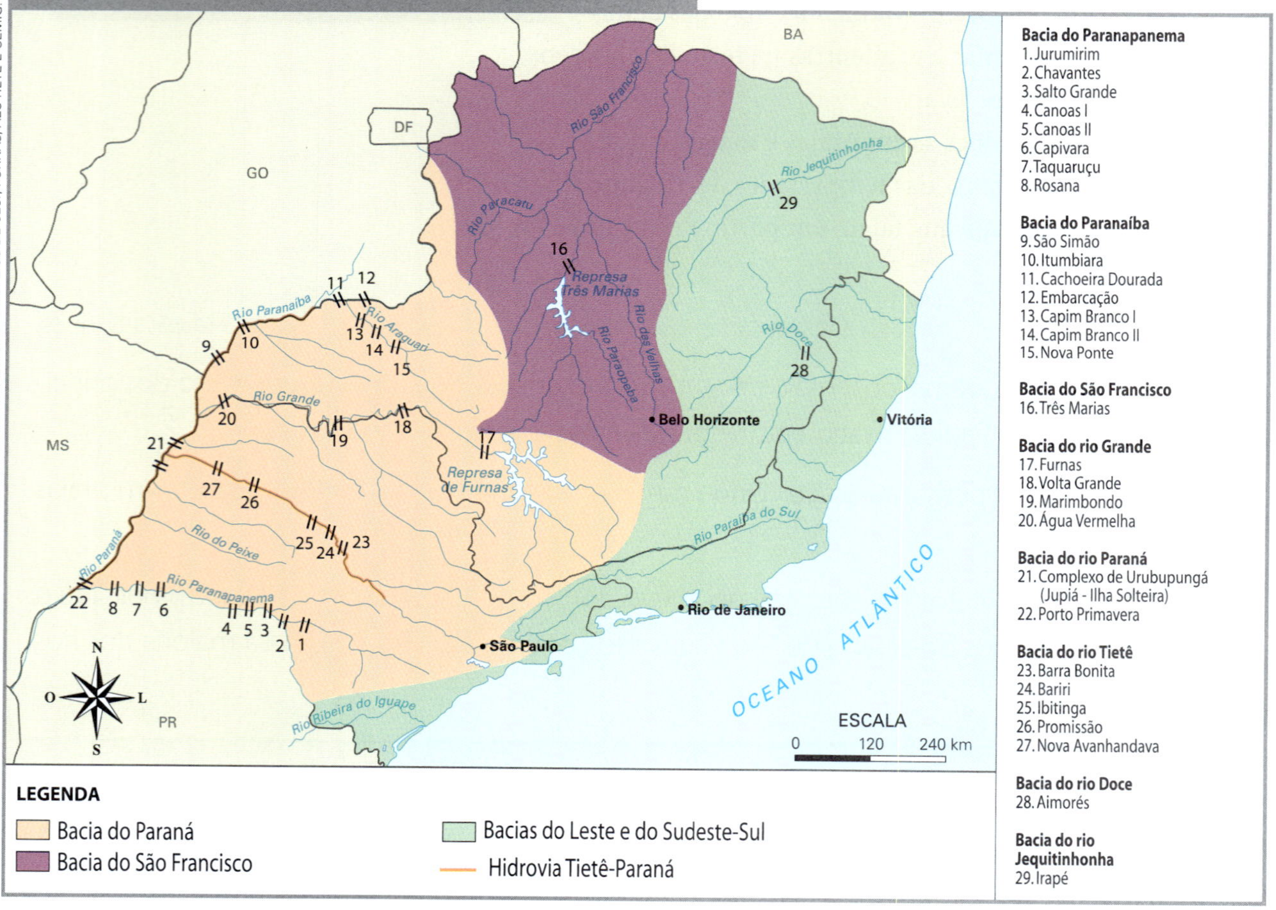

FONTE: ELABORADO PELOS AUTORES A PARTIR DE DADOS DE CESP, FURNAS, AES TIETÊ E CEMIG.

Apesar de possuir rios de curso acidentado, a bacia do Paraná conta com uma das poucas hidrovias fluviais do Brasil, a **Tietê-Paraná**, também chamada **hidrovia do Mercosul**. Quando estiver concluída, terá 2 400 km de extensão e beneficiará ainda as regiões Sul e Centro-Oeste e o Paraguai, país vizinho. Nos trechos onde já está funcionando, nos rios Tietê e Paraná, foi preciso realizar obras de engenharia para ultrapassar os desníveis do relevo. Essas obras são as **eclusas**. Veja o mapa da página ao lado.

A bacia do São Francisco

Você já sabe que a bacia do São Francisco não se localiza inteiramente no Sudeste. Parte importante de sua extensão percorre a região Nordeste. O rio São Francisco nasce no estado de Minas Gerais, na serra da Canastra, e segue em direção às terras do Nordeste até desaguar no oceano Atlântico. Em terras mineiras, recebe afluentes como o rio das Velhas, o Paraopeba e o Verde Grande. O São Francisco é navegável da cidade de Pirapora (MG) até Juazeiro (BA) e Petrolina (PE). No trecho em que o rio atravessa a região Sudeste foi construída a hidrelétrica de Três Marias (MG). Observe o mapa ao lado.

Região Sudeste: Hidrovia Tietê-Paraná e eclusas

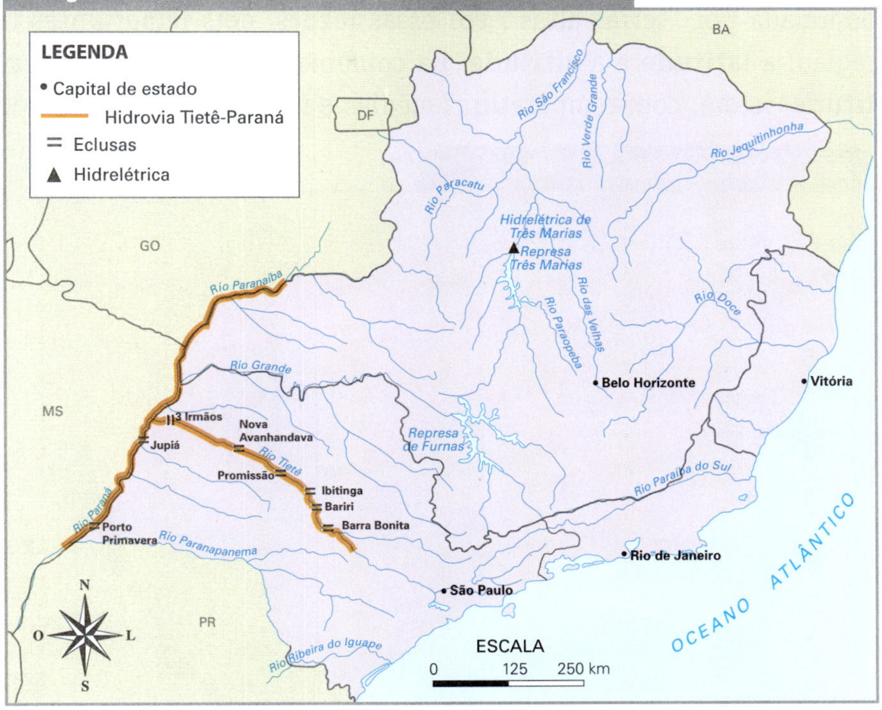

FONTES: IBGE. *Atlas nacional do Brasil*. Rio de Janeiro: IBGE, 2000 e; IBGE. *Anuário estatístico do Brasil*, 1999.

Leitura de interesse

Ciências

Uma usina hidrelétrica é composta por uma represa, formada a partir da barragem das águas de um rio.

Acompanhe as principais fases da produção de energia elétrica:

1. A água da represa é conduzida por grandes tubulações até a turbina, que funciona como uma roda-d'água, girando ligada a um eixo.
2. A água sobre as pás das turbinas produz o movimento giratório do eixo, transformando a energia hidráulica em trabalho mecânico que aciona o gerador.
3. O gerador é composto de um eletroímã e de um fio bobinado.
4. O movimento do eixo da turbina produz energia elétrica que vai através de linhas de transmissão (postes e fios) até cidades, indústrias e outros consumidores.

Fonte: "Uma viagem pelos reservatórios da CESP (Centrais Elétricas do Estado de São Paulo)". Disponível em: <www.cesp.com.br>. Acesso em julho de 2008.

Esquema de produção e de distribuição de energia a partir de uma hidrelétrica

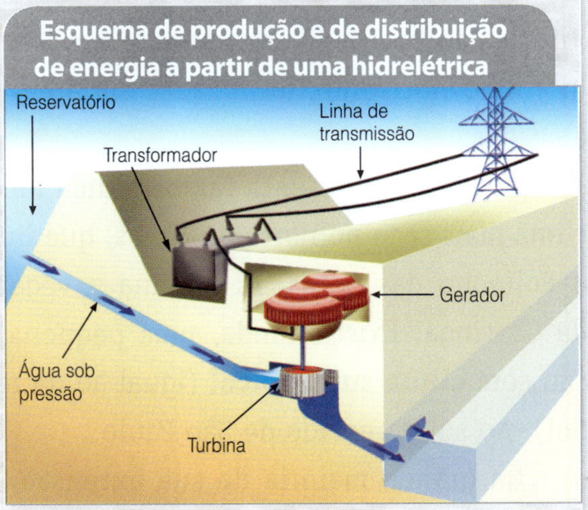

FONTE: <WWW.GEOCITIES.YAHOO.COM.BR>. ACESSO EM: MARÇO DE 2004.

Clima tropical

Se você observar o mapa da página 100, que mostra a divisão política do Sudeste, verá que a região é atravessada pelo trópico de Capricórnio, na altura do estado de São Paulo.

A maior parte da região está situada na zona tropical e grande parcela do seu território é dominada por "terras altas". Por essas razões, dois importantes fatores influenciam o clima da região: a **latitude** e a **altitude**. Da combinação desses fatores resulta um **clima tropical de altitude**, isto é, com temperaturas médias e mínimas mais baixas do que as das áreas mais baixas

Região Sudeste: tipos de clima

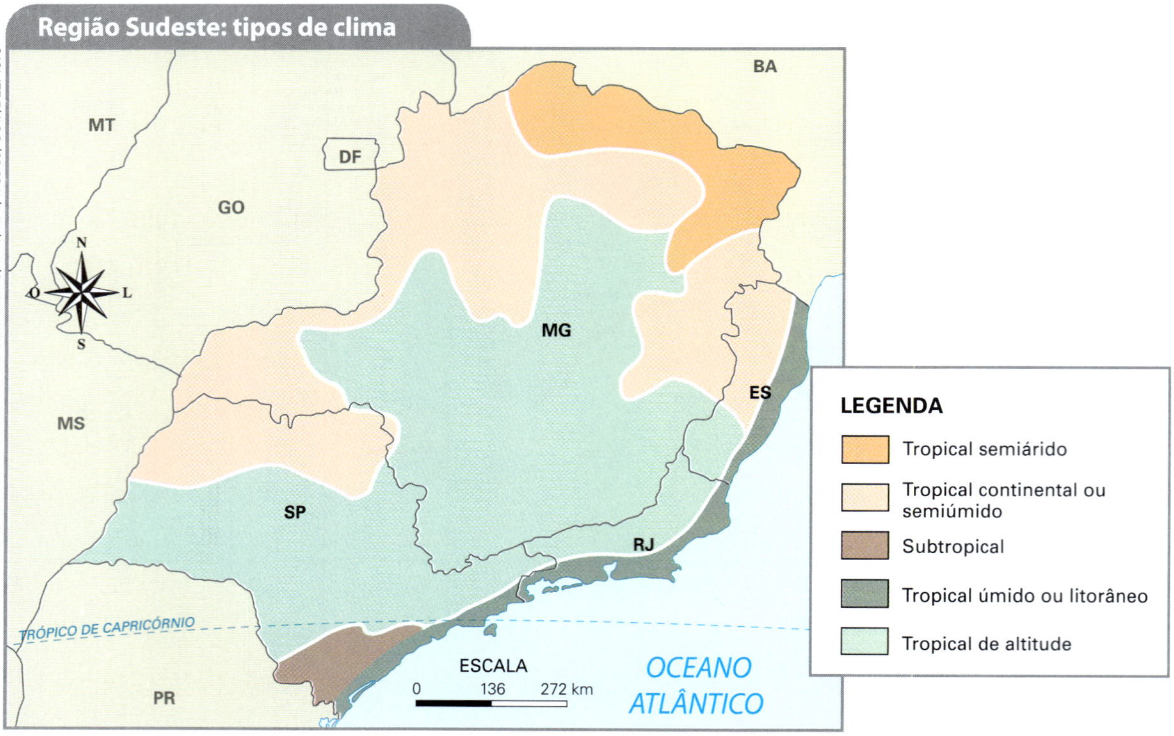

FONTE: E. NIMER. UM MODELO METODOLÓGICO DE CLASSIFICAÇÃO DE CLIMAS. *REVISTA BRASILEIRA DE GEOGRAFIA*. RIO DE JANEIRO, V. 41, N. 4, P. 59-89, OUT./DEZ. 1979

de **clima tropical úmido**, perto do litoral. Por esse motivo, cidades como o Rio de Janeiro e Vitória são bem mais quentes do que São Paulo e Belo Horizonte, localizadas em áreas mais elevadas.

O Sudeste apresenta também uma faixa de clima mais seco no norte de Minas, que integra o Polígono das Secas. Aí domina a vegetação da Caatinga. Existe, ainda, uma pequena porção com **clima subtropical** (igual ao da região Sul), no sul do estado de São Paulo.

Na grande maioria de sua extensão, portanto, o Sudeste não tem o problema das secas

Região Sudeste: massas de ar

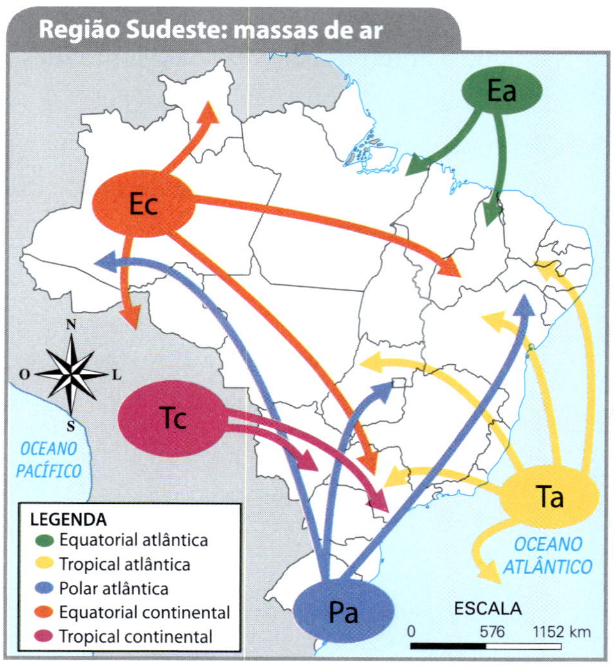

FONTE: *ATLAS GEOGRÁFICO DO BRASIL*. SÃO PAULO: MELHORAMENTOS, 2002. DISPONÍVEL EM: <WWW.UOL.COM.BR/ATLAS>.

que afligem o Nordeste brasileiro. Apresenta boa quantidade de chuva, durante todo o ano, embora concentrada na primavera-verão (de outubro a abril).

Outro elemento importante que influencia o clima do Sudeste é o movimento das massas de ar frias e quentes, que trazem frio, calor e chuva para a região. Veja o mapa da página anterior.

Por estarem em sua maior parte na zona tropical, os estados do Sudeste recebem principalmente a influência de massas de ar quentes e úmidas. As mais atuantes são a equatorial continental (originada no oeste da Amazônia) e a tropical atlântica (originada sobre o oceano Atlântico Sul). A massa de ar que traz frio para a região é a polar atlântica (vem das latitudes mais altas do Atlântico Sul). Quando ela atinge a região, geralmente nos meses de inverno, há uma grande queda de temperatura.

Vegetação original

A cobertura vegetal de uma região depende dos tipos de clima, do solo e do relevo. Como no Sudeste predominam os climas tropicais, encontramos aí, embora muito devastada, tipos de vegetação típicos deste clima: **floresta tropical**, **cerrado** e **caatinga**.

Da **mata Atlântica**, ou **floresta tropical úmida de encosta**, só resta uma pequena porção da área original. Essa vegetação é encontrada sobretudo nas serras do Mar e da Mantiqueira, nos estados de São Paulo, Minas Gerais, Rio de Janeiro e Espírito Santo. Sua existência está ligada às altas temperaturas, que ocorrem durante todo o ano, e à elevada quantidade de chuvas que caem nas encostas das serras em razão da barreira que tais serras formam para os ventos úmidos que sopram do mar.

Mais para o interior, a floresta tropical apresenta-se menos fechada e com menor número de espécies porque recebe menor quantidade de chuvas do que a orla litorânea. Infelizmente ela foi quase totalmente derrubada para o cultivo do café, a extração de madeira, a produção de lenha e a construção de cidades, estradas e indústrias.

PEDRO H. BERNARDO/FOLHA IMAGEM

Bromélia típica da mata Atlântica, ilha do Cardoso, Cananeia (SP), em foto de 2008.

RICARDO AZOURY/PULSAR IMAGENS

Floresta da Tijuca, Rio de Janeiro (RJ), em foto de 2003.

A mata Atlântica é considerada pela Unesco uma **reserva da biosfera**, por abrigar grande quantidade de seres vivos (biodiversidade) e ter portanto grande interesse de conservação e uso sustentável.

Na porção originalmente recoberta pela floresta tropical residem milhões de brasileiros e localizam-se as duas maiores metrópoles do país, São Paulo e Rio de Janeiro. O mais importante parque industrial e a mais moderna agropecuária também respondem pela importância econômica da região da antiga floresta.

Não só a floresta foi devastada pela ocupação humana no Sudeste: manchas de cerrado existentes nos estados de São Paulo e de Minas Gerais foram destruídas para a obtenção de lenha; manguezais (vegetação litorânea) foram substituídos pela ocupação da costa por cidades e portos. Veja nos mapas como a atividade humana interferiu nas paisagens naturais do Sudeste.

Região Sudeste: vegetação original

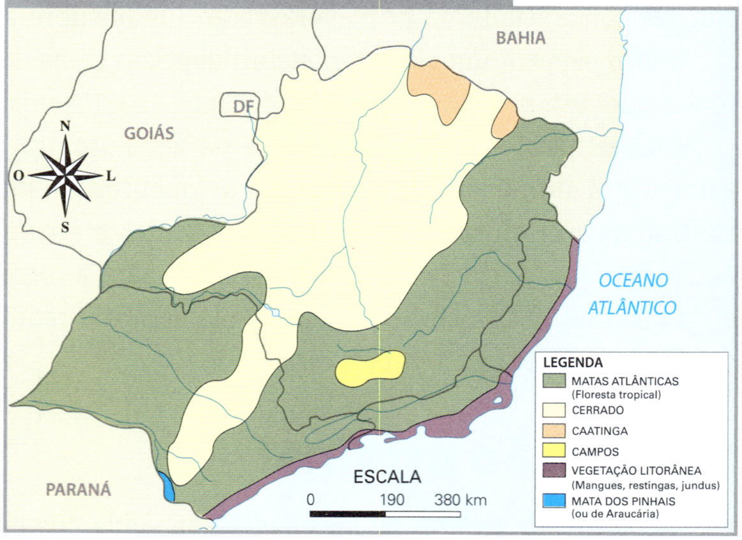

FONTE: ADAPTADO DE MARIA ELENA SIMIELLI. *GEOATLAS*. SÃO PAULO: ÁTICA, 2008.

Região Sudeste: grau de interferência humana em 2005

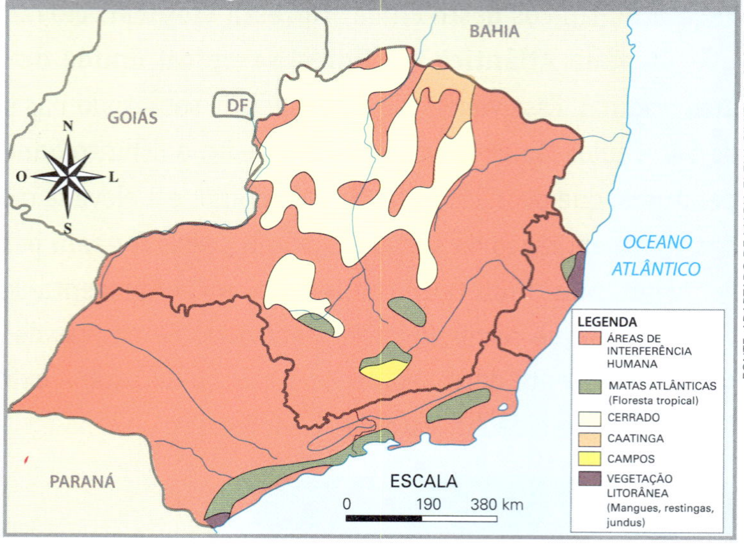

FONTE: ADAPTADO DE MARIA ELENA SIMIELLI. *GEOATLAS*. SÃO PAULO: ÁTICA, 2008.

Repensando o capítulo

Faça no caderno as atividades a seguir.

1 Leia o texto e depois responda às questões propostas.

> A expansão da lavoura açucareira no litoral brasileiro cobrou um preço caro do meio ambiente: a progressiva destruição da mata Atlântica para dar lugar a novas áreas de cultivo, o que provocou desequilíbrio ambiental e desgaste prematuro do solo, além de implicar o lento deslocamento das tribos Tupinambá para o sertão, em busca de terras e alimentos abundantes que garantissem a sobrevivência de sua comunidade.
>
> AQUINO, Rubim Santos Leão (org.). *Sociedade brasileira: uma história*. 2. ed. Rio de Janeiro: Record, 2000. p. 107-8.

Ciências

a) A mata Atlântica ocupou originalmente trechos de quais regiões brasileiras?

b) Quais estados da região Sudeste possuem trechos da mata Atlântica ou floresta tropical úmida?

História

c) Com a orientação do professor de História, faça uma pesquisa sobre os Tupinambá e escreva um texto a respeito. Se possível ilustre o seu trabalho e exponha-o na classe ou no mural da escola.

2 Leia, com atenção, mais um texto sobre a intervenção humana na região Sudeste.

História

> Por volta de 1800, com o declínio da extração de ouro e pedras preciosas, muitas famílias, que tinham feito fortuna na mineração, transferiram-se para o Rio de Janeiro em busca de outra atividade comercial.
>
> Como o café era um produto bastante procurado pelo mercado mundial, a agricultura cafeeira foi a atividade escolhida. Alguns plantadores de cana também começaram a substituir os canaviais pelos cafezais. As primeiras fazendas de café surgiram na região do vale do rio Paraíba do Sul e rapidamente se multiplicaram.
>
> FUNARI, Raquel dos Santos; BUGELLI, Mônica Lungov. *Aprender juntos História – História 5*. São Paulo: SM, 2006. p. 45.

- Consulte um atlas geográfico e desenhe no caderno a área banhada pelo rio citado no texto. Não deixe de colocar as siglas dos estados que ele atravessa e de localizar as cidades mais importantes. Construa uma legenda para identificar o que foi solicitado.

Ciências

3 No dia 16 de dezembro de 2007, ao meio-dia, a cidade de Campos do Jordão (SP) apresentava 17 °C, a de São Paulo, 23 °C, e a de Santos (SP) registrava 26 °C. Por que essa diferença de temperatura nas três cidades de um mesmo estado?

Glossário

hidrovia: palavra que significa 'caminho de água' e designa as rotas de transportes em rios, lagos e mares.
terra roxa: solo muito fértil, resultante da decomposição de rochas de origem vulcânica.

Outras fontes de informação

Por dentro da rede (acesso em dez. 2008)

- www.sosmatatlantica.com.br
- www.rbma.org.br
- www.riotiete.sites.uol.com

Consultando a biblioteca

- *A conservação das florestas tropicais*, de Sueli Furlan e João Carlos Nucci, Atual, 1999.
- *As formas do espaço brasileiro*, de Pedro Geiger, Jorge Zahar, 2003.
- *O cotidiano brasileiro no século XVIII*, de Hernani Donato, Melhoramentos, 1998.
- *Os barqueiros do São Francisco*, de Aristides Fraga Lima, Scipione, 2007.
- *Pirahy: uma aventura no Tietê*, de Luis Carlos da Silva, Yendis, 2006.

Sudeste: o caminho para a liderança econômica

Capítulo 11

Não é por acaso que a região Sudeste é chamada "coração econômico" do Brasil. Uma série de fatores e circunstâncias contribuiu para isso. Podemos dizer que essa situação é resultado da ocupação do território por atividades econômicas que, em diferentes épocas da História, fizeram do Sudeste a mais importante região econômica do país.

ACERVO PREFEITURA MUNICIPAL DE SÃO PAULO/ARQUIVO DA EDITORA

Inaugurada em 1891, a avenida Paulista abrigou a elite cafeeira de São Paulo, que procurava um lugar afastado do já movimentado centro da cidade para construir suas residências. Foto de 1900.

MARCOS PERON/KINO.COM.BR

A avenida Paulista no século XXI, um marco da maior cidade do Sudeste.

Neste capítulo você vai estudar as atividades econômicas desenvolvidas no Sudeste em diferentes momentos da História.

O "coração econômico do Brasil"

O Sudeste só não liderou a economia brasileira durante os séculos XVI e XVII, quando se desenvolveu no atual Nordeste a economia canavieira. Nessa época, os canaviais da capitania de São Vicente não podiam concorrer com os bem-sucedidos engenhos da capitania de Pernambuco.

No século XVIII, a decadência dos engenhos nordestinos e a descoberta do ouro em Minas Gerais transferiram o centro econômico da colônia para o Sudeste.

A partir desse século, portanto, o Sudeste sempre teve uma atividade econômica que o manteve no comando da economia do Brasil. Essa prosperidade permitiu que a região se destacasse em vários aspectos. Uma articulada rede de cidades e de transportes e o estabelecimento de um centro financeiro, econômico e cultural são os principais fatores dessa supremacia.

A mineração no passado e no presente

A descoberta e a exploração de ouro e de pedras preciosas em terras do atual estado de Minas Gerais, nos séculos XVII e XVIII, deram origem a um novo eixo econômico que veio substituir o do Nordeste, onde a cultura da cana-de-açúcar entrava em decadência. As expedições denominadas **entradas** e **bandeiras** tiveram grande importância nessas descobertas.

As novas riquezas mudaram a fisionomia da região onde foram descobertas. Atraíram população, deram origem a numerosas cidades e a uma sociedade muito diferente daquela que havia nos engenhos nordestinos: a **sociedade urbana**.

Os **arraiais**, como eram chamados os aglomerados formados em torno das áreas de mineração, deram origem a muitas cidades da região. Entre elas estão Ouro Preto (antiga Vila Rica), Mariana (primeira capital de Minas Gerais), Caeté, Santa Bárbara, Sabará, Congonhas do Campo, Diamantina e São João del-Rei.

IEB/USP

Desenho aquarelado do século XVIII, de autoria desconhecida, mostra extração de ouro no rio das Velhas (MG).

MARCOS PERON/KINO.COM.BR

Casario colonial ao redor das igrejas Nossa Senhora do Carmo (à esquerda) e de São Francisco de Assis (à direita), em Mariana, Minas Gerais, 2005.

Praticando a Geografia

História

Com a ajuda do professor de História, faça uma pesquisa sobre a sociedade urbana das Minas Gerais durante o século XVIII.

FABIO COLOMBINI/ACERVO DO FOTÓGRAFO

Orla de Parati, com destaque para a Igreja de Santa Rita, que abriga o Museu de Arte Sacra da cidade. Ao fundo, as costas altas da serra do Mar. Foto de 2007.

O ouro e as pedras preciosas explorados em Minas Gerais eram embarcados para a Europa pelos portos de Parati e do Rio de Janeiro, ambos no litoral fluminense. Para vencer esse longo percurso, foram abertas estradas ligando as duas regiões.

Leitura de interesse

A Estrada Real foi sendo construída nos muitos anos de idas e vindas, das Minas ao litoral, desde o século XVII, em busca das riquezas. Constituída, ainda, pelas vias de acesso, os pontos de parada, as cidades e vilas históricas que se formaram durante o passar dos homens e do tempo.

Inicialmente, o caminho ligava a antiga Vila Rica, hoje Ouro Preto, ao porto de Parati, mas, pela necessidade de uma via de escoamento mais segura e mais rápida ao porto do Rio de Janeiro e também por imposição da Coroa, foi aberto um 'caminho novo'. A rota de Parati passou a ser o 'caminho velho', a partir do século XVIII. Com a descoberta das pedras preciosas na região do Serro, a estrada se estendeu até o Arraial do Tejuco (atual Diamantina), deixando Ouro Preto como o centro de convergência da Estrada Real.

Assim se formou o complexo da Estrada Real, ou seja, mais de 1 400 km de patrimônio, cercado de montanhas, natureza, cultura e arte e que constituem, atualmente, um importante complexo turístico.

Adaptado de: <www.estradareal.org.br>. Acesso em outubro de 2007.

FONTE: MANUEL CORREIA DE ANDRADE. *A TERRA E O HOMEM NO NORDESTE*. SÃO PAULO: CORTEZ, 2005.

Praticando a Geografia

Nas cidades de Minas Gerais ocorreu um importante desenvolvimento na vida cultural e intelectual nos séculos XVII e XVIII. Reúna-se com um colega e façam uma pesquisa, com a ajuda dos professores de Língua Portuguesa, História e Arte, para responder no caderno às questões propostas.

História, Língua Portuguesa, Arte

1. Qual o estilo artístico que se destacou na pintura e na escultura desse período?
2. Identifiquem os principais representantes desse estilo e suas obras mais importantes.
3. Na mesma época, destacaram-se renomados poetas, que participaram de um movimento político marcante da história brasileira. Citem dois desses poetas e o nome desse movimento.

A mudança da capital da colônia, em 1763, de Salvador para o Rio de Janeiro foi um fator decisivo para consolidar a liderança da atual região Sudeste. A capital federal do Brasil foi substituída por Brasília quase dois séculos depois, em 1960.

A extração de ouro e de pedras preciosas entrou em decadência na segunda metade do século XVIII. Mas a atividade mineradora voltou a ser importante na época da industrialização do Sudeste (século XX), dessa vez com a exploração do ferro e do manganês, minérios explorados também em Minas Gerais, que foram matérias-primas fundamentais para o desenvolvimento industrial.

Veja no mapa ao lado o **Quadrilátero Ferrífero**, importante área mineradora do Sudeste que você vai estudar melhor no capítulo 14.

Minas Gerais: Quadrilátero Ferrífero

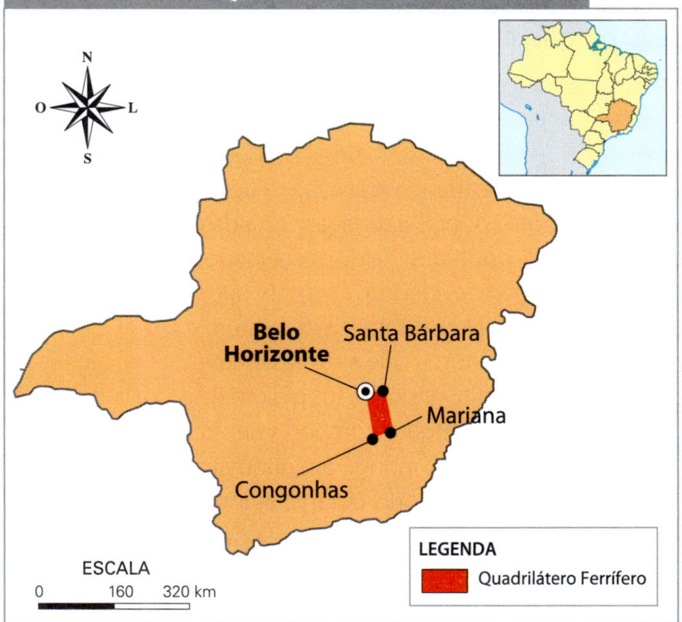

FONTE: ELABORADO COM BASE EM <WWW.TRANSPORTES.GOV.BR>. ACESSO EM: MARÇO DE 2008.

O Quadrilátero Ferrífero é delimitado por Santa Bárbara, Congonhas, Mariana e Belo Horizonte. As três primeiras cidades surgiram no século XVII, na época da mineração; Belo Horizonte, inaugurada em 1897 para ser a capital de Minas Gerais, tem suas origens no arraial de Curral del-Rei.

A presença da agropecuária

A atividade agropecuária esteve presente na atual região Sudeste desde o começo de sua ocupação. No século XVIII, durante a época da mineração, essa atividade teve papel importante para o abastecimento das cidades. Fornecia alimentos e animais de transporte e tração para a região das Minas Gerais.

Aprendendo mais

História

Tropas e tropeiros

A necessidade de levar alimentos, animais e mesmo artigos importados da Europa até as áreas de mineração fez surgir as figuras das **tropas** e dos **tropeiros**. As tropas eram comboios, no princípio, de africanos escravizados e, mais tarde, de burros, que carregavam todos esses produtos das regiões litorâneas para as regiões das minas. Os homens que guiavam as tropas eram os tropeiros. Essas tropas fizeram as primeiras ligações entre regiões diferentes da Colônia, como São Paulo, Minas Gerais, Rio de Janeiro e até mesmo Rio Grande do Sul.

No Sudeste, muitas cidades surgiram de **pousos de tropeiros**, locais onde as tropas paravam para descanso e abastecimento, como Taubaté, Sorocaba, Santana de Parnaíba (SP), Pouso Alegre (MG) e outras.

Com o declínio da mineração, na segunda metade do século XVIII, a economia da região voltou-se para a agricultura. Na verdade, o cultivo de produtos como algodão e cana-de-açúcar nunca deixou de ser praticado. Entretanto, foi uma planta, introduzida no país em Belém do Pará (1727), que devolveu ao Sudeste o destaque na economia brasileira: o café.

História e Língua Portuguesa

A lenda do café

Não há evidência real sobre a descoberta do café, mas há muitas lendas que relatam sua possível origem. Uma das mais aceitas e divulgadas é a do pastor Kaldi, que viveu na Abissínia, hoje Etiópia, há cerca de mil anos.

Diz a lenda que Kaldi, observando suas cabras, notou que elas ficavam alegres e saltitantes e que essa energia extra se evidenciava sempre que mastigavam os frutos de coloração amarelo-avermelhada dos arbustos existentes em alguns campos de pastoreio.

O pastor notou que as frutas eram fonte de alegria e motivação, e somente com a ajuda delas o rebanho conseguia caminhar por vários quilômetros por subidas infindáveis.

Kaldi comentou o comportamento dos animais com um monge da região, que decidiu experimentar o poder dos frutos. O monge apanhou algumas frutas e começou a utilizá-las na forma de infusão. A bebida o ajudava a resistir ao sono, durante as longas horas de oração. Essa descoberta se espalhou rapidamente entre os monastérios, criando uma demanda pela bebida.

Adaptado de: <www.abic.com.br/scafe_historia.html>. Acesso em outubro de 2008.

Sua majestade o café

A cultura do café teve enorme importância na economia do Sudeste pela riqueza que gerou, entre o final do século XIX e a primeira metade do século XX, e por ser responsável pela ocupação de trechos ainda despovoados da região. Acima de tudo, por permitir que, com os capitais acumulados nessa atividade, a região se industrializasse na segunda metade do século XX.

Você pode observar no mapa da página seguinte que a cultura do café foi introduzida no Sudeste a partir do atual estado do Rio de Janeiro. Daí se espalhou pelos atuais estados de São Paulo, Minas Gerais e Espírito Santo. Esse "passeio" do café por terras brasileiras ficou conhecido historicamente como "a marcha do café". Como você também pode perceber, essa marcha atingiu os atuais estados do Paraná (região Sul) e do Mato Grosso do Sul (região Centro-Oeste). O clima tropical úmido e os solos férteis, principalmente o solo de **terra roxa**, foram muito importantes para o sucesso da cultura do café no Sudeste.

O vale do rio Paraíba do Sul, que percorre terras dos estados do Rio de Janeiro e de São Paulo, foi porta de entrada da cultura do café no Sudeste. Os cafezais se instalaram primeiramente no trecho fluminense e depois no trecho paulista (1830-1880).

Do Vale do Paraíba os cafezais espalharam-se por outras regiões do estado de São Paulo, como Campinas, Ribeirão Preto, todo o chamado **Oeste Paulista** e para outros estados.

A partir da década de 1870, o café passou a ser cultivado também na Bahia (região Nordeste), em uma nova "marcha do café". O estado, então o 5º maior produtor brasileiro, tinha três regiões de cultivo do produto: o cerrado (no oeste), o planalto (nas proximidades da chapada Diamantina) e o sul (sul da Zona da Mata).

A marcha do café no Sudeste

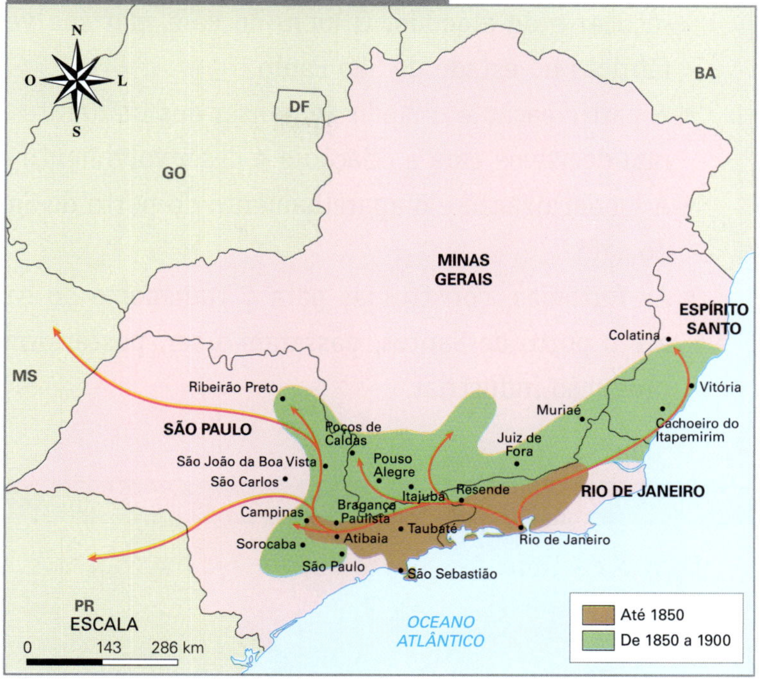

FONTE: JOSÉ DANTAS. *HISTÓRIA DO BRASIL*. SÃO PAULO: MODERNA, 1985. P. 133.

HERNAN REIG/EDITORA ABRIL

As antigas fazendas do Vale do Paraíba são o testemunho de uma época em que predominaram a monocultura (do café), o latifúndio e a mão de obra escrava. Na foto, sede da Fazenda Independência, que hoje funciona como hotel-fazenda, em Bananal, São Paulo, 2005.

A terra roxa, originada de rochas vulcânicas (basalto), recebeu esse nome porque imigrantes italianos, vendo a terra vermelha da região, diziam "***terra rossa***" (terra vermelha). Por causa da semelhança dos sons das palavras, o paulista passou a chamar o solo de ***terra roxa***.

Do café para a indústria

Como você viu, a cafeicultura foi fundamental para o processo de industrialização da região Sudeste. Nesse processo, estiveram presentes fatores importantes, como os que você verá a seguir.

- Apenas no Vale do Paraíba a cafeicultura utilizou mão de obra escrava. As outras regiões, depois da abolição da escravatura, contaram em grande parte com mão de obra imigrante estrangeira.

- A cafeicultura no Brasil foi possível graças aos capitais obtidos das culturas da cana-de-açúcar e do algodão. O lucro do café, por sua vez, permitiu a instalação das primeiras fábricas no estado de São Paulo.
- A participação e o modo de pensar dos imigrantes que optaram por viver nas cidades foram decisivos para a criação e o desenvolvimento de indústrias no país.
- A modernização e o aparelhamento do porto de Santos foram decisivos para a exportação do café.
- As ferrovias, construídas para o transporte do café do interior do estado de São Paulo até o porto de Santos, passaram a ser, posteriormente, utilizadas para o escoamento da produção industrial.

Região Sudeste: ferrovias do café no estado de São Paulo

FONTE: ADAPTADO DE: MONBEIG, PIERRE. *PIONEIROS E FAZENDEIROS DE SÃO PAULO*. HUCITEC, 1984.

DANIEL CYMBALISTA/PULSAR IMAGENS

Sala de Pregões da antiga Bolsa Oficial do Café, hoje Museu do Café Brasileiro, em Santos, São Paulo. Foto de 2008.

Um grande centro industrial e uma agricultura moderna

Em 1929, já no século XX, uma grave crise econômica mundial causou o fim da época áurea do café: os Estados Unidos da América, que eram os principais compradores do café brasileiro, deixaram de importar o produto. Grandes estoques de grãos foram queimados, muitos cafezais foram derrubados e a economia cafeeira foi destruída.

A partir de 1930, começou uma nova fase na economia do Sudeste. A região estava preparada para assumir o lugar de "coração econômico do país", pois indústrias de base e de bens de consumo foram instaladas e outras culturas substituíram a do café. Você vai aprender mais sobre a economia do Sudeste nos capítulos 13 e 14.

Repensando o capítulo

1 Acompanhe este relato de historiadores brasileiros.

História

A necessidade de abastecimento da região mineradora acarretou um incremento significativo na economia da colônia. Devido ao crescimento demográfico e à sede do ouro – que desincentivava a produção de gêneros de subsistência –, a sobrevivência na área da mineração condicionou-se aos centros produtores de alimentos e à capacidade de comercialização dos mesmos. Por outro lado, além de alimentos, eram necessários animais de carga, manufaturas e escravos, produtos indispensáveis para as novas condições de vida, advindas com a mineração. Muitos comerciantes enriqueceram abastecendo a região das minas, transacionando produtos circunvizinhos ou vindos de bem longe.

Dentre as grandes consequências da mineração, merece destaque a articulação econômica de regiões até então dispersas, juntamente com a formação de um mercado interno. O deslocamento do eixo econômico do Nordeste para o Centro-Sul foi acompanhado de diversas medidas administrativas. A mais importante foi a transferência da capital para o Rio de Janeiro.

AQUINO Rubim Santos Leão de et al. *Sociedade brasileira: uma história através dos movimentos sociais.* Rio de Janeiro: Record, 2000. p. 220.

a) Aponte duas diferenças entre a atividade canavieira e a atividade mineradora.

b) Por que a mineração causou crescimento demográfico nas áreas onde se desenvolveu?

c) O que significa afirmar que ocorreu uma mudança do eixo econômico do Nordeste para o Sudeste durante o período colonial brasileiro?

2 Leia o texto e responda à questão proposta em seu caderno.

A base geográfica da economia mineira estava situada numa vasta região compreendida entre a serra da Mantiqueira, no atual Estado de Minas Gerais, e a região de Cuiabá, no Mato Grosso, passando por Goiás [...].

FURTADO, Celso. *Formação econômica do Brasil.* 15. ed. São Paulo: Nacional, 1977. p. 78.

- O que esses três estados têm em comum?

3 Que condições naturais, sociais e de infraestrutura o estado de São Paulo reuniu para assumir a liderança nacional na produção de café?

4 Leia com atenção o texto sobre outro episódio da História do Brasil.

História

> No início da década de 1920, São Paulo vive uma fase de grande progresso econômico e industrial. O comércio do café rende muito dinheiro. Por isso, reina um clima de festa e de autoconfiança. Os paulistas comparam sua cidade às grandes capitais europeias. São construídos muitos prédios, jardins públicos, avenidas, cinemas e a catedral do largo da Sé.
>
> VELLOSO, Mônica. *Que cara tem o Brasil?* As maneiras de pensar e sentir o nosso país. Rio de Janeiro: Ediouro, 2000.

- Que fator citado no texto pode ser apontado como responsável pelo desenvolvimento da cidade de São Paulo?

5 Elabore no caderno um mapa político do Brasil atual. Nesse mapa, localize as cidades e as áreas listadas abaixo. Lembre-se de que todas elas foram importantes para a ocupação do território brasileiro. Depois de localizá-los no mapa, relacione cada item a um fato histórico abordado no capítulo. Siga o primeiro exemplo.

- Salvador: Foi a primeira capital da colônia.
- Rio de Janeiro
- Quadrilátero Ferrífero
- Taubaté
- Pouso Alegre
- Belém do Pará
- Vale do rio Paraíba do Sul
- Campinas e Ribeirão Preto
- Santos

Glossário

Oeste Paulista: região assim chamada, historicamente, pela direção tomada pela cafeicultura no estado, mas que não se restringe apenas ao oeste propriamente dito do estado.

Outras fontes de informação

Por dentro da rede (acesso em dez. 2008)
- http://memorialdoimigrante.sp.gov.br
- www.museudocafe.hpg.ig.com.br/museu/
- www.estaminas.com.br/cidadeshistoricas/texto01.htm

Consultando a biblioteca
- *A Capitania do Ouro e sua gente*, de Alfredo Boulos Júnior, FTD, 2000.
- *Império do café: a grande lavoura no Brasil (1850 a 1890)*, de Ana Luiza Martins, Atual, 1990.
- *Migração no Brasil*, de Regina Bega Santos, Scipione, 1994.
- *Nas terras do Rei Café*, de Francisco Marins, Melhoramentos, 1998.
- *O café e a imigração*, de Sônia Maria de Freitas, Saraiva, 2003.
- *Os arraiais e as vilas nas Minas Gerais*, de Marco Antonio Silveira, Atual, 1996.

Capítulo 12

Uma região de concentração populacional

Como você viu no capítulo anterior, a região Sudeste atraiu grande número de pessoas desde a época colonial, quando foram descobertos ouro e pedras preciosas nas chamadas "Minas Gerais".

ANTONIO MILENA / EDITORA ABRIL

SERGIO PAGANO / EDITORA ABRIL

BRUNO/FLICKR/ CREATIVE COMMONS ATTRIBUTION LICENSE

SIDNEY LOPES / AGÊNCIA ESTADO

(A) São Paulo, **(B)** Rio de Janeiro, **(C)** Belo Horizonte e **(D)** Vitória. As capitais dos estados do Sudeste atraem população de outras partes do Brasil e de cidades do interior.

Você vai ver neste capítulo como a região Sudeste se firmou como a área de maior concentração populacional do país.

Um grande crescimento demográfico

Sudeste: população (1872-2007)	
1872	4 016 922
1890	6 104 384
1900	7 824 011
1920	13 654 934
1940	18 345 831
1950	22 548 494
1960	31 062 978
1970	40 331 969
1980	52 580 527
1991	62 660 700
2000	72 297 351
2007	77 873 120

Fontes: IBGE. *Sinopse Preliminar do Censo 2000*. Rio de Janeiro: IBGE, 2001; e IBGE. *Contagem da População 2007*. Rio de Janeiro: IBGE, 2008.

Observe na tabela ao lado que a região Sudeste, desde o primeiro recenseamento (1872), vem aumentando consideravelmente a sua população.

Durante todo o período registrado na tabela, a população da região aumentou graças a dois principais fatores:

- o crescimento vegetativo e
- os movimentos migratórios internacionais e internos.

O crescimento vegetativo

A diferença entre a quantidade de nascimentos e a de mortes, em determinado período, chama-se **crescimento vegetativo** ou **crescimento natural**.

O maior crescimento natural da população do Sudeste aconteceu nas décadas de 1950 e 1960. Ocorreu uma redução das taxas de mortalidade, graças ao progresso da medicina, enquanto as taxas de natalidade continuaram elevadas.

A partir da década de 1960, as taxas de natalidade começaram a diminuir em todos os estados do Sudeste, como você pode ver na tabela abaixo.

Com a diminuição das taxas de natalidade e como as taxas de mortalidade continuaram estáveis, a população passou a crescer mais lentamente na região.

Em consequência, as taxas de crescimento vegetativo diminuíram gradativamente no Sudeste. Em 2005, a região já havia atingido a taxa de natalidade de 15,5‰ e a taxa de fecundidade de 1,8 filho por mulher em idade reprodutiva.

Sudeste: taxas de natalidade (‰) (1940-1970)		
Estados	**1940-1950**	**1960-1970**
Espírito Santo	48,6	42,6
Minas Gerais	48,6	42,6
Rio de Janeiro	33	30
São Paulo	35,3	32,5

Fonte: Marília Velloso Galvão. *Geografia do Brasil: região Sudeste*. Rio de Janeiro: IBGE, 1977. p. 147.

Relembrando o que você estudou

Recordando o que você já aprendeu sobre indicadores demográficos e sociais, responda no caderno o que é:

1. Taxa de mortalidade.
2. Taxa de natalidade.
3. Esperança de vida.
4. Mortalidade infantil.
5. Taxa de fecundidade.
6. Movimentos migratórios (emigração e imigração).
7. Migrações internas.
8. Migrações internacionais.
9. Êxodo rural.

Os movimentos migratórios

Outro fator importante do crescimento populacional do Sudeste foram os movimentos migratórios ocorridos na região em dois momentos distintos de sua história.

- **Movimentos migratórios internacionais** – entre o final do século XIX e o começo do XX, muitos trabalhadores europeus (italianos, espanhóis, alemães, entre outros) e japoneses vieram para o Brasil atraídos por promessas de terras e de trabalho.
- **Movimentos migratórios internos** – a partir da década de 1950, muitos brasileiros de outras regiões, principalmente do Nordeste, migraram para o Sudeste atraídos pelo surto de industrialização da região.

Os que vieram de outros países

O Brasil ocupa a quarta posição entre as nações americanas que mais receberam imigrantes estrangeiros ao longo dos séculos XIX e XX. É superado apenas por Estados Unidos, Canadá e Argentina.

O período entre o final do século XIX e o início do século XX foi o de maior chegada de imigrantes. De 1884 a 1913, o Brasil recebeu mais de 2,7 milhões de estrangeiros. Até 1983 o total era de 5,6 milhões, principalmente italianos, portugueses, espanhóis, alemães e japoneses.

A grande maioria desses estrangeiros veio para o Brasil porque seus países passavam por profunda crise econômica (fome, desemprego e conflitos internos). Buscar novas terras e oportunidades foi a opção de muitos desses imigrantes. Os italianos formaram o grupo mais numeroso e se instalaram principalmente no estado de São Paulo, onde grande parte trabalhou na crescente lavoura cafeeira.

A imigração estrangeira teve maior importância nas regiões Sul e Sudeste do Brasil. Aprenda agora a importância da vinda de imigrantes para os estados do Sudeste.

MEMORIAL DO IMIGRANTE / GOVERNO DE SÃO PAULO

A Hospedaria dos Imigrantes, no bairro do Brás, na cidade de São Paulo, foi construída em 1886 para abrigar os que chegavam de outros países, em seus primeiros dias na nova terra. Em 1998, passou a funcionar em seu edifício o Memorial do Imigrante.

Imigrantes estrangeiros no Sudeste

São Paulo foi o estado na região que mais recebeu imigrantes estrangeiros. De 1885 a 1961, foram 2 873 320 de várias nacionalidades. Confira na tabela a seguir.

Estado de São Paulo: imigrantes por nacionalidade (1885-1961)				
Italianos	**Portugueses**	**Espanhóis**	**Japoneses**	**Outros**
1 202 076	569 175	462 237	229 404	588 428

Fonte: <www.memorialdoimigrante.sp.gov.br>. Acesso em outubro de 2008.

Os italianos vieram principalmente para trabalhar na lavoura de café do atual estado de São Paulo, que precisava de mão de obra antes mesmo da abolição da escravatura, que se deu em 1888. Entretanto, muitos italianos ficaram nas cidades e tiveram participação importante no início da industrialização do estado, como as famílias Matarazzo e Crespi, entre tantas outras.

Diversas regiões e cidades do estado receberam imigrantes italianos. Entre elas, destacam-se Araraquara, Ribeirão Preto, Tietê, Orlândia, Santa Rosa do Viterbo e Piracicaba. Em Taubaté, no Vale do Paraíba, existe o Museu da Imigração Italiana.

Os espanhóis vieram, no princípio, para as lavouras de café, mas depois se estabeleceram nas cidades. O Censo de 1920 apontou que 78% dos espanhóis que vieram para o Brasil estavam no estado de São Paulo.

SARA PLAZA / ACERVO DA FOTÓGRAFA

Monumento à Imigração Japonesa, na avenida 23 de Maio, uma das mais movimentadas da capital paulista, obra da artista plástica Tomie Ohtake. Foto de 2009.

Os portugueses foram, em sua maioria, imigrantes urbanos, ou seja, radicaram-se nas cidades para se dedicar ao comércio.

Os japoneses começaram a chegar só em 1908 e se estabeleceram no Vale do Ribeira, no Vale do Paraíba, na cidade de São Paulo e na região noroeste do estado. Dedicaram-se principalmente à agricultura (chá e hortifrutigranjeiros) e à criação do bicho-da-seda.

KARIME XAVIER / FOLHA IMAGEM

O bairro do Bom Retiro, na capital de São Paulo, concentrou imigrantes, principalmente judeus, que se dedicaram ao comércio. Nos últimos anos, recebeu expressivo contingente de coreanos. Foto de 2005.

Além das nacionalidades citadas acima, o estado de São Paulo recebeu libaneses, sírios, turcos, judeus de várias nacionalidades, alemães, austríacos, estadunidenses, suíços e muitos outros. A população da capital do estado mostra essa grande mistura de povos.

Nos últimos anos da década de 1990, São Paulo recebeu também imigrantes africanos (angolanos e moçambicanos), sul-americanos (principalmente bolivianos) e asiáticos (coreanos, chineses e taiwaneses).

PAULO NICOLELLA / AGÊNCIA JB

Nas imediações da rua da Alfândega, no centro da cidade do Rio de Janeiro, está o Saara (Sociedade de Amigos e Adjacentes da Rua da Alfândega), verdadeira "ilha" de sírios e libaneses que abriga o comércio popular da cidade. Foto de 2003.

Nos estados de Minas Gerais e do Espírito Santo, os imigrantes estrangeiros criaram colônias. Em ambos, os italianos foram a nacionalidade predominante.

Em Minas, os imigrantes se estabeleceram nas proximidades de Belo Horizonte, em Barbacena, São João del-Rei e também no sul do estado.

No Espírito Santo, por determinação de uma política de ocupação e povoamento do estado, instalaram-se em áreas serranas, em cidades como Santa Leopoldina, Santa Teresa, Canaã (atual São Roque do Canaã) e Cariacica. A cidade de Santa Isabel (hoje distrito do município de Domingos Martins) foi importante colônia alemã.

No estado do Rio de Janeiro, portugueses, espanhóis e árabes foram principalmente para a capital. A região serrana recebeu imigrantes alemães e suíços (Friburgo), italianos e finlandeses (Penedo).

Apesar de a imigração italiana ter sido mais intensa no estado de São Paulo, a colônia considerada "berço" da imigração italiana no Brasil foi estabelecida no Espírito Santo. Trata-se de Nova Trento, criada em 1874, dentro da política do governo desse estado de povoar vazios demográficos em seu território. Ao contrário de muitas outras, essa colônia fracassou.

As migrações internas

O Sudeste é a maior área de atração de fluxos migratórios internos do país, notadamente por seu grande desenvolvimento econômico. Embora receba gente de todo o Brasil, a principal corrente migratória para a região é a nordestina.

Segundo dados do IBGE, o Sudeste recebeu 70,9% dos migrantes nordestinos que, só de 1995 a 2000, foram 1 457 360.

A migração nordestina para o Sudeste iniciou-se na década de 1930 e ampliou-se a partir de 1950 graças ao crescimento da indústria na região e à construção da ligação rodoviária com o Nordeste (a BR-101). Em 1970, já viviam no Sudeste 2 513 038 nordestinos, vindos principalmente da Bahia, de Pernambuco, da Paraíba e do Ceará.

Entre a década de 1990 e a de 2000, porém, começou um significativo movimento de volta de nordestinos do Sudeste para sua região de origem, principalmente daqueles que viviam na Região Metropolitana de São Paulo. Isso pode ser explicado pelo desemprego aí ocorrido e pela perspectiva de trabalho no turismo e nas novas indústrias do Nordeste. Esse movimento é chamado de **migração de retorno**.

Muitos migrantes que chegam à cidade de São Paulo trabalham na construção civil. Na foto, obras da Ponte Octávio Frias de Oliveira, em foto de 2007.

Observe nos mapas a seguir a evolução das migrações internas no país.

Mapa das migrações internas no Brasil (1950-1970)

Mapa da migrações internas no Brasil (1970-1990)

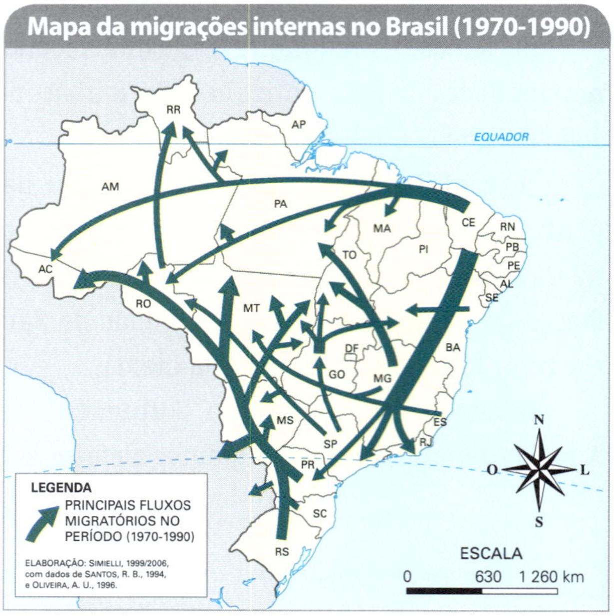

Mapa das migrações internas no Brasil (década de 1990)

FONTE DOS MAPAS: *GEOATLAS*. SIMIELLI, M. E. SÃO PAULO: ÁTICA, 2006. P. 121.

Trabalhando com mapas

Observe os mapas das migrações internas no Brasil e responda às questões no caderno:

a) Qual o estado que mais recebeu migrantes nos três períodos?

b) Quais as duas regiões que passaram a receber migrantes internos a partir de 1960?

Concentração da população

Desde que o Brasil iniciou contagens oficiais de população (1872), a região Sudeste passou a abrigar cerca de 40% da população total do país. Verifique na tabela as porcentagens da população do Sudeste durante o período 1960-2005.

Sudeste: participação (%) da população no total do país (1960-2005)

1960	1970	1980	1991	2000	2005
43,7	42,6	43,4	42,6	42,6	43,2

Fonte: IBGE. *Censos demográficos*. Disponível em: <www.ibge.gov.br>. Acesso em setembro de 2008.

Observe que a porcentagem maior ocorreu na década de 1960. Isso porque, a partir de 1950, a região acelerou sua industrialização e o estado de São Paulo tornou-se a área de maior atração populacional. Com isso, a região da cidade de São Paulo consolidou seu processo de **metropolização**. A indústria do Sudeste recebeu grande quantidade de capital estrangeiro, abrindo muitos postos de trabalho nessa atividade.

A população do Sudeste se concentra nas regiões metropolitanas de São Paulo, Rio de Janeiro, Belo Horizonte e Vitória. Veja no mapa as densidades demográficas do Sudeste.

Região Sudeste: densidade demográfica

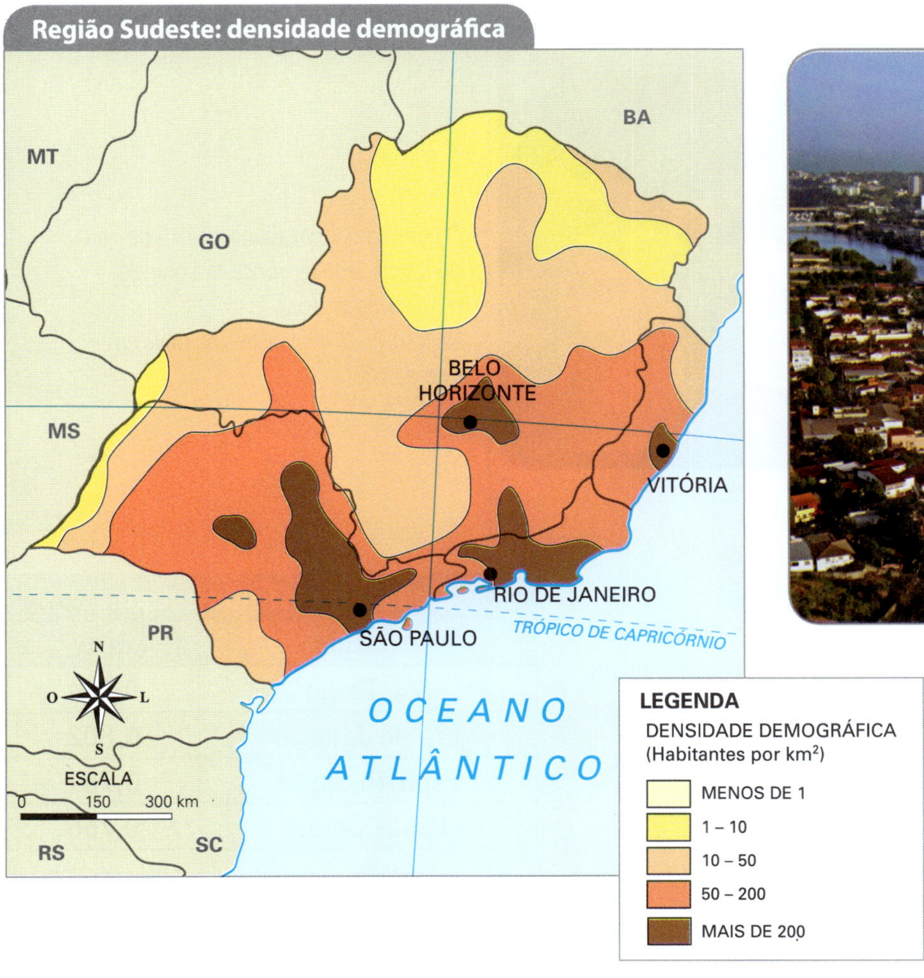

FONTE: ADAPTADO DE M.E. SIMIELLI. *GEOATLAS*. SÃO PAULO: ÁTICA, 2006.

ROGÉRIO REIS/PULSAR IMAGENS

Vista aérea de Vitória (ES), Canal de Camburi, em 2006.

Composição da população

A maioria da população do Sudeste é branca (58%), seguida pela parda (32,4%). A região é a segunda do país em porcentagem de negros (8,4%). Devido à imigração japonesa, é a única com 1% de população amarela e indígena.

Quanto aos estados, São Paulo tem a maior porcentagem de população branca (67,9%); o Rio de Janeiro, de população negra (12%); e o Espírito Santo, de população parda (50,7%).

Quanto à composição por idade, como nas outras regiões, há um predomínio do grupo de 20 a 59 anos. Veja o gráfico ao lado.

Sudeste: composição por idades (%)

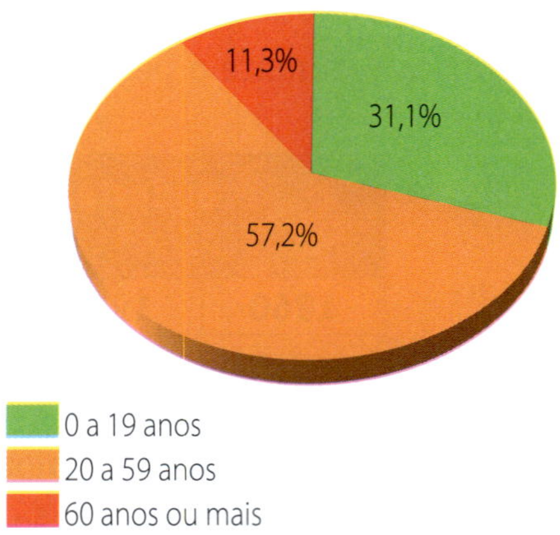

FONTE IBGE. *PNAD (PESQUISA NACIONAL POR AMOSTRA DE DOMICÍLIOS) 2007*. DISPONÍVEL EM: <WWW.IBGE.GOV.BR> ACESSO EM SETEMBRO DE 2008.

A região tem apresentado uma diminuição no número de crianças, e é a que possui o maior número de idosos (pessoas com 60 anos ou mais). A maior porcentagem dessa faixa etária é encontrada no estado do Rio de Janeiro (14,1%).

As mulheres são maioria no Sudeste: 51,6% contra 48,4% de homens.

ANA CAROLINA FERNANDES / FOLHA IMAGEM

O bairro de Copacabana, na cidade do Rio de Janeiro, concentra grande número de idosos.
Na foto, aula de ginástica na praia em foto de 2005.

Riqueza e pobreza

Como você já sabe, o Sudeste é a região mais rica do país. Mesmo assim, apresenta grandes desigualdades que acarretam graves problemas sociais.

Veja na tabela o **IDH** dos estados da região.

Sudeste: IDH dos estados

Estados	IDH
São Paulo	0,814
Rio de Janeiro	0,802
Espírito Santo	0,767
Minas Gerais	0,766

Fonte: Pnud-ONU. *Atlas do Desenvolvimento Humano 2000*. Disponível em: <www.pnud.org.br/publicacoes/>. Acesso em setembro de 2008.

Os indicadores revelam que as condições de vida no Sudeste só perdem para as da região Sul e que não há grandes diferenças entre os estados. Veja esses indicadores na tabela a seguir.

Sudeste: indicadores sociais					
	Taxa de fecundidade	**Natalidade** (‰)	**Mortalidade** (‰)	**Mortalidade infantil** (‰)	**Esperança de vida** (anos)
Sudeste	1,6	14,8	6,4	17,7	74,1
MG	1,8	16	6	20,4	74,6
ES	1,9	17,2	5,9	18,9	73,7
RJ	1,6	13,7	7,3	19,6	73,1
SP	1,6	14,4	6,2	15,5	74,2

Fonte: IBGE. *Síntese dos Indicadores Sociais 2008*. Disponível em: <www.ibge.gov.br>. Acesso em setembro de 2008.

Já na tabela seguinte você pode constatar, nesses mesmos estados, as diferenças de certos serviços considerados essenciais. Note que os estados de São Paulo e Rio de Janeiro apresentam os índices mais altos.

Sudeste: indicadores selecionados (%)					
Estados	**Água**	**Esgoto**	**Lixo**	**Iluminação**	**Telefone**
Minas Gerais	98,3	89,1	92	99,9	72
Espírito Santo	98,1	75,5	86	99,9	78,2
Rio de Janeiro	88,9	87,5	89,3	100	73,7
São Paulo	99,3	93,1	95,8	100	74,4

Fonte: IBGE. *Síntese dos Indicadores Sociais 2008*. Disponível em: <www.ibge.gov.br>. Acesso em setembro de 2008.

Apesar desses índices sociais positivos, é nas grandes cidades e metrópoles que as desigualdades ficam mais marcantes.

DELFIM MARTINS / PULSAR IMAGENS

Prédios comerciais, ao lado da Ponte Octavio Frias de Oliveira, vistos da favela Real Parque, no bairro do Morumbi, São Paulo, 2008.

Repensando o capítulo

Faça no caderno as atividades a seguir.

1 Leia este texto e depois responda às questões propostas.

História

O Brasil é tradicionalmente um país de imigração. Desde o descobrimento, foi ocupado, colonizado e povoado por diferentes grupos nacionais e étnicos. Fazer a América era o sonho da maioria dos imigrantes. Para muitos deles não havia diferença entre a América do Norte e a do Sul. A América era terra das oportunidades, onde haveria a possibilidade de enriquecimento para todos, como se fosse um verdadeiro "Eldorado". Por isso, homens, mulheres e crianças de diferentes aldeias, cidades, países e continentes se puseram a caminho, constituindo um dos maiores deslocamentos da humanidade.

FREITAS, Sonia Maria de. *O café e a imigração*. São Paulo: Saraiva, 2003. p. 23. (Coleção Que História é Essa?).

a) De acordo com o texto, quem foram os primeiros imigrantes do Brasil? Quando chegaram?

b) O que significa a expressão "fazer a América"?

2 Há imigrante(s) na sua família? Caso sua resposta seja afirmativa, pesquise os motivos que fizeram com que ele(s) se mudasse(m) para o Brasil e de que país saiu(saíram).

3 Quais foram os principais grupos de imigrantes que vieram para o Brasil?

4 Além das imigrações, o Brasil também teve migrações internas. Que região brasileira perdeu mais habitantes e que região ganhou mais? Aponte um motivo dessas migrações.

5 Leia este trecho sobre a imigração para o Brasil.

História

Estados Unidos, Canadá, Argentina e Brasil foram os países de destino preferencialmente escolhidos para a emigração [...]. No Brasil, a imigração de libaneses e sírios começou a se avolumar às vésperas do século XX, vindo atingir seu auge mesmo antes do início da Primeira Guerra Mundial [...].

Uma característica básica da colônia libanesa no Brasil é a sua distribuição ao longo de todo o território nacional. Uma vez que começavam como mascates, estendiam suas rotas a paragens longínquas, pouco estáveis, pela rede de transportes estabelecida [...].

Adaptado de: TRUZZI, Oswaldo. *Sírios e libaneses*. São Paulo: Nacional, 2005. p. 6, 20 e 21.

a) Você conhece alguma família composta por sírios ou libaneses? Caso a resposta seja positiva, descreva a atividade em que seus componentes trabalham.

b) Pesquise para descobrir e responder: O que faziam os mascates?

6 Leia o texto a seguir.

> Favelas, na definição usada pela ONU, são áreas urbanas em que a maioria dos residentes vive aglomerada em habitações ilegais, desprovidas da água tratada e saneamento. Atualmente, a Terra conta com perto de 1 bilhão de seres humanos amontoados em favelas, encontrados em todos os quadrantes do globo.
>
> SANTOS, Sinval Neves. Urbanização, sim; favelização, não. *Guia Época Vestibular 2008 – Atualidades*, n. 3, p. 4.

- Reúna-se em um grupo de até quatro alunos, com a orientação do professor, para discutir medidas que podem ser tomadas pelos governos e pela população para erradicar as favelas das cidades brasileiras.

Glossário

IDH: Índice de Desenvolvimento Humano. O IDH foi criado pelo Pnud (Programa de Desenvolvimento das Nações Unidas) para medir a qualidade de vida em vários lugares do mundo. O IDH varia de 0,0 a 1. Quanto mais próximo de 1, melhor o padrão de vida. Para determiná-lo foram utilizados três índices: a renda, a educação e a saúde.

metropolização: processo de crescimento urbano que dá origem às metrópoles e às áreas metropolitanas.

Outras fontes de informação

Por dentro da rede (acesso em dez. 2008)

- www.memorialdoimigrante.sp.gov.br
- www.pnud.org.br
- www.ibge.gov.br

Consultando a biblioteca

- *Anarquistas, graças a Deus*, de Zélia Gattai, Record, 2000.
- *Imigrantes no Brasil (1870-1920)*, de Alfredo Boulos Júnior, FTD, 2000.
- *Sírios e libaneses*, de Oswaldo Truzzi, Nacional, 2005.
- *Sua majestade, o café*, de Vera Vilhena Toledo, Moderna, 2003.
- *Tomie – Cerejeiras na noite*, de Ana Miranda, Companhia das Letrinhas, 2006.
- *Nas ruas do Brás*, de Drauzio Varella, Companhia das Letrinhas, 2000.

Capítulo

13

Uma agricultura "industrializada"

A agropecuária esteve presente na economia do atual Sudeste mesmo quando a mineração era a principal atividade econômica. A cultura de alimentos e a criação de gado para abastecer a população eram atividades complementares à mineração. Com a decadência da mineração, veio a cafeicultura e, após o seu declínio, outras lavouras se destacaram na região, como a da soja, a da laranja e a da cana-de-açúcar.

A laranja é um dos principais produtos da agricultura do Sudeste e o seu suco representa grande parte das exportações brasileiras. Na foto, laranjal em Matão (SP), década de 1990.

DELFIM MARTINS/PULSAR IMAGENS

Neste capítulo você vai estudar como a agropecuária é praticada hoje no Sudeste e como essa atividade foi importante desde a ocupação da região.

A indústria chega ao campo

Com a industrialização no século XX, a agropecuária do Sudeste passou a depender da indústria e as relações campo-cidade ficaram cada vez mais estreitas. O campo abastece a cidade de alimentos e de matérias-primas para as fábricas. A cidade fornece ao campo **insumos** para o agricultor trabalhar a terra: tratores, máquinas agrícolas, agroindústria, sementes elaboradas, fertilizantes, defensivos agrícolas, entre outros. Isso faz parte da chamada "industrialização do campo" ou "subordinação do campo à cidade".

Muitas vezes a própria fábrica chega ao campo. Temos, então, as **agroindústrias**. É o caso, por exemplo, das usinas que produzem açúcar e álcool na própria região onde plantam a cana. O Sudeste é a região brasileira com o maior índice dessa integração campo-cidade, com uma das agropecuárias mais modernas do país.

Observe a foto.

SILVA JÚNIOR/FOLHA IMAGEM

No século XXI, a agricultura utiliza técnicas cada vez mais modernas, como a mecanização das lavouras, a seleção de sementes e de raças de gado e o uso de computadores para armazenar dados sobre plantio, colheitas e distribuição de produtos.
Na foto, colheita mecanizada de cana em Sertãozinho, 2008.

Praticando a Geografia

Pesquise uma agroindústria da região onde você mora para saber:

1. De onde vem a matéria-prima que essa agroindústria utiliza?
2. Para onde vai a produção dessa agroindústria?
3. A matéria-prima que ela utiliza vem de uma propriedade rural? De onde essa propriedade recebe os implementos agrícolas que usa?
4. Quais são os serviços que os habitantes da propriedade rural compram nas cidades próximas?

São poucas as áreas da região Sudeste onde o nível de modernização da agricultura é baixo. As áreas menos desenvolvidas estão no norte de Minas Gerais, no Polígono das Secas. Veja o mapa na página seguinte.

Região Sudeste: níveis de modernização da agricultura

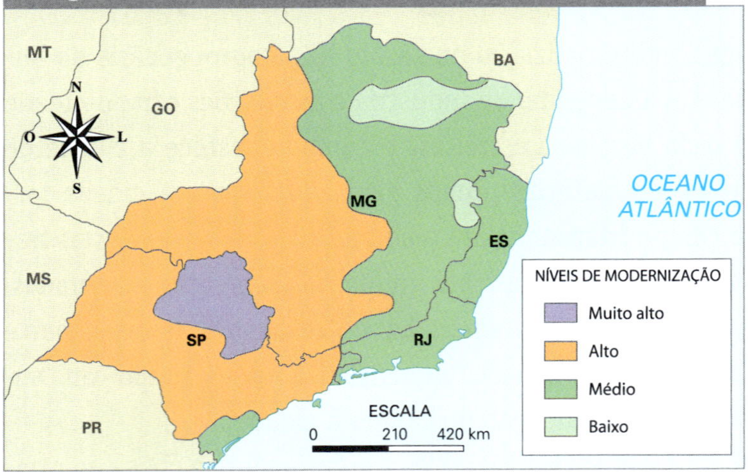

FONTE: IBGE. *ATLAS NACIONAL DO BRASIL*. RIO DE JANEIRO: IBGE, 2000.

Da monocultura ao agronegócio

Você já sabe que a primeira grande riqueza agrícola do Sudeste foi a lavoura do café no final do século XIX e no começo do século XX. Assim como a cana-de-açúcar no Nordeste, o café foi cultivado em sistema de monocultura no Sudeste, mas, ao contrário do Nordeste, só utilizou o trabalho escravo nos primeiros tempos. Isso porque, em 1888, a escravatura foi abolida no Brasil. De modo geral, a cafeicultura desenvolveu-se com o trabalho assalariado de colonos italianos.

Após a decadência do cultivo do café, a atividade agrícola tomou outro rumo no Sudeste. A industrialização, o cultivo de vários produtos (policultura), a mecanização do campo, as novas pesquisas na **agronomia** e as mudanças na economia mundial transformaram a agricultura do Sudeste em um setor dinâmico, produtivo e com importante lugar na economia do país.

Atualmente falamos em **agronegócio** (*agrobusiness*) quando nos referimos a esse tipo de agropecuária moderna, que recebe muitos investimentos de capital e de tecnologia.

Aprendendo mais

Biotecnologia e agricultura de precisão

A *biotecnologia*, ou tecnologia da vida, pois se refere a seres vivos (plantas e animais), é muito importante para a agropecuária moderna, que movimenta um ativo mercado controlado por empresas **transnacionais** e nacionais. Essas empresas contam com seus próprios laboratórios de pesquisa, localizados em várias regiões do país, e costumam fazer convênios com empresas e universidades públicas para desenvolver biotecnologia.

Ciências

A biotecnologia é responsável, por exemplo, pelos OGMs (organismos geneticamente modificados) ou transgênicos, que causam muitas discussões nos dias de hoje. Entre as principais lavouras geneticamente modificadas destacam-se as de soja, milho e algodão. Em 2005, o Brasil ocupou o terceiro lugar no mundo em área cultivada com OGMs.

Outros aspectos interessantes da biotecnologia são a clonagem de animais (como a ovelha inglesa Dolly e a bezerra brasileira Vitória) e a inseminação artificial de vacas, éguas e ovelhas para o aprimoramento das raças.

A **agricultura de precisão** usa imagens de satélites, fotografias aéreas, GPS (global positioning system) e a tecnologia da informação (computadores) para, entre outras coisas:

- fazer o mapeamento do solo e saber onde ele precisa ser "corrigido", isto é, receber nutrientes e sais minerais;
- acompanhar o andamento das colheitas, já que cada produto agrícola tem seu tempo de ser colhido; e
- fazer o processamento de dados sobre produção, armazenamento e distribuição de produtos.

Praticando a Geografia

Responda no caderno às questões a seguir.

1. Você conhece alguma área onde é praticada a agricultura de precisão? Em caso afirmativo, que recursos são utilizados?

2. Consulte seu professor de Ciências para responder:

   a) O que são transgênicos?

   Ciências

   b) Qual é a principal crítica aos transgênicos?

3. Reúna-se com um colega para pesquisar, em revistas, jornais ou na internet, informações sobre a clonagem da ovelha Dolly e da bezerra Vitória. Escrevam um texto em uma folha avulsa e, se possível, ilustrem o trabalho com imagens desses dois clones.

As áreas agrícolas do Sudeste

Os estados do Sudeste concentram as áreas agrícolas mais modernas, produtivas, competitivas e mecanizadas do Brasil. Os estados de São Paulo e Minas Gerais figuram entre os principais produtores de muitas das lavouras brasileiras. O estado do Espírito Santo destaca-se na produção de café e pimenta-do-reino. Veja a tabela.

Posição de São Paulo, Minas Gerais e Espírito Santo na produção agrícola do Brasil

Produtos	São Paulo	Minas Gerais	Espírito Santo
Cana-de-açúcar	1º		
Café	3º	1º	2º
Laranja	1º	4º	
Pimenta-do-reino			2º
Uva	2º		
Amendoim	1º	2º	
Alho		1º	
Batata inglesa	2º	1º	
Cebola	2º		
Feijão		1º	
Mamona		3º	
Milho	3º	2º	
Sorgo	3º	2º	
Tomate	2º		
Banana	1º	5º	

Fonte: Agricultura brasileira em números. In: Ministério da Agricultura. *Anuário 2005*. Disponível em: <http://www.agricultura.gov.br/> . Acesso em julho de 2008.

A mais significativa área agrícola do Sudeste é a do **Planalto Ocidental Paulista**, pelo volume de produção, diversidade de produtos e pelo uso de mecanização e tecnologia sofisticada na agropecuária. Veja no mapa a seguir quais são os principais produtos agrícolas do Sudeste e onde são cultivados.

Região Sudeste: principais produtos agrícolas

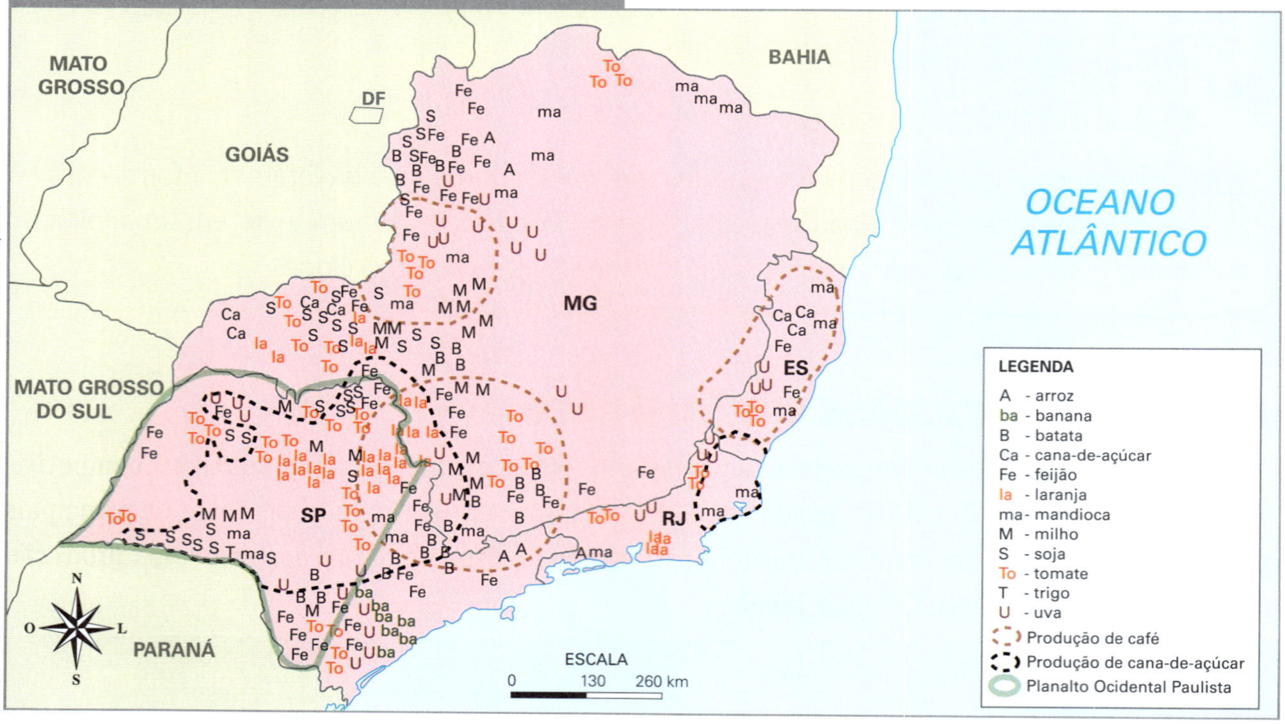

FONTE: ELABORADO PELOS AUTORES COM BASE EM: MINISTÉRIO DA AGRICULTURA. PRODUÇÃO AGRÍCOLA MUNICIPAL – CEREAIS, LEGUMINOSAS E OLEAGINOSAS 2007. IN: IBGE. *ANUÁRIO ESTATÍSTICO 2005*. RIO DE JANEIRO: IBGE, 2006; *CENSO AGROPECUÁRIO 2006*. RIO DE JANEIRO: IBGE, 2008.

O Planalto Ocidental Paulista

A importância do Planalto Ocidental Paulista como área agrícola no Sudeste pode ser explicada por alguns fatores:

- o relevo suave e as áreas de solo de terra roxa (fatores naturais);
- as riquezas e as condições introduzidas pela cafeicultura, como a vinda de imigrantes, a construção de estradas de ferro e as instalações portuárias do porto de Santos, que escoa a produção da região;
- o desenvolvimento industrial, que aumentou a necessidade de matérias-primas agrícolas;
- o crescimento das cidades, que permitiu a formação de um mercado de consumo para os produtos agrícolas.

Os principais produtos agrícolas cultivados nesta região são: cana-de-açúcar, laranja, café, algodão e soja.

O cultivo da cana-de-açúcar

Como você estudou, o cultivo da cana-de-açúcar diminuiu muito no Nordeste depois da mudança do eixo econômico do Brasil Colônia para o Sudeste. Mas esse cultivo não desapareceu;

apenas encontrou outro lugar para prosperar: o estado de São Paulo. Sabe onde? Nas regiões de Campinas, Ribeirão Preto, Americana, Piracicaba, Jaú, Araraquara, entre outras. Depois de 1975, com a criação do **Proálcool**, a lavoura da cana passou a alimentar também as usinas que fabricam o álcool combustível.

A produção de álcool conheceu grande expansão até meados da década de 1980. A fase seguinte foi de queda de produção, devido à baixa do preço do petróleo e à elevação dos preços do açúcar no mercado internacional (1986-1995). A partir da década de 2000 iniciou-se um novo ciclo do Proálcool, graças a dois fatores:

- o aumento da porcentagem do álcool adicionado à gasolina; e
- a venda de carros bicombustíveis.

ANDRE PENNER/EDITORA ABRIL

MARIORDO/WK COMMONS

MARCO DE BARI/EDITORA ABRIL

Os carros *flex fuel*, movidos tanto a álcool quanto a gasolina, estão sendo muito utilizados e, além de contribuir para aumentar o consumo do álcool, ajudam a reduzir a poluição atmosférica.

Os canaviais retomaram sua força nas regiões tradicionais do Planalto Ocidental Paulista e espalharam-se por Minas Gerais, Baixada de Campos dos Goytacazes (RJ) e regiões Norte e Centro-Oeste. Nessas duas últimas regiões os canaviais passaram a ser uma ameaça à vegetação natural, que é derrubada em busca de novas terras para o plantio.

Apesar do sucesso comercial, a lavoura da cana-de-açúcar causa vários problemas nas áreas onde é praticada:

- diminui as áreas de cultivo de produtos alimentícios, como o arroz (10%), o feijão (13%), o milho (11%), a batata (14%), a mandioca (3%) e o tomate (12%);
- afeta a pecuária, com a diminuição de gado de corte e leiteiro;
- aumenta a poluição atmosférica e suja as cidades vizinhas com a fuligem produzida pelas queimadas feitas para a colheita da cana;
- é responsável pelas más condições de vida e de trabalho das pessoas empregadas em sua lavoura. Com a "Leitura de interesse" a seguir você ficará sabendo como e por quê.

RICARDO AZOURY/PULSAR IMAGENS

Colheita de cana-de-açúcar ainda feita manualmente por boias-frias em plantação da região de Campos dos Goytacazes (RJ), em 2007.

Leitura de interesse

Língua Portuguesa

Atrás das cortinas no teatro do etanol

Proponho-me trazer ao palco do teatro do etanol os atores até então deixados atrás das cortinas: os trabalhadores rurais, os cortadores de cana dos canaviais paulistas.

Na sua grande maioria, são migrantes provenientes dos estados do Nordeste e do norte de Minas Gerais (em torno de 200 mil, segundo a Pastoral do Migrante). São homens jovens, entre 16 e 35 anos de idade.

Durante oito meses ao ano, permanecem nas cidades-dormitórios em pensões (barracos) ou nos alojamentos encravados no meio dos canaviais.

Divididos em turmas nos atuais 4,8 milhões de hectares dos canaviais paulistas, são invisíveis aos olhos da grande maioria da população, exceto dos viajantes das estradas que os veem enegrecidos pela fuligem da cana queimada, chegando, até mesmo, a ser confundidos com ela.

São submetidos a duro controle durante a jornada de trabalho. São obrigados a cortar em torno de dez toneladas de cana por dia. Caso contrário, podem perder o emprego no final do mês, ser suspensos ou, ainda, ser submetidos a coação moral, chamados de "facão de borracha", "borrados", fracos, vagabundos.

A resposta a qualquer tipo de resistência ou greve é a dispensa. Durante o trabalho, são acometidos pela sudorese em virtude das altas temperaturas e do excessivo esforço, pois, para cada tonelada de cana, são obrigados a desferir mil golpes de facão. Muitos sofrem a "birola", as dores provocadas por câimbras.

Os salários pagos por produção (R$ 2,50 por tonelada) são insuficientes para lhes garantir alimentação adequada, pois, além dos gastos com aluguéis e transporte dos locais de origem até o interior de São Paulo, são obrigados a remeter parte do que recebem às famílias.

As consequências desse sistema de exploração-dominação são:

– de 2004 a 2007, ocorreram 21 mortes, supostamente por excesso de esforço durante o trabalho, objeto de investigação do Ministério Público;

– minhas pesquisas em nível qualitativo na macrorregião de Ribeirão Preto apontam que a vida útil de um cortador de cana é inferior a 15 anos, nível abaixo dos africanos escravizados em alguns períodos da escravidão.

Constatei as seguintes situações de depredação da saúde: desgaste da coluna vertebral, tendinite nos braços e mãos em razão dos esforços repetitivos, doenças nas vias respiratórias causadas pela fuligem da cana, deformações nos pés em razão do uso dos calçados utilizados e encurtamento das cordas vocais devido à postura curvada do pescoço durante o trabalho.

Adaptado de: Maria Aparecida de Moraes Silva. Caderno Tendências e Debates, *Folha de S.Paulo*, p. 3A. Acesso em 2 de outubro de 2007.

A cultura da laranja

Outra lavoura importante no Planalto Ocidental Paulista é a da laranja para a produção de suco, um dos principais produtos de exportação brasileiros.

Estado de São Paulo: lavoura e produção de suco de laranja

FONTE: LUÍS FERNANDO PAULILLO. *REDES DE PODER E TERRITÓRIOS PRODUTIVOS*. SÃO PAULO: EDITORA DA UFSCAR, 2000.

A laranja também é produzida em outras áreas do estado. Veja no mapa ao lado os principais municípios produtores de laranja no estado de São Paulo.

A pecuária

A região Sudeste, assim como a região Sul, emprega técnicas avançadas na sua pecuária. Por isso, obtém alta produtividade, embora não possua o maior rebanho do país, que está na região Centro-Oeste. As principais áreas de criação são o Planalto Ocidental Paulista, o Triângulo Mineiro, o sul de Minas, o Vale do Paraíba paulista e o norte de Minas.

No Planalto Ocidental Paulista e no Triângulo Mineiro pratica-se uma moderna pecuária de corte. Os principais produtores são os municípios de Araçatuba e Presidente Prudente (SP) e Uberaba e Uberlândia (MG).

O Vale do Paraíba e o sul de Minas são tradicionais regiões de pecuária leiteira, que alimenta uma próspera indústria de derivados do leite (manteiga, queijos e requeijão).

O norte de Minas, com seu clima semiárido, enfrenta mais dificuldades e apresenta a chamada "criação extensiva", ou seja, com o gado solto no pasto e em geral sem aplicação de recursos tecnológicos e investimentos financeiros.

De modo geral, São Paulo se destaca na criação de gado bovino de corte (voltado à produção de carne) e Minas Gerais, na de gado bovino de leite e também de suínos. Veja no mapa a seguir os principais rebanhos e as principais áreas de pecuária da região Sudeste.

Sudeste: principais rebanhos e áreas criatórias

FONTE: ELABORADO PELOS AUTORES COM BASE EM: IBGE. *CENSO AGROPECUÁRIO 2006*. RIO DE JANEIRO: IBGE, 2008.

Repensando o capítulo

Faça no caderno as atividades a seguir.

1. Caracterize a "industrialização do campo".
2. Cite uma área da região Sudeste que apresente um baixo nível de modernização da agricultura. Apresente um fator natural que contribua para essa situação. Pesquise em um atlas geográfico e identifique duas cidades localizadas nessa área.
3. O que é agronegócio?
4. Por que uma agricultura moderna pode ajudar no desenvolvimento de um país?
5. Qual é o estado que mais produz café no Brasil?
6. Dê a sua opinião sobre o texto da socióloga Maria Aparecida de Moraes Silva, "Atrás das cortinas no teatro do etanol", na página 136.

Glossário

agronomia: ciência que estuda a prática da agricultura.
insumo: tudo o que é necessário para desenvolver uma atividade, isto é, matéria-prima, maquinário, trabalho, etc.
Proálcool: programa governamental criado em 1975, que estimulou a produção de álcool combustível (etanol). O objetivo era diminuir a dependência do país em relação aos derivados de petróleo, de preço muito alto no mercado internacional. Os produtores de álcool recebiam ajuda do governo para venderem seu produto a preços mais baixos que os da gasolina.
transnacionais: grandes empresas que levam suas unidades de produção para vários países. Fazem isso para buscar vantagens como matéria-prima e mão de obra baratas. Suas sedes estão localizadas nos países de origem.

Outras fontes de informação

Por dentro da rede (acesso em dez. 2008)
- www.embrapa.gov.br
- www.agricultura.gov.br
- www.aao.org.br

Consultando a biblioteca
- *A luta pela terra: experiência e memória*, de Maria Aparecida de Moraes Silva, Unesp, 2004.
- *Verdes canaviais*, de Vera Toledo e Cândida Gancho, Moderna, 2003.
- *Terra paulista*, coordenado por Maria Alice Setúbal, Imprensa Oficial do Estado de São Paulo, 2008.

Região mais industrializada do país, o Sudeste consolidou essa posição graças, principalmente, à força econômica do estado de São Paulo, ao poder político do Rio de Janeiro e às riquezas minerais do estado de Minas Gerais. Observe as fotos a seguir e leia as legendas.

Capítulo 14

Uma região de concentração industrial

GUSTAVO PRUGNER/ROSENHAIN & MEYER EDITORES

Galpões e chaminés dominam o Brás, um dos principais bairros operários da cidade de São Paulo, em 1925.

ARQUIVO/AGÊNCIA ESTADO

Movimento na avenida Rio Branco em 1958, na cidade do Rio de Janeiro, então Capital Federal.

RICARDO AZOURY/OLHAR IMAGEM

Exploração de minério de ferro na Mina Casa de Pedra, da CSN – Companhia Siderúrgica Nacional, em Congonhas (MG), 2008.

Neste capítulo você vai conhecer as principais condições responsáveis pela forte industrialização do Sudeste.

A região mais industrializada do país

Três condições foram muito importantes para a industrialização do Sudeste:

- A partir de 1763 o Rio de Janeiro passou a ser a capital da colônia. A cidade continuou como sede do governo federal até 1960. Portanto, no início da industrialização do Sudeste, as decisões governamentais já eram tomadas na própria região.
- Os capitais obtidos com a riqueza do café foram fundamentais para a construção das primeiras fábricas no estado de São Paulo.
- Os recursos minerais do estado de Minas Gerais, principalmente o ferro, tiveram grande importância como matéria-prima da siderurgia na industrialização do Sudeste.

Além desses fatores, podemos citar a rede de transportes construída para o café, a população regional, que formou um grande mercado de consumo para os produtos industrializados, e a grande oferta de mão de obra. No início, a mão de obra da indústria era composta principalmente por imigrantes estrangeiros e, mais tarde, por trabalhadores vindos de outras regiões do país, principalmente do Nordeste.

O estado de São Paulo foi o mais beneficiado por esses fatores. Ainda é o estado mais industrializado da região e da nação, apesar de ter perdido indústrias para outros estados com a chamada "guerra fiscal", que você estudou no capítulo 9.

O triângulo São Paulo-Rio de Janeiro-Belo Horizonte passou a concentrar o setor secundário do país no Sudeste. Veja na tabela a seguir a evolução da participação da indústria no Sudeste de 1980 a 2004.

Sudeste: evolução da atividade industrial (1980-2004) no total do país (%)			
Ano	**Estabelecimentos**	**Pessoal ocupado**	**Valor da produção**
1980	58	66,3	73
1999	57,3	58,2	66,4
2004	49,9	51,1	61,6

Fonte: IBGE. *Pesquisa industrial anual 2006.*

Como você pode notar pela tabela, os números de estabelecimentos industriais, de pessoal ocupado e de valor da produção diminuíram nos últimos anos, mas o Sudeste ainda é a mais industrializada das regiões brasileiras.

A indústria no estado de São Paulo

Em 2006 a indústria paulista representou cerca de 40% da produção total do país.

Os municípios da Região Metropolitana de São Paulo e de seu entorno, que somam 200, produzem quase 90% da riqueza paulista. Observe no mapa da página a seguir a delimitação dessa área industrial.

Região Metropolitana de São Paulo e seu entorno

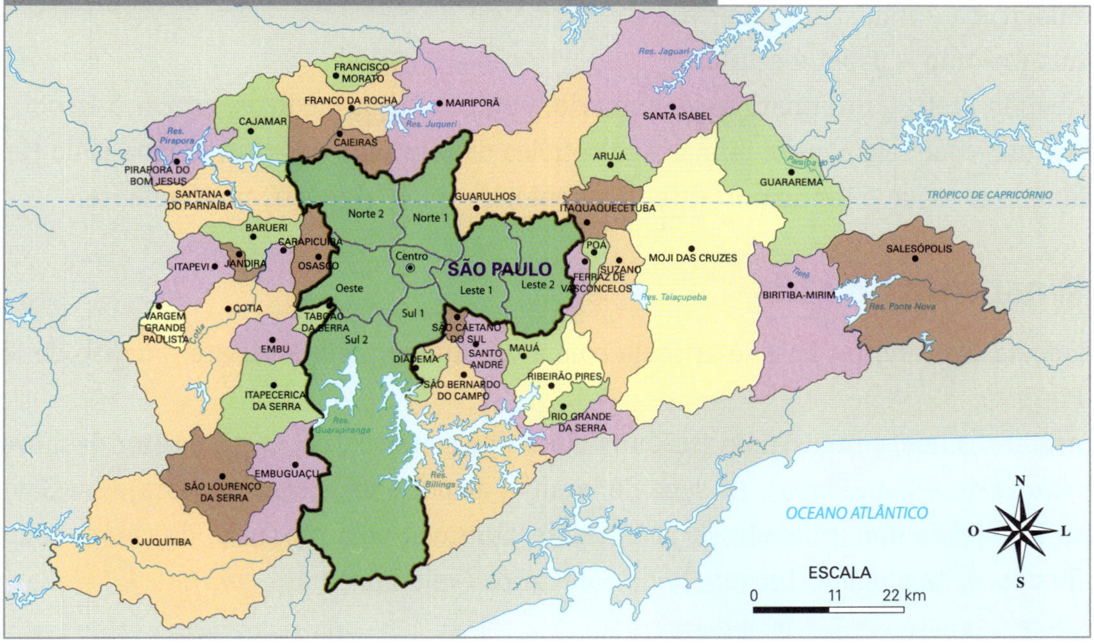

FONTE: ADAPTADO DE MARIA ELENA SIMIELLI. *GEOATLAS*. SÃO PAULO: ÁTICA, 2008.

Muitas indústrias, antes localizadas na cidade de São Paulo, deslocaram-se para outras áreas do estado ou outras regiões. Os motivos foram os congestionamentos, a poluição e o alto custo dos impostos. Mesmo assim, ainda encontramos indústrias importantes no município de São Paulo. Na capital, as indústrias se concentram nas regiões sudeste e sudoeste. Encontram-se nelas vários ramos de produção industrial, como o de vagões, bicicletas, informática, máquinas em geral, gêneros alimentícios, bebidas e muitos outros.

As indústrias estão instaladas ao longo dos eixos das principais rodovias do estado, que também atravessam a Região Metropolitana e seu entorno. Veja no mapa ao lado quais são esses eixos.

Eixos industriais do estado de São Paulo

LEGENDA
1- Eixo Anhanguera-Bandeirantes
2- Eixo Washington Luís
3- Eixo Anchieta-Imigrantes
4- Eixo Castelo Branco-Raposo Tavares
5- Eixo Dutra-Ayrton Senna

FONTE: ELABORADO PELOS AUTORES COM BASE EM <WWW.DER.SP.GOV.BR>. ACESSO EM MARÇO DE 2008.

Eixo Anhanguera-Bandeirantes

Essas rodovias correm paralelamente de São Paulo até Campinas. Daí em diante, a Anhanguera faz a ligação da capital do estado com as cidades do Triângulo Mineiro (Uberaba, Uberlândia) e Brasília. Ao longo dessas duas rodovias espalham-se muitas cidades com indústrias importantes, como:

- Jaguariúna – telefonia celular;
- Jundiaí – alimentícias;
- Americana e Santa Bárbara d´Oeste – têxteis;

- Sumaré, Limeira – máquinas e suco de laranja;
- Indaiatuba – indústrias diversas;
- Luís Antônio – papel e celulose;
- Ribeirão Preto – informática, maquinário, equipamentos médicos, açúcar e álcool;
- Paulínia – que tem a maior refinaria de petróleo da Petrobras, a Replan (Refinaria do Planalto);
- Campinas – que é um importante tecnopolo, do qual falaremos mais adiante.

Eixo Washington Luís

A rodovia Washington Luís se articula com a via Anhanguera e vai até a região de São José do Rio Preto.

Importantes ramos industriais estão instalados no seu entorno, como o setor de móveis (São José do Rio Preto e Catanduva), de suco de laranja, álcool e meias (Araraquara). Em Gavião Peixoto está localizada uma unidade da Embraer, responsável pela produção de componentes para aviões. Temos aí, também, o tecnopolo de São Carlos (veja boxe na p. 143).

Eixo Anchieta-Imigrantes

Essas duas rodovias fazem a ligação da capital com a Baixada Santista, sede do polo petroquímico de Cubatão, que inclui a Refinaria Presidente Bernardes e a Cosipa (Companhia Siderúrgica Paulista). Atravessam o ABCD (Santo André, São Bernardo do Campo, São Caetano e Diadema), localizado na Região Metropolitana de São Paulo, onde há importante concentração de montadoras de veículos, fábricas de autopeças, carrocerias, reboques e máquinas, indústrias químicas pesadas e muitas outras.

FABIO COLOMBINI/ACERVO DO FOTÓGRAFO

A Refinaria Presidente Bernardes, da Petrobras, em Cubatão (SP), faz parte do eixo Anchieta-Imigrantes.

Eixo Castelo Branco-Raposo Tavares

Essas duas rodovias cruzam o estado nos sentidos sul e oeste, em direção ao Paraná (Raposo Tavares) e a Mato Grosso do Sul (Castelo Branco). Na Região Metropolitana, passam por vários municípios industriais, como Osasco e Barueri. O principal centro urbano é Sorocaba (máquinas e equipamentos, material eletrônico, metalurgia, turbinas eólicas ou aerogeradores, alimentícias e bebidas).

Outras cidades industriais aí localizadas são Votorantim (equipamentos de comunicação, cimento, alumínio e metalurgia), Itu (material eletrônico e equipamentos de comunicação), Cerquilho (pneus, meias), Tatuí, Porto Feliz (químicas) e Botucatu (asas de avião).

CAETANO BARREIRA/OLHAR IMAGEM

Alphaville, bairro planejado às margens da rodovia Castelo Branco, onde se concentram áreas residenciais, comerciais e industriais de parte do município de Barueri (SP), 2008.

Eixo Dutra-Ayrton Senna

Compreende a região chamada Vale do Paraíba. A via Dutra liga as duas maiores cidades do país: São Paulo e Rio de Janeiro. Nesse eixo, destacam-se cidades da região metropolitana, como Guarulhos (máquinas e equipamentos), Moji das Cruzes (siderurgia automobilística), e outras, como Taubaté (material eletrônico e automobilística), Pindamonhangaba (aço) e São José dos Campos, onde se localiza a Refinaria Henrique Lage, da Petrobras, e um importante tecnopolo que estudaremos mais adiante.

Outros centros industriais

Fora dos eixos industriais e da região metropolitana e seu entorno, destacam-se as indústrias de artigos de couro (Franca, Birigui e Jaú) e de máquinas e equipamentos (Marília e Bauru).

Aprendendo mais

Tecnopolos

Quando um município reúne universidades, instituições de pesquisa e empresas de tecnologia de ponta, forma um **tecnopolo**.

No estado de São Paulo, temos três importantes tecnopolos:

- **Campinas** – localizado no eixo Anhanguera-Bandeirantes, reúne a Unicamp (Universidade Estadual de Campinas), o CPqD (Centro de Pesquisa e Desenvolvimento), o LNLS (Laboratório Nacional de Luz Sincroton) e várias empresas de tecnologia de ponta.
- **São Carlos** – localizado no eixo Washington Luís, cresceu com a USP-Scar (Universidade de São Paulo, *campus* de São Carlos) e a UFSCar (Universidade Federal de São Carlos). Possui indústrias de microeletrônica, informática, robótica, mecânica de precisão e química fina, um importante centro tecnológico de manutenção de aviões e uma fábrica de motores.
- **São José dos Campos** – localizado no eixo Dutra-Ayrton Senna, possui o maior centro aeroespacial do país. Abriga importantes institutos de pesquisa, como o ITA (Instituto Tecnológico da Aeronáutica), o INPE (Instituto Nacional de Pesquisas Espaciais) e o CTA (Centro Técnico Aeroespacial). Possui, ainda, indústrias de ponta de material bélico, de aviões (Embraer), de automóveis e de equipamentos de comunicação, entre outras. Sedia ***campi*** distintos de duas universidades públicas: Unifesp (Universidade Federal de São Paulo) e Unesp (Universidade Estadual Paulista).

Os tecnopolos do estado de São Paulo

FONTE: ADAPTADO DE *GEOATLAS*. SIMIELLI, M. E. SÃO PAULO: ÁTICA, 2008.

A indústria no estado do Rio de Janeiro

A indústria do estado de Rio de Janeiro está distribuída em várias regiões: o Norte Fluminense, a Região Metropolitana, a do Vale Médio do Paraíba, a Serrana e a Região dos Lagos.

O Norte Fluminense

O estado do Rio de Janeiro tem uma indústria extrativa relativamente recente, iniciada há cerca de trinta anos. Um de seus mais importantes ramos de atividade é o da **extração e industrialização do petróleo e do gás natural**. Graças ao petróleo, o Norte Fluminense tornou-se uma região dinâmica, que atraiu população, outras indústrias, empresas de prestação de serviços, universidades e institutos de pesquisa. Nessa região destacam-se dois municípios: Macaé e Campos dos Goytacazes, onde há também um importante polo de indústria sucroalcooleira.

O estado do Rio de Janeiro é o principal produtor brasileiro de petróleo no mar e os municípios enriqueceram com os ***royalties*** (pronuncia-se [*róialtis*]) provenientes dessa fonte de energia. Observe a tabela ao lado.

A produção de gás natural no estado corresponde a 42% da produção nacional.

Produção brasileira de petróleo no mar em 2006 (mil barris/dia)	
Brasil	557 956
Rio de Janeiro	529 627

Fonte: Agência Nacional de Petróleo, 2007. Disponível em: <www.anp.gov.br>. Acesso em setembro de 2008.

Leitura de interesse

A bacia de Campos

Durante cerca de 50 minutos de voo num helicóptero, a imagem é a mesma em qualquer lugar para que se olhe: a imensidão do oceano com suas águas de um intenso azul-escuro, onde é impossível distinguir a linha do horizonte. Mas logo em seguida se veem dezenas de plataformas com a chama acesa em suas torres de segurança. É o Complexo da Bacia de Campos, uma cidade em alto-mar, com população, literalmente, flutuante de 40 mil pessoas e que já pode ser vista até por satélite no litoral brasileiro, tamanha a concentração de luz.

Ciências

Com área de cem mil quilômetros quadrados, a Bacia de Campos vai desde a cidade de Vitória (ES) até Cabo Frio, no litoral fluminense. Os campos estão localizados a distâncias que variam de 100 a 200 quilômetros da costa do Rio e garantem a produção diária de 1,25 milhão de barris de petróleo, o que equivale a 80% da produção nacional. Esses campos têm nomes de peixes como Garoupa, Linguado, Corvina, Namorado e outros. Suas 64 plataformas são responsáveis por um produto interno bruto (PIB) de US$ 18 bilhões, ou cerca de R$ 54 bilhões por ano.

Disponível em: <www.clickmacae.com.br>. Acesso em outubro de 2008.

ALÍPIO Z. DA SILVA/KINO.COM.BR

Plataforma P-27, responsável pela extração de 50 mil barris diários de óleo e 1 500 mil m³ de gás, na Bacia de Campos, litoral do estado do Rio de Janeiro, 2008.

Região Metropolitana do Rio de Janeiro

A principal concentração industrial do estado está na Região Metropolitana do Rio de Janeiro (Grande Rio). Nessa área, destacam-se industrialmente os municípios de Nova Iguaçu (química e farmacêutica), Duque de Caxias (Reduc – Refinaria Duque de Caxias, da Petrobras) e Niterói (**estaleiros**). Essa área vem recebendo novos investimentos nacionais e estrangeiros.

Vale Médio do Paraíba

Outra região industrial do estado é a do Vale Médio do Paraíba, onde estão as cidades de Volta Redonda (CSN – Companhia Siderúrgica Nacional), Barra Mansa (metalurgia e mecânica), Resende (caminhões, ônibus, química, farmacêutica) e Porto Real (automobilística, refrigerantes, cerâmica).

Rio de Janeiro: regiões industriais

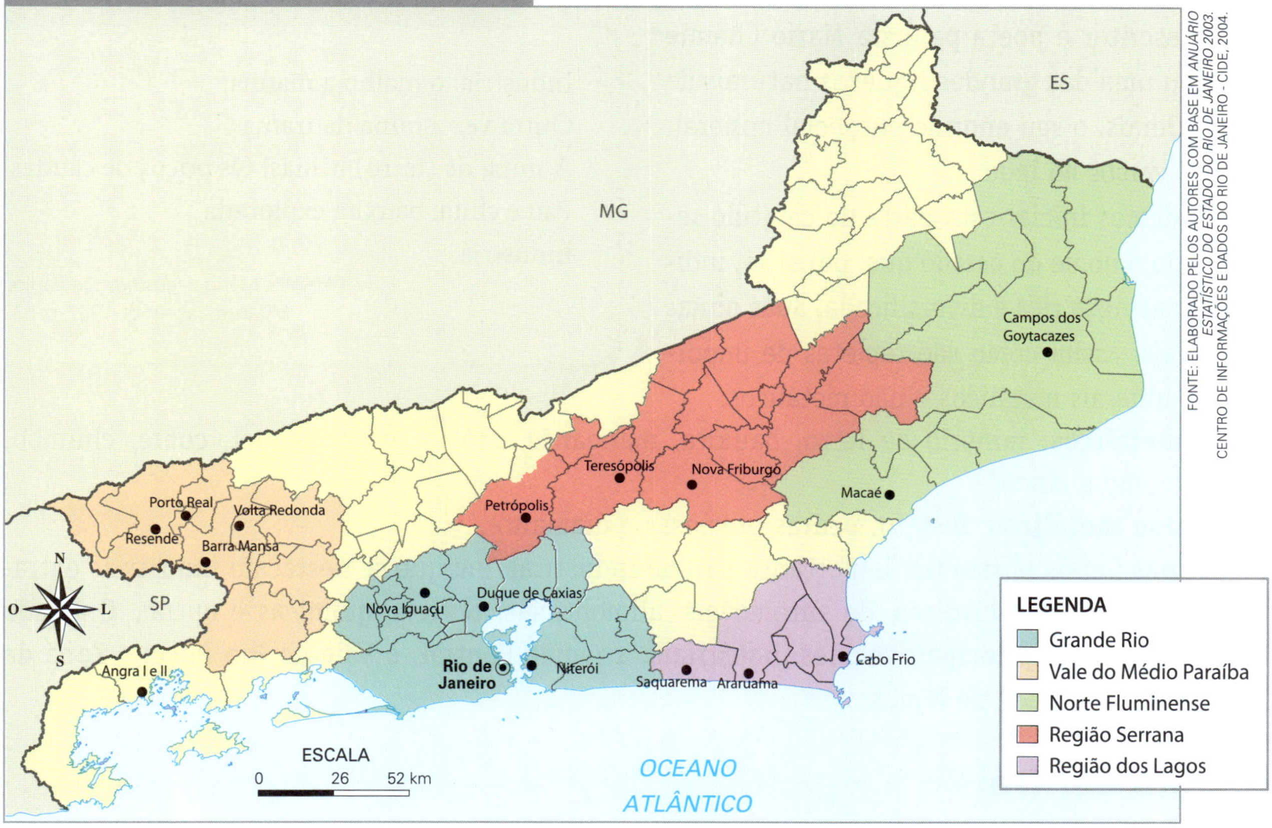

FONTE: ELABORADO PELOS AUTORES COM BASE EM *ANUÁRIO ESTATÍSTICO DO ESTADO DO RIO DE JANEIRO 2003.* CENTRO DE INFORMAÇÕES E DADOS DO RIO DE JANEIRO - CIDE, 2004.

Região Serrana

Nessa região, que compreende Petrópolis, Teresópolis, Miguel Pereira e Nova Friburgo, além da próspera indústria do turismo, há tradicionais estabelecimentos têxteis e de confecções.

Região dos Lagos

Na chamada Região dos Lagos, especificamente em Cabo Frio e Araruama, uma atividade importante é a indústria extrativa do sal.

Usinas termonucleares

No estado do Rio de Janeiro estão, ainda, as únicas usinas termonucleares do Brasil: Angra I e Angra II, inauguradas respectivamente em 1981 e 1999, no município de Angra dos Reis. Em 2008, foi aprovada pelo governo federal a construção de Angra III.

RICARDO AZOURY/PULSAR IMAGENS

A Central Nuclear Almirante Álvaro Alberto tem duas usinas termonuclares em atividade, Angra I (forma cilíndrica ao fundo) e Angra II (cúpula redonda ao lado da torre), e uma terceira em construção, Angra III. Angra dos Reis (RJ), 2007.

A indústria no estado de Minas Gerais

O escritor e poeta paulista Mario Chamie retratou uma das grandes riquezas naturais de Minas Gerais, o seu enorme potencial mineral. Leia os versos ao lado.

> Indústria: o malho a manha,
> Outra vez a mina da trama.
> A mina de (ferro) Minas! Os poços de caudas
> Pau e chita: bauxita explorada
> Indústria.
>
> CHAMIE, Mário. *Indústria*. São Paulo: Mirante das Artes, 1967. p. 83.

Podemos iniciar esta parte do capítulo recordando o nome do estado que, por si só, indica sua natureza rica e diversificada. Suas minas são gerais, assim como são repletas de importantes minerais metálicos e não metálicos:

- **metálicos**: minério de ferro, bauxita, manganês, nióbio, ouro, níquel, cobre, chumbo, cromo e zinco;
- **não metálicos**: fosfato, pedras preciosas e diamante.

Minas Gerais possui um importante parque industrial, em que se destacam indústrias extrativas minerais, metalúrgicas, de automóveis, alimentícias, têxteis, químicas e outras. O estado apresenta quatro principais regiões industriais: a região Central, o Vale do Rio Doce, a Zona da Mata Mineria e o Sul de Minas.

Região Central

É onde se localiza Belo Horizonte, capital do estado, sua região metropolitana e o **Quadrilátero Ferrífero**, onde estão as jazidas de ferro e de manganês, elementos básicos para a produção do aço (ver o mapa no capítulo 11, página 113).

Minas Gerais possui 75% das reservas minerais e 71% da produção de ferro do Brasil, que é o segundo maior produtor desse minério no mundo. Da produção de ferro do Quadrilátero, parte é exportada e outra é utilizada nas siderúrgicas do Sudeste.

O minério de ferro para exportação é transportado pela **Estrada de Ferro Vitória-Minas** até os portos de Tubarão e de Vitória (ES), e pela **Estrada de Ferro Centro-Atlântica** até os portos de Sepetiba, de Itaguaí e do Rio de Janeiro (RJ). Veja no mapa a seguir o percurso dessas ferrovias.

Ferrovias que transportam minério de ferro

FONTE: ELABORADO PELOS AUTORES COM BASE EM <WWW.TRANSPORTES.GOV.BR>. ACESSO EM MARÇO DE 2008.

Para explorar esses minérios foi criada a **Companhia Vale do Rio Doce**, em 1942, empresa estatal que, depois de privatizada em 1997, passou a se chamar apenas **Vale**. Além das minas, a empresa administra as estradas de ferro e os terminais exportadores de minério.

Localizado na Região Central está também Ouro Branco, município que é a base da **Açominas**, siderúrgica do grupo Gerdau, uma das transnacionais brasileiras.

Região Metropolitana de Belo Horizonte

Na Região Metropolitana de Belo Horizonte destaca-se o município de Betim, para onde a **indústria automobilística**, ali instalada em 1973, atraiu várias fábricas de autopeças. Em Betim está também a Refinaria Gabriel Passos, da Petrobras. Outros municípios importantes da região são Contagem (indústrias diversas), Vespasiano (cimento) e Nova Lima (ouro).

Vale do Rio Doce

Também chamada **Vale do Aço**, a região conta com um **complexo siderúrgico** que utiliza o ferro e o manganês do Quadrilátero Ferrífero. Suas quatro principais cidades (Ipatinga, Coronel Fabriciano, Timóteo e Santana do Paraíso) formam a Região Metropolitana do Vale do Aço.

Estrada de Ferro Vitória-Minas e o Vale do Aço

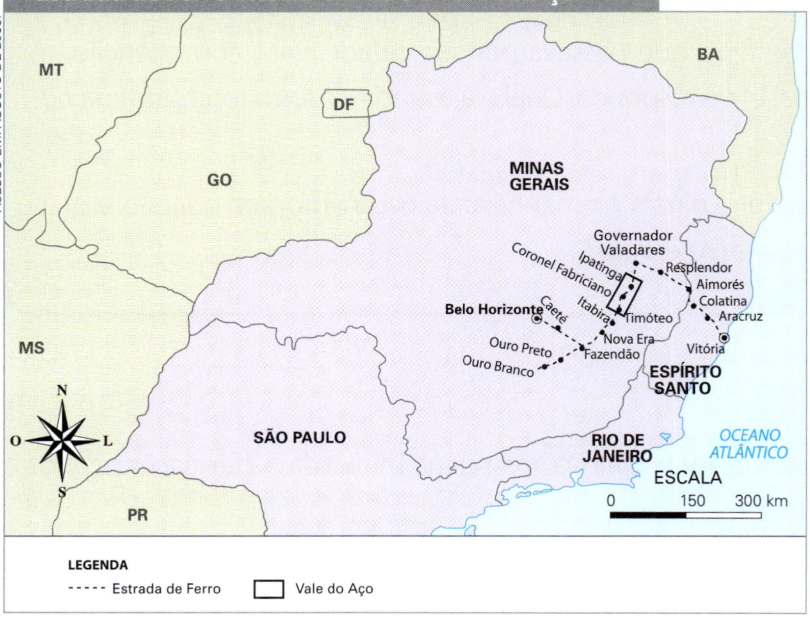

FONTE: ELABORADO PELOS AUTORES COM BASE EM <WWW.CVRD.COM.BR>. ACESSO EM: AGOSTO DE 2008.

No Vale do Aço estão algumas das maiores siderúrgicas brasileiras: Usiminas (Ipatinga), Acesita (Timóteo) e a Belgo-Mineira (João Monlevade). A Estrada de ferro Vitória-Minas atravessa o Vale do Aço, como você vê no mapa ao lado.

No Vale do Aço e imediações, abrangendo vários municípios, está a Cenibra (Celulose Nipo-Brasileira), empresa japonesa de papel e celulose.

Oficina de texto

MARCOS MICHELIN/AGÊNCIA ESTADO

O maior trem do mundo

O maior trem do mundo
Leva minha terra
Para a Alemanha
Leva minha terra
Para o Canadá
Leva minha terra
Para o Japão
O maior trem do mundo
Puxado por cinco locomotivas a óleo diesel
Engatadas geminadas desembestadas
Leva meu tempo, minha infância, minha vida
Triturada em 163 vagões de minério e destruição
O maior trem do mundo
Transporta a coisa mínima do mundo
Meu coração itabirano
Lá vai o trem maior do mundo
Vai serpenteando, vai sumindo
E um dia, eu sei, não voltará
Pois nem terra nem coração existem mais.

Língua Portuguesa

Carlos Drummond de Andrade. Jornal O Cometa Itabirano, 1984. Disponível em: <www.capaoxaviervivo.org/trem.htm>. Acesso em outubro de 2007.

Este poema é de um grande poeta brasileiro, nascido na cidade de Itabira, localizada no Vale do Aço. Responda no caderno:

1. Quem é o autor do poema?
2. O poeta fala de uma estrada de ferro que passava por sua cidade. Veja, com atenção, o mapa do Vale do Aço, na página 147 e responda: Qual é a estrada de ferro representada no mapa?
3. Quando diz que o trem leva sua terra para a Alemanha, para o Canadá, para o Japão, a que atividade econômica o poeta está se referindo?

Zona da Mata Mineira

Aqui, destaca-se a cidade de Juiz de Fora, com vários ramos industriais (farmacêutico, metalúrgico, de vestuário, automobilístico).

Outras cidades importantes nessa região são: Ubá (móveis), Cataguases (têxtil e química) e Viçosa (Centro de Tecnologia e Pesquisa).

Sul de Minas

Há algum tempo essa região deixou de ser apenas turística, com suas estações de águas e indústrias alimentícias de doces e laticínios. Atualmente abriga setores industriais importantes, como o mecânico, o elétrico e o farmacêutico, nas cidades de Pouso Alegre e Varginha. Em Itajubá está a única fábrica de helicópteros da América Latina.

A cidade de Santa Rita do Sapucaí abriga o principal polo de eletrônica e de telecomunicações do país, produzindo itens de ponta, como sensores eletrônicos, equipamentos de segurança e aparelhos de MP3.

AIRCRA/ACERVO UNIFEI

A Unifei (Universidade Federal de Itajubá), também sediada no sul de Minas Gerais, tem um centro tecnológico e de pesquisa reconhecido internacionalmente nas áreas de mecânica e eletricidade.

A CBA (Companhia Brasileira de Alumínio) explora bauxita no município de Poços de Caldas. Releia o poema de Mário Chamie (página 146) e divirta-se com o jogo de sons (homofonia) entre o nome dessa cidade e "poços de caudas".

No município de Araxá, situado no sudoeste do estado, a CBMM (Companhia Brasileira de Metalurgia e Mineração) explora o nióbio, do qual o Brasil é o maior produtor mundial. Nessa mesma cidade está instalada uma fábrica de fertilizantes.

Minas Gerais: Zona da Mata e Sul de Minas

FONTE: ADAPTADO DE IBGE. *DIVISÃO DO BRASIL EM REGIÕES FUNCIONAIS URBANAS*. 1972.

A indústria no estado do Espírito Santo

O ramo industrial mais importante do estado é o metalúrgico-siderúrgico. As principais indústrias estão concentradas na **Região Metropolitana de Vitória**, beneficiada pela presença do **Complexo Portuário Vitória-Tubarão**, que é responsável pela exportação do minério de ferro proveniente de Minas Gerais. Nele se encontram os terminais marítimos de Regência, Praia Mole e Ubu. No município de Serra, está localizada a Arcelor Mittal Tubarão – a antiga CST (Companhia Siderúrgica de Tubarão) –, ligada ao terminal de Praia Mole. Nesse mesmo município está o Civi (Centro Industrial de Vitória). Na região metropolitana, encontramos também outros tipos de indústria, como a de confecções e a de alimentos.

ANDRÉ VALENTIM / EDITORA ABRIL

Movimento no Terminal de Praia Mole, porto operado por um consórcio de grandes empresas mineradoras, no Complexo Portuário de Tubarão, Vitória (ES), 2006.

No norte do estado está sediada uma das maiores fábricas de **celulose** do mundo, que se caracteriza por possuir um sistema integrado de plantio de eucalipto e produção e por operar um terminal privativo em Barra do Riacho (Portocel).

Repensando o capítulo

Faça no caderno as atividades a seguir.

1 Leia o texto com atenção e responda à questão proposta.

Ciências

> A atividade de mineração é visível em tudo o que o ser humano faz ou consome – nas panelas, no próprio fogão, no gás de cozinha e no fertilizante utilizado na agricultura. Também nos prédios, nas estruturas metálicas, no tijolo, na areia, no cimento, no carro, nas máquinas e ferramentas de toda e qualquer atividade produtiva e até nos brinquedos das praças e parques há a presença fundamental dos recursos minerais.
>
> Instituto Brasileiro de Mineração. Disponível em: <www.ibram.org.br>. Acesso em julho de 2008

- Que estado do Sudeste tem maior relação com o texto acima? Justifique sua resposta.

2 Leia mais este texto e responda às questões propostas.

História

> Mas se a indústria brasileira acenava com boas perspectivas para o empresariado, o mesmo não se podia dizer da classe trabalhadora. Os operários trabalhavam até a exaustão, em locais sujos e mal ventilados, em troca de salários miseráveis. Careciam de seguro contra acidentes, férias, aposentadorias ou qualquer forma de legislação trabalhista. A situação das mulheres e crianças era ainda mais dramática.
>
> REY, Marcos. *Brasil: Os fascinantes anos 20*. São Paulo: Ática, 1998. p. 40. (Coleção O Cotidiano da História).

a) A que tipo de atividade o texto se refere?

b) De acordo com o texto, a indústria favoreceu a classe trabalhadora?

3 Que mudanças a indústria trouxe para a cidade ou região em que você mora?

Glossário

campi: plural da palavra latina *campus*, que significa conjunto de terrenos e edifícios de uma universidade.

estaleiro: estabelecimento industrial onde se constroem navios.

royalty (plural: ***royalties***): porcentagem paga ao proprietário de um direito pelo uso desse direito. Por exemplo, pagar pelo direito de usar a invenção de um cientista. No caso da extração de petróleo, paga-se pelo direito por sua exploração.

Outras fontes de informação

Por dentro da rede (acesso em dez. 2008)

- http://www.sescsp.org.br/sesc/revistas/pb
- www.mme.gov.br
- http://governo.rj.gov.br
- http://vivafavela.com.br

Consultando a biblioteca

- *Conhecendo o Brasil. Região Sudeste*, de Demétrio Magnoli, José Arbex Junior e Nelson Bacic Olic, Moderna, 1999.
- *Geografia, Rio de Janeiro*, de Siomara Sodré Spinola, Ática, 2006.
- *Império do café: a grande lavoura no Brasil, 1850 a 1890*, de Ana Luiza Martins, Atual, 1990.
- *Minerais, minérios, metais: de onde vêm? Para onde vão?*, de Eduardo Leite do Canto, Moderna, 1986.

Capítulo 15

Cidades do Sudeste

Vista geral da Baía de Guanabara com o Cristo Redentor em primeiro plano, Rio de Janeiro (RJ), 2000.

WAGNER SANTOS/KINO.COM.BR

"Cidade maravilhosa
Cheia de encantos mil
Cidade maravilhosa
Coração do meu Brasil"

André Filho

Estes conhecidos versos se referem ao Rio de Janeiro, chamada "cidade maravilhosa" por seus encantos naturais. Além dela, o Sudeste abriga a maior cidade do país, São Paulo, e muitos outros grandes centros urbanos.

Neste capítulo você vai estudar alguns aspectos da urbanização da região Sudeste.

Fatores do crescimento urbano

Como você estudou no capítulo 11, as primeiras vilas da atual região Sudeste se formaram no litoral ou próximo dele. Três dessas vilas deram origem a atuais capitais: Vitória (fundada em 1551), São Paulo (1554) e Rio de Janeiro (1565).

A mineração foi a maior responsável pela formação dos primeiros arraiais, no século XVIII, que hoje são importantes cidades do interior do estado de Minas Gerais. Já no século XX, muitas cidades foram fundadas ao longo das "ferrovias do café", no chamado Oeste Paulista.

Com o passar do tempo, a região Sudeste reuniu as melhores condições para se tornar o centro econômico do Brasil. Você estudou no capítulo 10 e vai lembrar das causas desse processo:

- as exportações cafeeiras, que renderam o capital investido na industrialização;
- a mão de obra estrangeira imigrante, que, mais bem preparada que a brasileira, foi absorvida pela indústria nascente na capital paulista, quando a produção de café entrou em declínio;
- a mão de obra de nordestinos que procuraram a região, principalmente a partir da década de 1950;
- a concentração de indústrias no triângulo formado por São Paulo, Rio de Janeiro e Belo Horizonte;
- a instalação de filiais das transnacionais que se estabeleceram no Brasil;
- a criação de um setor de serviços para atender à crescente população e à industrialização da região;
- a concentração da rede bancária do país.

Todos esses fatores resultaram na formação da área de maior desenvolvimento econômico do Brasil. O fato de reunir mais capital e recursos gerou, portanto, outras concentrações: cidades, população, empregos e oportunidades, comércio, portos, aeroportos e rodovias. Esse mesmo processo, que acumulou condições favoráveis para o desenvolvimento do Sudeste, gerou também grandes desigualdades sociais. Bolsões de pobreza passaram a conviver lado a lado com a parte rica e privilegiada da região.

E as cidades cresceram

A partir da década de 1950, o Brasil conheceu um aumento muito rápido da população urbana e a diminuição da população rural. A esse processo, que se realizou com mais intensidade na região Sudeste, chamamos de **urbanização** (ver capítulo 4).

A urbanização é um fenômeno relativamente novo no mundo. Durante o século XIX (1801-1900), menos de 2% da população mundial vivia nas cidades. Em 2008, segundo estatísticas do UNFPA (Fundo de População das Nações Unidas), pela primeira vez na História, a maior parte da população mundial vivia em áreas urbanas.

No Brasil, o processo de urbanização resultou, basicamente, da instalação de indústrias nas cidades e do êxodo rural, isto é, da saída em massa da população do campo para as áreas urbanas.

Como consequência do aumento de sua população, as cidades se expandiram, formando **metrópoles, conurbações** e **áreas metropolitanas**. Uma área metropolitana se forma quando uma cidade grande se expande até se juntar às cidades vizinhas, que muitas vezes ficam separadas apenas por uma rua. Nesse caso, muitos aspectos de infraestrutura, como transportes, abastecimento de água e energia elétrica, são problemas comuns aos municípios que se aglomeram e exigem soluções conjuntas das prefeituras. Por isso foram criadas, por lei, as áreas metropolitanas.

JUCA MARTINS/OLHAR IMAGEM

A Região Metropolitana de São Paulo cresceu no sentido dos municípios do ABCD (Santo André, São Bernardo, São Caetano e Diadema), seguindo inicialmente a via Anchieta e depois a rodovia dos Imigrantes.

A direção do crescimento das áreas metropolitanas é definida geralmente pela expansão das indústrias ao longo de "corredores" de rodovias e ferrovias, devido à facilidade de recebimento de matéria-prima e escoamento da produção.

Sete das regiões metropolitanas brasileiras estão na região Sudeste: três no estado de São Paulo, duas em Minas Gerais, uma no estado do Rio de Janeiro e uma no estado do Espírito Santo. Veja na tabela quais são essas regiões e suas principais características.

Regiões metropolitanas do Sudeste

	Ano	População (milhões de hab.) (2006-2007)	Número de municípios	Estado	Área (km^2)
São Paulo	1973	19 045 500	39	São Paulo	7 943,8
Rio de Janeiro	1974	11 351 900	19	Rio de Janeiro	4 659
Belo Horizonte	1973	5 031 438	34	Minas Gerais	9 459,1
Campinas	2000	3 645 600	19	São Paulo	3 645,6
Baixada Santista	1996	1 666 400	9	São Paulo	2 422,7
Vale do Aço	1998	451 000	4	Minas Gerais	671
Vitória	1995	2 331 000	7	Espírito Santo	2 331

Fonte: IBGE. *Contagem da População 2007*. Disponível em: <http://www.ibge.gov.br/home/estatistica/populacao/contagem2007/default.shtm>. Acesso em setembro de 2008.

As áreas metropolitanas tiveram seu processo de crescimento estabilizado nas duas últimas décadas, ao contrário das cidades médias, que tiveram um aumento populacional maior.

A megalópole brasileira

O termo **megalópole**, de origem grega (*mega* = grande + *polis* = cidade), é usado para designar uma área intensamente urbanizada, onde quase não existem espaços rurais.

Segundo o IBGE, o Brasil possui uma aglomeração urbana que se iniciou com o processo de conurbação das duas metrópoles globais brasileiras: Rio de Janeiro e São Paulo. É o **Complexo Metropolitano do Sudeste**, que atualmente inclui o eixo Rio-São Paulo e seu entorno. Essas cidades estão ligadas pela mais movimentada rodovia do país, a via Dutra.

Nos últimos anos, a área do Complexo Metropolitano ultrapassou o eixo Rio-São Paulo e cresceu em direção a áreas vizinhas. Por isso acabou juntando-se às regiões metropolitanas de Campinas e à Baixada Santista. Com esse crescimento, integrou outras rodovias: Anhanguera, Bandeirantes e Anchieta.

Importantes cidades dos dois estados estão localizadas nessa megalópole, como São José dos Campos, Jundiaí, Guarulhos, Sorocaba (SP) e Volta Redonda e Resende (RJ).

O Complexo Metropolitano do Sudeste apresenta características que indicam tratar-se do esboço da primeira megalópole brasileira. Dentro do Complexo Metropolitano destaca-se a formação da primeira **macrometrópole** do hemisfério sul, que reúne as áreas metropolitanas de São Paulo e Campinas. Leia sobre o assunto no boxe a seguir. Veja ao lado uma imagem de satélite do Complexo Metropolitano do Sudeste.

ENGESAT IMAGES DE SATÉLITE/ARQUIVO DA EDITORA

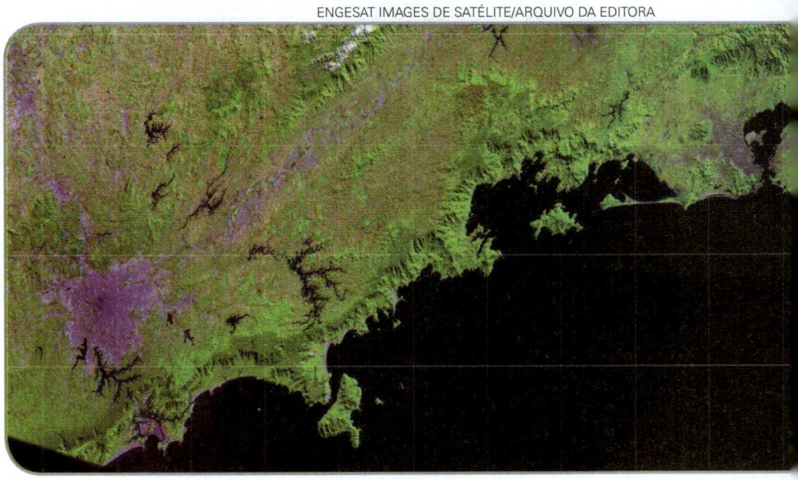

A primeira macrometrópole do hemisfério sul

A mancha urbana cresceu a ponto de emendar São Paulo a Campinas, uniu 65 municípios e hoje abriga 12% da população brasileira.

Hoje, o antigo caminho dos Goiases, aberto no século XVIII pelo bandeirante Bartolomeu Bueno da Silva, filho do Anhanguera, virou uma coisa só: a primeira macrometrópole do hemisfério sul, uma mancha urbana de 22 milhões de habitantes.

São trezentos mil veículos que circulam todo dia pelo complexo rodoviário mais movimentado de São Paulo, as rodovias Anhanguera-Bandeirantes. No entremeio fica o parque industrial que responde por 65,3% do PIB estadual e 22,1% do PIB nacional, uma economia de R$ 475 bilhões. Análises de imagens de satélites indicam que, entre os dois aglomerados urbanos não há mais que meros 14 km entre bairros com o mínimo de 72 moradias, conceito mundial para definir uma macrometrópole, a junção de duas áreas metropolitanas. Os 65 municípios localizados às margens ou bem próximos das duas rodovias estão ligados. Em cada grupo de 100 brasileiros, 12 moram nessa mancha urbana. Sua extensão de 11 698 km^2 equivale a 0,27% do território brasileiro, mas abriga mais gente do que países como Bélgica, Holanda e Chile.

Adaptado de: ZANCHETA, Diego. Grandes Reportagens – Megacidades. *O Estado de S. Paulo*, agosto de 2008, p. 60-1.

Uma urbanização problemática

Como você já deve saber, as cidades brasileiras têm muitos problemas. Muitos de seus habitantes estão desempregados e vivem em favelas, sem infraestrutura adequada de água e esgoto, pavimentação, energia elétrica, transportes e outros serviços.

A região Sudeste, que abriga as duas metrópoles nacionais (Rio de Janeiro e São Paulo) e 47 das cidades brasileiras com mais de 100 mil habitantes, apresenta todos esses problemas de forma ainda mais agravada. Dentre eles, vamos abordar a **favelização** e os chamados **trabalhadores informais**, que também podem ser encontrados em outras regiões brasileiras.

J. L. BULCÃO/TYBA

Morro Dois Irmãos cercado pelos contrastes socioeconômicos da região Sudeste: à direita um hotel 5 estrelas e, subindo as encostas, os barracos da favela do Vidigal. Rio de Janeiro (RJ)

As favelas no Sudeste

Favelas são aglomerados de habitações inadequadas e, muitas vezes, ilegais, desprovidas em sua maioria de saneamento básico e água tratada, onde vive parte da população de baixa renda das cidades. Nas favelas são raras as casas de **alvenaria** bem construídas.

Reflita sobre algumas causas da existência de favelas:

- a desigualdade da distribuição de renda;
- a falta de uma política habitacional que possibilite a compra da casa própria pela população mais pobre;
- o êxodo rural;
- o alto índice de desemprego.

Na cidade do Rio de Janeiro, a maioria das favelas foi construída nas encostas dos morros. É o caso, por exemplo, das favelas da Rocinha e do Vidigal, que contrastam com os elegantes bairros situados à beira-mar.

Áreas de difícil acesso tanto para a população que ali vive como para os serviços públicos, as favelas cariocas tornaram-se também um reduto dos traficantes de drogas, que estabeleceram na cidade um poder paralelo ao dos governos municipal e estadual.

BRUNO GONZALES/AGIF/FOLHA IMAGEM

Helicóptero sobrevoa a favela Pavão-Pavãozinho, no bairro de Copacabana, durante operação policial, Rio de Janeiro (RJ), 2008.

Em 2007, a cidade de São Paulo registrava 2 018 favelas, onde mais de 1 milhão de pessoas conviviam com insegurança e altos índices de criminalidade.

Quem mais sofre com essa situação é a população trabalhadora, que não tem outra opção de moradia. Organismos oficiais dos governos e **ONGs (organizações não governamentais)** desenvolvem programas sociais para dar oportunidades aos jovens, as maiores vítimas da criminalidade nas favelas. Atividades esportivas, artísticas (dança, música, teatro, pintura) e cursos profissionalizantes (informática, panificação, artesanato) são alguns exemplos de **programas de inclusão social** oferecidos a esses jovens.

Trabalhadores informais

Em consequência das altas taxas de desemprego verificadas nas regiões metropolitanas, o trabalho informal é outro problema social das cidades do Sudeste e do Brasil. A cidade de São Paulo, por exemplo, registrou taxas superiores a 10% no período de 2000 a 2007. O desemprego gera o que chamamos de trabalhadores informais, isto é, pessoas que trabalham sem carteira assinada, não recolhem impostos nem têm **previdência social**. Em geral trabalham na rua, como vendedores ambulantes, guardadores de carros, engraxates e catadores de papel ou ferro-velho.

Oficina de texto

O bicho

Vi ontem um bicho
Na imundície do pátio
Catando comida entre os detritos.
Quando achava alguma coisa,
Não examinava nem cheirava:
Engolia com voracidade.
O bicho não era um cão,
Não era um gato,
Não era um rato.
O bicho, meu Deus, era um homem.

Língua Portuguesa

Manuel Bandeira. *Estrela da vida inteira*. Rio de Janeiro: Nova Fronteira, 1993. p. 222.

➡ Escreva no caderno um pequeno texto (5 linhas) que explique a relação entre a foto e o poema apresentado.

JUCA MARTINS/OLHAR IMAGEM

Depósito de lixo em Pirapora do Bom Jesus (SP), 2001.

Rede urbana e transportes

A presença de uma rede urbana organizada no Sudeste brasileiro também se deve ao fato de a região possuir a maior infraestrutura de transportes do país. Isso permite intenso fluxo entre os centros urbanos.

Encontramos no Sudeste a metade das ferrovias e cerca de 35% das rodovias do Brasil. Dentre as ferrovias, podemos destacar a Ferroban, a MRS Logística, a Ferrovia Centro-Atlântica e a Estrada de Ferro Vitória-Minas, a única no país que tem um trem de passageiros ligando duas capitais de estados: Belo Horizonte e Vitória.

WAGNER SANTOS/KINO.COM.BR

Ponte Rio-Niterói, com 8 836 metros de extensão sobre o mar, é o principal elo entre a capital, Rio de Janeiro, e o norte fluminense.

DELFIM MARTINS/PULSAR IMAGENS

Ponte Octavio Frias de Oliveira, conhecida como Ponte Estaiada, atravessa o rio Pinheiros, na zona sul de São Paulo (SP), 2008.

As maiores rodovias estão concentradas no estado de São Paulo. Muitas delas são privatizadas, isto é, gerenciadas por empresas particulares que cobram pedágios e fazem a manutenção de suas áreas. A rodovia Castelo Branco (São Paulo-oeste do estado) e a dos Bandeirantes (São Paulo-Cordeirópolis) são exemplos de rodovias intraestaduais privatizadas. Outras servem a mais de um estado, como a Dutra (Rio de Janeiro-São Paulo) e a Fernão Dias (São Paulo-Belo Horizonte).

São Paulo e Rio de Janeiro contam ainda com modernas obras de engenharia, como a rodovia dos Imigrantes (São Paulo-Baixada Santista) e a ponte Rio-Niterói, que atravessa a baía de Guanabara. Em 2008, ficou pronta uma nova ponte sobre o rio Pinheiros, na cidade de São Paulo, a ponte Octávio Frias de Oliveira, suspensa por cabos (estaiada) com duas pistas em curva conectadas ao mesmo mastro.

Os principais portos do Sudeste também figuram entre os mais movimentados do país:

- porto de Santos (SP): de onde se exportam suco de laranja, café, açúcar, veículos, máquinas e se recebem produtos industrializados;
- porto de Sepetiba (RJ): de onde se exportam produtos químicos, metalúrgicos, químicos, veículos;
- Complexo Portuário do Espírito Santo (Vitória-Tubarão-Barra do Riacho): de onde se exportam minérios, papelão e veículos.

Trabalhando com mapas

Região Sudeste: ferrovias e portos

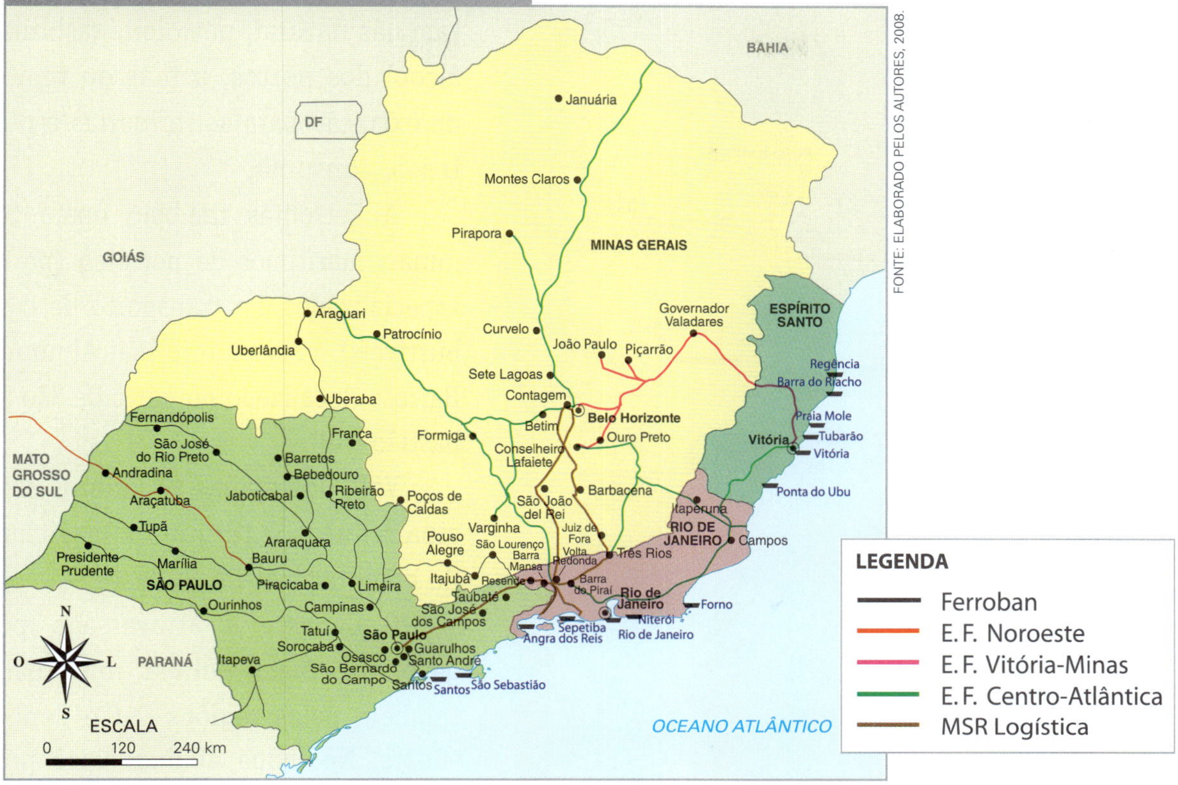

FONTE: ELABORADO PELOS AUTORES, 2008.

Região Sudeste: principais rodovias

Observe os mapas com atenção e elabore, no caderno, duas listas: uma com o nome das principais ferrovias e portos do Sudeste, outra com as principais rodovias.

FONTE: ADAPTADO DE MARIA ELENA SIMIELLI. *GEOATLAS*. SÃO PAULO: ÁTICA, 2008.

Região Sudeste: gasodutos e oleodutos

FONTE: *ATLAS SEADE DA ECONOMIA PAULISTA*. DISPONÍVEL EM: <WWW.SEADE.GOV.BR/PRODUTOS/ATLASECON/>. ACESSO EM SETEMBRO DE 2008.

Região Sudeste: terminais de petróleo

FONTE: ELABORADO COM BASE EM DADOS DA AGÊNCIA NACIONAL DE PETRÓLEO; <WWW.TRANSPETRO.COM.BR>. ACESSO EM JANEIRO DE 2009.

Gasoduto Brasil-Bolívia

FONTE: <WWW.GASENERGIA.COM.BR>. ACESSO EM JANEIRO DE 2009.

Gasodutos e oleodutos da Petrobras também fazem parte da infraestrutura da região Sudeste. Transportam gás natural, petróleo, gasolina e álcool dos portos, usinas ou regiões de extração para as refinarias e pontos de consumo.

A Petrobras também opera terminais marítimos de petróleo (portos especializados em transporte de combustíveis), como o terminal Almirante Barroso, localizado no porto de São Sebastião (SP).

Veja nos mapas ao lado os principais dutos e terminais marítimos de combustível no Sudeste.

O Sudeste é atravessado pelo gasoduto Brasil-Bolívia, que passa também pelas regiões Sul e Centro-Oeste. No mapa abaixo, você pode acompanhar o trajeto desse gasoduto no Brasil.

Vários tipos de cidade

Quanto à hierarquia urbana, estão no Sudeste as duas únicas metrópoles globais do país: São Paulo e Rio de Janeiro. Logo após vêm Belo Horizonte (MG), uma metrópole nacional, e vários centros regionais, como Vitória (ES) e Ribeirão Preto (SP).

São Paulo e Rio de Janeiro são os dois grandes centros econômicos e culturais do país. Nelas encontram-se instaladas as sedes de grandes empresas nacionais e multinacionais. São Paulo sedia a única Bolsa de Valores brasileira (Bovespa). No campo cultural, as duas capitais concentram a maior parte dos espetáculos de dança e teatro, exibições cinematográficas, festivais de música, exposições, etc. Concorridos eventos como o Salão do Automóvel, a Bienal Internacional do Livro e a *São Paulo Fashion Week* são marcantes em São Paulo. A *Rio Fashion Week* e o carnaval atraem visitantes nacionais e estrangeiros à cidade do Rio de Janeiro. As duas cidades abrigam as maiores redes de televisão do país.

Cidades turísticas

A região Sudeste é a que mais recebe turistas estrangeiros no Brasil. Veja na tabela os dois estados da região que mais recebem turistas.

Região Sudeste: número de turistas no Rio de Janeiro e em São Paulo (2005-2006)

Estados	2005	2006
São Paulo	2 447 268	2 290 764
Rio de Janeiro	866 379	794 219

Fonte: Ministério do Turismo. *Anuário 2007*.

O estado de São Paulo é o que mais recebe turistas no país, principalmente pelo "turismo de negócios", uma vez que abriga sedes de empresas nacionais e internacionais. Congressos, feiras, eventos, Grande Prêmio de Fórmula 1, centros de compras, hotéis, aeroportos são algumas das atrações oferecidas pelo estado e pela cidade de São Paulo. Calcula-se que só o evento de Fórmula 1 atraiu, em 2007, 120 mil pessoas entre moradores da cidade e visitantes. Segundo o Fipe (Instituto de Pesquisas Econômicas), o evento gerou 14 mil empregos temporários.

RICARDO AZOURY/PULSAR IMAGENS

Cristo Redentor, cartão-postal da cidade do Rio de Janeiro (RJ), em foto de 1999.

O turismo interno também é intenso na região Sudeste, graças a muitas atrações:

- as cidades históricas mineiras (Ouro Preto, Sabará, Mariana, Congonhas do Campo, Tiradentes, São João del-Rei e outras);
- as praias dos estados de São Paulo, Rio de Janeiro e Espírito Santo;
- os *shopping centers* do Rio de Janeiro e de São Paulo;
- as cidades de montanha: Campos de Jordão (SP); Petrópolis e Teresópolis (RJ); Monte Verde (MG);

EDUARDO KNAPP/FOLHA IMAGEM

Voltas iniciais do Grande Prêmio do Brasil de Fórmula 1 no Autódromo de Interlagos, em São Paulo (SP), 2008.

- as estações de águas: Poços de Caldas, Araxá, Caxambu, São Lourenço (MG); Águas da Prata, Serra Negra, Lindoia e Águas de São Pedro (SP);
- os locais de peregrinação religiosa: Aparecida e Guaratinguetá (SP).

Em relação ao turismo nacional e internacional, o maior destaque é o Rio de Janeiro, a "cidade maravilhosa". As praias, as montanhas, a vegetação, a beleza urbana são únicos. O Cristo Redentor, no morro do Corcovado, foi eleito, em 2007, uma das sete maravilhas do mundo moderno.

Repensando o capítulo

Faça no caderno as atividades a seguir.

1 Observe os dois mapas e responda: Que conclusões podemos tirar ao compará-los?

Ferrovias do café no estado de São Paulo

FONTE: ADAPTADO DE MONBEIG, PIERRE. *PIONEIROS E FAZENDEIROS DE SÃO PAULO*. HUCITEC, 1984.

Eixos industriais do estado de São Paulo

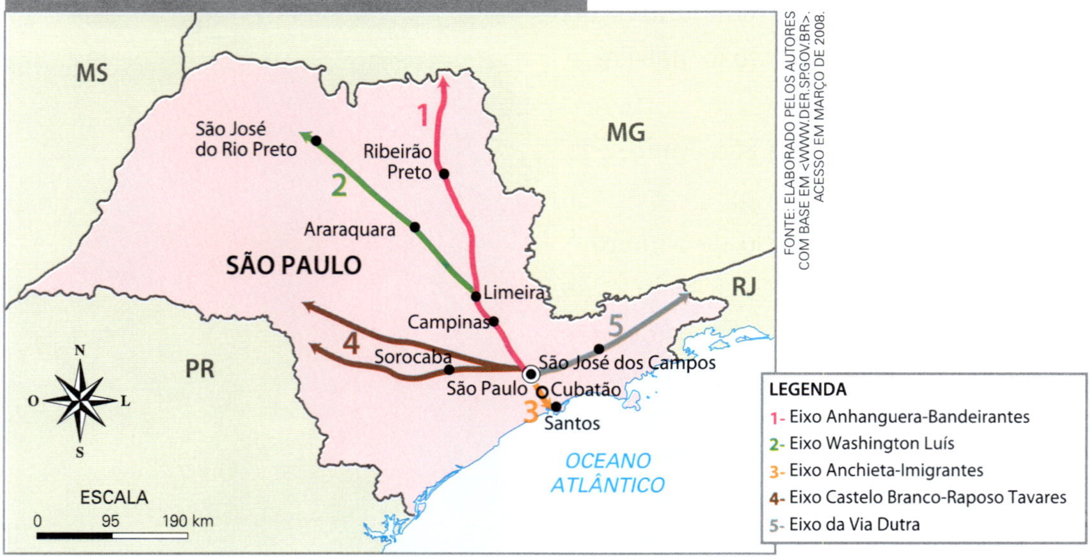

FONTE: ELABORADO PELOS AUTORES COM BASE EM <WWW.DER.SP.GOV.BR>. ACESSO EM MARÇO DE 2008.

2 História

> A partir de 1913, nesse momento, patenteia-se a estreita relação entre a importância do café na economia nacional, o crescimento de Santos e o desenvolvimento da capital paulista.
>
> GRIEG, Maria Dilecta. *Café: histórico, negócios e elite*. São Paulo: Olho d'Água, 2000. p. 141.

a) O que determinou a estreita relação entre Santos e a capital paulista?

b) Em que eixo rodoviário paulista localiza-se a cidade de Santos?

3 Leia trecho de uma reportagem sobre a cidade de São Paulo e identifique dois fatores responsáveis pela situação descrita.

Ciências

> O simples fato de respirar em São Paulo reduz em um ano e meio a expectativa de vida. Mesmo sem fumar, há 20% mais risco de o paulistano ter câncer de pulmão e 30% de sofrer de doenças cardiovasculares do que alguém que vive numa cidade de ar limpo.
>
> Megacidades. Grandes Reportagens. *O Estado de S. Paulo*, agosto de 2008, p. 80.

Glossário

alvenaria: construção que utiliza tijolos ou bloco de concreto e cimento.

área metropolitana: conjunto formado por uma cidade maior (metrópole) e os municípios vizinhos e conurbados.

favelização: grande aumento de favelas em centros urbanos.

ONGs (organizações não governamentais): organizações da sociedade civil que se propõem realizar ações sem fins lucrativos visando o bem comum.

previdência social: conjunto de benefícios aos trabalhadores, como assistência médica e aposentadoria. No Brasil, é de responsabilidade do Ministério da Previdência Social.

programas de inclusão social: programas que beneficiam categorias de pessoas (comunidades carentes, deficientes físicos, idosos e minorias raciais) que não têm acesso a várias oportunidades.

Outras fontes de informação

Por dentro da rede (acesso em dez. 2008)

- http://www.unfpa.org.br
- http://www.unhabitat.org

Consultando a biblioteca

- *Capitalismo e urbanização*, de Maria Encarnação Sposito, Contexto, 1988.
- *Ecologia das cidades*, de Samuel Murgel Branco, Moderna, 1995.
- *Sudeste: o centro econômico*, de Paulo Roberto Moraes e Carlos Fioravanti, Harbra, 1998.
- *Migrações: da perda da terra à exclusão social*, de Ana Valin, Atual, 1996.

UNIDADE IV
Um olhar para a região Sul

Capítulo 16

Uma região subtropical

Região Sul: divisão política

FONTE: MARIA ELENA SIMIELLI. *GEOATLAS*. SÃO PAULO: ÁTICA, 2008.

"O trópico de Capricórnio, linha imaginária que marca o limite meridional da declinação anual do Sol, indica também o início da área de clima subtropical. Naturalmente, as fronteiras climáticas não têm a rigidez das linhas, que são apenas referências astronômicas. Do ponto de vista da dinâmica atmosférica, o Brasil meridional apresenta características que o aproximam das latitudes médias."

ROSS, Jurandyr L. Sanches (org.). *Geografia do Brasil*. São Paulo: Edusp, 1995. p. 108.

Para iniciar o estudo da região Sul, neste capítulo você vai conhecer alguns aspectos do clima, vegetação, relevo e hidrografia.

Ao sul do trópico de Capricórnio

Como você vê no mapa da página ao lado, a região Sul do Brasil é formada por Paraná, Santa Catarina e Rio Grande do Sul. Você nota também que os três estados estão quase inteiramente ao sul do trópico de Capricórnio, com exceção de uma pequena parte no norte do estado do Paraná. A região Sul, portanto, está situada na **zona subtropical** do planeta, o que lhe dá características climáticas muito diferentes do restante do Brasil, que tem clima marcantemente tropical.

A região Sul é a menor do país, representando 6,8% do território nacional, embora seja a terceira em número de habitantes, como você viu no capítulo 4.

Observe as fotos a seguir e leia as legendas.

ALVARÉLIO KUROSSU/DIÁRIO CATARINENSE

Em Urupema (SC), a umidade excessiva do ar combinada com temperaturas abaixo de zero provocou o congelamento da água sobre a vegetação. Nesse dia, 10 de junho de 2008, a sensação térmica chegou a ser de –15 °C.

RICARDO SILVA/FOLHA IMAGEM

Apresentação de grupo folclórico durante a Oktorbest da cidade de Blumenau (SC), em foto de 2005.

VALDEMIR CUNHA/EDITORA ABRIL

Casa com vigas e caibros aparentes, estilo de construção típica da zona rural de Pomerode, região de colonização alemã em Santa Catarina. Foto de 1997.

Pelas fotos acima, você percebe que o Sul tem paisagens características, tanto do ponto de vista físico como humano. É a região mais fria do Brasil, a única de clima subtropical, onde pode até cair neve no inverno. Também é a única região do país de maioria branca na população e forte influência europeia. Estes dois últimos aspectos resultam das levas de imigrantes que chegaram ao sul em diferentes épocas da história do Brasil.

Clima subtropical

Exceto a pequena faixa no norte do estado do Paraná, situada ao norte do trópico de Capricórnio, que apresenta o clima tropical de altitude, todo o restante da região Sul está sob a influência do clima subtropical.

O clima subtropical apresenta as seguintes características:

- as mais baixas médias térmicas do país, abaixo de 20°C, podendo atingir 16° ou 17 °C;
- as chuvas distribuem-se regularmente no decorrer do ano e não há, de modo geral, uma estação seca;
- os invernos são muito frios, com ocorrência de geadas e, em regiões mais altas, até precipitações de neve;
- as estações do ano são bem definidas.

Curitiba (Paraná)

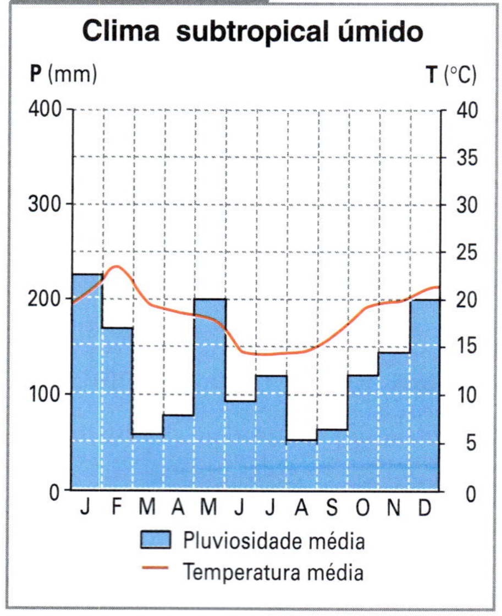

Fonte: Adaptado de IBGE. *Anuário Estatístico do Brasil 2001*.

Região Sul: tipos de clima

FONTE: ELABORADO COM BASE EM MARIA ELENA SIMIELLI. *GEOATLAS*. SÃO PAULO: ÁTICA, 2008.

Neve no inverno

No Parque Nacional de São Joaquim, município de Urubici (SC), está o Morro da Igreja (1 828 m), onde em 1996 foi registrada a mais baixa temperatura do país até então: –17,8 °C. Essa área da serra Geral costuma ter neve no inverno, quando atrai muitos turistas de outros estados para a região.

Região Sul: localização do Parque Nacional de São Joaquim

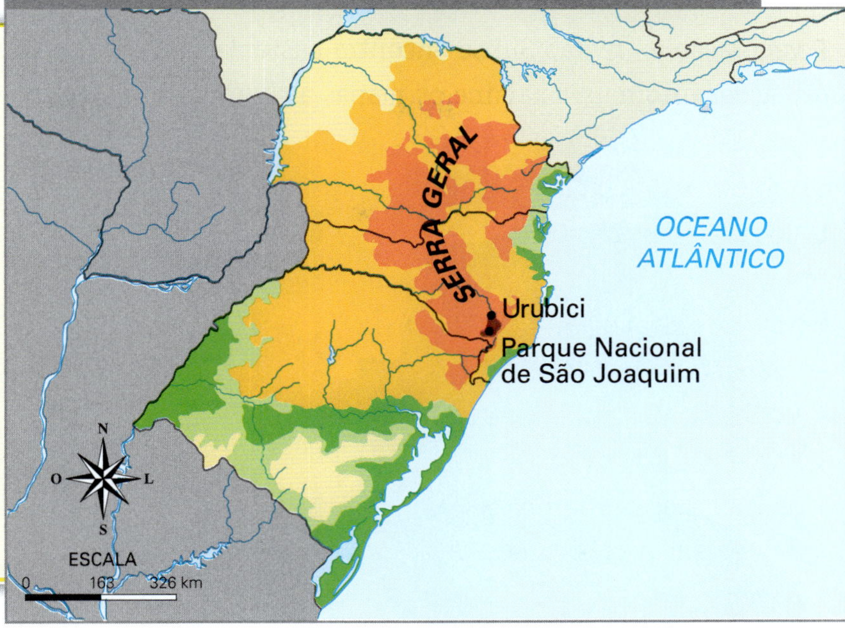

FONTE: ADAPTADO DE: MARIA ELENA SIMIELLI. *GEOATLAS*. SÃO PAULO: ÁTICA, 2008.

O ar que traz o frio

No inverno, a região Sul do Brasil fica sob a influência de duas massas de ar: a Polar Atlântica (fria e úmida) e a Tropical Atlântica (quente e úmida).

A massa Polar Atlântica é a que traz frio para o Sul, em forma de geadas, de ondas de frio ou de neve. Ao atingir a região, a disposição do relevo divide essa massa polar em três ramos: um a oeste, outro a leste e outro ao centro (veja o mapa "Região Sul: unidades de relevo" na página 173).

- **Ramo oeste** – penetra rumo às regiões Centro-Oeste e Norte.
- **Ramo central** – atravessa os estados sulinos, atinge o Sudeste, provocando baixas temperaturas. Esse ramo provoca geadas nos estados de São Paulo e do Paraná, e neve nas regiões serranas do Rio Grande do Sul e Santa Catarina. Lembre-se de que o fator altitude também contribui para a ocorrência de temperaturas mais baixas.
- **Ramo leste** – segue pelo litoral até a região Nordeste. Provoca chuvas quando se encontra com a massa de ar tropical atlântica.

Para entender bem essa divisão, veja o mapa ao lado.

Ação da massa Polar Atlântica na Região Sul

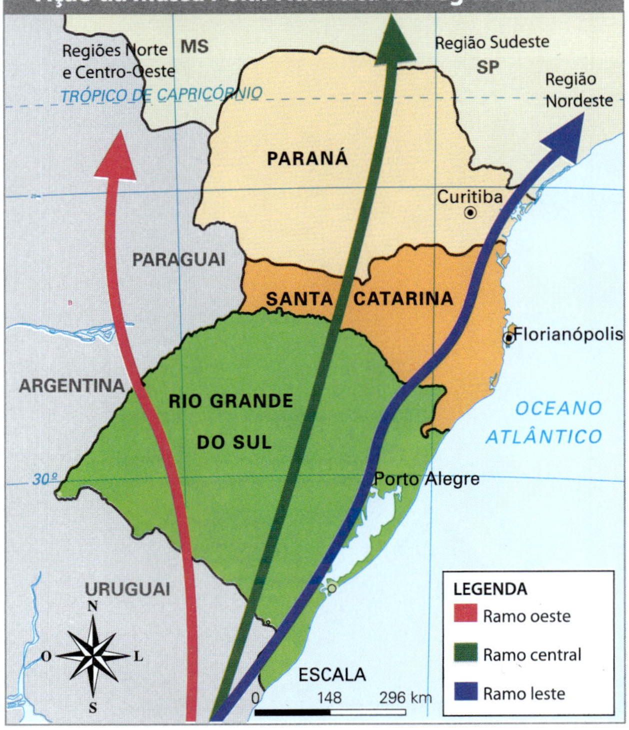

FONTES: ELABORADO COM BASE EM JURANDYR L. ROSS (ORG.). *GEOGRAFIA DO BRASIL*. SÃO PAULO: EDUSP, 1998; E MARIA ELENA SIMIELLI. *GEOATLAS*. SÃO PAULO: ÁTICA, 2008.

A mata dos Pinhais e os campos

A vegetação da região Sul se encontra bastante devastada, apresentando apenas "manchas" das formações originais. Examine os mapas a seguir para perceber essa devastação.

Região Sul: vegetação original

FONTE: BASEADO EM IBGE. *ATLAS NACIONAL DO BRASIL*. RIO DE JANEIRO: IBGE, 2000.

Região Sul: vegetação atual

FONTE: ADAPTADO DE MARIA ELENA SIMIELLI. *GEOATLAS*. SÃO PAULO: ÁTICA, 2008.

JOEL ROCHA/EDITORA ABRIL

O pinheiro-do-paraná tem o nome científico *Araucaria angustifolia*, em referência às suas folhas estreitas, em forma de agulhas.

Por ter um clima diferente das regiões que você estudou até agora, o Sul apresenta um tipo de vegetação que praticamente não é encontrado em outras áreas do país, a não ser em uma pequena faixa no sul do estado de São Paulo. Trata-se da **mata dos Pinhais** ou **mata das Araucárias** ou **floresta Subtropical**, uma formação vegetal com árvores espaçadas onde predominam pinheiros, especialmente a **araucária** ou **pinheiro-do-paraná**.

Atualmente resta apenas 5% da área original da mata dos Pinhais e há trechos de reflorestamento em alguns lugares.

Além da mata dos Pinhais, na região Sul era encontrada a floresta tropical, nos vales dos rios Paraná e Uruguai, e a floresta tropical úmida de encosta (mata Atlântica), nas encostas orientais das serras do Mar e Geral. Todas essas florestas foram destruídas, principalmente devido à derrubada para a agricultura e à retirada de madeira pelas serrarias.

Em resposta à política governamental de conservação do meio ambiente foram criados, na região Sul, muitos parques nacionais. Entre eles destacam-se os de São Joaquim, de Aparados da Serra, do Iguaçu e de Sete Quedas. Veja no mapa a localização desses parques.

Parques nacionais da região Sul

FONTE: <WWW.IBAMA.GOV.BR/UNIDADES>.

FABIO COLOMBINI/ACERVO DO FOTÓGRAFO

O cânion de Itaimbezinho, localizado no Parque Nacional de Aparados da Serra (RS-SC), é resultado de um longo trabalho de erosão por agentes externos.

Relembrando o que você já estudou

1. Quais são os agentes externos do relevo?
2. O que é um cânion?

Os **campos** são um tipo de vegetação rasteira composta de gramíneas e plantas baixas. Encontramos dois tipos principais de campos na região Sul: os **campos limpos** ou **campinas** (da Campanha Gaúcha) e os **campos de planalto** ou **campos sujos**. Estes últimos são encontrados nos estados de Santa Catarina (regiões de Campos de Lages e São Joaquim) e Paraná (regiões de Campos Gerais e Guarapuava).

A devastação dos campos sulinos está diretamente ligada à pecuária e ao cultivo de cereais (trigo e soja). O uso inadequado desses solos pode provocar o processo de arenização, sobre o qual você vai ler no quadro a seguir.

Leitura de interesse

No Brasil, a grande maioria dos solos está sofrendo algum tipo de degradação, deixando a terra desprotegida, livre para o impacto de agentes naturais como o vento e a água. Preste atenção a algumas ações humanas que determinam esse processo:

Ciências

- cultivos intensos e contínuos;
- queimadas indiscriminadas;
- desmatamentos;
- urbanização sem planejamento.

Região Sul: localização do "deserto dos pampas"

FONTE: ELABORADO PELOS AUTORES COM BASE EM WWW.SPC.RS.GOV. ACESSO EM MARÇO DE 2009.

A degradação dos solos com alto teor de areia acontece de maneira muito rápida. O chamado processo de ***arenização*** significa a transformação de um solo muito arenoso com cobertura vegetal fraca (no caso, os campos) em uma área com areia sem nenhuma ou quase nenhuma cobertura vegetal. A arenização pode ocorrer em poucos anos, dependendo do mau uso desses solos para a agricultura ou pecuária. Na região da Campanha Gaúcha ela se acentua, devido ao fato de os solos da região serem altamente arenosos e estarem sujeitos à ação das águas e dos ventos. Os areais ocupam uma larga faixa dos municípios de Uruguaiana, Alegrete, Cacequi, Itaqui, Maçambará, Manuel Viana, Quaraí, Rosário do Sul, São Borja e São Francisco de Assis. É o chamado "deserto dos Pampas".

O conceito de ***desertificação*** não se aplica a áreas dessa região, visto que as regiões desérticas, do ponto de vista climático, são áridas e apresentam precipitação, na maioria dos casos, inferior a 50 mm anuais. A região gaúcha alcança 1 400 mm anuais. O termo degradação ou arenização parece, portanto, ser mais apropriado. Termo e conceito são mais pertinentes, já que a trajetória evolutiva desses solos é alterada pelo homem em locais determinados, não em grandes extensões contínuas, como as que definem os desertos.

Adaptado de: Ademir Wendling e Ancelmo Júnior Didoné. Disponível em: <www.agroline.com.br>. Acesso em novembro de 2007.

A **vegetação litorânea** é bastante variada na região Sul: vegetação de praias e dunas formada por gramíneas (Rio Grande do Sul, Santa Catarina e Paraná) e de mangues (Paraná e Santa Catarina).

Aprendendo mais

Ciências

O banhado do Taim

Os **banhados** são ecossistemas alagadiços encontrados principalmente no litoral do Rio Grande do Sul. Foram quase todos ocupados pela agricultura do arroz, restando apenas alguns trechos desse rico berçário de vida animal e vegetal.

A mais importante tentativa de preservação dos banhados do Rio Grande do Sul é a **Reserva Ecológica do Taim**, localizada nos municípios de Rio Grande (30%) e Santa Vitória do Palmar (70%), na península de Albardião. Na sua porção norte, apresenta um pequeno bosque com figueiras e corticeiras. A parte sul é uma área alagadiça, com plantas aquáticas (aguapés), juncos e gramíneas, além de ser ponto de parada de aves migratórias. Possui uma fauna rica em que se incluem animais como o jacaré-de-papo-amarelo, a capivara, a lontra, o ratão-do-banhado, o socó, o cisne-do-pescoço-preto e o mergulhão.

FABIO COLOMBINI/ACERVO DO FOTÓGRAFO

Capivaras na Reserva Ecológica do Taim, em foto de 2004.

Rios e lagos

Além de importante **rede fluvial**, a região Sul apresenta uma área lacustre, no extremo sul do estado do Rio Grande do Sul. Nela estão localizadas a laguna dos Patos e as lagoas Mirim e Mangueira.

Oficina de texto

Língua Portuguesa

Lagoa dos Patos

Lagoa dos Patos,
Dos sonhos, dos barcos,
Mar de água doce e paixão.

Ah! Essa canção singela
Eu fiz só pra ela.
Não me leve a mal,
Ela que é filha da Lua,
Que ilumina as ruas
Lá do Laranjal.

Kledir Ramil e Fogaça, CD *Deu pra ti*, Universal.

O título e a letra dessa canção, composta por dois músicos gaúchos, estão geograficamente corretos? Por quê?

Embora popularmente conhecida como lagoa dos Patos, hoje é considerada uma **laguna** pela maioria dos especialistas pelo fato de ser invadida pelas águas do oceano Atlântico em certas épocas do ano, o que dá às suas águas uma salinidade de 3%. Essa laguna, situada no município de Rio Grande, recebe as águas doces do lago Guaíba e dos rios Caí e Camaquã.

Os rios da região Sul são, em sua maioria, rios de planalto e, por isso, têm grande potencial hidrelétrico. Neles foram construí-

Trabalhando com mapas

Observe o mapa ao lado e responda no caderno às questões propostas.

1. Quais são as principais bacias hidrográficas do Sul?
2. Identifique dois rios que fazem parte de cada uma dessas bacias.

Região Sul: bacias hidrográficas e usinas hidrelétricas

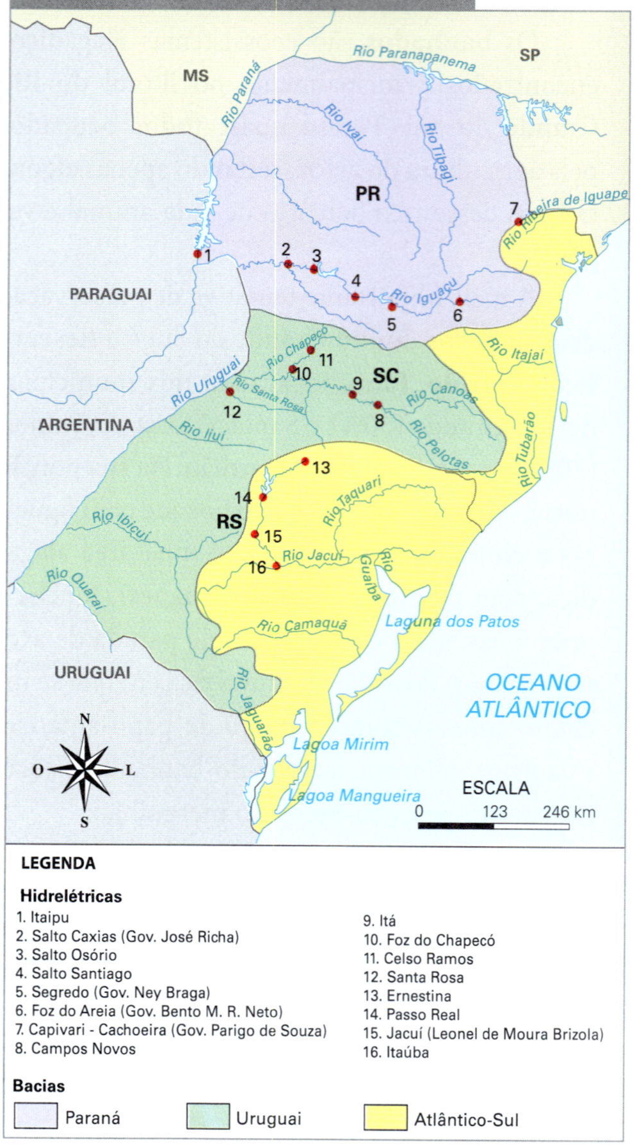

FONTES: CEEE (COMPANHIA ESTADUAL DE ENERGIA ELÉTRICA DO RIO GRANDE DO SUL) E CEPEL (COMPANHIA PARANAENSE DE ENERGIA).

das várias usinas geradoras desse tipo de energia. Os rios do Sul podem ser agrupados em três grandes bacias hidrográficas. Veja no mapa quais são essas bacias e as usinas hidrelétricas que elas abrigam.

O **rio Paraná**, procedente da região Sudeste, faz a fronteira Brasil-Paraguai. Na região Sul, o Paraná tem afluentes como os rios Ivaí e Iguaçu. Neste último, estão as famosas cataratas do Iguaçu, situadas entre o Brasil e a Argentina. O rio Paraná desemboca no **estuário** do Prata, localizado entre a Argentina e o Uruguai. A hidrelétrica de Itaipu foi construída no rio Paraná, no trecho da fronteira do Brasil com o Paraguai e pertence aos dois países. Essa usina faz do Paraguai o maior exportador de energia elétrica do mundo.

O **rio Uruguai** é formado pela junção dos rios Canoas e Pelotas e faz a divisa do estado do Rio Grande do Sul com a Argentina. Entre seus afluentes incluem-se os rios do Peixe e Chapecó, em Santa Catarina, e os rios Ijuí, Piratini e Ibicuí no Rio Grande do Sul. O rio Uruguai desemboca no estuário do Prata, junto com o rio Paraná.

O **rio Jacuí**, que pertence à bacia do Atlântico Sul, é navegável desde sua foz, no lago Guaíba, até a cidade de Cachoeira do Sul, conhecida como capital brasileira do arroz.

Lembre-se de que grande parte do aquífero Guarani, lençol freático que constitui uma das maiores reservas de água doce do Brasil, está localizada na região Sul. Esse aquífero abrange também estados do Sudeste e do Centro-Oeste.

Serras e coxilhas

O relevo do Sul não é tão elevado como o do Sudeste, pois pouco mais da metade do território sulino está abaixo dos 900 m e suas maiores altitudes não alcançam 2 000 m.

Veja no mapa ao lado as principais unidades de relevo da região Sul.

Como você pode ver, o Sul apresenta três formas de relevo: planaltos, planícies e depressões. As principais unidades desse relevo são:

- **Planície da laguna dos Patos e da lagoa Mirim** – área plana, com muitas lagunas e cordões arenosos, as restingas. Esta planície é formada por sedimentos depositados pelas águas do mar e dos rios.

Região Sul: unidades de relevo

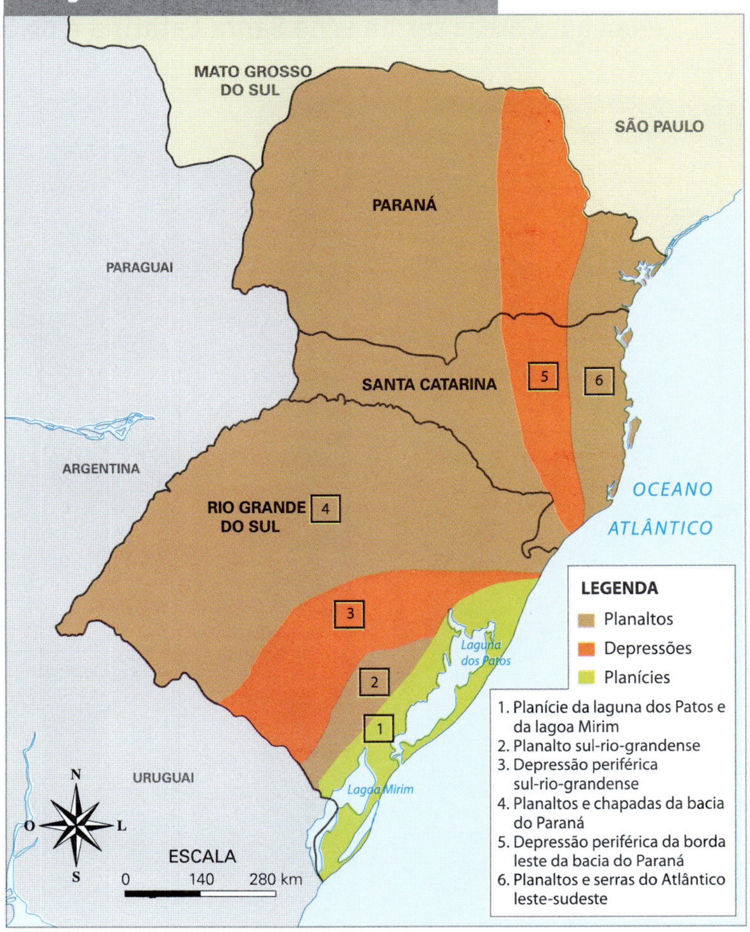

FONTE: ELABORADO A PARTIR DE JURANDYR L. ROSS (ORG.). *GEOGRAFIA DO BRASIL*. SÃO PAULO: EDUSP, 1998 E MARIA ELENA SIMIELLI. *GEOATLAS*. SÃO PAULO: ÁTICA, 2008.

Paraná: perfil do relevo

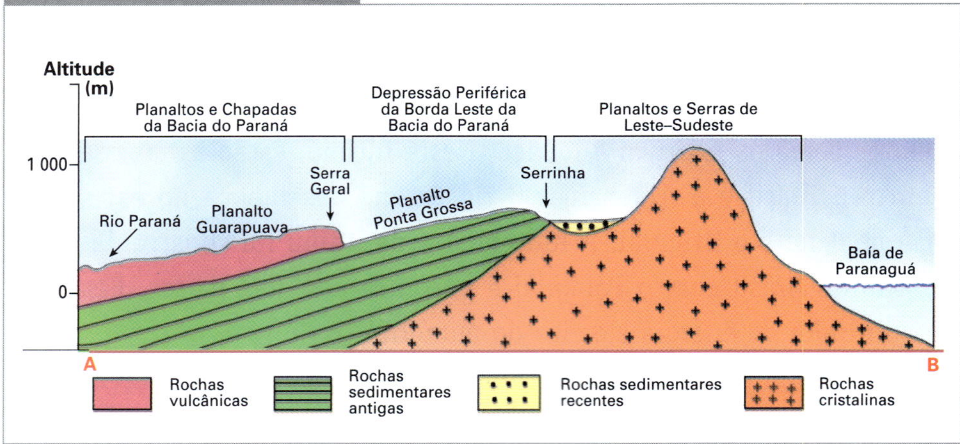

LUÍS A. MOURA/ARQUIVO DA EDITORA

- **Planalto sul-rio-grandense** – planalto de baixas altitudes, formado por rochas muito antigas. Está situado no sudeste do Rio Grande do Sul e seu principal destaque é a serra do Herval.
- **Depressão periférica sul-rio-grandense** – situada entre os planaltos e as chapadas da bacia do Paraná, de um lado, e o planalto sul-rio-grandense, de outro.
- **Planaltos e chapadas da bacia do Paraná** – localizados no centro-oeste da região, estendem-se desde o Paraná até o Rio Grande do Sul e são formados basicamente por rochas vulcânicas e arenito. Em seu rebordo leste, conhecido como serra Geral, estão as chamadas áreas serranas de Santa Catarina e do Rio Grande do Sul. No sul do Rio Grande

Rio Grande do Sul: serras e coxilhas

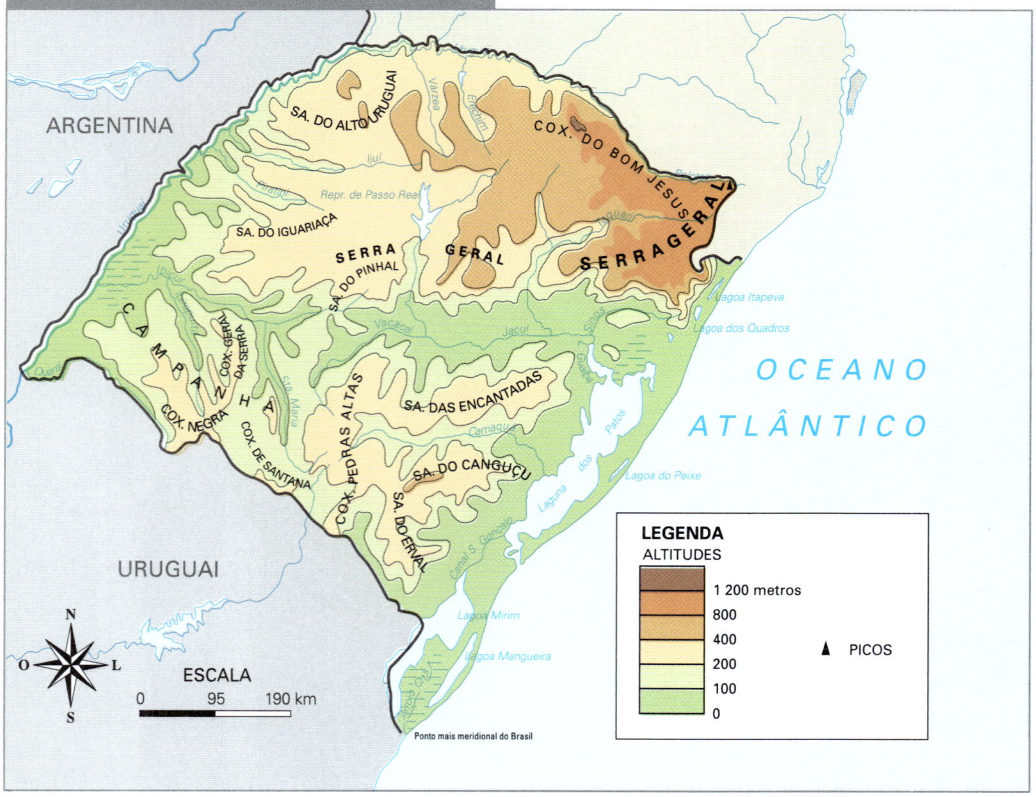

FONTE: MARIA ELENA SIMIELLI. *GEOATLAS*. SÃO PAULO: ÁTICA, 2008. P. 134.

do Sul, encontramos **coxilhas**, formas típicas do relevo desse estado. Veja o mapa na página anterior.

- **Depressão periférica da borda leste da bacia do Paraná** – situada entre os planaltos e chapadas da bacia do Paraná e os planaltos e serras do Leste-Sudeste. Nessa depressão, está o Parque Estadual de Vila Velha, onde se destacam as figuras esculpidas pela erosão em rochas sedimentares.
- **Planaltos e serras do Atlântico leste-sudeste** – localizam-se a leste dos estados do Paraná e de Santa Catarina. Neles se destacam áreas serranas, como a serra do Mar, que recebe nomes locais como serra da Graciosa, de Marumbi, da Prata, de Ibiratique e outros.

Na serra de Ibiratique encontra-se o pico do Paraná (1877 m), ponto mais alto da região Sul.

JACEK/KINO.COM.BR

Formação rochosa conhecida como 'Proa de navio' no Parque Estadual de Vila Velha, em Ponta Grossa (PR), em foto de 2008.

Repensando o capítulo

Faça no caderno as atividades a seguir.

1

> As características da tropicalidade se manifestam em quase todo o espaço brasileiro.
>
> ROSS, Jurandyr L. Sanches (org.). *Geografia do Brasil*. São Paulo: Edusp, 1995. p. 103.

a) Relacione o texto acima com a região Sul.

b) Que clima predomina nessa região? Apresente duas características desse clima.

2 Leia o texto com atenção e faça o que se pede:

Ciências

> [...] chega a atingir de 25 a 30 metros de altura, é um dos pinheiros nativos do Brasil, popularmente conhecido como pinheiro-do-paraná. Suas sementes, que caem ao solo entre os meses de março a junho, servem de alimento para porcos selvagens, ratos, papagaios, macacos e outros animais. Sua semente é conhecida como pinhão, tradicionalmente apreciada nas festas juninas [...].
>
> FURLAN, Sueli; NUCCI, João Carlos. *A conservação das florestas tropicais*. São Paulo: Atual, 1999. p. 37. (Coleção Meio Ambiente.)

a) Que vegetação é descrita no texto? Em que estados brasileiros ela predomina?

b) Que fato preocupante ocorre com essa vegetação e com outras matas brasileiras?

3

Ciências

> Um levantamento criterioso é a arma da Polícia Federal para detectar e combater as agressões à natureza. Veja quais são os principais crimes ambientais em cada região do Brasil. Região Sul: as autoridades chamam a atenção para a contaminação de lençóis freáticos por meio de perfurações clandestinas de poços artesianos e a poluição dos mananciais pelo uso indiscriminado de agrotóxicos.
>
> "Meio ambiente: o mapa do crime", Revista *Os Caminhos da Terra*, ano 12, n. 143, São Paulo: Abril, março de 2004, p. 19.

a) Por que essa reportagem diz que agressões à natureza são crimes ambientais?

b) Qual é o principal lençol freático localizado sob a região Sul?

Glossário

coxilha: no estado do Rio Grande do Sul, pequena elevação em regiões de campos.

estuário: tipo de foz, em que as águas do rio lançam-se em outros rios, lagos ou no oceano, livremente sem obstáculos.

rede fluvial: organização dos rios de uma bacia hidrográfica em rio principal, afluentes e subafluentes.

Outras fontes de informação

Por dentro da rede (acesso em dez. 2008)

- www.cptec.inpe.br
- www.ana.gov.br

Consultando a biblioteca

- *A hora do Sul: o Brasil em regiões*, de José Arbex Junior e Nelson Bacic Olic, Moderna, 1995.
- *Clima e meio ambiente*, de José Bueno Conti, Atual, 1998.
- *Conhecendo o Brasil: região Sul*, de Demétrio Magnoli, José Arbex Junior e Nelson Bacic Olic, Moderna, 1996.
- *Rio Grande do Sul*, de Igor Moreira, Ática, 2006.

As tropas, que levavam gado dos campos do Sul para as áreas de mineração no Sudeste, foram extremamente importantes na ocupação e integração da região Sul ao restante do país, nos séculos XVII e XVIII.
Entretanto, grande parte do território da atual região Sul só foi efetivamente ocupada nos séculos XIX e XX. Por isso podemos considerar dois períodos distintos na ocupação das áreas mais meridionais do país: a fase inicial (séculos XVII e XVIII) e a colonização estrangeira e as frentes pioneiras (séculos XIX e XX).

Capítulo 17

Os habitantes do Sul

JEAN-BAPTISTE DEBRET/MUSEUS CASTRO MAYA, RJ

Escravo negro conduzindo as tropas na província do Rio Grande do Sul, gravura aquarelada de Jean-Baptiste Debret (1768-1848).

Neste capítulo você vai estudar os principais aspectos da ocupação do território que hoje chamamos de região Sul.

Terras espanholas

No mapa a seguir, que é atual, foi acrescentado o **meridiano de Tordesilhas**, que dividia o mundo entre Portugal e Espanha, por um tratado firmado em 1494. Toda a parte oeste do mapa pertencia à Espanha e toda a parte leste, a Portugal.

Brasil: meridiano de Tordesilhas

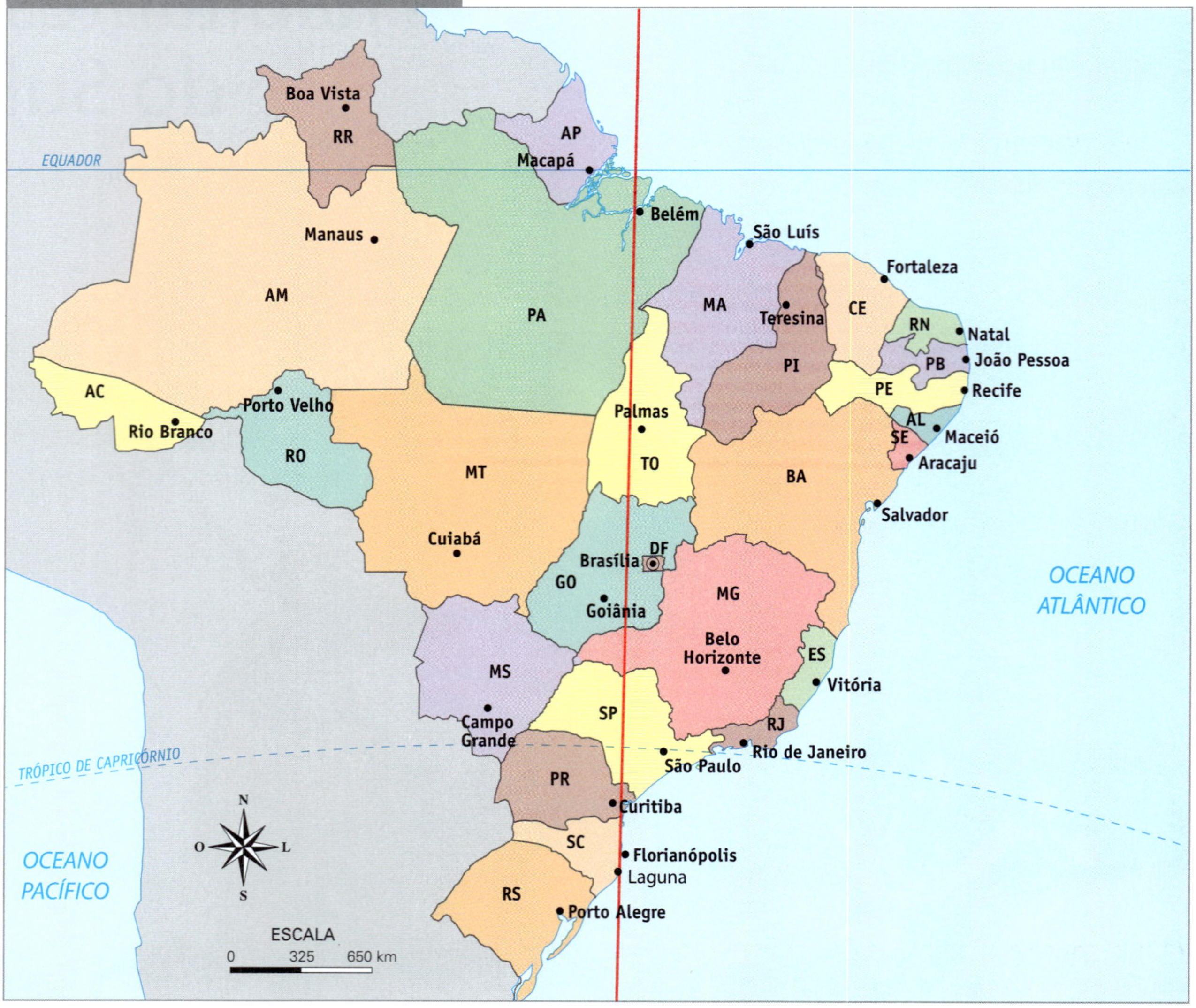

FONTE: ELABORADO COM BASE EM IBGE. *ATLAS GEOGRÁFICO ESCOLAR*. RIO DE JANEIRO: IBGE, 2002. P. 97.

Você percebe que, por esse tratado, a maior parte da atual região Sul do Brasil pertencia à Espanha. Contudo, essas terras passaram ao domínio do Brasil graças a três importantes fatores:

- a ação de bandeirantes em busca de indígenas para escravizar;
- a atividade de tropeiros que levavam o gado, criado nas regiões dos campos, para as áreas de mineração;
- os tratados posteriores, principalmente o de Madri (1750), assinados com a Espanha.

Como tudo começou

O território que forma a atual região Sul demorou a ser ocupado porque não correspondia aos interesses econômicos de Portugal:

- não tinha minas de ouro;
- não tinha clima propício ao cultivo da cana-de-açúcar;
- estava mais distante da metrópole e da sede administrativa colonial (Salvador).

Alguns aspectos geográficos determinaram a maneira como se deu a ocupação da região. A disposição do relevo atuou como uma barreira a leste, o que levou a que a **primeira colonização** fosse feita em duas frentes: uma no litoral e outra no interior (veja o mapa da página 180). A existência de campos no interior da região favoreceu a criação de gado e o consequente povoamento de uma extensa área.

Exploradores e aventureiros paulistas, atraídos pela possibilidade de encontrar ouro, ocuparam a área litorânea do Paraná e ali fundaram a vila de Paranaguá, a primeira da atual região Sul, em 1648.

Seguindo para o sul, ainda no século XVII, os paulistas fundaram, no atual estado de Santa Catarina, as cidades de Laguna, São Francisco do Sul e Nossa Senhora do Desterro, atual Florianópolis.

Já no século XVIII, os povoadores chegaram ao atual território uruguaio, onde estabeleceram a **Colônia do Sacramento**, às margens do estuário do rio da Prata. De Laguna, partiram os primeiros colonizadores do litoral rio-grandense, que ergueram o forte Jesus Maria José. Esse forte foi o núcleo original da primeira vila do futuro estado do Rio Grande do Sul, denominada Rio Grande de São Pedro, que atualmente abriga o porto de Rio Grande (veja o mapa da página 180).

Na década de 1750, o governo português, preocupado em garantir a posse das terras, enviou colonos do arquipélago dos Açores para completar a ocupação dos litorais catarinense (ilha de Santa Catarina) e gaúcho (Rio Grande, São José do Norte). Nessa época, foi estabelecido o núcleo inicial da atual cidade de Porto Alegre (1752), que se chamou na época Porto dos Casais (veja o mapa da página 180).

JONATHAN CAMPOS/AGÊNCIA ESTADO

Paranaguá, cidade que teve origem na primeira vila fundada na região Sul, tem hoje um dos portos mais movimentados do país. O porto de Paranaguá é o principal canal de exportação da soja e do milho produzidos no Brasil para o mercado externo.

Oficina de texto

O governo português resolvera então povoar o Rio Grande de São Pedro, a fim de facilitar as comunicações entre Laguna e Sacramento, bem como para garantir a posse deste último estabelecimento. Laguna, pois, ficou sendo o ponto de partida de muitas levas de homens que entravam nos disputados campos do extremo sul, para abrir caminho até o rio da Prata.

VERISSIMO, Érico. O tempo e o vento. São Paulo: Companhia das Letras, 2005. Vol. I, parte 1, p. 45.

Língua Portuguesa e História

O texto reproduzido acima, que fala da ocupação do litoral do Rio Grande do Sul, é de Érico Veríssimo, um dos maiores escritores brasileiros. Com a ajuda do seu professor de Língua Portuguesa, pesquise e responda às questões no seu caderno.

1. Onde nasceu Érico Veríssimo?
2. Quando nasceu e quando morreu esse escritor?
3. Procure saber e escreva os títulos de algumas de suas obras.
4. Um dos filhos de Érico Veríssimo é um conhecido escritor brasileiro contemporâneo. Como se chama?

Região Sul: fase inicial da ocupação (litoral) e as missões

FONTES: MANUEL M. DE ALBUQUERQUE E OUTROS. *ATLAS HISTÓRICO ESCOLAR*. BRASÍLIA: MRC/FENAME, 1977.

O povoamento do interior da região foi iniciado por padres jesuítas espanhóis, vindos de onde hoje é o Paraguai. Esses religiosos tinham por missão catequizar os indígenas na fé católica e fundaram aldeamentos, chamados **missões**. Nas missões os jesuítas reuniam os indígenas e introduziram a criação de gado livre nas campinas.

Veja no mapa ao lado a localização das missões Guairá, no oeste do Paraná, e Tape, no centro-oeste do Rio Grande do Sul.

Entre 1636 e 1639, essas missões foram destruídas por bandeirantes paulistas que procuravam índios para escravizar. Mas os jesuítas retornaram ao Rio Grande do Sul e estabeleceram, no centro-oeste do estado, os Sete Povos das Missões Orientais do Uruguai. Veja no mapa ao lado.

FONTE: ELABORADO COM BASE EM MANUEL M. DE ALBUQUERQUE E OUTROS. ATLAS HISTÓRICO ESCOLAR. BRASÍLIA: MRC/FENAME, 1977.

O gado deixado pelos jesuítas, quando foram expulsos pelos bandeirantes, originou o rebanho da Campanha Gaúcha. O comércio desse gado era feito, no princípio, com a região litorânea e, mais tarde, com a das Minas Gerais. Envolveu uma atividade, o **tropeirismo**, que foi muito importante para o povoamento da região Sul.

Ao longo dos caminhos dos tropeiros surgiram estâncias (fazendas de criação de gado). Muitas delas deram origem a cidades, como Vacaria e Carazinho, no Rio Grande do Sul, Lajes e Mafra, em Santa Catarina, Rio Negro e Ponta Grossa, no Paraná, entre outras. Veja o mapa abaixo.

FONTES: ELABORADO COM BASE EM MARÍLIA VELLOSO GALVÃO (COORD.). *GEOGRAFIA DO BRASIL*. RIO DE JANEIRO: IBGE, 1977.

Os estancieiros que se fixaram na região dos campos do Sul dedicavam-se à produção de couro e de carne salgada, chamada **charque**, usada também na alimentação dos escravos. A região de Pelotas era a mais importante produtora de charque do Rio Grande do Sul.

Oficina de texto

Integrando o Sul

O Rio Grande do Sul entrou na economia nacional pelas mãos dos tropeiros e patas das mulas. Foi o comércio de mulas que integrou a região à economia nacional, ainda no século XVII e início do XVIII, antes mesmo que o Rio Grande do Sul existisse formalmente.

O tropeirismo integrou diferentes regiões do Brasil e traçou a rota da formação de muitas cidades das regiões Sul e Sudeste. Foi por meio de tropas e tropeiros que as enormes extensões de pampas gaúchos encontraram seu destino. A atividade econômica marca algumas regiões do estado até os dias atuais.

Uma vez estabelecidas as rotas de transporte, as tropas se multiplicaram e o comércio de gado deslanchou. A preferência era pelos muares, já que mulas e burros eram mais adequados para o transporte em regiões montanhosas como Minas Gerais. Gado vacum e cavalos completavam esse comércio.

Língua Portuguesa e História

O tropeiro era um homem acostumado às intempéries. É difícil definir sua origem. Havia paulistas, portugueses e nascidos no próprio Rio Grande, que se dedicaram ao tropeirismo nessa primeira fase. Alguns deles enriqueceram e se tornaram verdadeiros "empresários do transporte".

Ao partir de Viamão, Cruz Alta ou dos demais centros de envio de tropas, o tropeiro sabia que teria dias duros pela frente. Ao final de cada dia de trabalho, cobria a carga dos animais com couro e deitava-se no chão, sobre um pedaço de couro, ao ar livre, no chamado "encosto", o pouso em pasto aberto. Em alguns pontos, encontrava abrigos construídos – os ranchos. Neles, o rancheiro oferecia alojamento para os homens, cobrando apenas o milho e o pasto consumidos pela tropa. A alimentação do tropeiro se baseava no toucinho, feijão preto, farinha, pimenta-do-reino, café e fubá. Essas matérias-primas deram origem a alguns pratos típicos da culinária do Sul e Sudeste, como "feijão-tropeiro", "charqueada", "arroz-de-carreteiro", "tutu a mineira" e o "barreado" do Paraná.

Dessa maneira, seguiam em uma viagem que levava meses. Quase sempre acompanhavam o roteiro dos rios, atravessando os campos abertos, desafiando o perigoso rio Pelotas na divisa entre Rio Grande e Santa Catarina, pousando por algum tempo nos Campos de Curitiba até chegarem à feira de Sorocaba.

Fonte disponível em: <www.riogrande.com.br>. Acesso em novembro de 2007.

1. Explique a frase: "O Rio Grande do Sul entrou na economia nacional pelas mãos dos tropeiros e patas das mulas".
2. Qual era a atividade econômica desenvolvida em Minas Gerais na época dos tropeiros?

A chegada dos imigrantes

No século XIX, os governos estadual e federal incentivaram a imigração de estrangeiros para que ocupassem, como pequenos proprietários livres, as áreas ainda despovoadas na atual região Sul. Essa ocupação limitava-se ao litoral e aos núcleos ligados à criação de gado no estado do Rio Grande do Sul.

Os dois principais grupos de imigrantes do Sul do país foram os **alemães** e os **italianos**, mas a região recebeu também russos, ucranianos e poloneses, entre outros.

Os alemães

Foram os primeiros a chegar, em 1824, na localidade de São Leopoldo, no Rio Grande do Sul. Dedicaram-se, principalmente, à agricultura e à indústria. A colonização alemã espalhou-se, no princípio, por regiões próximas do Vale do Rio dos Sinos. Mais tarde, por outras, como Rio Negro (PR), Torres e oeste da laguna dos Patos (RS).

A presença alemã mais marcante aconteceu no estado de Santa Catarina, no Vale do Itajaí, em 1850, onde foram fundadas as colônias de Blumenau e Brusque, além de Dona Francisca (atual Joinville), dando origem a importantes centros urbanos da atualidade.

PATRICK RODRIGUES/JORNAL DE SANTA CATARINA

Vista geral da cidade de Brusque (SC), em foto de 2005.

Os italianos

A imigração alemã cessou na década de 1860, e a italiana iniciou-se na década de 1870. As primeiras colônias desses imigrantes foram criadas nas serras gaúchas, com a fundação de cidades como Garibaldi, Bento Gonçalves e Caxias do Sul.

Os italianos dedicaram-se à cultura da uva, à fabricação de vinho e a outras atividades, como a fabricação de utensílios de mesa de metal, o curtume e a tecelagem. Depois, ocuparam terras que haviam pertencido a alemães, em cidades como Santa Rosa e Santo Ângelo. Em Santa Catarina, fundaram cidades como Urussanga, Nova Trento, Nova Veneza e Criciúma.

Veja no mapa onde se estabeleceram os grupos de imigrantes que vieram para o Sul.

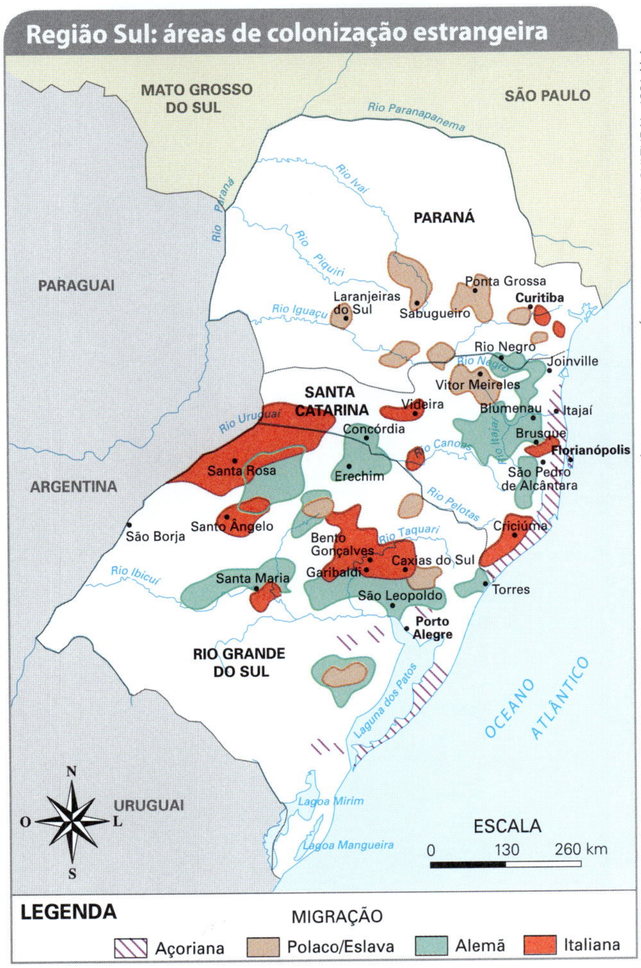

FONTE: BASEADO EM SAGA – A GRANDE HISTÓRIA DO BRASIL IMPÉRIO: 1840-1889. ABRIL CULTURAL, 1981, V. 4.

ARQUIVO HISTÓRICO/PREFEITURA MUNICIPAL DE CAXIAS DO SUL

Na foto de 1915, as carretas que levavam as uvas das plantações às cantinas para a fabricação do vinho em colônia italiana, na cidade de Caxias do Sul (RS).

A marcha do café e as frentes pioneiras

No final do século XIX, faltava ainda ocupar as áreas situadas no oeste do Paraná e de Santa Catarina. A abertura da ferrovia São Paulo-Rio Grande facilitou o acesso a essas regiões, dando origem a duas correntes povoadoras:

- as **frentes pioneiras**, formadas por colonos imigrantes já estabelecidos na região Sul;
- a corrente povoadora vinda de São Paulo, que, além de paulistas, contava com mineiros e nordestinos, atraídos para o oeste e o norte do Paraná, onde a terra roxa propiciou o cultivo do café.

Dessa forma, a ocupação total do Sul ocorreu apenas no século XX.

Até 1838 o oeste catarinense era habitado por indígenas. A partir dessa data, tropeiros paulistas passaram a atravessar a região, rumo a São Paulo, para comprar gado. Mais tarde, chegaram os colonos italianos e alemães vindos do Rio Grande do Sul. Essa área de Santa Catarina, onde se destacam cidades como Chapecó, Xanxerê, Nova Itaberaba, Pinhalzinho, São Carlos, Saltinho, Seara e outras, foi assim ocupada.

SÉRGIO VIGNES/TEMPO EDITORIAL

"Estátua do Desbravador", escultura de Paulo Siqueira em homenagem aos colonizadores do oeste catarinense e, em especial, aos fundadores de Chapecó (SC). Foto de 2005.

A ocupação do norte do Paraná, o trecho tropical da região Sul, foi realizada pela Companhia de Terras do Norte do Paraná, empresa privada que se encarregou do povoamento da região.

O primeiro núcleo fundado foi a cidade de Londrina, em 1929. Veja no mapa as fases da ocupação do norte do Paraná.

Paraná: povoamento do norte

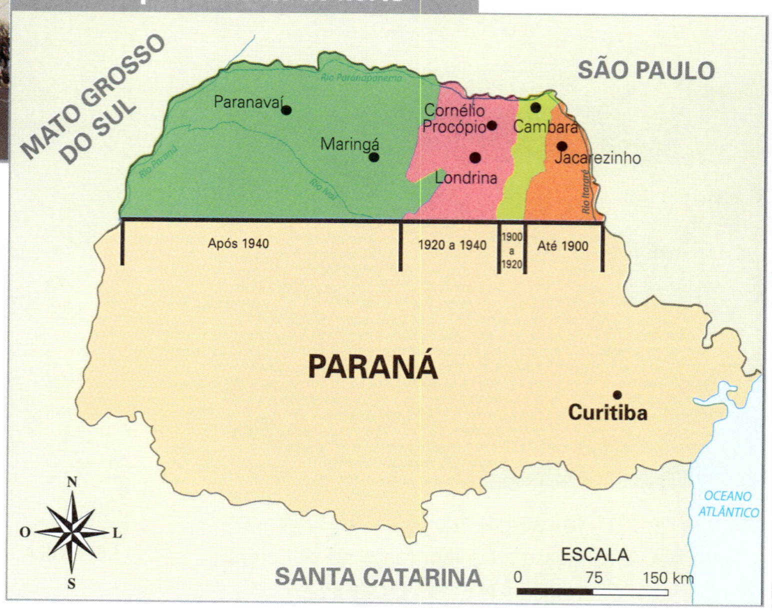

FONTE: AROLDO DE AZEVEDO. *O BRASIL E SUAS REGIÕES*. SÃO PAULO, NACIONAL, 1972. P. 316.

População e indicadores sociais

As principais características demográficas e sociais da região Sul têm origem na forma como foi realizada a ocupação:

- a população é predominantemente branca;
- a forte influência da cultura dos imigrantes europeus está presente nos costumes, na língua, nas comidas típicas, etc.;
- a população regional é bem distribuída;
- os indicadores sociais são os mais elevados do país.

Embora sua área territorial represente apenas 6,8% da brasileira, a região Sul possui 15% da população do país, sendo a terceira região mais populosa.

ROBERTO CUSTÓDIO/GAZETA DO POVO

Antiga estação ferroviária, hoje Museu Histórico Padre Carlos Weiss, em Londrina (PR). Foto de 2006.

A maior porcentagem de população branca pode ser explicada, como você viu no capítulo 4, pela forte imigração estrangeira e pelo fato de a mão de obra escrava africana ter sido bem menos utilizada no Sul que no Nordeste e no Sudeste. Na região Sul, os escravos estiveram presentes principalmente nas fazendas de charque (charqueadas).

Veja no gráfico ao lado a composição por cor da população do Sul.

Região Sul: composição da população por cor (%)

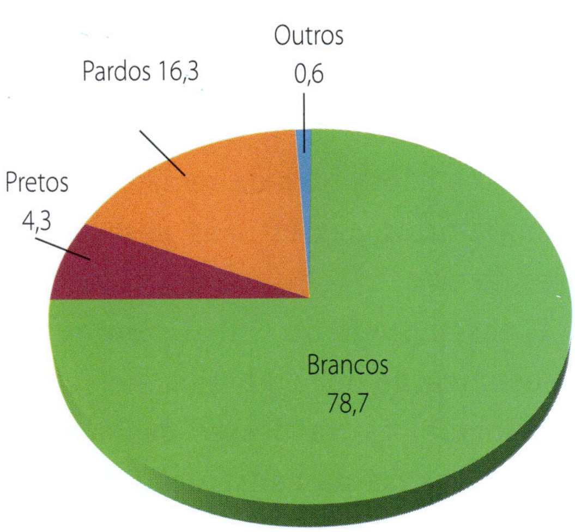

FONTE: IBGE. *PNAD (PESQUISA POR AMOSTRA DE DOMICÍLIOS 2007)*. RIO DE JANEIRO: IBGE, 2008.

Como você estudou também no capítulo 4, a região Sul tem as mais baixas taxas de natalidade, de mortalidade infantil, de fecundidade e de analfabetismo, e a mais alta esperança de vida do país. Em 2007, apresentava o segundo maior **rendimento médio** (R$ 984,00) do Brasil, perdendo apenas para o Sudeste (R$ 1 036,00). Além disso, Santa Catarina era o único estado brasileiro em que 99% das crianças de 7 a 14 anos estavam na escola.

Trabalhando com mapas

Observe o mapa e responda às questões:

a) Onde estão as áreas de maior concentração de população na região Sul?

b) Onde estão as áreas de menor concentração populacional da região Sul?

Região Sul: densidade demográfica

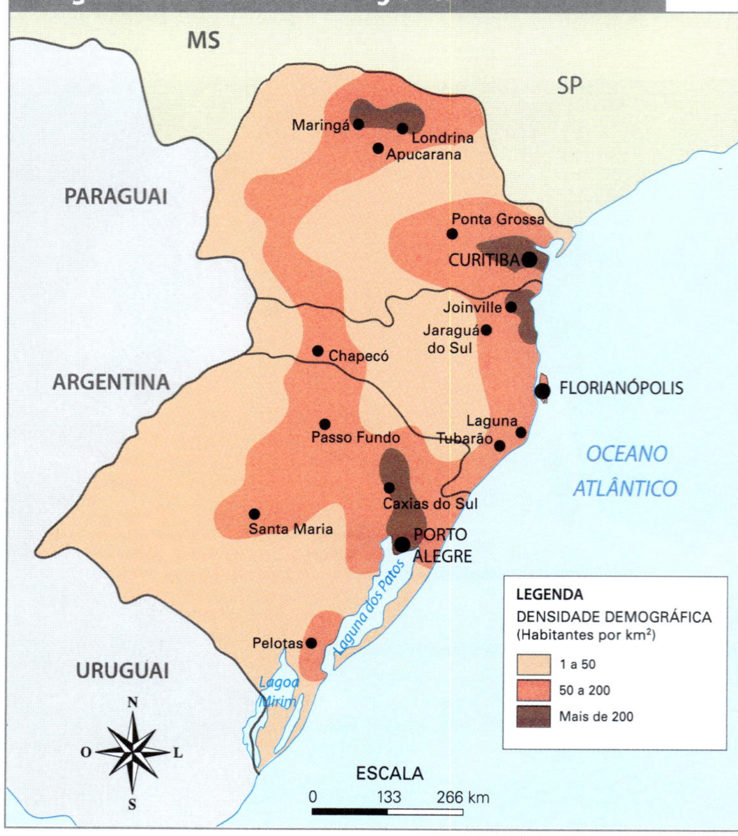

FONTE: ELABORADO COM BASE EM MARIA ELENA SIMIELLI. *GEOATLAS*. SÃO PAULO: ÁTICA, 2008. P. 120.

Os sulistas emigrantes

Muitos habitantes da região Sul, principalmente os do campo, têm realizado movimentos migratórios nas últimas décadas para lugares dentro da própria região e para outras partes do país.

O desemprego de trabalhadores rurais, consequência da expansão da monocultura e da mecanização dos trabalhos no campo, como aconteceu em todas as regiões brasileiras, é a principal causa desses deslocamentos. Além disso, muitas famílias perderam suas terras por causa da construção de hidrelétricas ou de dívidas com os bancos e passaram a migrar.

O período de maior migração de sulistas para fora da região, que foi de aproximadamente 1,5 milhão de pessoas, ocorreu entre as décadas de 1970 e 1980. Os migrantes do Sul foram para todas as regiões do Brasil. São encontrados sulinos em áreas distantes, como Rondônia, Pará (região Norte), Maranhão, Piauí e Bahia (região Nordeste).

Os gaúchos são os que migraram em maior número. Segundo o *Atlas socioeconômico do Rio Grande do Sul*, há gaúchos em todos os estados brasileiros. Veja o mapa.

Gaúchos que vivem em outros estados (2006)

FONTE: IBGE. *CENSO 2000*. RIO DE JANEIRO: IBGE, 2001; SCP/DEPLAN. *ATLAS SOCIOECONÔMICO DO RIO GRANDE DO SUL*. PORTO ALEGRE: SECRETARIA DE COORDENAÇÃO E PLANEJAMENTO DO RIO GRANDE DO SUL, 2007.

Brasiguaios

Outro destino dos migrantes sulinos nessas décadas foi o vizinho Paraguai, onde se estabeleceram em áreas fronteiriças, como Canindeyu e Alto Paraná. A maioria dessas pessoas teve suas terras inundadas pela construção de Itaipu. A indenização que receberam do governo foi insuficiente para comprar terras no Brasil e elas atravessaram a fronteira em busca de preços bem mais baixos.

Essas pessoas são chamadas de "brasiguaios". Apesar de levarem progresso para a região onde se instalaram, não foram bem recebidas pelos residentes locais. A rejeição e os conflitos pela posse da terra acabaram causando o retorno de muitos brasiguaios para o Brasil.

Língua Portuguesa

Leia o poema a seguir para conhecer algumas expressões usadas no Rio Grande do Sul.

Pingos

Em cada **ronda** da vida,
eu tive um **pingo** de lei.
Montado, sou como um rei,
pelo garbo e o **entono**.
Cavalo pra mim é um trono:
neste trono, eu me criei.
De **piazito** eu já encilhava
um **peticinho** faceiro,
que era cria de um **oveiro**
e de uma eguinha **bragada**:
era da cor da alvorada
o meu petiço luzeiro!

Guilherme Schultz Filho.
Disponível em: <www.igtf.gov.br>.
Acesso em novembro de 2007.

Agora veja a "tradução" do texto:

- **Ronda** – vigília, pastoreio.
- **Pingo** – cavalo rápido e brioso.
- **Entono** – orgulho.
- **Piazito** – menininho.
- **Petiço** - cavalo pequeno, baixo.
- **Oveiro** – cavalo que tem inchaços entre a pele e o osso.
- **Bragada** – cavalo que tem a barriga branca e o corpo de outra cor.

Glossário de termos gauchescos, Universidade Federal de Pelotas.
Disponível em: <http://www.ufpel.tche.br/pelotas/glossario.html>.
Acesso em setembro de 2008.

Repensando o capítulo

Faça no caderno as atividades a seguir.

1 Acompanhe os textos com atenção e faça o que é solicitado.

História

Portugal precisava povoar as terras do sul do Brasil. As primeiras famílias açorianas desembarcaram na ilha no dia 6 de janeiro de 1748. Eram 461 pessoas, os primeiros dos 6 mil açorianos que se fixaram em Santa Catarina entre 1748 e 1756.

PEREIRA, Mário. *História de Florianópolis para ler e contar*. Florianópolis: Cuca Fresca, 2002. p. 33.

Em Santa Catarina, por exemplo, 25% da população atual descende desses colonos e preserva, por exemplo, o jeito cantado de falar.

Revista *Os Caminhos da Terra*. Edição 91, n. 11, ano 8, São Paulo: Abril, novembro de 1999. p. 74.

a) Observe um atlas geográfico e construa um mapa do arquipélago dos Açores. Faça uma legenda identificando as principais ilhas e o oceano onde está localizado.

b) Pesquise sobre a origem geológica desse arquipélago.

c) Pesquise sobre contribuições culturais açorianas existentes até hoje.

d) Por que Portugal recrutou açorianos para o Sul do Brasil?

2 Acompanhe este relato:

História

> Os tropeiros e suas comitivas aproximaram, integraram os campos sulinos ao restante do Brasil. Também foram responsáveis por uma mistura de culturas... A tropa, arreada ou não, foi desaparecendo; passou a ser lenda do passado, com a chegada do trem, da ferrovia, do automóvel e da rodovia.
>
> ROSA, Enedy Fatima Padilha da. *Distritos do Espinilho e da Bela Vista: história da ocupação e história ambiental.* Campos Novos: 2004, p. 32-3. (mimeo).

a) Que atividade desempenhavam os tropeiros?

b) Por que essa atividade passou a ser lenda após a chegada dos trens?

3 Leia o texto e responda às questões propostas.

> No mundo todo, segundo a ONU, a sociedade brasileira, em termos de concentração de renda, é vice-líder inconteste. Só perde mesmo para Serra Leoa. Dos 53,9 milhões de pobres do Brasil [segundos dados oficiais], Alagoas é o estado com o maior índice de brasileiros que vivem nessa situação (62,3%). No outro extremo está Santa Catarina, com cerca de 12%.
>
> RIBAS, Oswaldo. "Abismo social", revista *Problemas Brasileiros*, São Paulo, set.-out. de 2005, p. 10-3.

a) Em que continente fica Serra Leoa?

b) Neste capítulo foi feita uma referência a Santa Catarina que ajuda a compreender o fato de ela apresentar um excelente indicador social. Que indicador social é esse?

4 Quem são os "brasiguaios"?

Glossário

rendimento médio: média dos ganhos dos membros de uma família.
tropeirismo: atividade baseada na condução, transporte e venda de animais de carga e gado.

Outras fontes de informação

Por dentro da rede (acesso em dez. 2008))
- www.cultura.rs.gov.br
- www.releituras.com/everissimo_bio.asp
- http://www.cdr.unc.br/ambientes/museu/museu.htm

Consultando a biblioteca
- *Caminhos do boi*, de Cândida Gancho e Vera Vilhena Toledo, Moderna, 1990.
- *História de Florianópolis para ler e contar*, de Mário Pereira, Cuca Fresca, 2000.
- *Povoadores da fronteira: os casais açorianos rumo ao Sul do Brasil*, de Maria Bernardes Ramos Flores, UFSC, 2000.
- *Tropeirismo no Brasil*, de Moacyr Flores, Nova Dimensão, 1998.
- *Teiniaguá: a princesa moura encantada*, de Caio Riter, Scipione, 2008.

O Paraná, maior produtor de grãos do Brasil em 2007, é um dos três estados que formam a região Sul. Essa região é considerada o "celeiro" do Brasil devido à importância de sua atividade agropecuária e de sua significativa agroindústria.

Capítulo

18

Um espaço agrário moderno

Modernos tratores preparam a terra para a plantação de milho no município de Guarapuava (PR), em foto de 2002.

DELFIM MARTINS/PULSAR IMAGENS

Neste capítulo você vai estudar as principais características da atividade agropecuária na região Sul.

O "celeiro" do Brasil

Pela tabela a seguir você pode ter uma noção da importância da produção agrícola da região Sul no cenário nacional.

Posição dos estados do Sul na produção agrícola do Brasil			
Produtos	**PR**	**SC**	**RS**
Banana		3º	
Café	5º		
Laranja	5º		
Maçã	3º	1º	2º
Uva	5º		1º
Alho		3º	2º
Arroz	10º	2º	1º
Aveia	2º	3º	1º
Batata Inglesa	3º		4º
Cana-de-açúcar	2º		
Cebola	5º	1º	4º
Centeio	2º	4º	1º
Cevada	2º	3º	1º
Feijão	1º		11º
Fumo	3º	2º	1º
Mandioca	3º		5º
Milho	2º		3º
Soja	2º		3º
Trigo	1º	3º	2º

Fonte: IBGE. *Produção agrícola municipal 2007.* Disponível em: <http://www.ibge.gov.br/home/estatistica/economia/pamclo/2007/default.shtm>. Acesso em setembro de 2008 .

Você também pode notar que a região Sul tem:

- culturas de clima tropical, como café e cana-de-açúcar, no Norte do Paraná;
- produções típicas de clima temperado, como uva, maçã, trigo, cevada, centeio e aveia.

A região Sul é quase a única produtora dos três últimos cereais. Recentemente a aveia passou a ser cultivada também no Centro-Oeste.

Mesmo tendo uma faixa de clima tropical de altitude no norte do Paraná, a agricultura do Sul sofre com os invernos rigorosos e a ocorrência de geadas, grandes inimigas das lavouras de café. Por outro lado, as chuvas bem distribuídas durante o ano favorecem a agricultura de modo geral.

A participação da região Sul no valor da agropecuária brasileira vem aumentando desde o início do século XXI. Veja a tabela a seguir.

Participação da região Sul no valor da agropecuária brasileira (2001-2003) (%)			
Regiões	**Ano**		
	2001	2002	2003
Norte	7,2	7,5	6,5
Nordeste	14,4	14,6	13,6
Sudeste	36,6	36,4	32,2
Sul	29,5	28	33,4
Centro-Oeste	12,3	13,5	14,3

Fonte: Ministério do Desenvolvimento Agrário. *Estatísticas do meio rural – 2006.* Disponível em: <http://www.dieese.org.br/anuario/anuarioMeioRural2006.pdf>. Acesso em setembro de 2008.

Em 2006 essa participação foi a maior do Brasil. Na safra de 2007-2008, a região Sul liderou a produção de grãos no Brasil, com quase 60 milhões de toneladas. Veja esse desempenho no gráfico.

Brasil: produção de grãos por região em tonelada (%)

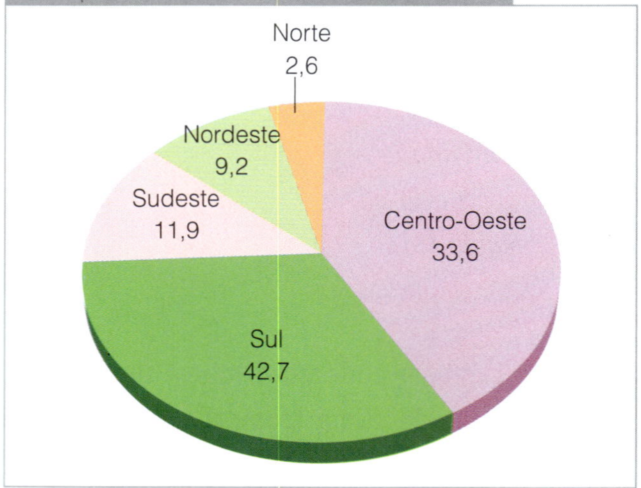

Fonte: Conab. Acompanhamento da Safra Brasileira – Grãos. Disponível em: <http://www.conab.gov.br/conabweb/download/safra/estudo_safra.pdf>. Acesso em setembro de 2008.

MONALISA LINS/AGÊNCIA ESTADO

Ordenha mecânica em fazenda do município de Castro (PR), que tem atingido altos níveis de qualidade e produtividade de seu rebanho. Foto de 2002.

A região Sul emprega técnicas cada vez mais avançadas nas suas lavouras e áreas criatórias. Isso faz com que a agropecuária ali desenvolvida alcance melhores resultados a cada safra.

O tamanho das propriedades

Por ter sido em parte colonizada por estrangeiros, com pequenas propriedades e predomínio da agricultura familiar, a região Sul não teve muitos problemas de concentração de terras até 1970. Contudo, a introdução da cultura da soja alterou a **estrutura fundiária** da região.

A soja passou a ser cultivada em propriedades cada vez maiores, com forte uso de mecanização, que dispensa grande parte da mão de obra, o que aumentou o desemprego nas áreas rurais.

Ainda assim, o Sul é a região com menor índice de concentração de propriedades rurais do Brasil. Como no Nordeste, os movimentos pela reforma agrária são bastante ativos nessa região.

MAURO VIEIRA/AGÊNCIA RBS

Manifestantes do MST (Movimento dos Sem-Terra) em rodovia que liga os municípios de Arroio dos Ratos a Eldorado do Sul (RS), em protesto para a agilização da reforma agrária no estado. Foto de novembro de 2006.

Produção agrícola do Sul

Distinguem-se no Sul a monocultura mecanizada, praticada em médias e grandes propriedades, e a policultura, realizada em pequenas propriedades, com predomínio da mão de obra familiar.

Enquanto a monocultura é voltada principalmente para o mercado externo, com o cultivo de itens como café, cana-de-açúcar e soja, a policultura privilegia o cultivo de produtos de consumo interno, como feijão, milho, batata, fumo, mandioca, cebola e frutas (pêssego, uva, maçã e laranja). Nas pequenas propriedades policultoras também são cultivados aveia, cevada e centeio, culturas típicas de clima temperado, como você já viu. O trigo e o arroz são monoculturas destinadas ao mercado interno.

As monoculturas

Café e cana-de-açúcar: culturas tropicais

MILTON DÓRIA/FOLHA IMAGEM

Plantação de café atingida pela geada na região de Londrina, norte do Paraná. Foto de julho de 2001.

O café, como você já estudou nos capítulos 13 e 17, foi o responsável pelo povoamento da região norte do Paraná, na continuação da "marcha do café", iniciada no atual estado do Rio de Janeiro. No norte do Paraná, as plantações de café sofrem com as geadas, que "queimam" os cafezais. Muitas áreas de plantio desse produto foram reduzidas ou substituídas por outras culturas. Mas, apesar dessas dificuldades, o café ainda é importante na região.

O Paraná é o quinto produtor brasileiro de café. No cultivo desse grão, que dá origem à nossa bebida mais popular, destacam-se os municípios de Campo Mourão, Apucarana, Cornélio Procópio, Ivaiporã, Toledo, Londrina, Umuarama, Santo Antônio da Platina e Maringá.

A cana-de-açúcar não é tão importante no Sul quanto no Sudeste, mas o estado do Paraná é o segundo maior produtor dessa planta e também do álcool combustível, e o terceiro de açúcar do país. Esse cultivo, típico de clima tropical, também é realizado no norte do Paraná, principalmente em Umuarama, Maringá, Jacarezinho, Londrina, Cornélio Procópio e Paranavaí.

A soja

Essa leguminosa, da qual o Brasil é o segundo produtor mundial, perdendo apenas dos Estados Unidos, é um dos principais produtos de exportação do agronegócio brasileiro. O chamado "Complexo Soja" reúne o grão, o óleo vegetal e o farelo do grão e contribui para gerar renda com a sua exportação.

O estado pioneiro do cultivo da soja no Brasil foi o Rio Grande do Sul, onde a planta foi introduzida em 1914. Mas o cultivo regular desse grão foi iniciado em 1920, no município de Santa Rosa. Posteriormente passou do Rio Grande do Sul para outros estados, como os da região Centro-Oeste, que atualmente estão entre os maiores produtores (ver o capítulo 22).

A área de cultivo de soja tem diminuído no estado gaúcho, principalmente devido às fortes chuvas e outros fatores climáticos que atrapalham as colheitas. Em 2007, o Rio Grande do Sul foi o terceiro produtor nacional e o Paraná, o segundo.

Acompanhe no mapa a trajetória da soja no Brasil.

A "marcha da soja" no Brasil

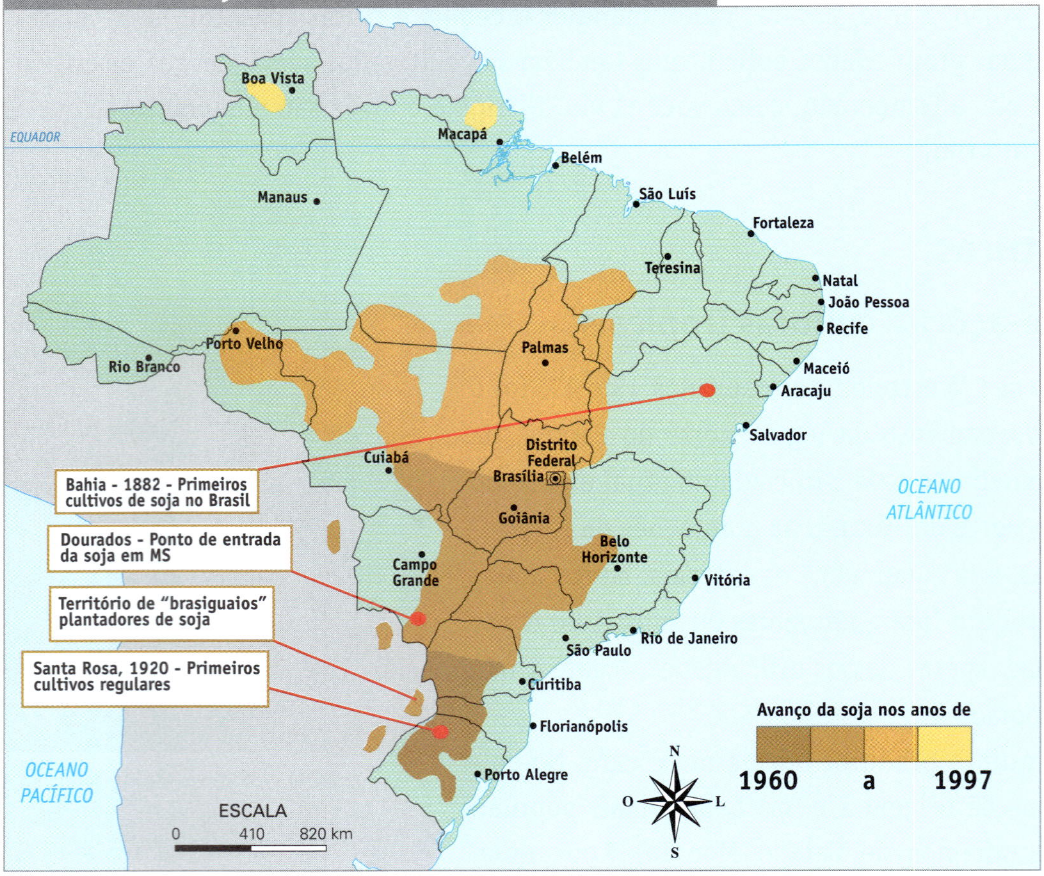

A soja alimenta uma importante agroindústria, principalmente de esmagamento dos grãos, moagem de farelo e produção de óleo. Seus subprodutos substituem alimentos de origem animal, como carne bovina, queijo e sucos, e entram na composição de vários tipos de ração animal. Veja o quadro.

Aprendendo mais

Ciências

Para que serve a soja

Proteína crua	Produto integral	Produtos oleaginosos	
		Óleo refinado	Lecitina
• Farinha e granulados (pão, doces, biscoitos, massas, linguiças e salsichas, cereais, bebidas, nutrientes, alimento para bebês, etc.) • Adesivos, estrutura de tintas, indústria têxtil, indústria de papel • Adubos, remédios • Aditivos para alimentos • Alimento para gado, aves, peixes, animais domésticos	• Ingrediente de balas, cereais, confeitaria • Farinha de soja • Pão • Gordura • Alimento para gado • Broto de soja • Base para tempero • Derivados de soja (proteína texturizada, queijo de soja, leite de soja, molho para carne)	• Óleo de cozinha, maioneses, margarinas, produtos farmacêuticos, tempero para saladas, gordura vegetal • Ingredientes para calefação, desinfetante, isolante elétrico, inseticida, tecidos, tinta para impressão, sabão	• Produtos de padaria, revestimento de chocolate, produtos farmacêuticos, fabricação de margarinas, gorduras • Fabricação de álcool, tinta, inseticidas, cosméticos, pigmentos, produtos químicos

Fonte: *Horizonte Geográfico*, ano 16, n. 89, outubro de 2003.

O arroz

O estado do Rio Grande do Sul é o maior produtor brasileiro de arroz, em cujo cultivo se destacam os municípios de Uruguaiana, Santa Vitória do Palmar, Alegrete, São Borja e Cachoeira do Sul.

Em Santa Catarina, a "capital do arroz" é o município de Massaranduba, localizado no Vale do Itajaí.

No Paraná, os municípios produtores localizam-se no noroeste do estado, e o maior deles é Querência do Norte.

O trigo

A cultura do trigo, planta de clima temperado, teve impulso na região Sul principalmente após a criação da Embrapa-Trigo, na cidade de Passo Fundo (RS), em 1974. A Embrapa (Empresa Brasileira de Pesquisa Agropecuária) procurou adaptar espécies ao clima e ao solo do Sul.

A região Sul é responsável por cerca de 90% da produção de trigo do país, com destaque para os estados do Paraná e do Rio Grande do Sul.

No Paraná, primeiro produtor nacional, o trigo é cultivado nas regiões norte (29%), oeste (27%) e sul (19%). Os principais municípios produtores são Assis Chateaubriand, Tibagi, Mamborê, Guarapuava, Rolândia e Toledo.

No Rio Grande do Sul, as principais áreas produtoras estão no norte, no noroeste e nas regiões de Alto Jacuí e Missões. Os principais municípios produtores são: Muitos Capões, Lagoa Vermelha, Capão Bonito do Sul, Júlio de Castilhos, Tupanciretã, Santa Bárbara do Sul e Cruz Alta.

Aveia, centeio e cevada

A cevada, o centeio e a aveia, cuja produção é relativamente modesta, adaptam-se perfeitamente ao clima subtropical e, no Brasil, são cultivados quase exclusivamente na região Sul. Os principais produtores são Paraná e Rio Grande do Sul. A cevada é cultivada principalmente para a fabricação da cerveja.

ITAMAR AGUIAR/PALÁCIO PIRATINI

Manejo adequado do solo e uso de irrigação evitam quedas de produtividade. Na foto de 2007, uma colheitadeira trabalhando em lavoura de trigo no município de Cruz Alta (RS).

Aprendendo mais

EDUARDO MARQUES/TEMPO EDITORIAL

Praça Lauro Müller e Igreja São João Batista na cidade de Campos Novos (SC), 2004.

Campos Novos – "celeiro" catarinense

Campos Novos é um município catarinense produtor de grãos e conhecido como "celeiro" catarinense. Nele, destacam-se os cultivos de soja, trigo, milho e aveia.

O município teve sua colonização ligada à presença de tropeiros (paulistas e paranaenses) e de imigrantes italianos, alemães, portugueses e japoneses.

Na pecuária, destacam-se os rebanhos suíno, ovino e bovino (de corte e leite).

A cidade sedia o maior evento da agropecuária catarinense: o Dia de Campo Copercampos.

A policultura

Fumo

A produção de fumo no Rio Grande do Sul, primeiro produtor nacional desse produto em folha, desenvolve-se nos municípios de Venâncio Aires, Candelária e Santa Cruz do Sul. Em Santa Catarina, destacam-se os municípios de Canoinhas e de São João do Oeste; no Paraná, Irati, Prudentópolis e São Mateus do Sul.

Há uma grande fábrica de cigarros em Cachoeirinha, município da Região Metropolitana de Porto Alegre. Essa empresa desenvolve um sistema de produção integrada, que vai desde o plantio em parceria com pequenos agricultores até a distribuição dos produtos finais (cigarros e charutos).

Uva

O Rio Grande do Sul contribui com cerca de 46% da produção nacional de uva. A tradição do plantio da uva para a fabricação do vinho é muito antiga nesse estado, pois foi introduzida nos tempos coloniais pelos jesuítas e açorianos. Mais tarde, os imigrantes italianos deram caráter comercial a essa cultura, para fabricar o vinho, sua bebida tradicional.

História e Ciências

Videiras, vindas dos Estados Unidos, chegaram ao Rio Grande do Sul em 1840. Era a espécie chamada Isabel, muito resistente a pragas e doenças.

As regiões produtoras de uva do Sul estão localizadas nas encostas das serras gaúchas, nos municípios de Caxias do Sul, Bento Gonçalves, Garibaldi, Flores da Cunha, Farroupilha e Veranópolis.

Nessa mesma área, desenvolveu-se a indústria do vinho. A partir de 1970, várias empresas transnacionais impulsionaram essa atividade na região. Essas empresas também utilizam um processo de produção integrada, do plantio da uva até a fabricação dos diversos tipos de vinho.

Partindo de Bento Gonçalves é possível percorrer o Vale dos Vinhedos e a Estrada do Vinho, onde estão os vinhedos, o Museu do Vinho e estabelecimentos de fabricação do vinho.

Em Santa Catarina, destacam-se os municípios do chamado Vale da Uva e do Vinho (Videira, Tangará e Pinheiro Preto), onde também são cultivadas outras frutas, como pêssego, nectarina, ameixa e figo. Pinheiro Preto responde pela metade do vinho produzido em Santa Catarina. Na cidade de Videira, encontra-se o Museu do Vinho Mário de Pellegin.

Rio Grande do Sul: Vale dos Vinhedos

FONTE: <WWW.SITEDOVINHOBRASILEIRO.COM.BR/FOLHA.PHP?PAG=MOSTRA_REGIAO.PHP&NUM=VAL>. ACESSO EM: OUTUBRO DE 2008.

SÉRGIO VIGNES/TEMPO EDITORIAL

Museu do Vinho Mário de Pellegin, também abriga a Casa de Cultura e a Escola de Música e Artes, em Videira (SC). Foto de 2005.

Milho

O milho também tem grande importância na agricultura da região Sul. O Paraná, onde o produto é cultivado nos municípios de Londrina, Irati e Pato Branco, foi o segundo maior produtor nacional de milho em 2007.

O Rio Grande do Sul foi o sexto produtor nacional de milho de 2004 a 2006. Nesse período, destacaram-se no estado os municípios de Sananduva, Muitos Capões, Vacaria, Cruz Alta e Palmeira das Missões.

Santa Catarina, apesar de cultivar o milho em várias áreas, tradicionalmente importa esse produto de outros estados. O cereal, além de ser produto de consumo humano no estado, é matéria-prima para a alimentação do seu importante rebanho.

Veja no mapa a seguir a localização dos principais produtos agrícolas da região Sul.

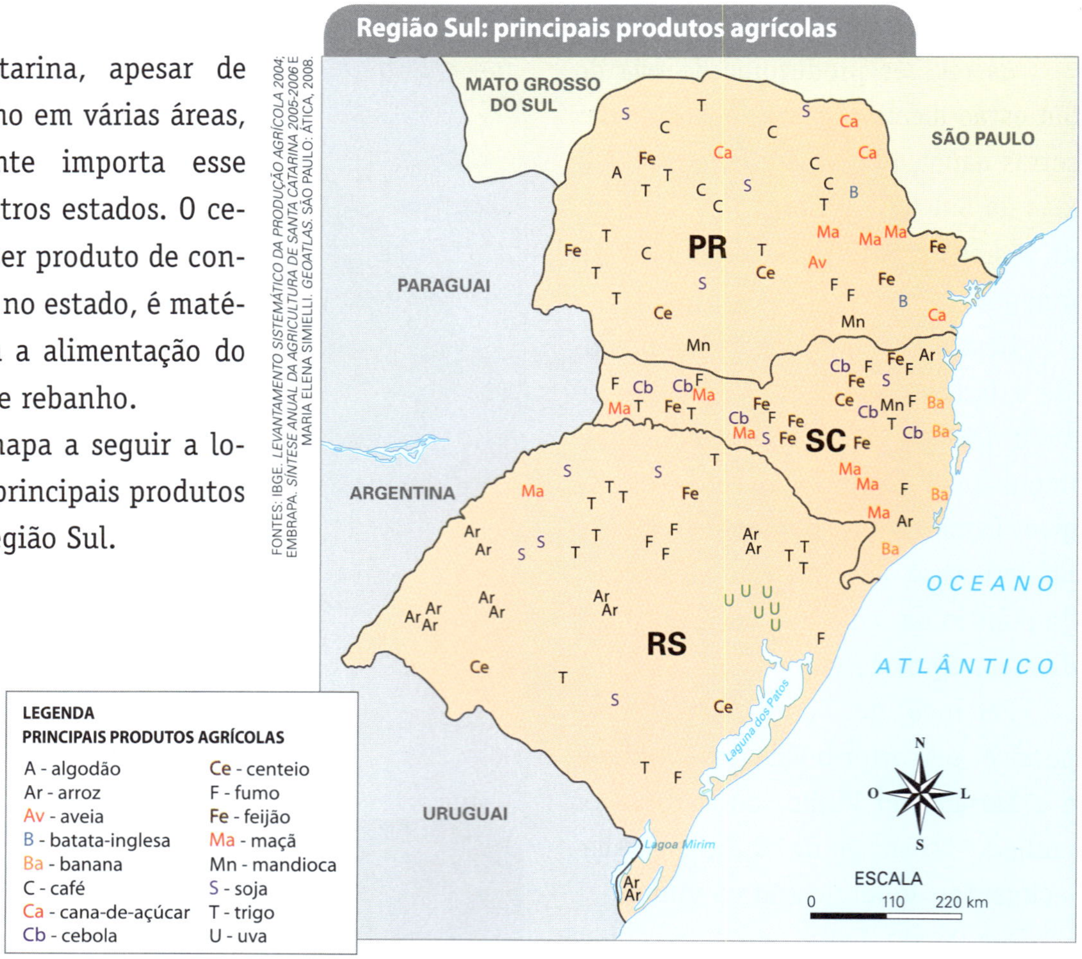

FONTES: IBGE. *LEVANTAMENTO SISTEMÁTICO DA PRODUÇÃO AGRÍCOLA 2004*; EMBRAPA. *SÍNTESE ANUAL DA AGRICULTURA DE SANTA CATARINA 2005-2006* E MARIA ELENA SIMIELLI. *GEOATLAS*. SÃO PAULO: ÁTICA, 2008.

STEFAN KOLUMBAN/PULSAR IMAGENS

Colheita de maçãs em Fraiburgo, SC.

A silvicultura

Nos últimos anos, o cultivo de eucaliptos e de pinheiros (*pinus*) tem aumentado muito na região Sul. As árvores, matéria-prima da celulose, são cultivadas para a indústria do papel. A extração da madeira também alimenta a fabricação de móveis e a construção civil. A região Sul possui mais de 25% da área cultivada do país com eucaliptos e 50% com pinheiros.

Uma pecuária variada

A criação de gado é muito importante na economia da região Sul, com destaque para o estado do Rio Grande do Sul (bovinos e ovinos), favorecido pela presença da vegetação de campos (Campanha Gaúcha).

Observe os gráficos a seguir e comprove a importante participação da pecuária do Sul nos totais dessa atividade no Brasil.

Brasil: participação (%) das regiões no rebanho bovino

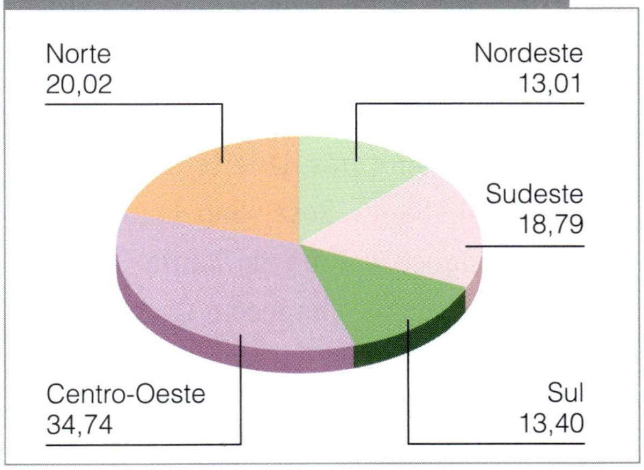

Brasil: participação (%) das regiões no rebanho suíno

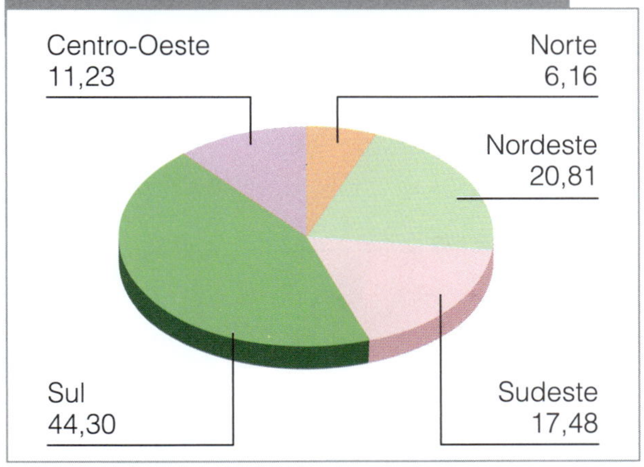

Brasil: participação (%) das regiões no rebanho ovino

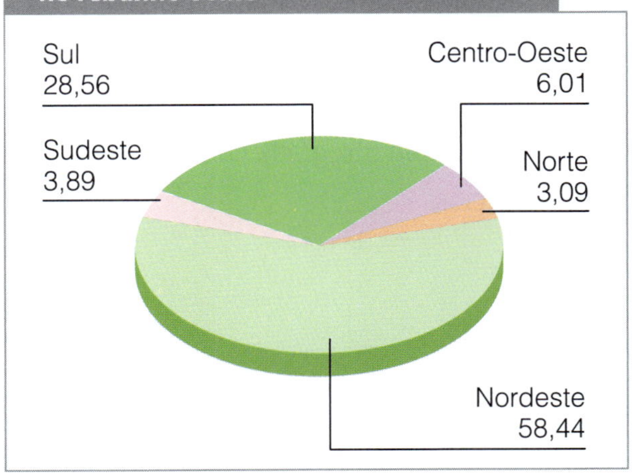

Brasil: participação (%) das regiões na produção de leite

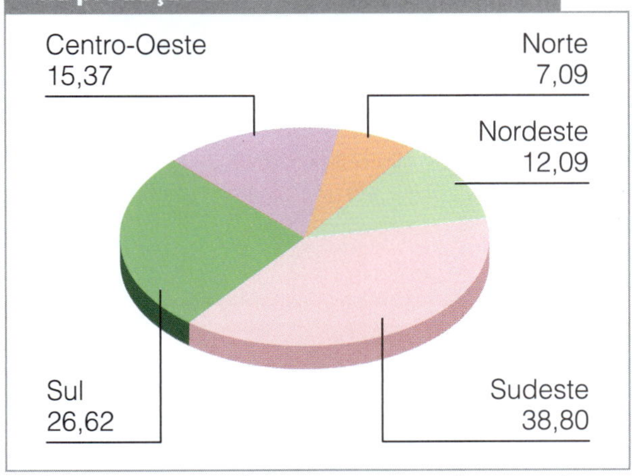

FONTE: MINISTÉRIO DA AGRICULTURA. PECUÁRIA E ABASTECIMENTO – ESTATÍSTICAS – PECUÁRIA, 2005. DISPONÍVEL EM: <WWW.AGRICULTURA.GOV.BR>. ACESSO EM SETEMBRO DE 2008.

Trabalhando com gráficos

Matemática

» Observe os gráficos e determine a classificação nacional da região Sul em cada produto de pecuária analisado.

A **pecuária bovina de corte** (para consumo da carne), embora feita de forma extensiva em grandes propriedades, recebe alguns cuidados, como o uso de vacinas, seleção de raças e assistência de veterinários.

SAULO MAZZONI/EDITORA ABRIL

Gado de corte pastando em campos do município de Jaguarão (RS), década de 1990.

LUIGI MAMPRIN/EDITORA ABRIL

Criação de porcos, no sistema de confinamento, em Concórdia (SC), década de 1990.

O Rio Grande do Sul ocupa o sexto lugar entre os rebanhos bovinos de corte do Brasil e o primeiro na região Sul. Nesse estado, destacam-se os municípios de Santana do Livramento, Dom Pedrito, São Gabriel e Alegrete, onde muitas vezes a criação de gado é complementar à cultura do arroz. A pecuária de corte também é praticada no oeste dos estados do Paraná e de Santa Catarina.

Já a **pecuária bovina leiteira**, praticada de forma intensiva e em propriedades menores, abastece em grande parte a agroindústria de **laticínios** do país. Em algumas áreas da região Sul, os produtores já empregam equipamentos modernos.

Como municípios produtores de leite destacam-se, no Rio Grande do Sul, Santa Rosa, São Lourenço do Sul, Passo Fundo, Canguçu e Ijuí; em Santa Catarina, São Miguel do Oeste, Xanxerê, Chapecó e Concórdia; no Paraná, Capanema, Pato Branco, Cascavel e Toledo.

O maior **rebanho suíno** do país pertence ao estado de Santa Catarina, com 18,5% do total brasileiro de cabeças. O Paraná vem em segundo lugar e o Rio Grande do Sul, em terceiro lugar.

A criação de suínos na região Sul está ligada a uma importante agroindústria, que reúne os maiores frigoríficos do país. A atividade é praticada em pequenas propriedades e funciona de maneira integrada com os fabricantes de produtos alimentícios.

Aprendendo mais

O sistema de produção integrada

Esse sistema, utilizado na criação de porcos e de aves, começou a ser posto em prática no Brasil na década de 1960. Foi uma forma de garantir o fornecimento de matéria-prima para a indústria e de facilitar a venda pelo produtor. A parceria com empresas assegura ao produtor os animais, a alimentação e a assistência de veterinários e zootecnistas. Aos criadores cabem os cuidados com o rebanho para garantir a qualidade da carne a ser entregue. Na maioria das vezes, esse sistema de integração inclui a produção dos componentes de ração animal, geralmente milho e soja.

A **avicultura** voltada à produção tanto de carne como de ovos é atividade importante nos três estados da região Sul. O principal produtor regional de frango e ovo é o Paraná, onde a avicultura se concentra nas partes norte e noroeste. Em Santa Catarina, ela é praticada na região oeste, e no Rio Grande do Sul, na região da Serra Gaúcha e no vale do rio Taquari.

O Rio Grande do Sul ocupa o primeiro lugar em **rebanho ovino** entre os estados brasileiros, com cerca de 23% do total do país. A criação visa à produção da lã e da carne, e desenvolve-se principalmente no oeste e no sudeste do estado (Uruguaiana, Santana do Livramento e Alegrete).

Extrativismo vegetal e pesca

A **atividade pesqueira** é praticada no Sul do Brasil tanto de forma artesanal como industrial. Os principais pontos de desembarque de pescado são Itajaí e Florianópolis (SC) e Rio Grande (RS).

Cerca de 40 mil pessoas vivem diretamente da atividade pesqueira só no estado de Santa Catarina, trabalhando para as cinquenta indústrias localizadas entre Itajaí e Florianópolis. O principal produto da pesca nesse estado é o camarão, mas existem também fazendas de criação de ostras e mexilhões (Florianópolis, Palhoça, São José e São Francisco do Sul).

A mais tradicional **atividade extrativista vegetal** da região é a da erva-mate, que é nativa da mata dos Pinhais, mas hoje faz parte das atividades agrícolas.

MARCELO SPATAFORA/EDITORA ABRIL

A erva-mate é usada para fazer o chimarrão, bebida típica do Rio Grande do Sul. Na foto de 2000, dois gaúchos tomam chimarrão enquanto preparam o churrasco.

Repensando o capítulo

Faça no caderno as atividades a seguir.

1

> Dados do Ministério do Desenvolvimento, Indústria e Comércio mostram que a soja tem importante participação nas exportações brasileiras. Em 2006, foram US$ 9,3 bilhões, o que representou 6,77% do total exportado.
>
> Disponível em: <www.cnpso.embrapa.br>. Acesso em: novembro de 2007.

a) Quais são as características do chamado "Complexo Soja"?

b) Qual é o maior produtor de soja da região Sul?

c) Identifique um fator que tem prejudicado a produção de soja no Rio Grande do Sul.

2

> O Rio Grande do Sul é o estado brasileiro que registra a maior produção nacional de uva. As cidades que mais se destacam localizam-se na Serra Gaúcha.
>
> Revista *Discutindo Geografia*, ano 1, n. 4. São Paulo: Escala, p. 40.

• Recorra a um atlas geográfico para auxiliá-lo nas respostas às próximas questões.

a) Em que área desse estado localiza-se a Serra Gaúcha?

b) Identifique duas importantes cidades localizadas na Serra Gaúcha.

3 Leia o texto com atenção.

História e Ciências

> O relevo é formado por suaves colinas; a altitude e a latitude tornam o clima bastante ameno; os numerosos rios e riachos que recortam os campos suprem de água os rebanhos; a vegetação rasteira, composta principalmente de gramíneas e algumas leguminosas, fornece ao gado a melhor e mais rica forragem nativa do Brasil.
>
> HOLANDA, Sérgio Buarque. *História geral da civilização brasileira*. São Paulo: Difel.1972-1982. t. I, vol. 2, p. 224.

a) A vegetação e o relevo descritos são favoráveis a que atividade econômica?

b) Quais os principais rebanhos criados no Rio Grande do Sul?

c) Que estado da região Sul é o maior criador de gado ovino? Cite uma matéria-prima extraída desse gado e transformada pela indústria.

4 Forme uma dupla com um colega e consultem seus professores de Geografia, Ciências e História, livros, revistas e a internet para pesquisarem sobre o impacto ambiental causado pela exploração da madeira no Sul brasileiro. Escreva um texto e produza um cartaz de alerta a respeito do assunto, se possível ilustrando com fotografias colhidas durante a pesquisa ou com desenhos próprios.

História e Ciências

Glossário

estrutura fundiária: distribuição das propriedades agrícolas por tamanho.

laticínios: produtos derivados do leite, como manteiga, queijo, requeijão, etc.

Outras fontes de informação

Por dentro da rede (acesso em dez. 2008)

• www.cnpso.embrapa.br

Consultando a biblioteca

• *Caminhos do boi: pecuária bovina no Brasil*, de Cândida Gancho e Vera Vilhena Toledo, Moderna, 1990.

DELFIM MARTINS/PULSAR IMAGENS

Cidade de Porto Alegre com o porto em primeiro plano. Foto de 2003.

Capítulo 19

As cidades da região Sul

ZIG KOCK/OPÇÃO BRASIL IMAGENS

Bairro de Boa Vista, Curitiba, em 2006.

A região Sul conta com a segunda ***rede urbana*** *mais organizada do país, graças a uma eficiente estrutura de transportes. Além das três capitais estaduais, há outros importantes centros urbanos, com diferentes graus de industrialização. A região recebe também muitos turistas de outros estados do Brasil e do exterior.*

DELFIM MARTINS/PULSAR IMAGENS

Cidade de Florianópolis em 2007.

Neste capítulo você vai estudar as principais características das cidades da região Sul.

A hierarquia urbana na região Sul

Região Sul: hierarquia urbana

FONTE: IBGE. *ATLAS NACIONAL DO BRASIL*. RIO DE JANEIRO: IBGE, 2008.

Quanto à **hierarquia urbana**, encontramos no Sul duas metrópoles nacionais – Curitiba e Porto Alegre – e dez regiões metropolitanas.

Veja o mapa ao lado.

As áreas metropolitanas

Na região Sul, as áreas metropolitanas formaram-se graças ao crescimento urbano em torno de regiões que se industrializaram e atraíram população com suas ofertas de empregos e oportunidades. Como você poderá verificar mais adiante, as áreas metropolitanas são também as mais industrializadas do Sul.

Veja, no mapa, a localização das regiões metropolitanas do Sul e, na tabela da página ao lado, as suas principais características.

Região Sul: áreas metropolitanas

LEGENDA
1. R.M. de Curitiba
2. R.M. de Porto Alegre
3. R.M. de Florianópolis
4. R.M. do Norte e Nordeste Catarinense
5. R.M. da Foz do Rio Itajaí
6. R.M. de Tubarão
7. R.M. Carbonífera
8. R.M. do Vale do Itajaí
9. R.M. de Londrina
10. R.M. de Maringá

FONTE: ELABORADO COM BASE EM MARIA ELENA SIMIELLI. *GEOATLAS*. SÃO PAULO: ÁTICA, 2008.

Região Sul: áreas metropolitanas – Principais características				
Área metropolitana	**Nº de municípios**	**População**	**Área** (km²)	**Município-sede**
Curitiba	26	3 595 662	15 416,9	Curitiba
Porto Alegre	31	4 101 042	9 889,6	Porto Alegre
Florianópolis	9	841 552	2 409,2	Florianópolis
Norte e noroeste catarinenses	20	1 024 212	10 854,6	Joinville
Foz do rio Itajaí	9	465 225	1 005,8	Itajaí
Tubarão	3	128 545	521,9	Tubarão
Carbonífera	10	354 066	2 089,4	Criciúma
Vale do Itajaí	5	449 726	1 680	Blumenau
Londrina	8	739 195	4 285,4	Londrina
Maringá	14	576 581	3 179,9	Maringá

FONTE: IBGE, 2007.

DELFIM MARTINS/PULSAR IMAGENS

Vista aérea da cidade de Londrina (PR), em foto de 2001.

Cidades gêmeas

Como a região Sul tem fronteiras internacionais com o Uruguai, a Argentina e o Paraguai, em alguns pontos dessas divisas há cidades que pertencem a países diferentes, mas estão separadas por um rio ou por uma rua. É o caso de algumas cidades gaúchas, catarinenses e paranaenses. A mais conhecida delas é Foz do Iguaçu, no Paraná, separada da cidade argentina de Puerto Iguazú pelo rio Iguaçu e da cidade paraguaia de Ciudad del Este pelo rio Paraná.

CARLOS S. BORGES/KINO.COM.BR

A Ponte da Amizade sobre o rio Paraná liga o Brasil (Foz do Iguaçu) ao Paraguai (Ciudad del Este). Na foto, Ciudad del Este ao fundo, em 2002.

Oficina de texto

O vale da felicidade

A uma hora de carro de Porto Alegre, no Rio Grande do Sul, um punhado de cidades abriga cerca de 660 mil pessoas que desfrutam e preservam, geração após geração, um alto padrão de qualidade de vida. É um pedaço do Brasil onde os índices de pobreza são tão baixos quanto os da Inglaterra, os analfabetos são tão difíceis de encontrar quanto no Canadá e vive-se mais tempo e com tanta saúde quanto os idosos de um país europeu como a Bélgica. O custo de vida ali ainda é baixo, os serviços públicos funcionam e as pessoas não se sentem inseguras por morar em casas sem muro. Nesse Brasil não tem fila. Em postos públicos de saúde, a consulta começa com o médico acionando seu computador para levantar o histórico do paciente. As crianças enfrentam turnos escolares extensos. Elas chegam a passar oito horas por dia em sala de aula. As notas superam em muito a média nacional e se igualam ao desempenho registrado em países de longa tradição de excelência escolar.

Língua Portuguesa

Um novo conjunto de estatísticas ajuda a entender por que essas cidades destoam da média brasileira em quase tudo. Nenhuma das cidades desse vale da felicidade tem mais de 500 mil habitantes. Essa vantagem de saída ajuda a explicar a harmonia urbana. Mas ela não é tudo. Cidades com até metade do número de habitantes em outras regiões já padecem de terríveis males urbanos. O que explicaria, então, o fato de as cidades gaúchas dessa região se saírem melhor do que as demais, mesmo quando são colocadas lado a lado com municípios brasileiros de mesmo tamanho e até menores? Os observadores são unânimes em detectar que o maior diferencial desses vinte municípios é terem atingido os mais altos níveis de educação há muitas décadas.

Marcos Todeschini, *Veja*, 10/10/2007, Edição 2029, p. 111-4.

Leia com atenção o texto anterior e responda, no seu caderno, às questões propostas.

1. Aponte duas características que permitem qualificar a região dessas cidades gaúchas de "vale da felicidade".

2. De acordo com o texto, a qualidade de vida das cidades mencionadas deve-se ao fato de elas terem menos de 500 mil habitantes?

E o Sul se industrializou

A região Sul conheceu um processo de industrialização bem característico: a atividade industrial nasceu com fábricas criadas por um empresariado da região que descende de imigrantes. A produção, baseada em matérias-primas agropecuárias, dirigia-se no princípio ao mercado regional. Só mais tarde atingiu o mercado nacional.

Indústrias de couro, como as da região de São Leopoldo (RS), frigoríficos, tecelagens e fábricas de louça em Santa Catarina, fábricas de vinho na serra gaúcha e fábricas de cigarro do Rio Grande do Sul são bons exemplos.

Com o passar do tempo, porém, as transnacionais entraram na economia sulina, atraídas por bons investimentos e pela proximidade da região com os países integrantes do **Mercosul**. O fato determinou grande mudança naquele panorama original.

A agroindústria é uma das principais atividades econômicas do Sul, ainda dispersa pelos estados. Contudo, já existe tendência de concentração industrial nas áreas metropolitanas da região.

Veja agora o panorama da indústria em cada estado da região Sul.

Rio Grande do Sul

No Rio Grande do Sul existe grande defasagem econômica entre o sul do estado (menos industrializado) e o norte (mais industrializado). A ocupação diferenciada explica essa desigualdade. A parte sul foi ocupada primeiro e teve no latifúndio e na pecuária suas bases econômicas. A parte norte é de ocupação mais recente, quando a maioria dos imigrantes alemães e italianos trabalhava em pequenas e médias propriedades agrícolas. Tivemos, portanto, diferentes processos de ocupação do espaço geográfico que acabaram determinando diferentes estruturas sociais e econômicas.

De um modo geral, pode-se dizer que as indústrias de alimentos têm localização espacial mais dispersa, de acordo com a distribuição da agricultura no estado. Outras indústrias, como as de fumo, vinho e móveis, têm localização bem determinada, aproveitando-se de fatores como a presença de investidores, a facilidade de matéria-prima e de transportes.

Existe forte concentração industrial no eixo Porto Alegre-Caxias do Sul, em que se encontram cidades como Canoas, Novo Hamburgo, São Leopoldo, Gravataí, Farroupilha, Cachoeirinha e Campo Bom. A concentração já tem um prolongamento a oeste, envolvendo os municípios de Triunfo, Montenegro, Venâncio Aires e Santa Cruz do Sul. Veja algumas das indústrias dessa região:

- **química** – em Canoas está a refinaria de petróleo Alberto Pasqualini, da Petrobras, e o Polo Petroquímico de Triunfo;
- **de material de transporte** – em Canoas, Caxias do Sul, Guaíba, Gravataí e Porto Alegre;
- **de papel e papelão** – em Guaíba, Farroupilha e Porto Alegre;
- **mecânica** – em Porto Alegre, Canoas e Cachoeirinha;
- **de fumo** – em Santa Cruz do Sul e Venâncio Aires;
- **têxtil** – em Sapucaí do Sul, São Leopoldo e Caxias;
- **editorial e gráfica** – em Porto Alegre, Novo Hamburgo e Caxias do Sul;

JUCA MARTINS/OLHAR IMAGEM

Criado na década de 1980, o Polo Petroquímico de Triunfo localiza-se a 52 km de Porto Alegre. Foto de 2008.

- **de couro** – no Vale do Rio dos Sinos, onde se destacam as cidades de Novo Hamburgo e São Leopoldo;
- **metalúrgica** – em Carlos Barbosa, Garibaldi, Canoas e Farroupilha.

A crescente industrialização tem sido responsável pela ocorrência de vários desastres ambientais no estado do Rio Grande do Sul, principalmente a poluição dos rios.

Oficina de texto

Defesa Civil articula estatais competentes para investigar mortandade de peixes

A mortandade de toneladas de peixes nos municípios de São Leopoldo e Sapucaia do Sul vem chocando pescadores e habitantes ribeirinhos. O desastre ambiental vai ser investigado por estatais competentes, de acordo com a coordenação e articulação da Defesa Civil do Rio Grande do Sul.

A origem do desastre foi detectada no arroio Portão, que deságua no rio dos Sinos, em São Leopoldo, local onde há grande concentração de curtumes. Esses estabelecimentos realizam o curtimento de couros e peles. A Defesa Civil considera-os suspeitos de lançarem resíduos químicos no arroio.

Disponível em: <www.defesacivil.rs.gov.br>. Acesso em: outubro de 2006.

Língua Portuguesa e Ciências

Leia o texto com atenção e responda, no caderno, às questões propostas.

1. Aponte uma característica positiva e uma negativa citadas na reportagem.
2. Qual é o limite do progresso para você?
3. Caso fosse comprovada a responsabilidade dos curtumes, o que você acha que deveria acontecer com eles?

Destacam-se, ainda, no estado, os complexos industriais de máquinas e implementos agrícolas (Santa Rosa, Ijuí, Passo Fundo) e o de conservas alimentícias (Pelotas, Rio Grande). Nessa última cidade está localizada a Refinaria de Petróleo Ipiranga.

Veja no mapa ao lado as principais áreas industriais do Rio Grande do Sul.

Rio Grande do Sul: áreas industriais

FONTE: *ATLAS SOCIOECONÔMICO DO RIO GRANDE DO SUL*. DISPONÍVEL EM <WWW.SCP.RS.GOV.BR>. ACESSO EM JANEIRO DE 2008.

Paraná

A principal área industrial do Paraná está localizada na Região Metropolitana de Curitiba, beneficiada pela proximidade em relação ao Sudeste e ao porto de Paranaguá, e pelo fato de ser importante entroncamento rodoviário e ferroviário.

Veja a seguir os municípios que se destacam na Região Metropolitana de Curitiba e suas atividades industriais:

- **Curitiba** – Tem um parque industrial variado, com indústrias de alimentos, de móveis, madeireiras, químicas e farmacêuticas, de informática e de artefatos de couro e peles. Estão localizadas no município uma empresa de petróleo e derivados, uma fábrica de caminhões e uma indústria que fabrica equipamentos para construção e agricultura. A maior parte das indústrias de Curitiba está em sua Cidade Industrial.

JACEK/KINO.COM.BR

Fábrica de papel em Telêmaco Borba, PR. Foto de 2008.

- **São José dos Pinhais** – Sede de uma indústria de perfumes e cosméticos e de várias montadoras automobilísticas. Também encontramos nesse município o aeroporto internacional Afonso Pena.
- **Araucária** – É onde se situa a Repar (Refinaria Presidente Vargas), pertencente à Petrobras. Ela é a principal petroquímica do estado e produz derivados do petróleo, como gasolina, óleo *diesel*, gás de cozinha (GLP) e asfalto. Sua produção é escoada pelos terminais marítimos de Paranaguá (PR) e de São Francisco do Sul (SC).

Outros centros industriais são encontrados em cidades como Londrina (medicamentos, elevadores, embalagens e café solúvel), Maringá (polo de moda), Ponta Grossa (madeireiras, metalmecânicas, alimentos, têxteis), Guarapuava (papel, papelão, química, madeira), Apucarana (bonés) e Telêmaco Borba (papel).

Paraná: centros industriais

FONTE: ELABORADO PELOS AUTORES, 2008.

Linha de produção de indústria metalúrgica em Joinville, SC. Foto de 2004.

Santa Catarina

Em Santa Catarina, os polos das regiões metropolitanas de Blumenau (Vale do Itajaí) e de Joinville (norte e nordeste catarinenses) são os que mais têm recebido investimentos industriais nos últimos anos.

Joinville é o terceiro polo industrial do Sul, atrás de Curitiba e Porto Alegre, e a cidade mais populosa desse estado.

Entre suas indústrias, destacam-se as de tubos e conexões, de carrocerias de ônibus, de *softwares*, de metais sanitários, de compressores, metalúrgicas e de produtos cosméticos e farmacêuticos.

No polo do Vale do Itajaí, as indústrias mais importantes são as de louças (em Pomerode e Brusque), transformadores, informática e têxteis (em Blumenau).

Tendo em seu território várias jazidas de caulim e argila, que são matérias-primas para louças,

Santa Catarina: polos e centros industriais

FONTE: ELABORADO COM BASE EM MARIA ELENA SIMIELLI. *GEOATLAS*. SÃO PAULO: ÁTICA, 2008.

pisos e azulejos, o estado de Santa Catarina possui importantes empresas nesse setor em Cocal do Sul, Criciúma e Tijucas.

Santa Catarina é o maior produtor brasileiro de carvão mineral, que é extraído no sul do estado (Criciúma, Lauro Müller, Içara, Siderópolis, Urussanga e Orleans). No Rio Grande do Sul também se encontram jazidas. Veja no mapa a seguir as principais jazidas de Santa Catarina e do Rio Grande do Sul. Mas as jazidas estão se esgotando e a qualidade do carvão brasileiro não atende às necessidades de boa parte da indústria. Por isso o Brasil sempre importou essa fonte de energia, principalmente dos Estados Unidos, da Ucrânia, da África do Sul e da Austrália.

Jazidas de carvão em Santa Catarina e no Rio Grande do Sul

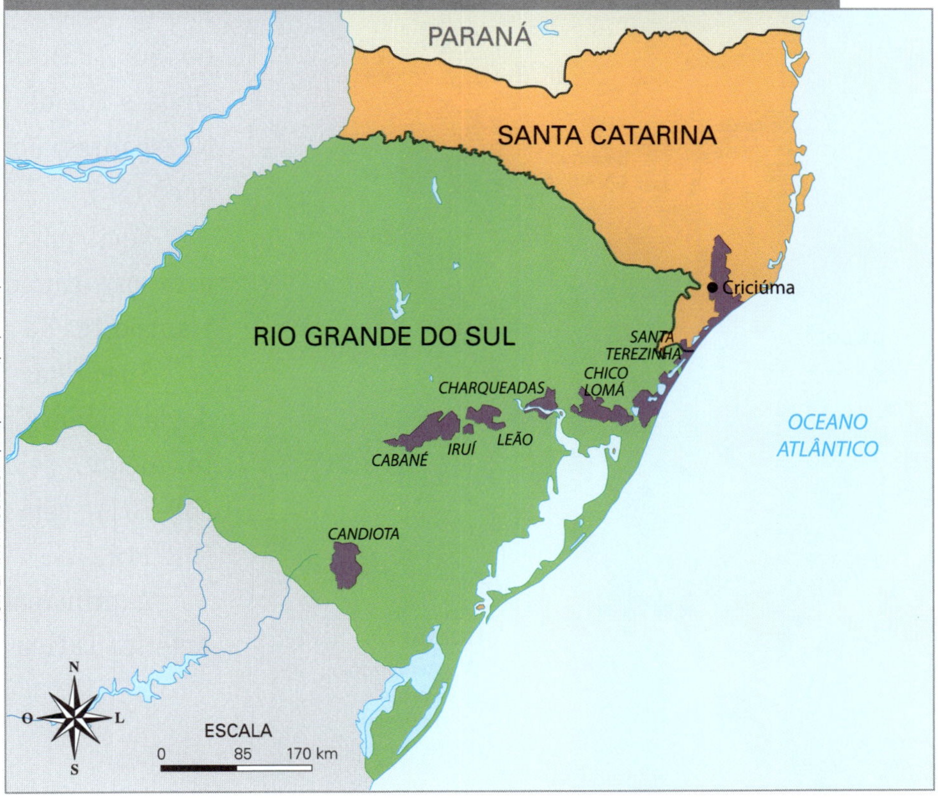

FONTE: <WWW.SCIELO.BR/IMG/REVISTAS/EA/V12N33/06F1.GIF>. ACESSO EM OUTUBRO DE 2008.

Uma boa rede de transportes

A região Sul conta com uma bem estruturada rede de transportes, com rodovias federais e estaduais que a ligam a outras regiões do país e a países vizinhos que fazem parte do Mercosul.

A cidade de Porto Alegre conta com metrô de superfície, que liga a capital à cidade de São Leopoldo, passando por Canoas, Esteio e Sapucaia do Sul.

Na região Sul está também um dos portos mais movimentados do país, o porto de Paranaguá, no Paraná. Além de escoar a importante produção agropecuária desse estado, ele é porta de saída para os produtos da região Centro-Oeste. O porto é bem servido de rodovias e ferrovias e conta com muitos armazéns para estocagem de mercadorias, que atendem às necessidades desse grande corredor de exportação do país. Outros portos importantes são os de Rio Grande (RS) e de Itajaí (SC).

Região Sul: rodovias, portos e aeroportos

FONTE: ELABORADO COM BASE EM <WWW.TRANSPORTES.GOV.BR>. ACESSO EM MAIO DE 2008.

O Sul tem aeroportos em todas as suas regiões metropolitanas: Porto Alegre (Salgado Filho), Curitiba (Afonso Pena) e Florianópolis (Hercílio Luz). Outras cidades menores também possuem bons aeroportos. É o caso de Santa Maria, Passo Fundo e Caxias do Sul (RS), Londrina, Maringá e Foz de Iguaçu (PR) e Navegantes, Joinville e Chapecó (SC).

Veja nos mapas como está estruturada a rede de transportes da região Sul.

Suas duas principais rodovias ligam Curitiba a Porto Alegre, seja pelo litoral (BR-101), seja pelo interior (BR-116).

A principal ferrovia é a América Latina Logística.

RHCASTILHOS/WIKIMEDIA COMMONS

Detalhe do Aeroporto Internacional Salgado Filho, em Porto Alegre, RS, com painel do artista plástico Carlos Vergara. Foto de 2007.

Região Sul: ferrovias

FONTE: ELABORADO COM BASE EM <WWW.TRANSPORTES.GOV.BR>. ACESSO EM MAIO DE 2008.

A região Sul atrai turistas

A área subtropical, as nevadas, as serras e as belas praias fazem do Sul um espaço diferenciado no Brasil. A rica e diversificada culinária e as diferentes culturas, tradições e paisagens tornam a região uma das preferidas do turismo interno no país. Uma satisfatória infraestrutura de aeroportos, estradas, hotéis e pousadas e a presença de parques estaduais e nacionais, museus e centros culturais também garantem a posição de destaque dessa região no turismo nacional. Alguns pontos turísticos são descritos a seguir.

MARISTELA COLUCCI/OLHAR IMAGEM

Cataratas do Iguaçu vistas a partir do território brasileiro. Foto de 2004.

- O **Parque Nacional do Iguaçu**, no estado do Paraná, na divisa com a Argentina, é uma das áreas mais visitadas por turistas brasileiros e estrangeiros. Foi considerado patrimônio natural da humanidade pela Unesco. Além das belezas naturais do parque, com suas cataratas e matas, os visitantes podem conhecer, um pouco ao norte, no rio Paraná, uma das maiores usinas hidrelétricas em operação do mundo: **Itaipu**.

- O **Parque Estadual de Vila Velha**, em Ponta Grossa, no Paraná, apresenta curiosas formações rochosas, esculpidas por agentes erosivos, como o vento e a chuva.

DORIVAL MOREIRA/PULSAR IMAGENS

Formações rochosas do Parque Estadual de Vila Velha, em Ponta Grossa, PR. Foto de 2005.

RICARDO RIBAS/TYBA

Praia Central em Balneário Camboriú, SC. Foto de 2008.

- O **litoral catarinense**, entre Florianópolis e Balneário Camboriú, recebe milhares de turistas brasileiros e estrangeiros. Os parques temáticos localizados nessa área são outro fator de atração turística.

- **Gramado**, cidade gaúcha na região serrana, atrai também milhares de turistas brasileiros. O período natalino e o de inverno oferecem atrativos diferenciados, como o mais antigo Festival de Cinema do país, em agosto. Nessa região ainda é possível visitar cidades que conservam características da colonização italiana ou alemã.

JUCA MARTINS/OLHAR IMAGEM

Parque do Lago Negro, na cidade de Gramado, RS. Foto de 2008.

MAURÍCIO SIMONETTI/PULSAR IMAGENS

Ruínas das construções jesuíticas em foto de 2008.

- **São Miguel das Missões**, no Rio Grande do Sul, preserva as ruínas de uma missão jesuítica do século XVII, vestígios do passado colonial brasileiro que foram considerados patrimônio histórico da humanidade pela Unesco.

- **Blumenau**, cidade catarinense de colonização alemã fundada em 1850, recebe muitos visitantes, principalmente durante a festa mais popular do estado, realizada no mês de outubro: a Oktoberfest. Em 2008, registrou-se a presença de mais de 690 mil visitantes, segundo a Secretaria de Turismo de município.

EDUARDO MARQUES/TEMPO EDITORIAL/SINGULAR PRESS

Grupo folclórico durante desfile da Oktoberfest de 2008.

Repensando o capítulo

Faça no caderno as atividades a seguir.

1 A região Sul apresenta algumas particularidades. Faça uma pesquisa e responda às questões propostas:

a) É a capital de maior altitude do Brasil.

b) É uma capital localizada em uma ilha.

c) É uma cidade que possui mais habitantes do que a capital de seu estado.

2 Acompanhe o texto a seguir:

> [...] Essas condições permitiram a integração da região Sul com o florescente mercado interno do Sudeste, favorecido pela economia do café. Cidades como Blumenau, Caxias do Sul, Joinville, Porto Alegre, além de seus importantes mercados regionais, tiveram nos mercados do Sudeste as condições para colocar o Sul brasileiro como a segunda região mais industrializada do país nos dias de hoje.
>
> SCARLATO, Francisco Capuano. In: ROSS, Jurandyr L. S. (org.). *Geografia do Brasil*. São Paulo: Edusp, 1996, p. 345.

a) Elabore um mapa político da região Sul, no qual seja possível identificar:

- os estados que a formam;
- as cidades que aparecem no texto;
- os países que fazem fronteira com a região.

Crie uma legenda para esse mapa.

b) Identifique dois tipos de indústria localizados em cada cidade citada.

História

c) Qual a origem dos fundadores das cidades citadas? Caso não se recorde, consulte seus professores de Geografia e de História, além de *sites* e livros.

3 Leia o texto e depois faça o que é pedido.

> Os carvões minerais explorados no Brasil são do tipo húmico, originados a partir de tecidos lenhosos, celulose, esporos, ceras, resinas, géis, betumes e hidrocarbonetos [...].
>
> TEIXEIRA, Wilson et alii. *Decifrando a Terra*. São Paulo: Oficina de Texto, 2001. p. 474.

Ciências

a) Identifique uma utilidade do carvão mineral. Consulte também o seu professor de Ciências.

b) Qual é a situação desse combustível sólido no Brasil?

c) Qual estado é o maior produtor de carvão mineral no Brasil?

História

4 Sugestão de trabalho em grupo de até quatro alunos

Por diversas vezes imaginamos que, na história do Brasil, não ocorreram conflitos internos. Muitos afirmam que sempre fomos pacíficos.

Realize uma pesquisa com os professores de História e de Geografia sobre a Revolução Federalista do Rio Grande do Sul, entre 1893 e 1895, e sobre a Guerra do Contestado (1912-1916).

Consulte também livros, revistas e *sites*. Concluída a pesquisa, o professor deverá sortear dois grupos para expor em classe os assuntos propostos: um para cada tema. Os demais grupos poderão fazer perguntas.

TADEU VILANI/AGÊNCIA RBS/FOLHA IMAGEM

Em 4 de agosto de 2008 cerca de 2 mil pessoas assistiram à encenação da batalha do Pulador, ocorrida em 1894, durante a Revolução Federalista. Essa histórica batalha sem vencedores, na qual morreram mais de mil soldados, foi revivida pela quarta vez na localidade de Pulador, no norte do Rio Grande do Sul.

Glossário

hierarquia urbana: é a ordem de classificação das cidades de acordo com seu número de habitantes, com a variedade de serviços que oferecem e com o fato de serem centro de atração para moradores de cidades e zonas rurais próximas.

Mercosul: bloco econômico formado por Brasil, Paraguai, Uruguai, Argentina e Venezuela.

rede urbana: é o sistema de relações estabelecidas entre as cidades de uma região, envolvendo circulação de pessoas, mercadorias e serviços.

Outras fontes de informação

Por dentro da rede (acesso em dez. 2008)
- www.fozdoiguacu.gov.br
- www.itaipu.gov.br
- www.guiadeblumenau.gov.br

Consultando a biblioteca
- *Brasil: uma história*, de Eduardo Bueno, Ática, 2003.
- *Lendas do Sul*, de Simões Lopes Neto, Artes e Ofícios, 2002.
- *O Contestado*, de Eduardo José Afonso, Ática, 1998.
- *Sul: herança dos imigrantes*, de Paulo Roberto Moraes e Carlos Fioravanti, Harbra, 1998.

UNIDADE V
Um olhar para a região Centro-Oeste

Capítulo 20

Clima, vegetação, relevo e hidrografia

Como você pode observar no mapa da página ao lado, a região Centro-Oeste do Brasil está quase inteiramente localizada ao norte do trópico de Capricórnio, ou seja, na zona tropical. Apenas uma pequena parte do sul de Mato Grosso do Sul apresenta clima subtropical. Em consequência, encontramos no Centro-Oeste climas quentes e tipos de vegetação adaptados a essas variedades climáticas.
O Centro-Oeste é a única região brasileira que não é banhada pelo oceano Atlântico.

Queda-d'água no Parque Nacional da Chapada dos Veadeiros, GO.

ADRIANA MOREIRA/AGÊNCIA ESTADO

Neste capítulo você vai estudar alguns aspectos físicos da região Centro--Oeste, como clima, vegetação e relevo.

Clima tropical típico ou continental

Esse tipo de clima predomina na maior parte da região Centro-Oeste, como você pode observar no mapa a seguir.

Região Centro-Oeste: divisão política

FONTE: ELABORADO COM BASE EM MARIA ELENA SIMIELLI. *GEOATLAS*. SÃO PAULO: ÁTICA, 2006. P. 137.

Região Centro-Oeste: tipos de clima

FONTE: ELABORADO COM BASE EM IBGE. *ATLAS NACIONAL DO BRASIL*. RIO DE JANEIRO: IBGE, 2000.

Trabalhando com mapas

Observe o mapa e responda às questões no caderno.

1. Quais são os principais tipos de clima do Centro-Oeste e em que porção da região são encontrados?
2. Quais desses climas você já estudou? Dê suas principais características.

Trabalhando com gráficos

Matemática

Cuiabá (Mato Grosso)

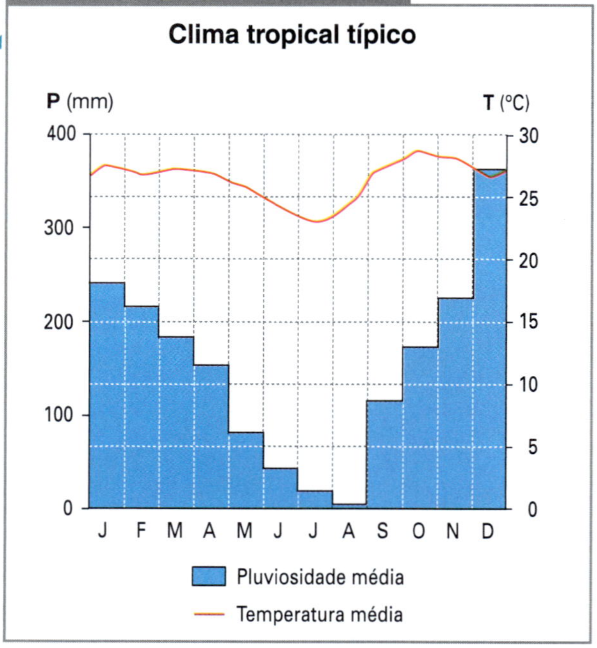

Fonte: Adaptado de IBGE. *Anuário Estatístico do Brasil 2001*.

Observe o gráfico e responda às questões no caderno.

1. Quais são os dois meses mais chuvosos? A que estação do ano correspondem?
2. Quais são os dois meses menos chuvosos? A que estação do ano correspondem?
3. Qual é, aproximadamente, a temperatura média mínima e em que meses acontece?
4. Qual é, aproximadamente, a temperatura média máxima e em que meses acontece?
5. Como você descreveria esse tipo de clima, em linhas gerais?

O **clima equatorial**, característico do norte do estado de Mato Grosso, é semelhante ao da região Norte, com temperaturas elevadas durante todo o ano e extremamente chuvoso. Veja o climograma do clima equatorial no capítulo 23, página 263.

Continentalidade e massas de ar

Por estar localizada longe do oceano, a região Centro-Oeste não sofre a influência reguladora de temperaturas das águas do mar, que se aquecem e se resfriam lentamente. Em áreas localizadas no interior dos continentes, a superfície terrestre, quando exposta à radiação solar, se aquece rapidamente; mas, quando privada da energia solar, esfria muito depressa. Por isso, no Centro-Oeste, há grandes diferenças entre a temperatura mínima e a máxima em um mesmo dia e no mesmo lugar. Ou seja, a **amplitude térmica** da região é grande.

Preste atenção às principais massas de ar que atuam na região Centro-Oeste.

- **Equatorial continental** (quente e úmida) – originária do oeste da Amazônia, age durante o verão.
- **Polar atlântica** (fria e úmida) – ganha força no inverno, atinge o norte do estado de Mato Grosso e segue para a Amazônia. Essa massa de ar provoca queda das temperaturas no Norte, causando o fenômeno da **friagem**.

- **Tropical continental** (quente e seca) – vinda do centro da América do Sul, encontra-se com a Equatorial continental na primavera-verão, causando chuvas. No outono-inverno, encontra-se com a Polar Atlântica, o que determina uma diminuição das chuvas.

Veja, nos mapas a seguir, o movimento dessas massas de ar no verão e no inverno.

Região Centro-Oeste: massas de ar no verão

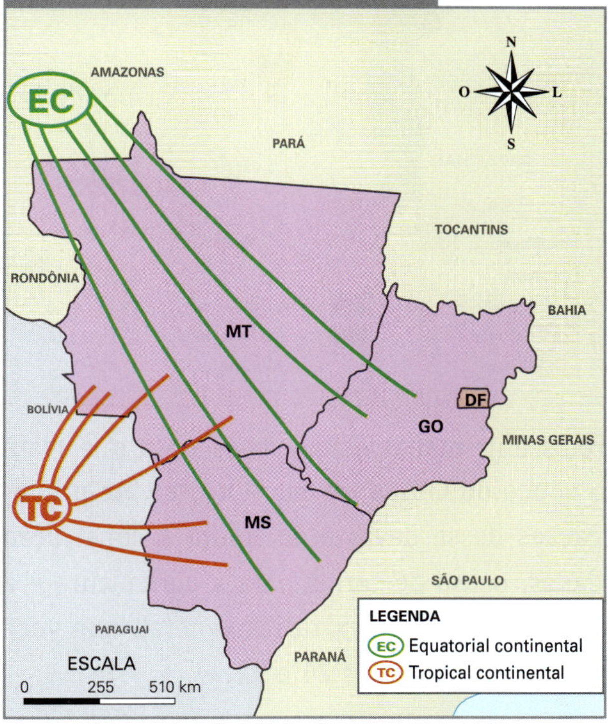

FONTES: MARÍLIA VELLOSO GALVÃO (COORD.). *GEOGRAFIA DO BRASIL*; REGIÃO CENTRO-OESTE. RIO DE JANEIRO: IBGE, 1977; MARIA ELENA SIMIELLI. *GEOATLAS*. SÃO PAULO: ÁTICA, 2008.

Região Centro-Oeste: massas de ar no inverno

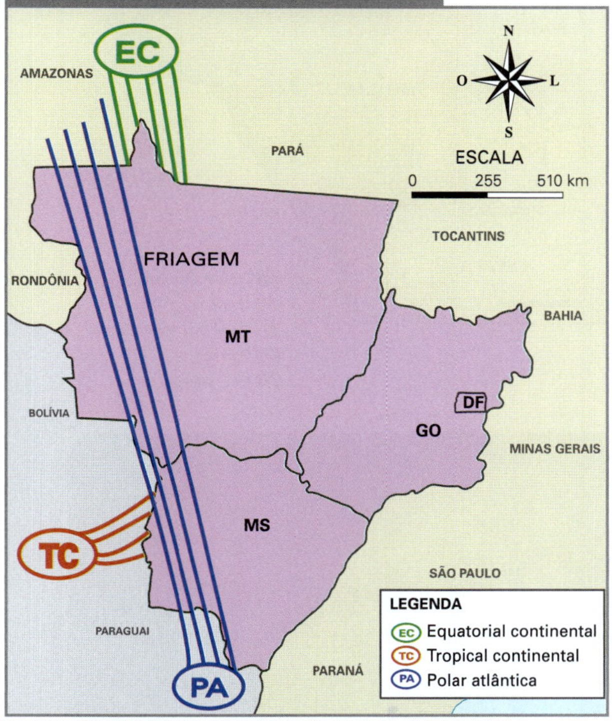

FONTES: MARÍLIA VELLOSO GALVÃO (COORD.). *GEOGRAFIA DO BRASIL*; REGIÃO CENTRO-OESTE. RIO DE JANEIRO: IBGE, 1977; MARIA ELENA SIMIELLI. *GEOATLAS*. SÃO PAULO: ÁTICA, 2008.

Praticando a Geografia

1. Caso você more na região Centro-Oeste, responda qual é o tipo de clima específico do município onde você vive.
2. Se você não mora no Centro-Oeste, observe o mapa e escolha um município qualquer da região. Em seguida, procure descobrir qual é o tipo de clima desse lugar.

Vegetação original e vegetação atual

Preste atenção nos mapas da página seguinte. Eles mostram a vegetação original da região, antes da sua ocupação pelo ser humano.

Região Centro-Oeste: vegetação original

Região Centro-Oeste: vegetação atual

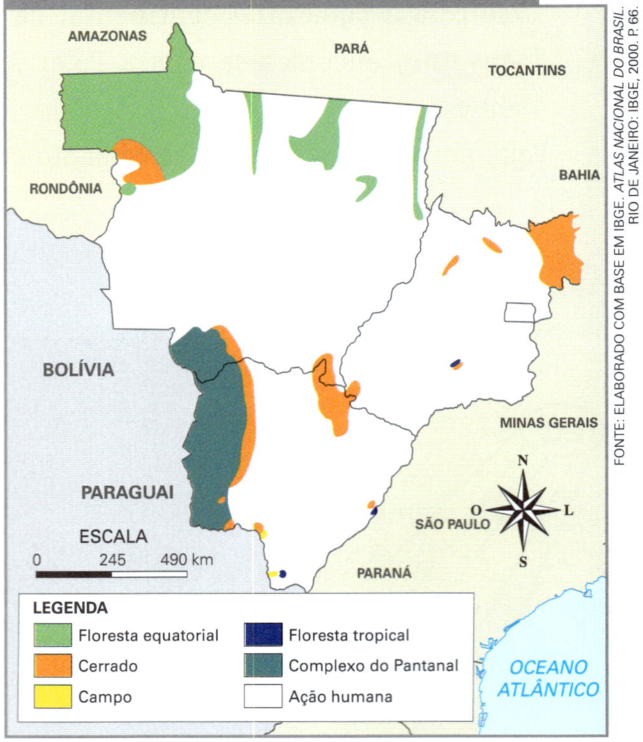

Vegetação de cerrado no Parque Nacional das Emas, em Goiás. Foto de 2004.

Pelos dois mapas acima, você nota que resta muito pouco do Cerrado e das florestas. As principais causas dessa devastação foram a construção de cidades, o uso de terras para a agricultura e a pecuária e a atividade extrativa vegetal, que você irá estudar nos capítulos 21 e 22.

O Cerrado

O Cerrado é um tipo de vegetação associado ao clima tropical típico ou continental. Observe novamente os mapas de clima (página 219) e de vegetação original (acima) da região Centro-Oeste.

Observe na fotografia que o Cerrado apresenta dois "andares" de plantas: o mais baixo é a vegeta-

Praticando a Geografia

Responda no caderno.

1. Você já viu, em algum lugar, a vegetação de cerrado? Ela não aparece só na região Centro-Oeste; pode ser encontrada também no Nordeste e no Sudeste.
2. Desenhe o cerrado com seus dois "andares" de vegetação. Observe novamente a fotografia anterior para se inspirar.

ção rasteira composta por gramíneas, e o mais alto apresenta árvores de galhos retorcidos e casca grossa.

O Cerrado corresponde à vegetação das **savanas**, encontradas no continente africano. O "andar" formado por gramíneas é utilizado para a alimentação do gado. Apesar de o solo precisar de **correção** para a prática agrícola, a área do cerrado é muito aproveitada para a cultura da soja.

As áreas de Cerrado também abrigam, às margens dos rios, as manchas de vegetação chamadas **matas ciliares** ou **matas-galerias**. Veja na foto ao lado.

DELFIM MARTINS/PULSAR IMAGENS

Rio Formoso com mata ciliar, Parque Nacional das Emas, GO. Foto de 2008.

As florestas e os campos

A **floresta tropical**, que era encontrada também no leste da região Centro-Oeste, foi praticamente destruída.

No norte de Mato Grosso, onde predomina um clima muito quente e chuvoso, aparece a **floresta equatorial**, sempre verde e densa. Essa vegetação é a menos modificada pela ação humana na região, mas já teve parte de sua extensão destruída pelo alargamento da **fronteira agrícola**, principalmente para o cultivo da soja e da cana-de-açúcar.

Os **campos** do sul de Mato Grosso do Sul aparecem em áreas de solos mais férteis e recebem o nome de **campos de vacaria**.

O complexo do Pantanal

O Pantanal recebe o nome de **Complexo** porque reúne espécies de quase todos os ecossistemas brasileiros, como os do Cerrado, da floresta e da Caatinga. Essa variedade deve-se aos três níveis de altitude aí encontrados.

- Nas regiões mais baixas, que estão sempre alagadas, encontra-se a **vegetação de gramíneas**.
- Nas áreas inundadas por ocasião das cheias dos rios, onde se forma um verdadeiro mar interior – o *mar de Xaraés* –, a vegetação é formada por **árvores** de porte médio, arbustos e plantas rasteiras. Aí podem ser encontradas árvores de madeiras nobres, como o angico, o ipê e a aroeira.
- Nas áreas mais altas, que estão sempre livres das inundações, há uma **flora variada**, na qual podemos destacar palmeiras, mandacarus e figueiras.

Os "pantanais" mato-grossenses

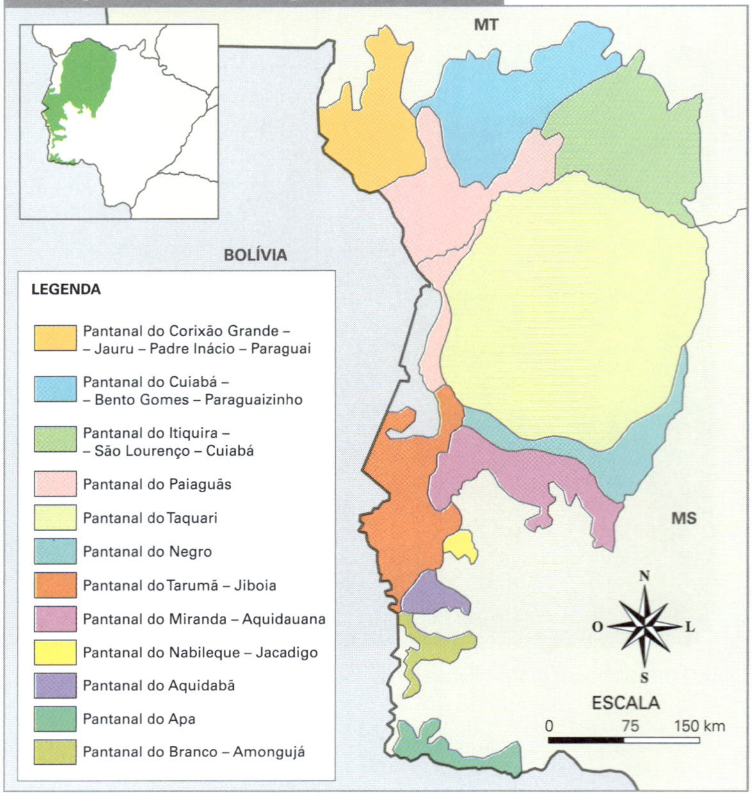

FONTE: SEPLAN/WWW.TRILHASDECONHECIMENTOS.ETC.BR/MATO_GROSSO_DO_SUL/IMAGES/VARIOS_PANTANAIS (ACESSO EM MARÇO DE 2009).

Por seu aspecto variado, costuma-se dizer que existem vários "pantanais" dentro do Pantanal. Na verdade eles são doze, como você pode ver no mapa ao lado.

Esses "pantanais" diferem entre si devido à vegetação, ao clima, aos tipos de solo e aos rios que atravessam suas áreas.

A **hidrografia do Pantanal** é formada pelo rio Paraguai e seus afluentes, como o Miranda, o Taquari, o São Lourenço, o Cuiabá, o Itiquira, entre outros.

Com importantes rios e uma das maiores biodiversidades do planeta, o Pantanal é uma das maravilhas naturais do mundo, classificado pela Unesco como Reserva Mundial da Biosfera e Patrimônio Natural Mundial. No município de Poconé (MT), na confluência dos rios Paraguai e Cuiabá, está o Parque Nacional do Pantanal.

A agropecuária, as rodovias, os garimpos e o turismo são os principais impactos ambientais a afetar o ecossistema pantaneiro.

HAROLDO PALO JR/KINO.COM.BR

Pantanal Mato-Grossense: rio Miranda durante a estação seca, em foto de 2007.

PALÊ ZUPPANI/PULSAR IMAGENS

Pantanal Mato-Grossense: Pastagens na região de Poconé, MT, em foto de 2008.

Várias formas de relevo

Planaltos, serras, chapadas, depressões e planícies são as principais fisionomias do relevo da região Centro-Oeste, como você pode verificar nos mapas e no perfil do relevo a seguir.

Região Centro-Oeste: unidades de relevo

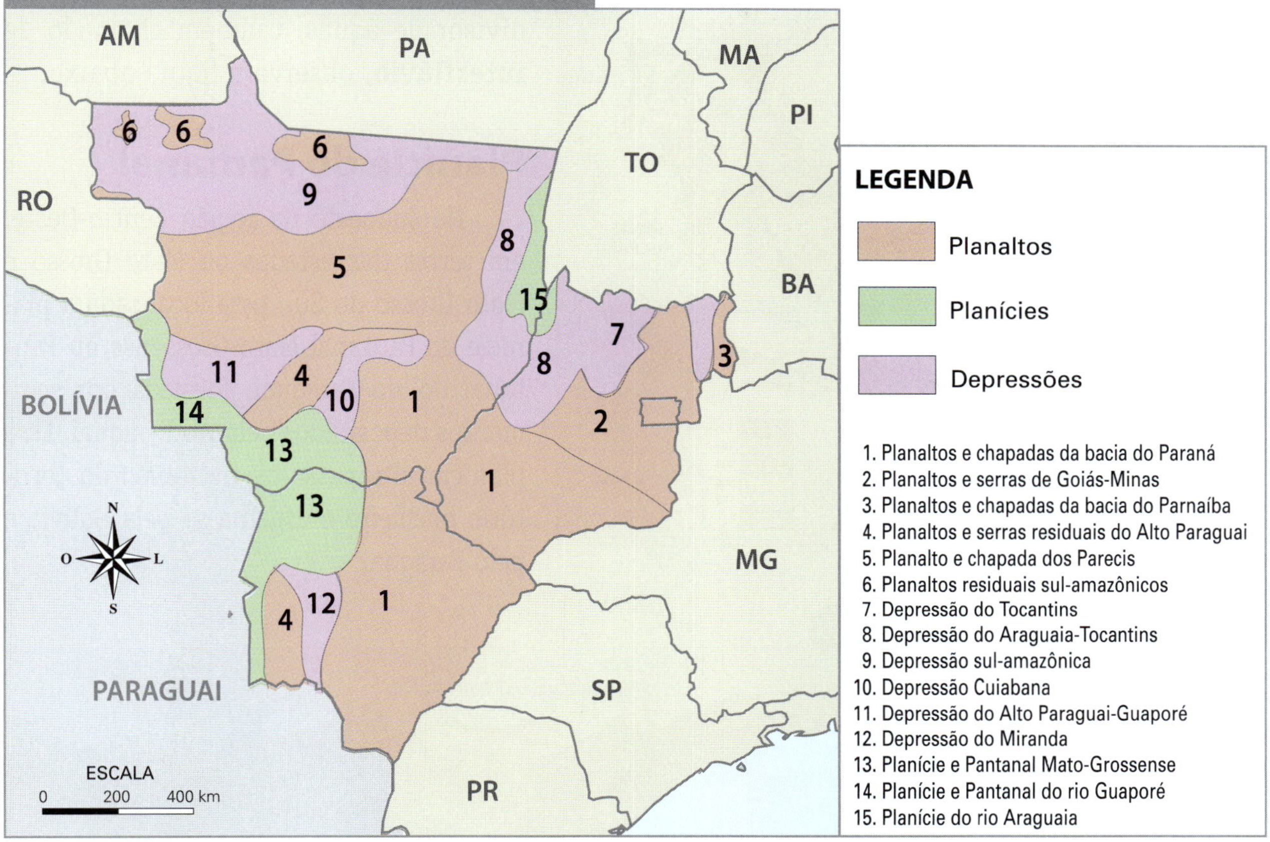

FONTE: ELABORADO COM BASE EM JURANDYR L. ROSS. RELEVO BRASILEIRO: UMA NOVA PROPOSTA DE CLASSIFICAÇÃO. *REVISTA DO DEPARTAMENTO DE GEOGRAFIA*. FACULDADE DE FILOSOFIA, LETRAS E CIÊNCIAS HUMANAS DA UNIVERSIDADE DE SÃO PAULO, N. 4, 1990.

Cento-Oeste: perfil do relevo

LUIS A. MOURA/ARQUIVO DA EDITORA

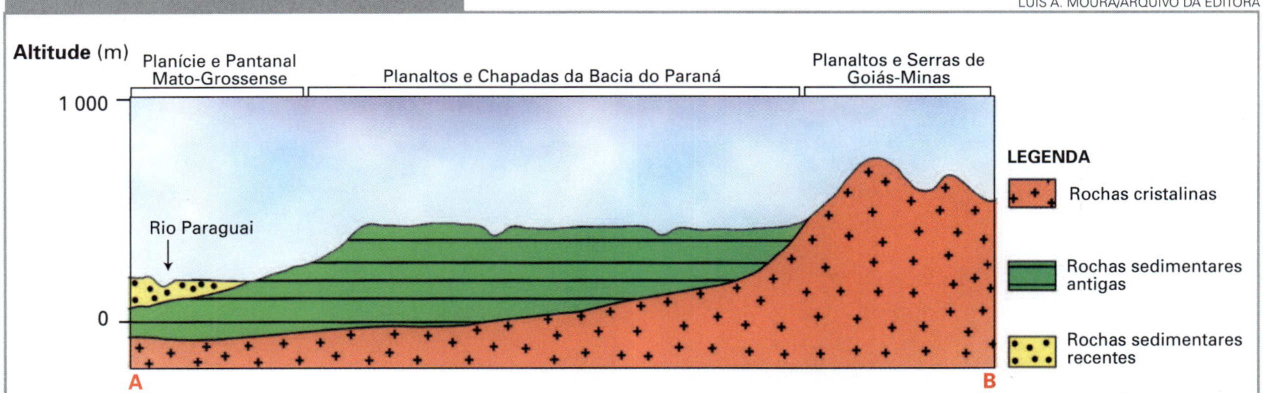

FONTE: ADAPTADO DE: ROSS, JURANDYR. RELEVO BRASILEIRO: UMA NOVA PROPOSTA DE CLASSIFICAÇÃO. *REVISTA DO DEPARTAMENTO DE GEOGRAFIA*. FACULDADE DE FILOSOFIA, LETRAS E CIÊNCIAS HUMANAS DA UNIVERSIDADE DE SÃO PAULO, N. 4, 1990.

As unidades de relevo do Centro-Oeste são quinze: 6 planaltos, 6 depressões e 3 planícies.

Em meio a essas unidades estão presentes as **chapadas**, formas de relevo de topo plano e paredões rochosos, típicas do Centro-Oeste. Algumas são bastante visitadas por turistas por causa de suas belas paisagens, como a dos Guimarães (MT) e a dos Veadeiros (GO).

Região Centro-Oeste: serras e chapadas

FONTE: ELABORADO COM BASE EM MARIA ELENA SIMIELLI. *GEOATLAS*. SÃO PAULO: ÁTICA, 2008.

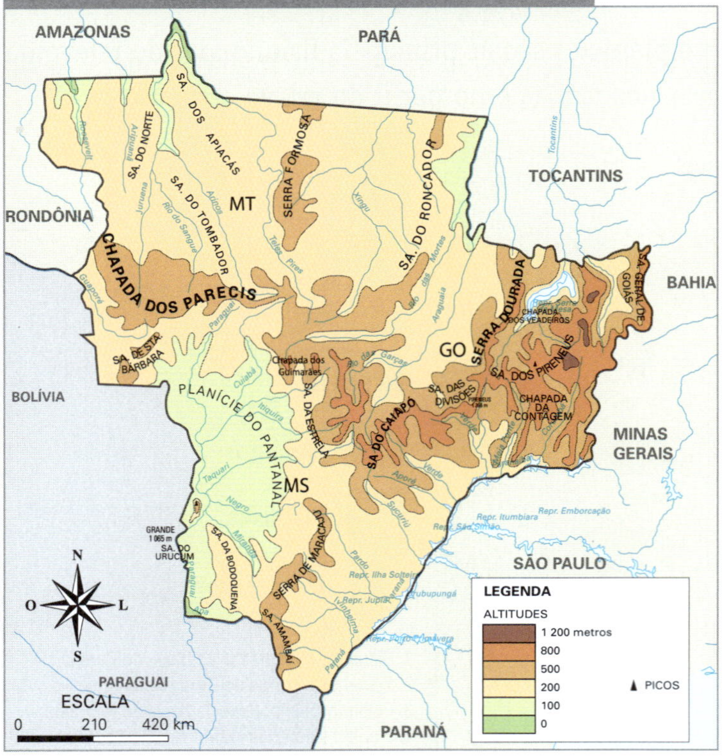

Ainda na região Centro-Oeste, encontra-se a chapada dos Parecis, que separa os rios da bacia do rio Paraguai dos da bacia Amazônica. Por essa razão, essa chapada é considerada um **divisor de águas**.

Para compreender bem o que é um divisor de águas, também chamado de **interflúvio**, observe a figura abaixo.

Planície do Pantanal

No sudoeste da região Centro-Oeste, em terras dos estados de Mato Grosso e Mato Grosso do Sul, está localizada a planície do Pantanal Mato-Grossense ou Pantanal do rio Paraguai, formada por sedimentos depositados pelo rio Paraguai. Essa planície ultrapassa as fronteiras do território brasileiro e espalha-se pela Bolívia e pelo Paraguai.

Divisor de águas ou interflúvio

LUIS A. MOURA/ARQUIVO DA EDITORA

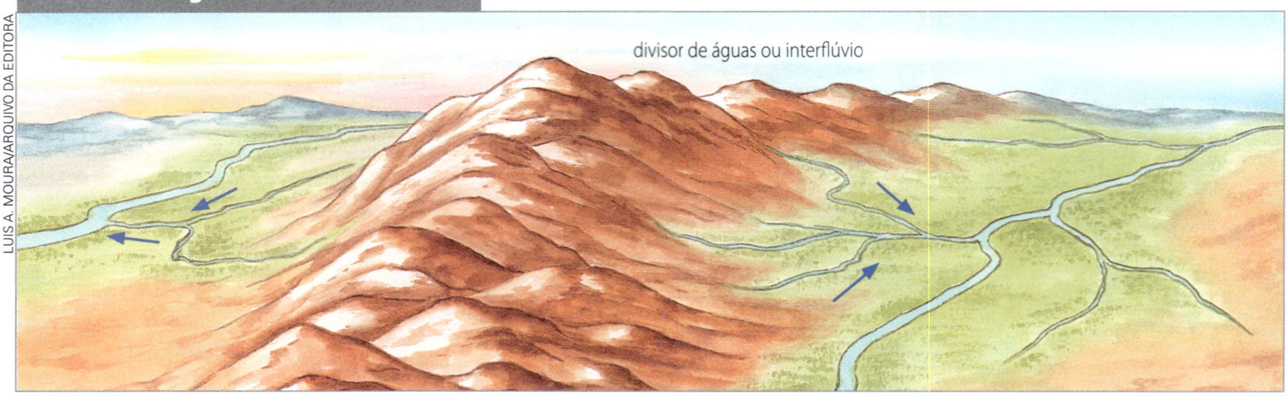

RENATO SOARES/ACERVO DO FOTÓGRAFO

Chapada dos Guimarães, no Mato Grosso, em foto de 2006.

HAROLDO PALO JR/KINO.COM.BR

Baías ou lagoas na região do rio Miranda durante a época das cheias, na planície do Pantanal, em foto de 2007.

A planície do Pantanal apresenta níveis de altitude e cursos de água que ganharam dos seus habitantes os seguintes nomes:

- **baías** – são as regiões mais baixas, que têm forma circular ou semicircular, onde se acumula certa quantidade de água;
- **cordilheiras** – são as pequenas elevações, com cerca de 2 metros de altura, situadas entre as baías;
- **corixos** – são os pequenos cursos de água, perenes ou não, que unem as baías umas às outras.

A marca mais característica dessa planície é o fato de ser inundada pelas águas das chuvas e dos rios, em certa época do ano. Daí o nome Pantanal, embora a área não tenha aparência de pântano.

Essas inundações acontecem porque o Pantanal:

- é uma imensa área de baixas altitudes e com pequena declividade, o que impede o rápido escoamento das águas;
- é atravessado por grande número de rios e recebe águas de regiões vizinhas, inclusive do degelo dos Andes;
- recebe grandes quantidades de chuva;
- localiza-se entre duas regiões elevadas, os Andes, a oeste, e os planaltos e chapadas da bacia do Paraná, a leste.

O ritmo das águas

A vida no Pantanal obedece ao ritmo da alternância entre a estação chuvosa e a estação seca. Quando as águas baixam, deixam no solo uma rica concentração de elementos naturais que sustentam sua tão diversificada flora e fauna. De acordo com esse ritmo, é possível considerar quatro estações bem definidas: seca (junho a setembro); enchente (outubro a dezembro); cheia

Trabalhando em grupo

1 Forme um grupo com colegas para pesquisar sobre a rica biodiversidade do Pantanal. Consultem o professor de Geografia e o de Ciências.

O texto a seguir pode facilitar o trabalho da sua equipe.

Ciências

> O Pantanal é a maior planície inundável do mundo. Essa imensa região foi declarada 'Patrimônio Natural da Humanidade' pela Unesco, em 2000, e não é para menos. Afinal, abriga uma das maiores diversidades de flora e fauna da Terra.
>
> Marcelo Leite. *Pantanal, mosaico das águas*. São Paulo: Ática, 2006. p. 39. (Coleção Viagem pela Geografia.)

2 Elaborem cartazes com fotos ou desenhos sobre as espécies mais representativas da fauna e flora do Pantanal e decorem a sala de aula.

Oficina de texto

FABIO COLOMBINI/ACERVO DO FOTÓGRAFO

Tuiuiús no ninho.

Pantanal – Mar de Xaraés

veem chuvas inclementes, suores, temores
na estação das águas incessantes, águas
vazantes, tamanhas águas, emendadas.
[...]
águas formando banhados, extravagantes,
cobrindo pastos, terras afogadas, águas
inundando as várzeas, baixios, águas!!!
[...]
garças, tuiuiús, siriemas errantes.
tamanduás, araras-azuis, quatis, piranhas.
poças, lagos, vertentes, afluentes — o Pantanal.

inundados caminhos, as passagens
interrompidas, águas correntes, torrentes,
aves em debandada, os homens ilhados.
[...]

Língua Portuguesa e Ciências

Antonio Miranda. Disponível em: <www.antoniomiranda.com.br>. Acesso em: agosto de 2008.

1. Faça uma pequena pesquisa sobre o autor do poema, consultando na internet o endereço: <www.antoniomiranda.com.br>
2. Qual é a época do ano descrita no poema?
3. No terceiro verso da primeira estrofe aparece a expressão "águas emendadas". Você sabe o que significa isso?

Bacias hidrográficas do Centro-Oeste

A região Centro-Oeste é atravessada por rios de grandes bacias hidrográficas brasileiras: a Amazônica (que você vai estudar no capítulo 23), a bacia do Paraná e a do Paraguai e a bacia do Tocantins-Araguaia). As nascentes dos rios da bacia do São Francisco também se encontram nessa região.

Em consequência do seu relevo, a região apresenta muitos rios de planalto com cursos acidentados. A grande exceção é o rio Paraguai, que nasce na chapada dos Parecis e percorre a planície do Pantanal. Por percorrer a planície, é um rio navegável.

A hidrovia do Paraguai-Paraná, em seu trecho brasileiro e no Centro-Oeste, vai da cidade de Cáceres, em Mato Grosso, até a foz do rio Apa, na divisa com o Paraguai. De acordo com o projeto, a hidrovia deverá continuar pelo rio Paraná até a cidade de Nova Palmira (RS), unindo alguns países do Mercosul (Argentina, Uruguai, Paraguai e Brasil). Na região Centro-Oeste, os principais portos da hidrovia são Cáceres (MT), Corumbá, Ladário e Porto Murtinho (MS).

MAURÍCIO SIMONETTI/PULSAR IMAGENS

Barcos de turismo ancorados no porto de Corumbá, MS. Foto de 2008.

Outros importantes rios que banham o Centro-Oeste são:

- o **rio Paraná**, que faz a divisa entre os estados de Mato Grosso do Sul e São Paulo;
- o **rio Paranaíba**, que separa Goiás e Mato Grosso do Sul de Minas Gerais.

Nesses dois rios foram construídas importantes hidrelétricas, como o Complexo Hidrelétrico de Urubupungá (Ilha Solteira e Jupiá), no rio Paraná, e São Simão e Itumbiara, no rio Paranaíba. Parte da hidrovia Tietê-Paraná também serve a região.

Apesar de possuir muitos rios de planalto, a região Centro-Oeste não conta com muitas hidrelétricas exclusivas e recebe energia de usinas localizadas no Sudeste e na região Norte e de termelétricas locais. A hidrelétrica mais importante é a da Serra da Mesa, localizada no rio Tocantins, no norte do estado de Goiás. A barragem formou um dos maiores lagos artificiais do Brasil, o lago da Serra da Mesa, muito explorado turisticamente. Veja o mapa na página seguinte.

Os dois rios formadores da bacia Tocantins-Araguaia nascem no Centro-Oeste. No rio Araguaia está a maior ilha fluvial do mundo, a ilha do Bananal, que pertence ao estado de Tocantins (região Norte). Em suas margens existem praias muito frequentadas por turistas da região e de outros lugares.

A bacia do Tocantins-Araguaia está separada da bacia do rio São Francisco pelas elevações do espigão Mestre ou serra Geral de Goiás.

MARCOS BERGAMASCO/FOLHA IMAGEM

Ilha do Bananal, divisa dos estados de Tocantins e Mato Grosso. Foto de 2004.

Veja no mapa a localização das bacias hidrográficas, das hidrovias e das hidrelétricas do Centro-Oeste.

Região Centro-Oeste: bacias hidrográficas, hidrovias e hidrelétricas

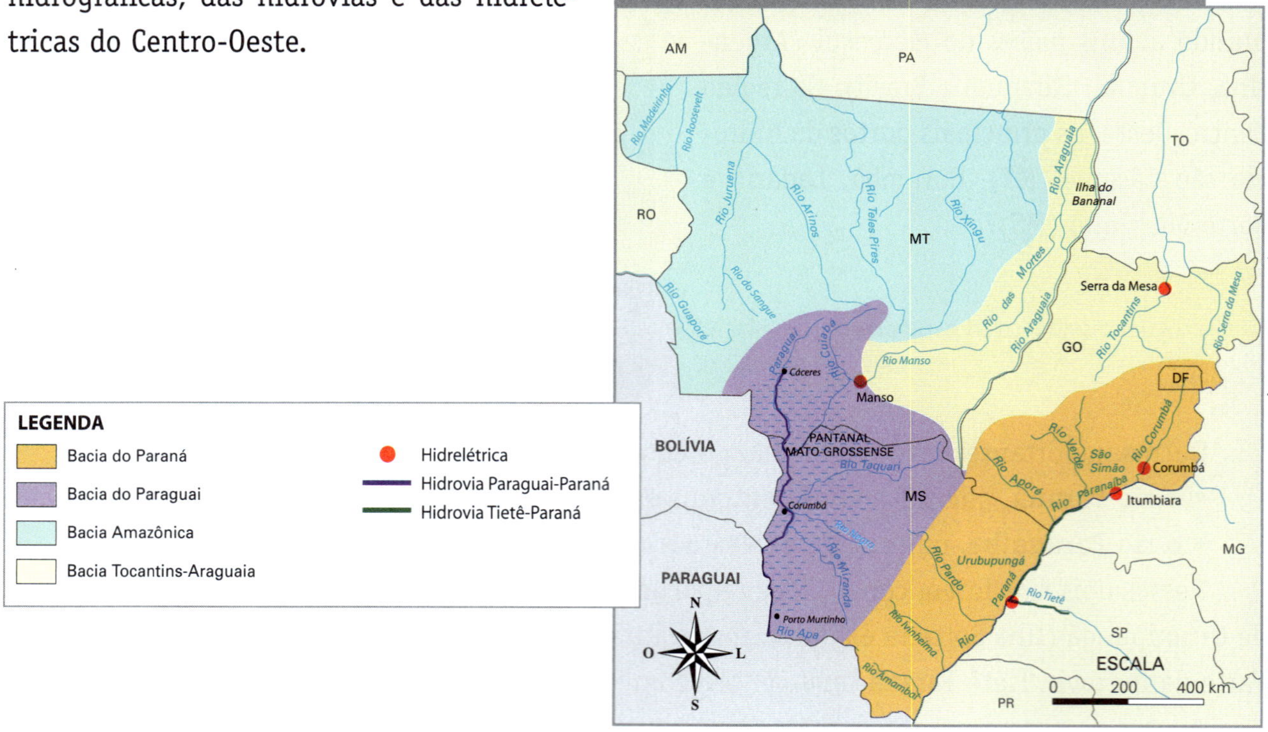

FONTE: ELABORADO COM BASE EM IBGE E AGÊNCIA NACIONAL DE ÁGUAS (ANA). *ALMANAQUE ABRIL 2008.*

Ciências

Águas emendadas

Na região Centro-Oeste ocorre um raro fenômeno geográfico de dispersão das águas: as **águas emendadas**. De um mesmo ponto, as águas de alguns rios se dirigem para duas grandes bacias hidrográficas em direções opostas, Tocantins e Paraná. O córrego Vereda Grande, indo para o norte, encontra o rio Maranhão, que vai alimentar o caudaloso rio Tocantins. Para o sul, o córrego Brejinho engrossa o córrego Fumal, deste para o rio São Bartolomeu, depois o rio Corumbá, desaguando no Paranaíba e formando, então, o rio Paraná.

Na região está a Estação Ecológica de Águas Emendadas, localizada na Região Administrativa de Planaltina, no nordeste do Distrito Federal. A poucos quilômetros dali, mas fora da Estação Ecológica, está o ponto de origem de uma terceira bacia: a do rio São Francisco.

Adaptado do texto disponível em: <www.ambientebrasil.com.br/composer.php3?base=./snuc/index.html&conteudo=./snuc/centrooeste/ee/aguas.html>. Acesso em: agosto de 2008.

Estação ecológica de Águas Emendadas (DF)

FONTE: <WWW.ECO.TUR/ECOGUIAS/PLANALTO/MAPAS/DF/AREAS/AGUASEMEND.GIF>.

Repensando o capítulo

Faça no caderno as atividades a seguir.

1 Veja ao lado as temperaturas mínima/máxima, em graus Celsius, referentes ao dia 25 de agosto de 2008:

Cidades do Centro-Oeste	
Brasília	16/28
Campo Grande	17/33
Cuiabá	25/38
Goiânia	16/32

Fonte: *Folha de S.Paulo*, 25 de agosto de 2008, Caderno Cotidiano, p. C2.

a) Qual o nome da diferença entre a temperatura mínima e a temperatura máxima de uma mesma localidade?

b) Por que são tão altas as diferenças entre as máximas e as mínimas no Centro-Oeste?

2 Ciências

> O Pantanal ocupa áreas do Brasil, Bolívia e Paraguai. Nessa região, as chuvas são abundantes durante seis meses e chove pouco no resto do ano. Na época das chuvas, os rios provocam inundações, fazendo surgir numerosas lagoas.
>
> RODRIGUES, Rosicler Martins. *Vida na Terra:* conhecer para proteger. 8. ed. São Paulo: Moderna, 1991. p. 47. (Coleção Desafios.)

a) Quais estados brasileiros e países vizinhos têm áreas ocupadas pelo Pantanal?

b) Cite duas espécies de répteis que vivem no Pantanal.

c) Por que é fácil a formação de lagoas no Pantanal?

3

> Quando se observa um mapa dos principais rios brasileiros, percebe-se que, no interior do Centro-Oeste, correm cursos fluviais para todas as direções. Por isso seus planaltos são os mais importantes dispersores de águas da rede hidrográfica brasileira. Quatro grandes bacias hidrográficas drenam áreas do Centro-Oeste mais ou menos equivalentes.
>
> Adaptado de José Arbex Junior e Nelson Bacic Olic. *Rumo ao Centro-Oeste:* o Brasil em regiões. 2. ed. São Paulo: Moderna, 1996. p. 24. (Coleção Polêmica.)

a) Pesquise neste capítulo e em um atlas quais bacias hidrográficas drenam o Centro-Oeste.

b) Que importante hidrovia existe na região Centro-Oeste?

Glossário

correção: aplicação de compostos para melhorar a fertilidade do solo.
fronteira agrícola: limite das terras ainda não ocupadas que podem ser atingidas pela atividade agrícola.
mata ciliar: porção de vegetação florestal que aparece nas margens dos cursos de água, aproveitando a umidade desses locais; nome "ciliar" está relacionado aos cílios que circundam os olhos.

Outras fontes de informação

Por dentro da rede (acesso em dez. 2008)

- www.pantanalms.tur.br
- www.socioambiental.org/pibindex.html
- www.mre.gov.br/cdbrasil/itamaraty/web/port/meioamb/ecossist/pantanal
- www.wwf.org.br

Consultando a biblioteca

- *Pantanal, amor baguá*, de J. Hamilton Ribeiro, Brasiliense, 1991.
- *Pantanal: mosaico das águas*, de Marcelo Leite, Ática, 2006.
- *Uma camela no Pantanal*, de Lucília J. Almeida Prado, SM, 2006.

Apesar da ocupação espanhola ocorrida nos séculos XVI e XVII e da fundação de alguns arraiais em Goiás, a região só começou a ser integrada de fato à economia nacional no século XX, a partir das décadas de 1950, 1960 e 1970. A primeira vila do atual Centro-Oeste foi a cidade de Cuiabá.

Capítulo 21

Os habitantes do Centro-Oeste

Vista parcial da cidade de Cuiabá, MT, em foto de 2006.

DELFIM MARTINS/PULSAR IMAGENS

Neste capítulo você vai estudar como se deu a ocupação dos estados do Centro-Oeste do Brasil e como se apresenta sua população nos tempos atuais.

Espanhóis e bandeirantes

No fim do século XV, grande parte da atual região Centro-Oeste encontrava-se fora das terras que pelo **Tratado de Tordesilhas** pertenciam a Portugal. Para relembrar o Tratado, volte ao capítulo 1 e verifique o mapa da página 12.

Já no século XVI, colonizadores espanhóis chegaram à região, onde fundaram a comunidade de Santiago de Jerez (1579), em terras do atual estado de Mato Grosso do Sul. No século XVII, jesuítas espanhóis instalaram ali as missões de Itatim (1631-1659), que foram destruídas por bandeirantes.

No final desse mesmo século, bandeirantes chegaram ao sul dos atuais estados de Goiás e Mato Grosso do Sul e, no começo do século XVIII, atingiram o território do atual Mato Grosso, onde descobriram ouro, procuraram índios para escravizar e criaram núcleos de povoamento.

Algumas cidades da região, além de Cuiabá, datam do século XVIII. É o caso de Vila Boa (GO), Vila Bela (MT), Bonfim (atual Silvânia, GO), São Pedro del Rey (atual Poconé, MT), Vila Maria do Paraguai (atual Cáceres, MT), Diamantino (MT), Santa Luzia (atual Luziânia, GO), Meia-Ponte (atual Pirenópolis, GO) e Miranda (MS).

Região Centro-Oeste: principais bandeiras e primeiros povoados (séculos XVI, XVII e XVIII)

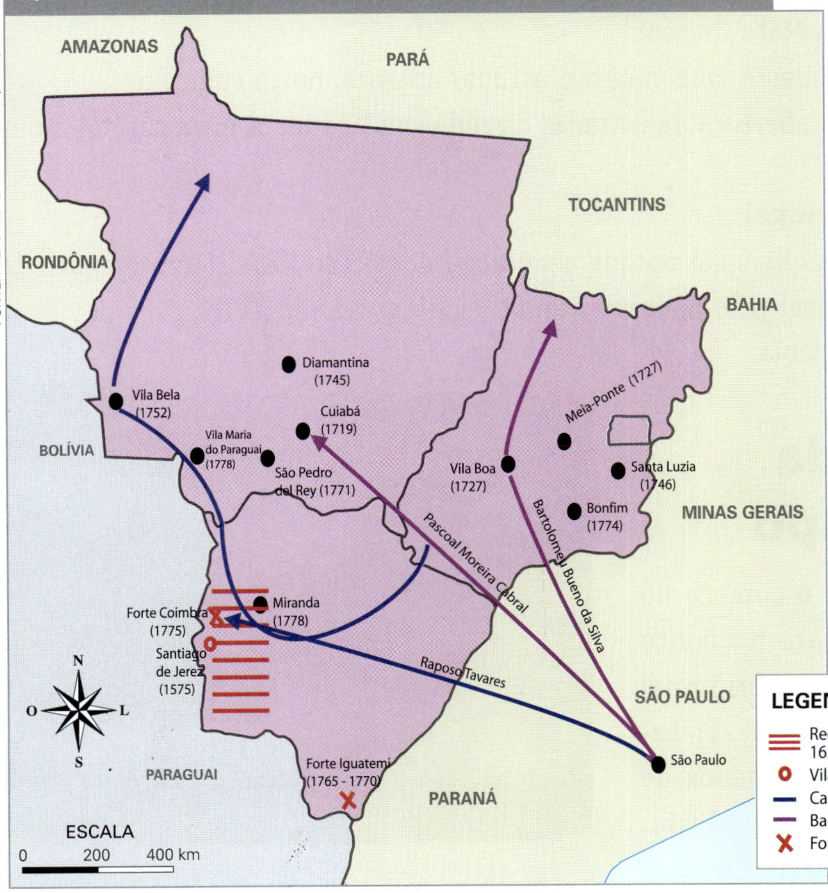

FONTE: *ATLAS HISTÓRICO ESCOLAR*, MEC, 1996.

Veja no mapa ao lado a ocupação do Centro-Oeste nos séculos XVI, XVII e XVIII.

No final do século XVIII, a mineração entrou em declínio e outra atividade econômica chegou à região, trazida por fazendeiros vindos do Vale do São Francisco – a **criação de gado**. Até hoje a pecuária é muito importante na economia do Centro-Oeste, como você vai estudar no capítulo 22.

Veja no mapa ao lado quais eram as principais atividades da região no século XVIII.

A criação de gado atraiu novos habitantes para o Centro-Oeste, vindos de áreas onde hoje estão os estados da Bahia, de Minas Gerais e do Rio Grande do Sul.

Nessa mesma época, os portugueses ergueram fortificações para proteger seus domínios, que haviam sido conquistados dos espanhóis. O Forte Iguatemi e o Forte Coimbra, que você pode localizar no mapa da página 233 são exemplos de fortificações que constituíram núcleos de povoamento.

Durante o século XVIII, algumas outras partes da região foram ocupadas, mas apenas no século XX elas foram integradas à economia nacional. Alguns fatos foram marcantes para que isso acontecesse:

Região Centro-Oeste: atividades econômicas (século XVIII)

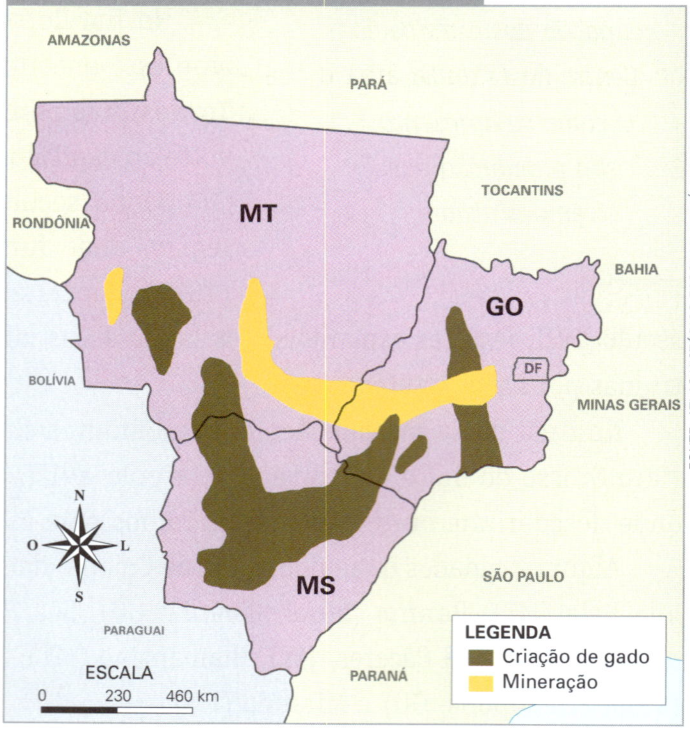

FONTE: *ATLAS HISTÓRICO ESCOLAR*. BRASÍLIA: MEC/FENAME, 1977. P. 28.

- a exploração dos ervais (matas em que domina a erva-mate) em Mato Grosso do Sul;
- a construção da Estrada de Ferro Noroeste do Brasil;
- o garimpo de diamantes em Mato Grosso;
- a política da Marcha para o Oeste, que você vai estudar adiante, neste capítulo;
- a construção de Brasília e a abertura de estradas de rodagem ligando a nova capital a outros pontos do país;
- o **Plano de Integração Nacional**;
- o novo ciclo do gado, assim chamado porque aconteceu no século XX, diferentemente da atividade criatória responsável pelo povoamento da região no século XVIII;
- a expansão da fronteira agrícola.

Os ervais, a estrada de ferro e o garimpo

Entre o fim do século XIX e o começo do século XX, a extração da erva-mate foi muito importante na ocupação da porção meridional do atual estado de Mato Grosso do Sul. Trata-se da região onde hoje estão as cidades de Ivinheima, Amambai, Ponta Porã e Bela Vista. Um pouco antes, o leste e o nordeste do esta-

LENA ANDRADE/SINGULAR PRESS

Lagoa Maior, na cidade de Três Lagoas, MS. Foto de 2008.

do já estavam sendo ocupados pela criação de gado. São dessa época as cidades de Paranaíba e Três Lagoas (foto na página ao lado).

A construção da Estrada de Ferro Noroeste do Brasil, iniciada em 1906, foi responsável pela ocupação de extensa área desse estado. Por onde ela se estendia, os alojamentos dos operários e as estações ferroviárias davam origem a núcleos de povoamento. Hoje, **privatizada**, a ferrovia pertence à América Latina Logística, e vai de Bauru (SP) até Corumbá (MS).

Veja no mapa o trajeto da Estrada de Ferro Noroeste do Brasil.

Região Centro-Oeste: Estrada de Ferro Noroeste do Brasil

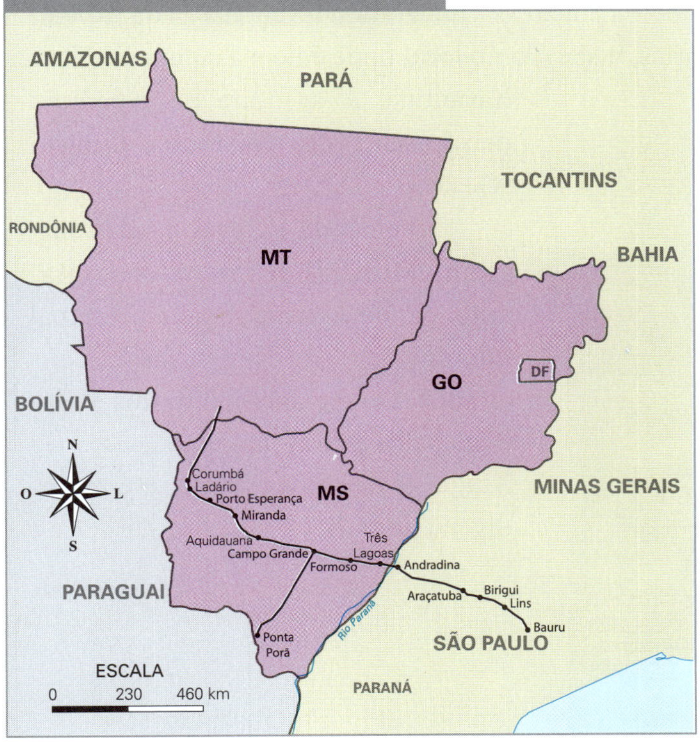

FONTE: <WWW.GEOCITIES.COM/NOB1BR/MAPAS.HTML> (ACESSO EM: ABRIL DE 2008) E MARIA ELENA SIMIELLI. *GEOATLAS*. SÃO PAULO: ÁTICA, 2008.

A maior dificuldade na construção da Estrada de Ferro Noroeste do Brasil foi atravessar os rios Paraná e Paraguai. Enquanto não eram construídas pontes que demandavam grandes obras de engenharia, a solução era a travessia por navegação.

A ponte sobre o rio Paraná (ponte Francisco de Sá) foi inaugurada em 1926. Até então, os vagões de carga atravessavam o rio por balsas, e os passageiros, por navios.

No rio Paraguai, a construção da ponte Barão do Rio Branco foi mais demorada. Ela só foi inaugurada em 1947. Antes, a travessia era feita por navio a vapor, e a viagem durava quase doze horas.

A partir de 1920, a atividade de garimpo de diamante foi responsável pelo surgimento de cidades no estado de Mato Grosso, como Dom Aquino (1920), Poxoréo (1924), Barra do Garças (1932), Nortelândia (1937) e Paranatinga (1964).

A Marcha para o Oeste

Na década de 1940, o governo federal adotou uma política de integração do oeste brasileiro à economia do país. Algumas ações foram importantes para o povoamento dessa área, como:

- a criação das Colônias Nacionais Agrícolas de Ceres (GO) e de Dourados (MS);
- a expedição Roncador-Xingu, que devia mapear e estabelecer núcleos de povoamento no leste do estado de Mato Grosso.

Leitura de interesse

A expedição Roncador-Xingu

Para coordenar a penetração em direção ao Centro-Oeste, o governo criou a Fundação Brasil Central. O marco zero da expedição Roncador-Xingu foi lançado às 16h30 do dia 11 de setembro de 1943 – quatro meses após o início dos preparativos – em um local às margens da confluência dos rios Garças e Araguaia, na divisa de Goiás com Mato Grosso. Mais tarde, o pequeno povoado transformou-se no município de Aragarças. Naquela época, o Centro-Oeste não passava de um imenso vazio verde.

História

Os irmãos Villas Bôas – Cláudio, Orlando e Leonardo – integraram a vanguarda da expedição a partir do acampamento do rio das Mortes, instalado no local onde é hoje a cidade de Nova Xavantina. A aventura da expedição deixou seu rastro por todo o Centro-Oeste.

Dezenas de cidades e vilas surgiram. Milhares de índios, como Kanato, pai de Aritana, hoje a principal liderança do alto Xingu, foram contatados. Do encantamento dos Villas Bôas pelos índios nasceu o Parque do Xingu, a mais importante reserva indígena do país.

Marcelo Freitas. *O Estado de Minas*, 3 de setembro de 2001.

ANTONIO PIROZZELLI/FOLHA IMAGEM

Os irmãos Cláudio (esq.) e Orlando Villas Bôas durante a Expedição Roncador/Xingu, no rio das Mortes. Foto na serra do Cachimbo, no Pará, 1951.

A construção de Brasília e a integração nacional

Muito antes de sua inauguração, em 1960, Brasília, a nova capital, atraiu milhares de pessoas de outros estados, principalmente nordestinos, que trabalharam na construção da cidade e ficaram conhecidos como **candangos**.

Para ligar Brasília a outras partes do país foram construídas rodovias, como a Belém-Brasília, a Cuiabá-Santarém, a Cuiabá-Porto Velho, a Brasília-Fortaleza e a Belo Horizonte-Brasília. Ao longo dessas estradas surgiram muitos núcleos de povoamento.

Desde essa época, a região Centro-Oeste passou a atrair população continuamente. Seu território foi ocupado por frentes desbravadoras de fronteiras agrícolas, com plantações de arroz, soja, cana-de-açúcar e criação de gado.

Na década de 1970, o governo federal incentivou a ocupação de grandes áreas da região e formaram-se cidades criadas por companhias colonizadoras privadas. A corrente de sulistas (paranaenses, catarinenses e gaúchos) foi muito importante no centro-norte do estado de Mato Grosso. Os sulistas construíram cidades e vilas (Sinop, 1974; Sorriso, 1977; Alta Floresta, 1979, entre outras) e dedicaram-se à agropecuária.

Nas últimas décadas, a expansão da fronteira agrícola por meio da soja e, mais recentemente, da cana-de-açúcar e da pecuária levou à ocupação de novas áreas na região.

DELFIM MARTINS/PULSAR IMAGENS

Cidade de Sinop, MT, em 2005.

A população do Centro-Oeste

O Centro-Oeste, como você viu no capítulo 4, é a menos populosa das regiões brasileiras. Mesmo assim, apresentou grande crescimento populacional a partir da década de 1950. Veja a tabela ao lado.

Região Centro-Oeste: crescimento populacional (1940-2000)

Período	(%)
1940-1950	3,30
1950-1960	5,40
1960-1970	5,60
1970-1980	3,99
1980-1991	2,99
1991-2000	2,38

Fonte: IBGE. *Censos demográficos*; Série Histórica.

Como você pode notar, o período de maior crescimento populacional da região foi de 1950 a 1970. Essas décadas envolvem a fase de construção e povoamento inicial de Brasília, com o aumento da migração de pessoas de outros estados para o Centro-Oeste. Essa foi, sem dúvida, a principal causa desse crescimento demográfico.

Apesar de o ritmo de crescimento ter diminuído nas últimas décadas, a região ainda se destaca como área de atração populacional, apresentando a maior porcentagem de migrantes do país. Como você pode observar na tabela ao lado, cerca de 35,2% da população regional nasceu em outros estados.

No século XXI, as áreas de maior atração de migrantes para o Centro-Oeste são o Distrito Federal e o estado de Mato Grosso.

Brasil: Grandes Regiões – População residente segundo a naturalidade, por Grandes Regiões (%)

Regiões	Naturais	Não naturais
Norte	77,5	22,5
Nordeste	92,5	7,5
Sudeste	82,2	17,8
Sul	87,7	12,2
Centro-Oeste	64,8	35,2

Fonte: *PNAD (Pesquisa por Amostra de Domicílios) 2007.* Rio de Janeiro: IBGE, 2008.

Distribuição da população

Com uma densidade demográfica de cerca de 8,5 hab./km², em 2008, o Centro-Oeste ainda tem grandes áreas praticamente despovoadas, como você pode verificar no mapa ao lado.

FONTE: ADAPTADO DE MARIA ELENA SIMIELLI. *GEOATLAS*. SÃO PAULO: ÁTICA, 2008.

Trabalhando com mapas

Observe no mapa ao lado a distribuição da população do Centro-Oeste e faça as atividades no caderno.

1. Consultando também um mapa político do Centro-Oeste, identifique as áreas de maior concentração populacional na região.
2. Identifique três áreas de baixa concentração populacional no Centro-Oeste.

População indígena

Antes de ser ocupado pelo colonizador europeu, o território que corresponde à atual região Centro-Oeste era habitado por vários povos indígenas, "os verdadeiros donos da terra", como os chamava Marechal Rondon. Esses povos foram ou dizimados, ou escravizados ou expulsos pelos forasteiros.

Em 2007, segundo a Funai (Fundação Nacional do Índio), a população indígena estava distribuída na região da seguinte forma:

Indígenas no Centro-Oeste

Estado	População	Nº de etnias
Mato Grosso	25 123	42
Mato Grosso do Sul	32 519	9
Goiás	346	3

Fonte: Funai, dados de 2003.

Os diferentes povos indígenas vivem, em sua maioria, em terras demarcadas pelo governo, denominadas **terras indígenas**. Exemplos são a Apiaká-Kayabí, no vale do rio dos Peixes, em Mato Grosso, e Aruanã e Avá-Canoeiro, em Goiás.

Veja no mapa as terras indígenas do Centro-Oeste.

Região Centro-Oeste: terras indígenas

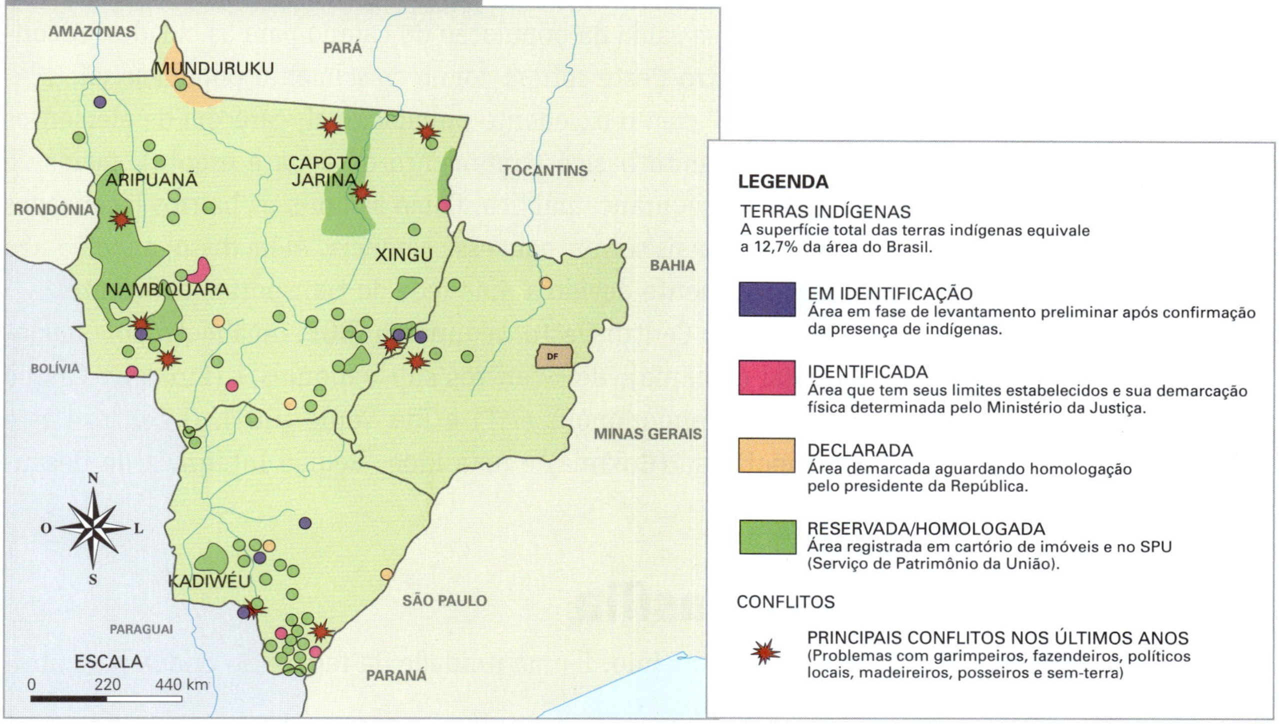

FONTE: ADAPTADO DE M.E. SIMIELLI. *GEOATLAS*. SÃO PAULO: ÁTICA, 2008.

As terras indígenas ocupam cerca de um terço do estado de Mato Grosso, com 58 territórios demarcados. Contudo, nem todos respeitam o direito dos índios e há constantes invasões de suas terras por madeireiros, garimpeiros e agricultores, o que resulta em graves conflitos e muitas mortes. Grandes obras públicas, como hidrelétricas, ferrovias e hidrovias, também desrespeitam essa demarcação. A atividade agropecuária interfere na vida das comunidades indígenas quando polui seus rios e seu solo com agrotóxicos.

Aprendendo mais

O Patrono das Comunicações

Assim é homenageado um grande desbravador de áreas não ocupadas tanto no Centro-Oeste como na região Norte: Cândido Mariano da Silva Rondon (1865-1958). O Marechal Rondon, como ficou conhecido, ajudou a abrir caminho para colonizadores nessas duas regiões.

História

Nascido em Mato Grosso do Sul, foi designado para instalar linhas telegráficas que ligassem o Centro-Oeste à região Norte, objetivo da Comissão Construtora de Linhas Telegráficas. Dessa forma, percorreu grandes extensões de terra das duas regiões, chegando até a Bolívia e o Paraguai.

Além de realizar sua missão, fez levantamentos científicos e desbravou terras. Tornou-se uma referência como humanista porque sempre estabeleceu e pregou o convívio pacífico com indígenas, como os Bororo, os Nhambiquara, Pacaá novos e outros. Foi o fundador do SPI (Serviço de Proteção ao Índio), atual Funai (Fundação Nacional do Índio).

Alta taxa de urbanização

A região Centro-Oeste tem a segunda mais alta taxa de urbanização entre as regiões brasileiras (86%). Isso significa que, de cada 100 habitantes do Centro-Oeste, 86 vivem nas cidades. Essa situação é decorrente do êxodo rural, que é a saída da população do campo para as cidades. A consequência é que os centros urbanos do Centro-Oeste sofrem com o crescimento populacional.

As novas e antigas cidades, "inchadas" com o excedente populacional, carecem de elementos de infraestrutura, como habitação, saneamento básico (tratamento de água e esgoto), meios de transporte, escolas, atendimento médico e segurança pública. Como sempre, os bairros localizados na periferia dos centros urbanos são os que mais sofrem com essa carência. Além disso, a região não tem uma rede urbana articulada, principalmente devido a uma rede de transportes deficiente.

Quanto à hierarquia urbana, temos no Centro-Oeste, segundo o IBGE, uma metrópole nacional (Brasília), uma metrópole regional (Goiânia), dois centros sub-regionais 1 (Cuiabá e Campo Grande) e dois centros sub-regionais 2 (Rondonópolis (MT) e Rio Verde (GO)). O Centro-Oeste conta, ainda, com uma região metropolitana (Goiânia) e uma Ride (Região Integrada de Desenvolvimento do Distrito Federal e Entorno).

O Distrito Federal e Brasília

Distrito Federal não é estado nem município. É uma unidade da federação criada para abrigar a capital federal do país.

Distrito Federal

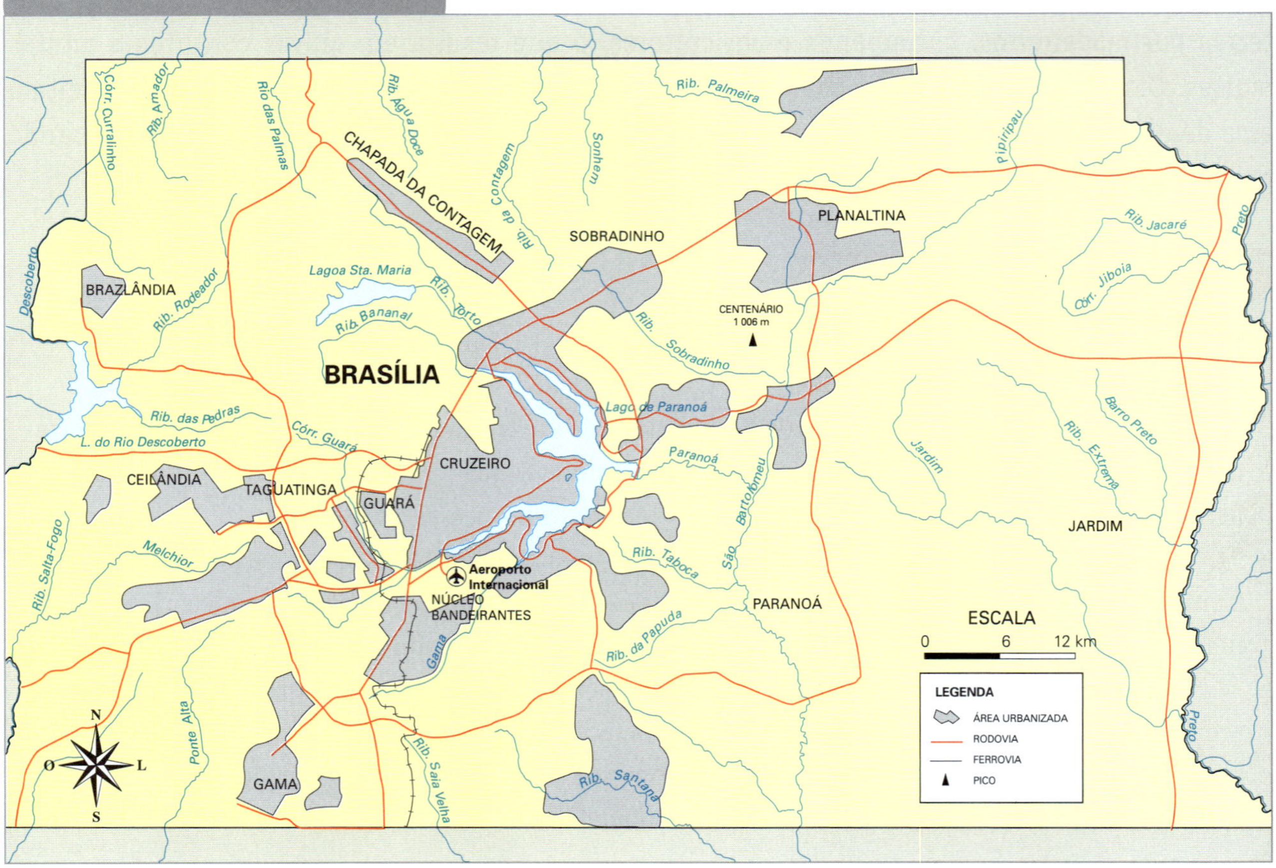

FONTE: M.E. SIMIELLI. *GEOATLAS*. SÃO PAULO: ÁTICA, 2006. P. 138.

Encravado no estado de Goiás, o Distrito Federal possui uma área de 5 801,9 km². Em 2008 contava 2,5 milhões de habitantes, com uma densidade demográfica de pouco mais de 400 hab./km². Está localizado em uma região de planalto, com vegetação de cerrado e clima tropical de altitude.

O Distrito Federal tem características próprias. Não possui municípios, mas **regiões administrativas** (29 ao todo), também chamadas de **cidades-satélites**. Brasília é, ao mesmo tempo, sede do governo do Distrito Federal e capital do país.

Brasília

Inaugurada em 21 de abril de 1960, a cidade de Brasília foi construída especialmente para ser a nova capital do Brasil, atendendo a um propósito muito antigo, de levar a sede do governo para o interior do país.

Brasília: Plano Piloto

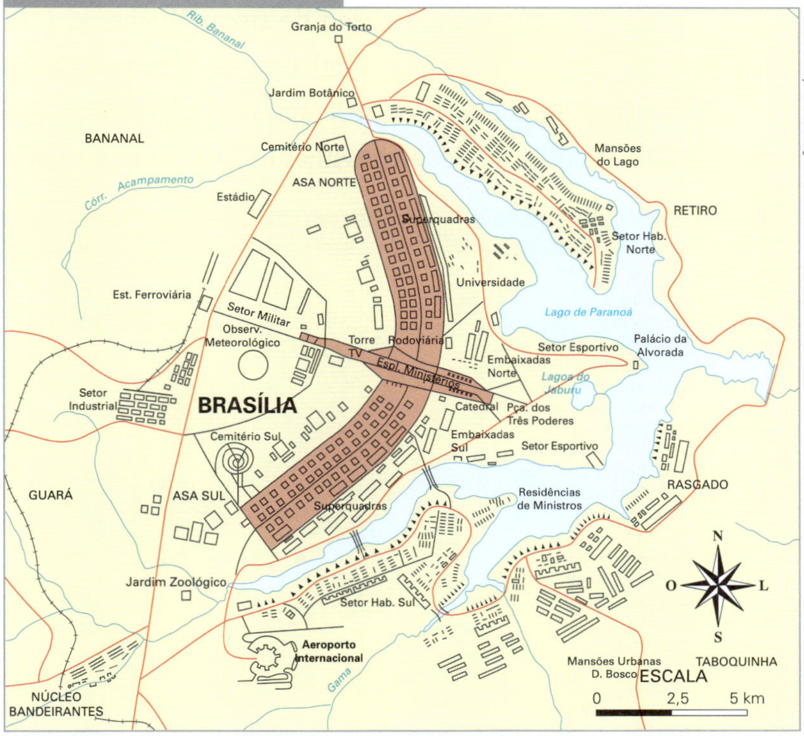

FONTE: M.E. SIMIELLI. *GEOATLAS*. SÃO PAULO: ÁTICA, 2008.

PAULO FRIDMAN/SAMBAPHOTO

Congresso Nacional na Praça dos Três Poderes, Brasília, 2006.

Palácio da Alvorada, primeiro edifício inaugurado na fundação de Brasília, após restauração em 2006.

RICARDO STUCKERT/PRESIDÊNCIA DA REPÚBLICA

O projeto vencedor para o plano urbanístico da nova capital foi o do arquiteto Lúcio Costa (1902-1998). Chamado de **Plano Piloto**, ele tem forma de um avião ou de uma cruz (veja o mapa da página anterior). Esse núcleo corresponde ao "centro" de Brasília, onde estão as sedes dos três poderes – Executivo, Legislativo e Judiciário – e as áreas mais valorizadas. A arquitetura dos edifícios públicos ficou a cargo de Oscar Niemeyer (1907-). Por suas características únicas, Brasília foi declarada Patrimônio Cultural da Humanidade pela Unesco.

O Distrito Federal e Brasília formam, com mais 22 municípios dos estados de Minas Gerais e de Goiás, a Ride (Região de Desenvolvimento Integrado do Distrito Federal e Entorno). Veja o mapa.

Ride (Região de Desenvolvimento Integrado do Distrito Federal e Entorno)

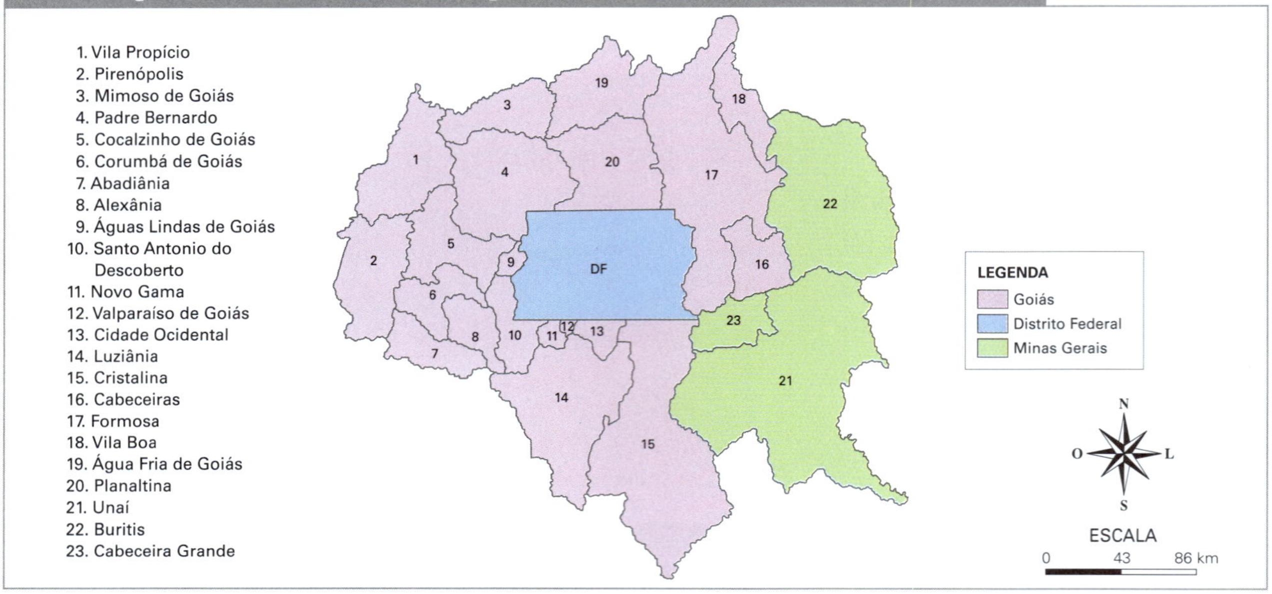

FONTE: IBGE. *ATLAS NACIONAL DO BRASIL*. RIO DE JANEIRO: IBGE, 2000. P. 155.

Repensando o capítulo

Faça no caderno as atividades a seguir.

1 Acompanhe este texto que se refere aos Kuikuro, povo indígena que habita o Parque Nacional do Xingu, localizado no norte do estado de Mato Grosso:

História

> [...] Robert Carneiro analisa a agricultura de **coivara** dos Kuikuro e conclui que eles poderiam produzir muito mais, se se interessassem por isso. Os homens trabalham apenas três horas e meia por dia. Os Kuikuro aumentariam, consideravelmente, a produção com um acréscimo de apenas meia hora de trabalho por dia, mas não o fazem. A interrogação que se faz é: por que não procuram os excedentes? Isso se dá porque as sociedades indígenas têm um sistema econômico que não permite o acúmulo de excedentes e, por serem igualitárias, o sistema não permite a exploração do trabalho de uns em benefício de outros. Dessa forma, cada família, ao produzir, está produzindo para a própria sobrevivência [...].
>
> SILVA, Joana A. Economia de subsistência e projetos de desenvolvimento econômico em áreas indígenas. In: BRAICK, Patrícia e MOTA, Myriam. *História: das cavernas ao terceiro milênio.* 6ª série. 2. ed. São Paulo: Moderna, 2006. p. 176.

a) Com base na leitura do capítulo, responda: Que estado da região Centro-Oeste tem a maior população indígena?

b) O texto acima dá a entender que as sociedades indígenas podem ser enquadradas na sociedade capitalista? Justifique a sua resposta.

c) Copie a parte do texto que indica uma característica das sociedades indígenas que não existe na capitalista.

2 Juscelino Kubitscheck foi um dos mais empreendedores presidentes brasileiros (1956-1960). Foi durante sua gestão que ocorreu a inauguração de Brasília:

História

> "três capitais ao longo da História – Salvador (1549-1763), Rio de Janeiro (1763-1960) e Brasília – e dois bons motivos para o poder mudar de endereço: posição estratégica e integração nacional".
>
> COHEN, Marlene. *Juscelino Kubitscheck: o presidente bossa nova*. Rio de Janeiro: Globo, 2005, p. 192

a) Que diferença existe entre a localização geográfica das duas primeiras capitais do Brasil em relação a Brasília?

b) Explique os dois motivos citados no texto que justificam a construção da nova capital do Brasil.

c) Atualmente Brasília é uma das cidades mais populosas do Brasil, apresenta um dos aeroportos mais movimentados do país, pontes modernas, amplas avenidas, grandes centros de convenções e muitos hotéis. Possui alta renda *per capita* e um dos mais altos IDSs (Índices de Desenvolvimento Social) do país. Indique um fator que justifique a situação descrita anteriormente.

3 Consulte um atlas geográfico e aponte as regiões brasileiras com que o Centro-Oeste faz limites.

Glossário

coivara: sistema de agricultura rudimentar praticado principalmente por indígenas. Depois da derrubada da mata, é utilizado o método de queimada de troncos e galhos, cujas cinzas servem para adubar o solo. Outra característica é a alternância de diferentes culturas (rotação de culturas).

Plano de Integração Nacional: realizado pelo governo militar, na década de 1970, visando à ocupação da Amazônia.

privatizada: tornada particular; passada das mãos do Estado para a iniciativa privada.

terras indígenas: pela Constituição de 1988, são terras de propriedade do governo federal onde povos indígenas devem habitar de forma permanente e delas tirar seu sustento, preservando o meio ambiente. As terras não podem ser doadas nem vendidas.

Outras fontes de informação

Por dentro da rede (acesso em dez. 2008)

- www.funai.gov.br
- www.socioambiental.org/pib/epi/xingu/parque.shtm

Consultando a biblioteca

- *A questão do índio*, de Fernando Portela e Betty Mindlin, Ática, 2002.
- *Atlas dos ambientes brasileiros: recursos e ameaças*, organizado por Maria da Penha Bertoldi Youssef, Scipione, 1997.
- *Os índios do Brasil*, de Hernani Donato, Melhoramentos, 1995.

Capítulo 22

Uma região do agronegócio

MAURÍCIO SIMONETTI/PULSAR IMAGENS

Criação extensiva de gado na região da serra da Bodoquena (2008).

As fotos que você vê dão uma ideia de dois aspectos importantes da economia do Centro-Oeste. O primeiro é a participação cada vez maior da agropecuária nessa região. O segundo, resultante do primeiro, diz respeito aos impactos ambientais provocados pelas atividades do agronegócio.

LUIZ CARLOS MURAUSKAS/FOLHA IMAGEM

Pulverização de lavoura de soja em Cuiabá (2007).

Neste capítulo você vai estudar a agropecuária, a indústria e a atividade extrativa na região Centro-Oeste.

Uma atividade tradicional modificada

No capítulo anterior, você ficou sabendo que a agropecuária tem sido atividade tradicional no Centro-Oeste e responsável por sua ocupação, ao longo dos séculos. Contudo, o tipo de agricultura praticada, principalmente após a década de 1950, alterou profundamente a organização agrária da região. A tradicional agricultura de subsistência foi substituída por uma agricultura comercial, mecanizada. Grãos como o arroz, o milho e o feijão passaram a ser produzidos em larga escala em grande parte do Centro-Oeste.

A partir da década de 1970, outras culturas foram incentivadas na região: soja, cana-de-açúcar, trigo e algodão. Depois que foi possível corrigir a baixa fertilidade dos solos do cerrado, essas culturas ganharam força e se espalharam por esse ecossistema.

Os principais produtos agrícolas do Centro-Oeste atualmente são: soja, arroz, trigo, cana-de-açúcar, sorgo, tomate, feijão e milho. Veja nos gráficos a seguir qual foi a participação da região no total da produção agrícola brasileira de alguns itens.

Brasil: produção de soja por região (%)

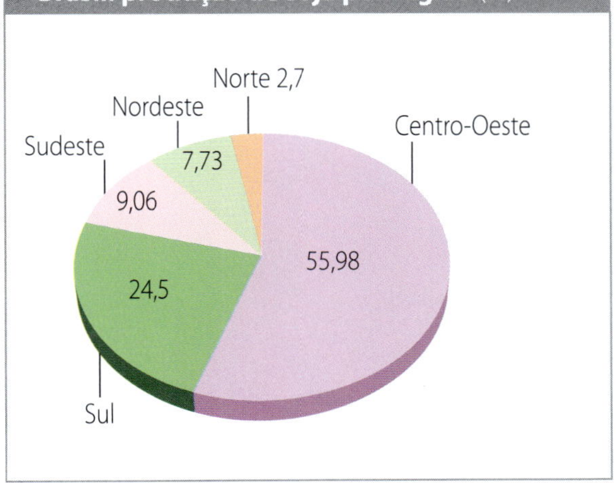

FONTE: IBGE. *PRODUÇÃO AGRÍCOLA MUNICIPAL 2005*. DISPONÍVEL EM: <WWW.IBGE.GOV.BR>. ACESSO EM OUTUBRO DE 2008.

Brasil: produção de sorgo por região (%)

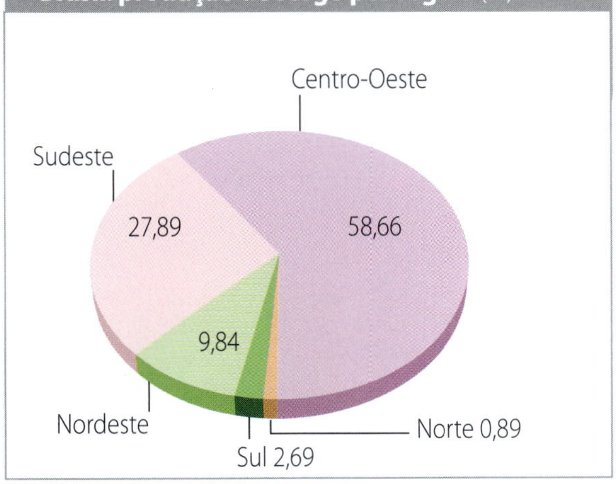

FONTE: IBGE. *PRODUÇÃO AGRÍCOLA MUNICIPAL 2005*. DISPONÍVEL EM: <WWW.IBGE.GOV.BR>. ACESSO EM OUTUBRO DE 2008.

Brasil: produção de tomate por região (%)

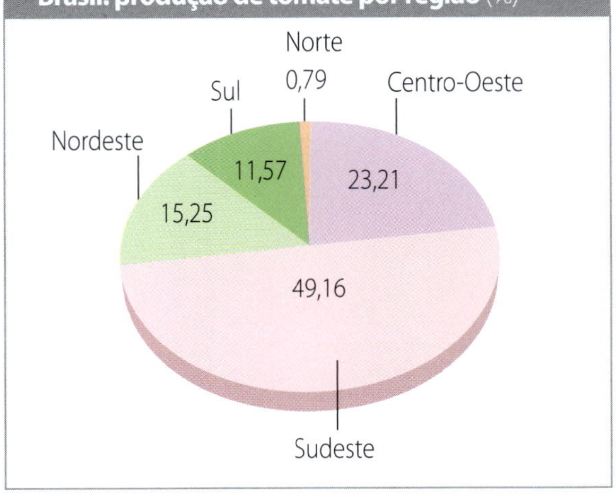

FONTE: IBGE. *PRODUÇÃO AGRÍCOLA MUNICIPAL 2005*. DISPONÍVEL EM: <WWW.IBGE.GOV.BR>. ACESSO EM OUTUBRO DE 2008.

Brasil: produção de arroz por região (%)

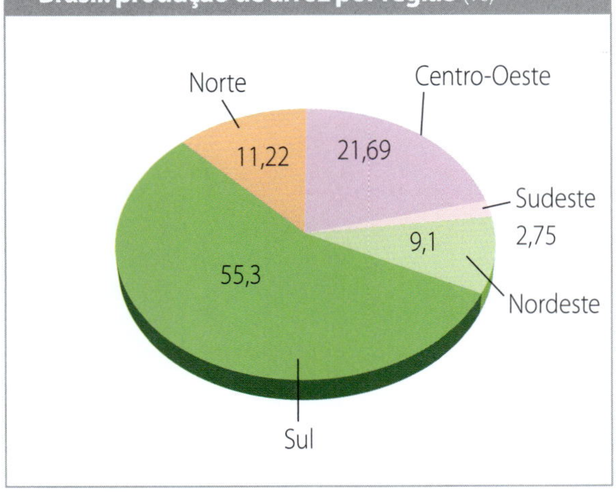

FONTE: IBGE. *PRODUÇÃO AGRÍCOLA MUNICIPAL 2005*. DISPONÍVEL EM: <WWW.IBGE.GOV.BR>. ACESSO EM OUTUBRO DE 2008.

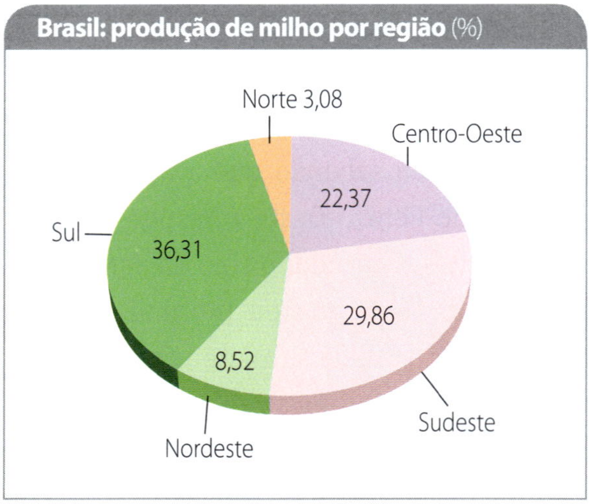

FONTE: IBGE. *PRODUÇÃO AGRÍCOLA MUNICIPAL 2005*. DISPONÍVEL EM: <WWW.IBGE.GOV.BR>. ACESSO EM OUTUBRO DE 2008.

As áreas agrícolas mais produtivas do Centro-Oeste são:

- Sudeste de Goiás – onde estão as cidades de Catalão, Ipameri, Pires do Rio e outras. Nelas, são cultivados arroz, algodão, café, milho e soja.
- Sul de Goiás – vale do rio Paranaíba, onde se destaca a cidade de Itumbiara. Sua principal cultura é o arroz, seguido do algodão e do amendoim.
- Sul de Mato Grosso do Sul – soja, arroz, café, algodão, milho e trigo.
- Região de Dourados e Campo Grande (MS) – soja, amendoim, milho e trigo.
- Sudeste de Mato Grosso – na região de Rondonópolis, onde se destacam o algodão e a soja.

Outras áreas produtivas estão situadas no centro de Mato Grosso, ao longo da rodovia Belém-Brasília e a oeste de Brasília. No Distrito Federal, a horticultura para consumo local tem forte presença.

Veja no mapa a localização aproximada das áreas agrícolas no Centro-Oeste.

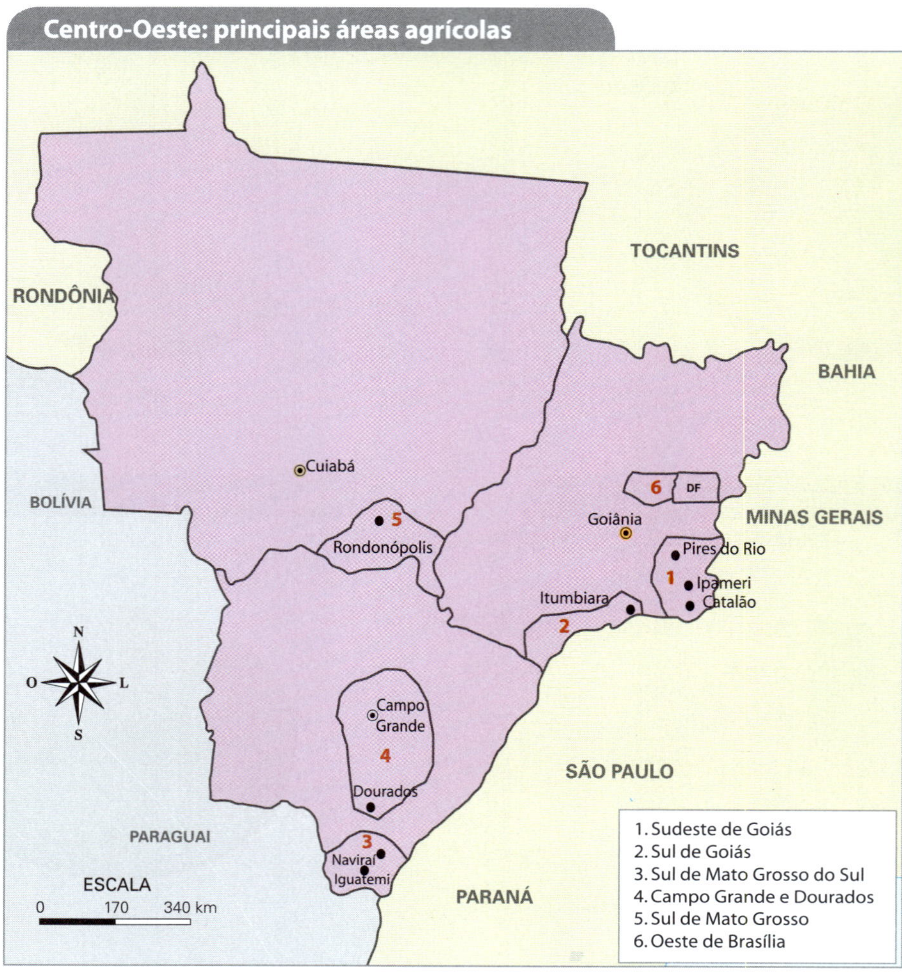

FONTE: ELABORADO COM BASE EM: MINISTÉRIO DA AGRICULTURA. *ANUÁRIO ESTATÍSTICO 2005*; IBGE. *PRODUÇÃO AGRÍCOLA MUNICIPAL – CEREAIS, LEGUMINOSAS E OLEAGINOSAS 2007*; IBGE. CENSO AGROPECUÁRIO 2006. RIO DE JANEIRO: IBGE, 2008.

Novas técnicas agrícolas

A produtividade da agricultura do Centro-Oeste tem aumentado devido à utilização de técnicas cada vez mais modernas nas fazendas da região. Entre essas técnicas, podemos citar:

- a aplicação de fertilizantes para aumentar a quantidade de nutrientes nos solos do cerrado e a correção da acidez desses solos pela aplicação de calcário, em um processo denominado **calagem**;
- o uso de modernas máquinas, como tratores, semeadeiras e colheitadeiras, e o emprego da informática para o planejamento do plantio, da colheita e do armazenamento de produtos agrícolas. Muitas propriedades utilizam o GPS (*Global Position System*) para mapear as áreas onde devem ser aplicados fertilizantes e corretivos dos solos;
- o sistema de irrigação que facilita o crescimento e a produtividade das lavouras.

Contudo, as técnicas modernas não são acessíveis a todos os produtores. Só os grandes proprietários têm disponibilidade de arcar com os altos investimentos necessários para sua utilização. Eles também são beneficiados por políticas governamentais, como crédito agrícola, financiamentos com juros menores, renegociação de dívidas e garantia de preços melhores na venda de seus produtos.

DIDA SAMPAIO/AGÊNCIA ESTADO

Área de culturas irrigadas na região de Cristalina (GO), 2008.

Pecuária

O Centro-Oeste tem o maior rebanho bovino do país, com 71 984 504 cabeças, o que significa quase 35% do total do rebanho brasileiro. Veja no gráfico a posição de cada região quanto ao rebanho bovino.

Os estados de Mato Grosso e Mato Grosso do Sul reúnem mais de 70% do rebanho regional de bovinos.

Com menor importância econômica, também são criados suínos, equinos e aves. A cidade de Pires do Rio (GO) é um importante polo de avicultura, onde está instalada uma empresa que opera em sistema de parceria com os criadores, muito parecido com o que você estudou na região Sul (ver capítulo 18). Os suínos são encontrados no sul dos estados de Mato Grosso do Sul e Goiás.

Brasil: rebanho bovino por região (%)

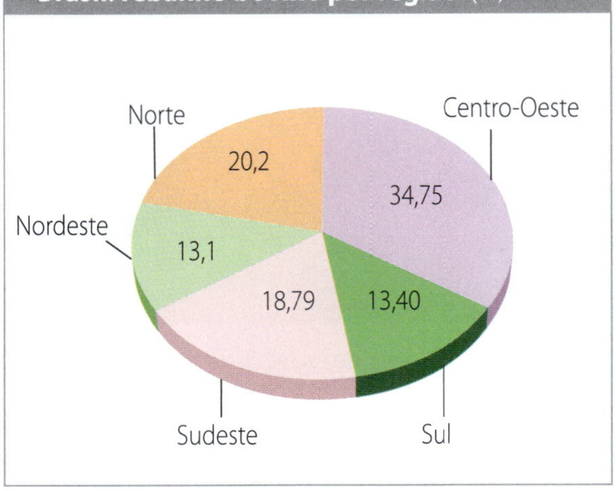

FONTE: IBGE. *PRODUÇÃO PECUÁRIA MUNICIPAL 2005.* DISPONÍVEL EM: <WWW.IBGE.GOV.BR>. ACESSO EM OUTUBRO DE 2008.

A pecuária bovina de corte é a mais praticada na região Centro-Oeste. Já a criação de gado para a produção do leite tem mais importância em Goiás.

Coexistem, no Centro-Oeste, duas formas de criação de gado bovino:

- o **sistema extensivo**, com o gado solto no pasto, como o que é praticado na região do Pantanal;
- o **sistema intensivo**, em que o gado é criado em pastos com grama cultivada e técnicas modernas de seleção de raças e cuidados veterinários. Este segundo tipo é praticado, principalmente, no sul de Mato Grosso do Sul e em Goiás.

Centro-Oeste: produtos da agropecuária

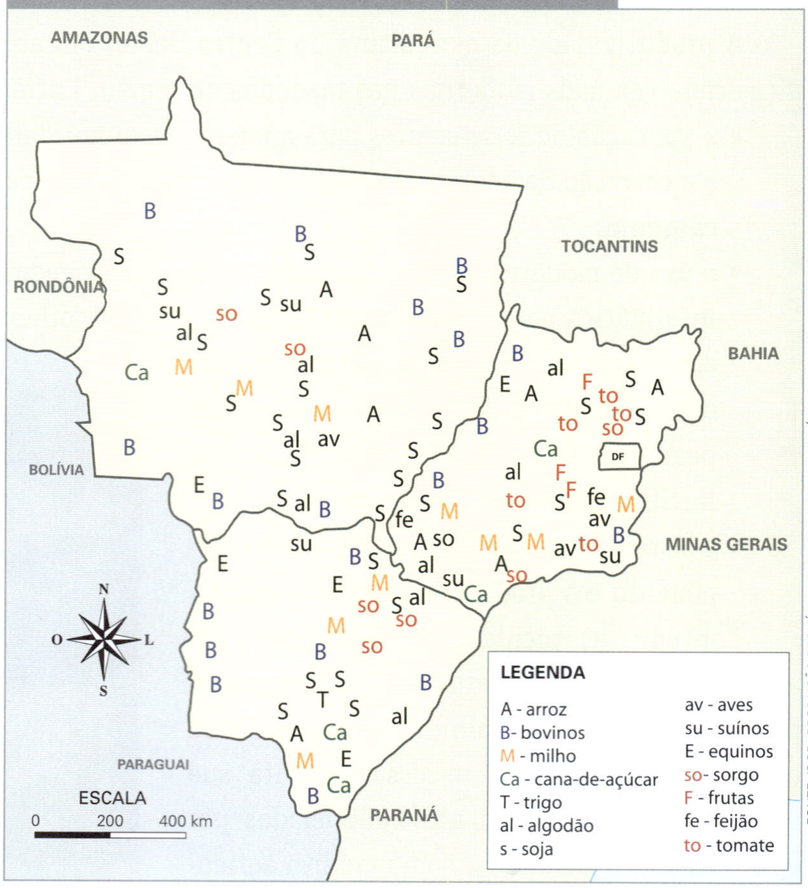

FONTE: IBGE. *PRODUÇÃO PECUÁRIA MUNICIPAL 2005.* DISPONÍVEL EM: <WWW.IBGE.GOV.BR>. ACESSO EM OUTUBRO DE 2008.

WERNER RUDHART/KINO.COM.BR

Criação extensiva de gado na região de Poconé (MS), 2003.

Pecuarista vacinando seu gado contra a febre aftosa em fazenda no Mato Grosso do Sul. Foto de 2000.

IZAÍAS MEDEIROS/AGÊNCIA ESTADO

Uma região de grandes propriedades

O Centro-Oeste é uma das regiões de maior concentração de terras do Brasil (veja o gráfico a seguir). As grandes propriedades ocupam a maior parte da sua área cultivável, sendo pouco expressivo o número de pequenas e médias propriedades.

Índice de Gini* — Concentração de terras por região (1967-2000)

FONTE: INCRA, 2001.

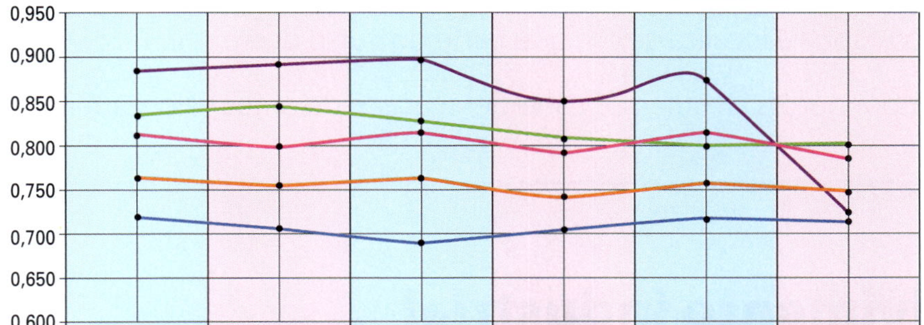

	1967	1972	1978	1992	1998	2000
Norte	0,882	0,889	0,895	0,849	0,871	0,715
Centro-Oeste	0,833	0,842	0,825	0,804	0,798	0,800
Nordeste	0,809	0,799	0,813	0,791	0,811	0,781
Sudeste	0,763	0,754	0,763	0,742	0,757	0,751
Sul	0,722	0,706	0,687	0,697	0,712	0,708

* Índice de Gini: índice que mede a concentração de terras e a concentração de renda de um país. Varia de 0 a 1. Neste caso, quanto mais próximo de 1, maior a concentração de terras.

Na década de 1950, o preço baixo das terras no Centro-Oeste atraiu compradores de outros estados. Muitos deles adquiriram grandes propriedades, que mantiveram improdutivas, ou seja, sem plantar ou criar gado, esperando apenas que valorizassem para depois vendê-las. É o que se chama de **especulação imobiliária**. Muitas fazendas da região estão nessa situação.

Grandes empresas exportadoras compraram terras de pequenos proprietários, os quais não podiam se equipar para produzir e, somados à grande parte dos migrantes de outros estados, passaram a trabalhar para essas empresas. Essa situação fez surgir a figura do **posseiro** que, como o nome indica, toma posse da terra desocupada e começa a produzir, sem possuir o título de propriedade.

A grande maioria dos conflitos no campo, muitos com mortes, tem como ator principal o posseiro que foi ou está ameaçado de ser expulso pelo proprietário da terra ou por **grileiros**. Esses conflitos têm, muitas vezes, a liderança de movimentos sociais e o apoio de entidades da Igreja católica. Nesses movimentos estão presentes famílias sem-terra que, em sua luta pela reforma agrária, ocupam áreas improdutivas e às vezes até mesmo produtivas.

No Centro-Oeste é muito comum a figura do trabalhador temporário. Em geral, ele presta seus serviços sem os benefícios da lei e vive em condições precárias nas periferias das cidades. Até mesmo casos de trabalho escravo já foram constatados na região.

Oficina de texto

Terras do Alto Araguaia são as mais valorizadas do país

Mato Grosso vem sendo procurado por estrangeiros dispostos a investir, principalmente, no setor de terras. A terra fértil e as belezas naturais do Alto Araguaia, na divisa com Goiás, têm atraído o interesse de estrangeiros endinheirados. A valorização das propriedades rurais no Brasil tem aumentado muito nestes últimos 12 meses. As propriedades rurais valorizaram-se 17,3%, com destaque para o Centro-Oeste, que aumentou de 17,9% para 23%, superando o Sudeste na alta dos preços das terras, nesse período.

As lavouras de cana-de-açúcar e de grãos são as principais responsáveis pelas cotações mais elevadas das áreas de plantio.

Adaptado de: <www.remade.com.br>. Acesso em outubro de 2007.

1. A região do Alto Araguaia localiza-se em que parte do curso desse rio?
2. Procure explicar por que as lavouras de cana-de-açúcar e de grãos valorizam as terras.

O desenvolvimento industrial

Nos últimos anos, o Centro-Oeste tem atraído novos tipos de indústria: farmacêuticas, de transportes, de material elétrico e montadoras de veículos são alguns deles. O extrativismo, vegetal e mineral, também é muito praticado na região.

Ainda assim, o Centro-Oeste continua tendo a menor participação no total da produção industrial brasileira. Veja o gráfico ao lado.

Brasil: participação na produção industrial por região (2006) (%)

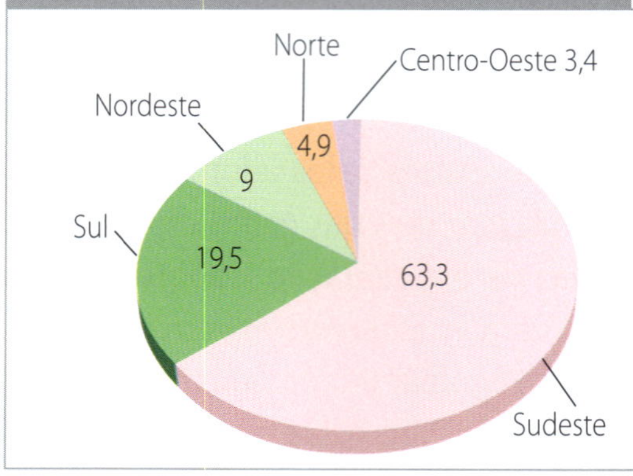

FONTE: IBGE. *ANUÁRIO ESTATÍSTICO DO BRASIL – 2005.* RIO DE JANEIRO: IBGE, 2006.

O estado de Goiás é o mais industrializado, principalmente no seu centro-sul, com destaque para a Região Metropolitana de Goiânia. Nesta última, sobressaem as cidades de Goiânia e Aparecida de Goiânia (areia para construção, tijolos, móveis hospitalares), Senador Canedo (polo petroquímico da Petrobras) e Goianira (polo calçadista e de couro).

Fora da Região Metropolitana de Goiânia, a indústria está presente principalmente em Anápolis, Catalão e Itumbiara. Em Anápolis existem hoje 23 empresas de produção de medicamentos genéricos, uma de bebidas e uma montadora de automóveis. Catalão conta com mineração de nióbio, produção de fosfato e fertilizantes, fabricação de matéria-prima para a indústria de pneus, borrachas e plásticos e com as montadoras de máquinas agrícolas e de automóveis. Itumbiara dedica-se à confecção de vestuário e uniformes.

MAURÍCIO SIMONETTI/PULSAR IMAGENS

Fábrica de cimento em Corumbá (MS), 2008.

O estado de Mato Grosso é o menos industrializado, com alguns centros industriais, como Cuiabá (indústrias alimentícias, de eletrodomésticos, de vestuário e pesqueiras) e Rondonópolis (processadoras de soja, têxteis, fertilizantes e curtumes). Algumas cidades apresentam indústrias pesqueiras, como Cáceres, onde acontece o internacionalmente conhecido Festival da Pesca Fluvial.

A importância da agroindústria

As indústrias mais numerosas no Centro-Oeste são as chamadas agroindústrias, que processam matérias-primas produzidas pela agropecuária. Entre elas, podem ser destacadas as processadoras de soja para a produção de óleo vegetal e farelo, os frigoríficos e as usinas de álcool extraído da cana-de-açúcar. O Mato Grosso do Sul conta com quatro distritos agroindustriais: Campo Grande, Dourados, Três Lagoas e Corumbá.

DALMO CURCIO/FOLHA IMAGEM

Plantação de girassóis, no município de Dourados (MS). Foto de 2006.

Centro-Oeste: extração de madeira

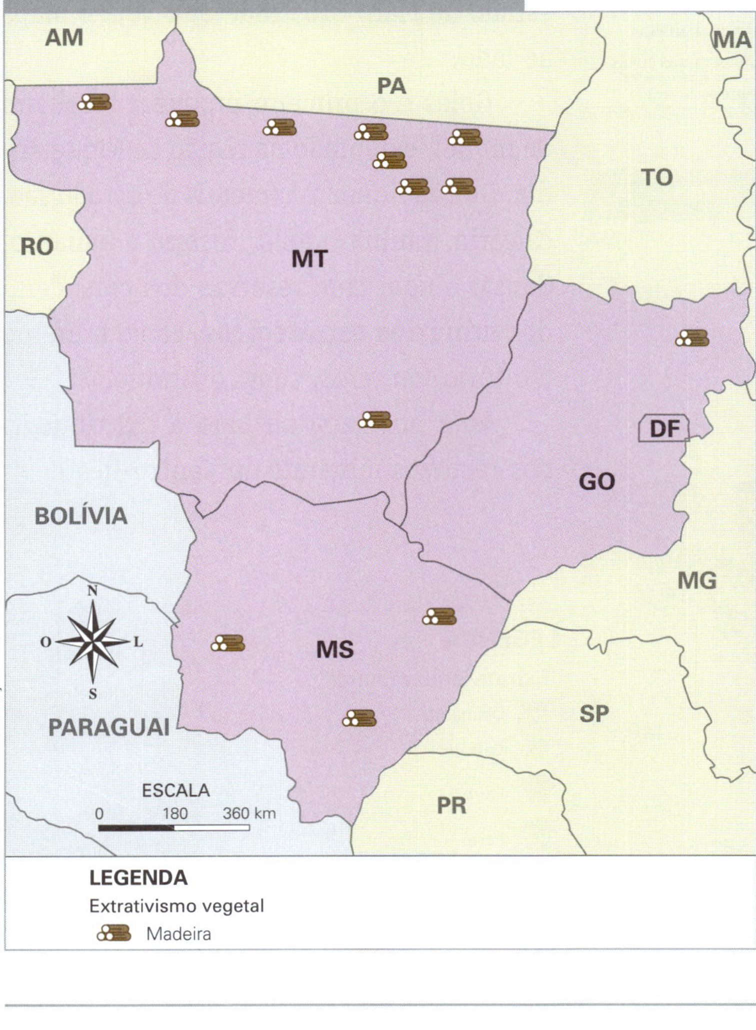

FONTE: IBGE. *PRODUÇÃO PECUÁRIA MUNICIPAL 2005*. DISPONÍVEL EM: <WWW.IBGE.GOV.BR>. ACESSO EM OUTUBRO DE 2008.

Atividades extrativas

Além da pesca fluvial (extrativismo animal), são também praticados no Centro-Oeste o extrativismo vegetal e o mineral.

MARCOS NEGRINI/FOLHA IMAGEM

Barcos durante a largada do Festival Internacional da Pesca de 2004, em Cáceres (MT).

A madeira é o principal produto do extrativismo vegetal, principalmente no estado de Mato Grosso.

Também se destacam outros produtos, como a castanha-do-pará (floresta Amazônica), a erva-mate (cultivada em algumas regiões), o palmito, o corante de alimentos denominado urucum, a planta medicinal poaia ou ipecacuanha, o látex, extraído da seringueira para a fabricação de borracha, e a piaçava, usada para fazer vassouras.

A distância dos centros consumidores não incentivou a exploração das riquezas minerais da região. É o que acontece com as reservas de ferro e manganês existentes no maciço do Urucum, localizado no Pantanal, ao sul de Corumbá. Mesmo assim, parte de sua produção é destinada às siderúrgicas do Sudeste.

Nos estados de Mato Grosso e Goiás, há garimpos para a exploração de ouro e diamantes em maior quantidade do que no estado de Mato Grosso do Sul. Veja o mapa ao lado.

Goiás é o primeiro produtor brasileiro de níquel, explorado na região de Niquelândia. Outras riquezas minerais do estado são: calcário, caulim, argila, fosfato e amianto. Conta, ainda, com reservas dos considerados **minérios estratégicos**, como o urânio e o tório, ou raros, como o titânio.

Veja no mapa ao lado a distribuição dos recursos minerais no Centro-Oeste.

Centro-Oeste: garimpos

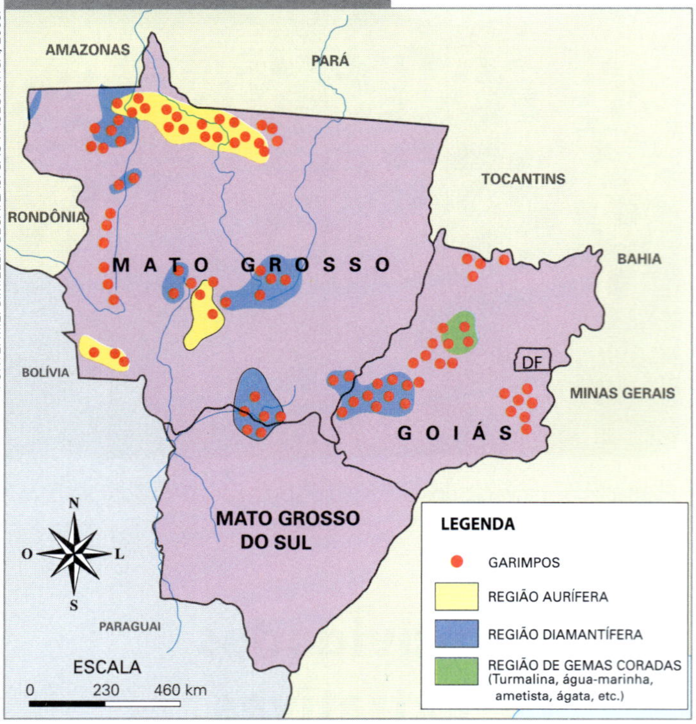

FONTE: M.E. SIMIELLI. *GEOATLAS*. SÃO PAULO: ÁTICA, 2008.

Centro-Oeste : distribuição dos recursos minerais

FONTE: ELABORADO COM BASE EM DNPM. *ANUÁRIO ESTATÍSTICO 2006*. DISPONÍVEL EM: <WWW.DNPM.GOV.BR/ASSETS/GALERIADOCUMENTO/AMB2006/I_2006.PDF>. ACESSO EM MAIO DE 2008.

Turismo

Na última década, a região Centro-Oeste passou a ser mais procurada por um novo tipo de turismo – o **turismo ecológico** –, principalmente nas áreas das chapadas dos Guimarães (MT) e dos Veadeiros (GO), e no Pantanal. A grande dificuldade para o desenvolvimento dessa atividade é o fato de a região não contar ainda com uma rede de transportes eficiente. Veja o mapa a seguir.

Centro-Oeste: rede de transportes

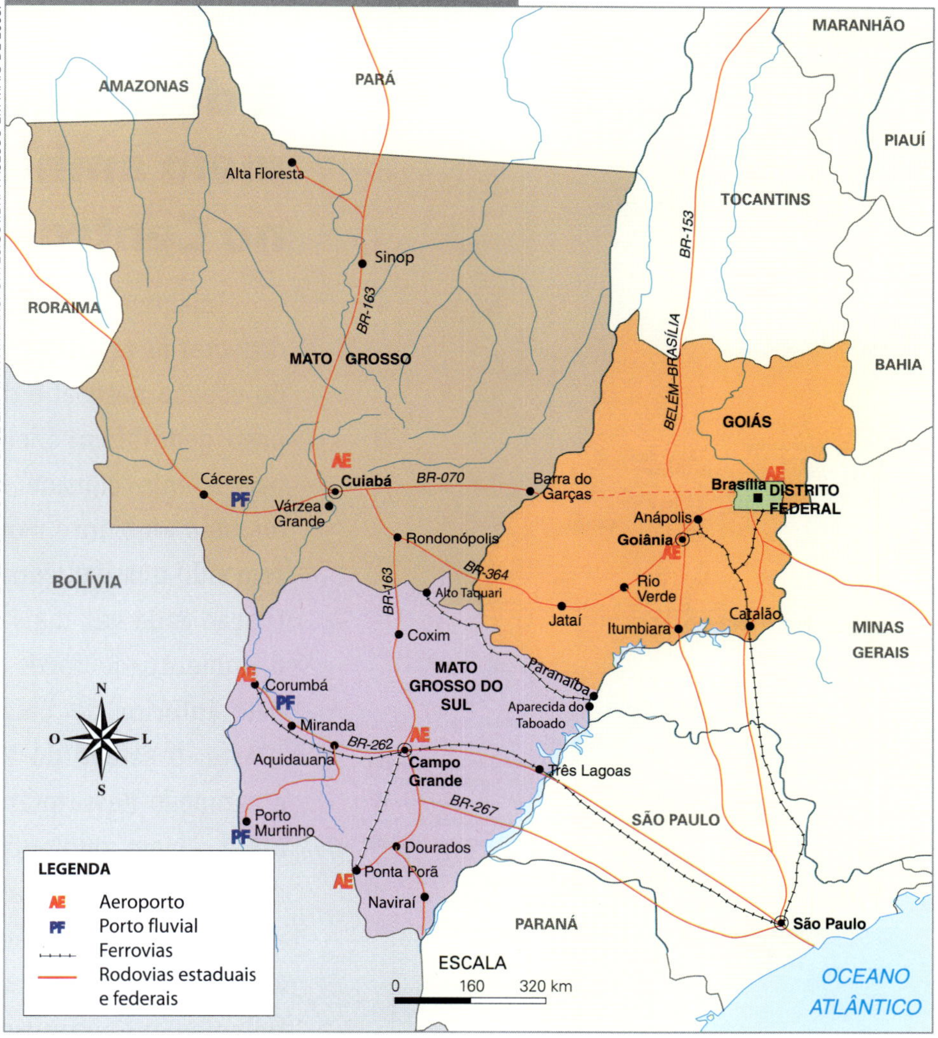

FONTE: ELABORADO COM BASE EM: <WWW.TRANSPORTES.GOV.BR>. ACESSO EM MAIO DE 2008.

O Parque Nacional da Chapada dos Guimarães, em Mato Grosso, é um dos destinos turísticos mais importantes do cerrado. São muito apreciadas as cachoeiras e as formações rochosas areníticas, em que se pode perceber o processo de sedimentação das rochas.

O Centro-Oeste conta, ainda, com outras atrações turísticas, como:

- estâncias hidrominerais, em Caldas Novas e Rio Quente (GO);
- pesca esportiva, em Miranda e Corumbá (MS), Cáceres e Barra do Garças (MT), e São Miguel do Araguaia (GO);
- cidades históricas (Goiás Velho e Pirenópolis, em Goiás);
- praias fluviais às margens do rio Araguaia, como em Aruanã (GO);

- turismo religioso, em Goiás, especialmente na cidade de Pirenópolis, onde se realizam as tradicionais festas da Cavalhada e do Divino, que propiciaram a criação de um rico artesanato de argila pintada com as figuras dos "mouros" e dos "cristãos" (festa da Cavalhada) e do Espírito Santo (festa do Divino);
- Brasília, por ser o centro de decisões políticas do país e Patrimônio Cultural da Humanidade, recebe muitos visitantes, quer para lazer cultural, quer para eventos e negócios.

Veja no mapa abaixo a distribuição dos principais pontos turísticos do Centro-Oeste.

Centro-Oeste: turismo

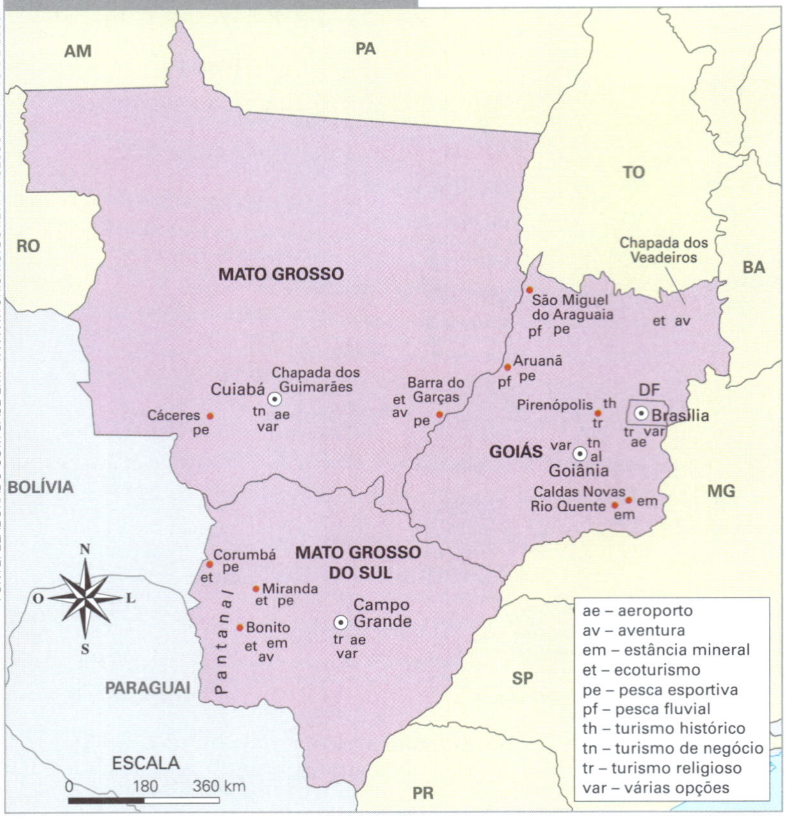

FONTE: ELABORADO COM BASE EM: <WWW.TURISMO.GOV.BR>. ACESSO EM MAIO DE 2008.

DORIVAL MOREIRA/PULSAR IMAGENS

Queimada na região de Alexânia (GO), 2008.

A destruição do meio ambiente no Centro-Oeste

Imagens de satélites permitem detectar as rápidas transformações do espaço natural e do próprio espaço geográfico, incluindo os impactos que causam a degradação do meio ambiente. Por essa técnica tem sido possível constatar uma situação cada vez mais preocupante: o aumento de focos de queimada pelo interior do país. No Centro-Oeste, o estado de Mato Grosso é o campeão nessa prática que tanto afeta o meio ambiente.

Os grandes vilões da agressão ao meio ambiente são exatamente aqueles ligados às modernas tecnologias que permitem o aumento da produtividade e o crescimento dos lucros. As queimadas indiscriminadas são resultado da expansão da agropecuária. A expansão das áreas de cultivo e de criação implica o aumento do uso de agrotóxicos e fertilizantes, os quais contaminam os solos e a água dos rios e do subsolo, acelerando o processo destrutivo.

Região Centro-Oeste: parques nacionais

FONTE: ELABORADO COM BASE EM: <WWW.IBAMA.GOV.BR/REVISTA/INDICE.HTM>. ACESSO EM MAIO DE 2008.

A urbanização, que vem se elevando desde o final da década de 1950, trouxe mais rodovias e mais população à região e também tem acarretado grandes danos à natureza.

Órgãos governamentais de proteção ao meio ambiente, como o Ibama (Instituto Brasileiro do Meio Ambiente e dos Recursos Naturais Renováveis), delimitaram áreas no Centro-Oeste para **unidades de conservação** e **parques nacionais**.

A região possui sete parques nacionais e um parque indígena, cuja distribuição você vê no mapa ao lado.

Repensando o capítulo

Faça no caderno as atividades a seguir.

1 Ciências

Instituições como o Ibama, a Sociedade Brasileira de Zoologia, a Fundação Biodiversitas e o Instituto Terra Brasilis elaboraram, em 2003, uma lista nacional de animais ameaçados de extinção. Nessa lista, chamada de "lista vermelha", consta que os altos índices de biodiversidade nacional são acompanhados pelos crescentes números de animais em risco. Das 627 espécies que compõem a lista vermelha, 618 estão classificadas nas categorias de ameaça, enquanto nove já são consideradas extintas, ou existem apenas em cativeiro.

Revista *Pantanal e Amazônia*, ano 3, n. 7. São Paulo: Online, 2007, p. 78-9.

- Acompanhe, agora, os dados da triste lista vermelha:

Biomas	Categorias de ameaça		
	Extinta	Extinta na natureza	Em perigo
Mata Atlântica	5	1	103
Cerrado	2	0	22
Marinho	0	0	20
Campos sulinos	0	0	16
Amazônia	1	0	14
Caatinga	0	1	6
Pantanal	1	0	3
Brasil	**9**	**2**	**184**

Fontes: Ibama e instituições citadas, 2003.

a) Qual dos biomas apresenta a pior situação?

b) Compare os biomas do Centro-Oeste e aponte qual deles tem a situação mais preocupante.

c) Pesquise nos capítulos anteriores e dê a localização e uma característica dos seguintes biomas brasileiros: Pantanal, Cerrado, Mata Atlântica e Caatinga.

2 A região Centro-Oeste é apontada como líder no número de queimadas no Brasil. Identifique o estado que lidera essa trágica classificação e aponte uma consequência desse preocupante processo.

3 Leia com atenção:

Ciências

> [...] na maior parte do Brasil, exceto em uma grande parte da floresta Amazônica, o meio ambiente natural foi substituído pela natureza humanizada [...].
>
> THÉRY, Hervé; MELLO, Neli Aparecida de. Atlas do Brasil: disparidades e dinâmicas do território. São Paulo: Edusp/Imprensa Oficial, 2005. p. 88.

- Relacione a frase com o Centro-Oeste.

4 Pesquisa em grupos

Ciências e História

O professor dividirá a turma da sala em oito grupos, para pesquisar os parques nacionais e o parque indígena localizados no Centro-Oeste. Por meio de um sorteio, cada parque será destinado a um dos grupos. O trabalho pode constar de um texto contando a história do parque e descrevendo as suas características (rios que o atravessam, espécies animais e vegetais que contém, entre outras). Os grupos poderão elaborar também um cartaz com imagens e um mapa da localização do parque, além de uma frase que estimule sua defesa e proteção.

Glossário

grileiro: pessoa ou grupo que apresenta documentos falsos de propriedade para se apossar de terras que não lhe pertencem.

minério estratégico: minério que entra na composição da energia atômica e pode ser também utilizado para a fabricação de armas nucleares.

parque nacional: área quase sempre de propriedade do governo cujo principal objetivo é a conservação de ecossistema com grande biodiversidade.

unidade de conservação: áreas menores que os parques nacionais, cuja criação visa minimizar a degradação ambiental dos ecossistemas.

Outras fontes de informação

Por dentro da rede (acesso em dez. 2008)

- www.chapadadosguimaraes.com.br
- www.ibama.gov.br/ran
- www.mma.gov.br
- www.edhorizonte.com.br/revista

Consultando a biblioteca

- *Agricultura e meio ambiente*, de Antônio Vítor Rosa, Atual, 1998.
- *Estórias e lendas de Goiás e Mato Grosso*, de Américo Mello, Iracema, 1986.
- *O Pantanal do Mato Grosso*, de Francis Dov Por, Universidade de São Paulo/Instituto de Biociências, 1997.

UNIDADE VI
Um olhar para a região Norte

Capítulo 23

Terras baixas e clima equatorial

AMAZONASTUR/GOVERNO DO AMAZONAS

Arquipélago das Anavilhanas, no Rio Negro, próximo de Manaus (AM), 2005.

As fotos desta página revelam duas características do Norte do Brasil. A primeira foto mostra a maior bacia hidrográfica do planeta; na segunda vemos a mais densa e extensa área florestal do globo.
A região Norte apresenta também o maior conjunto de terras de baixa altitude do país. Atravessada pelo equador, situa-se, em sua maior parte, na faixa de baixas latitudes. Juntos, esses fatores lhe conferem um caráter singular no Brasil e no mundo.

Floresta Amazônica na região do município de Presidente Figueiredo (AM), 2007.

MAURICIO SIMONETTI/PULSAR IMAGENS

Região Norte e Amazônia

Como você pode observar no mapa a seguir, a região Norte é formada por sete estados. Seus limites coincidem com as divisões políticas dessas unidades da federação brasileira.

Região Norte: posição geográfica e divisão política

FONTE: ADAPTADO DE MARIA ELENA SIMIELLI. *GEOATLAS*. SÃO PAULO: ÁTICA, 2006.

Amazônia Internacional ou Amazônia

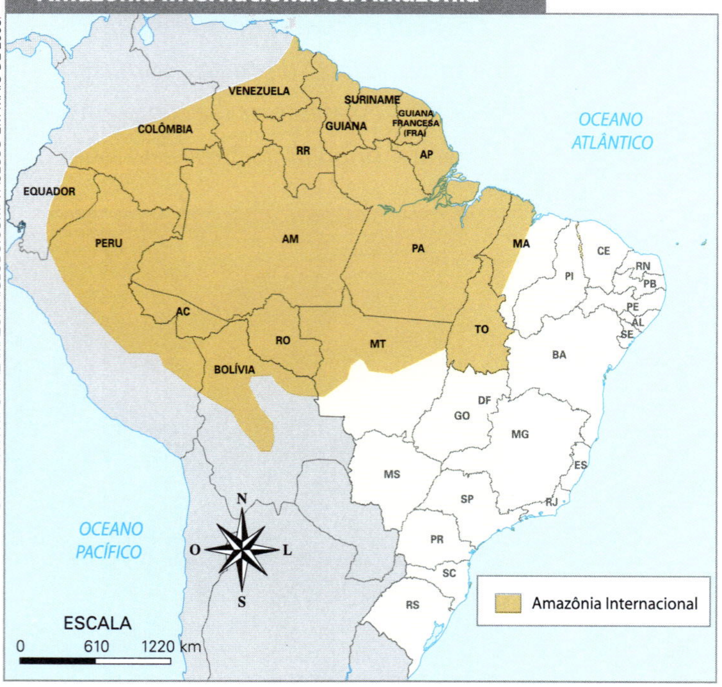

FONTE: <WWW.PORTALAMAZONIA.GLOBO.COM>. ACESSO EM MAIO DE 2008

Contudo, quando dizemos Amazônia, estamos nos referindo a uma área que ultrapassa as fronteiras a norte e a oeste do Brasil e os limites dos estados da região Norte. A Amazônia abrange o norte de Mato Grosso e o oeste do Maranhão, e, ainda, terras da Venezuela, Colômbia, Suriname, Guiana, Guiana Francesa, Peru, Equador e Bolívia. Toda essa amplitude é chamada também de **Amazônia Internacional**.

Existe também um outro conceito, o de **Amazônia Legal**, estabelecido pelo governo federal para facilitar a administração e a aplicação de programas socioeconômicos em uma imensa área com características semelhantes. A Amazônia Legal abrange os estados da região Norte, mais o norte de Mato Grosso e o oeste do Maranhão.

Portanto, Amazônia (Amazônia Internacional), Amazônia Legal e região Norte não são sinônimos. Cada um desses nomes se refere a uma área distinta. Compare os mapas anteriores com o mapa a seguir.

Amazônia Legal

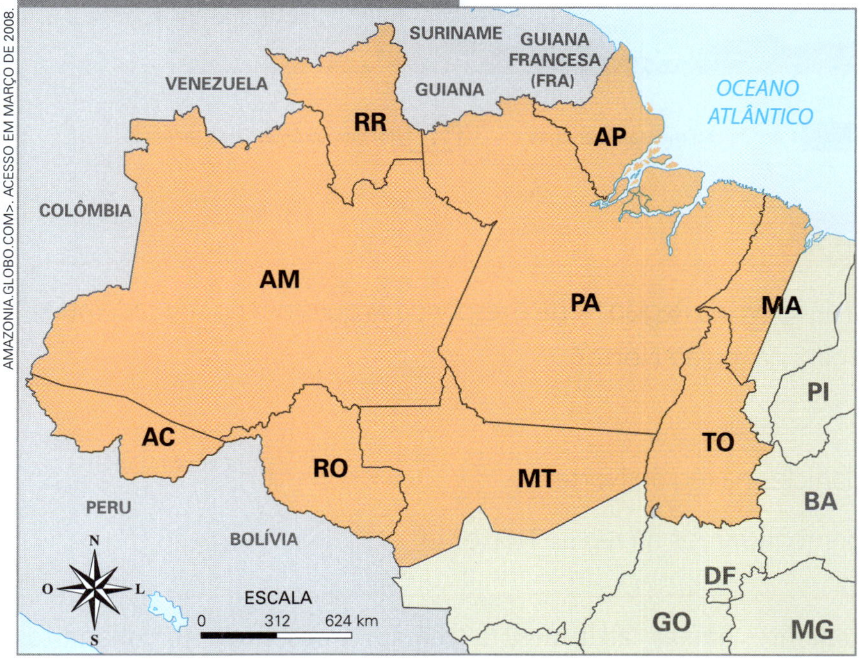

FONTE: ELABORADO COM BASE EM <WWW.PORTALDA AMAZONIA.GLOBO.COM>. ACESSO EM MARÇO DE 2008.

Terras baixas amazônicas

Observe o mapa abaixo. Como você vê, a região Norte apresenta catorze unidades de relevo: cinco planaltos, cinco depressões e quatro planícies.

Região Norte: unidades de relevo

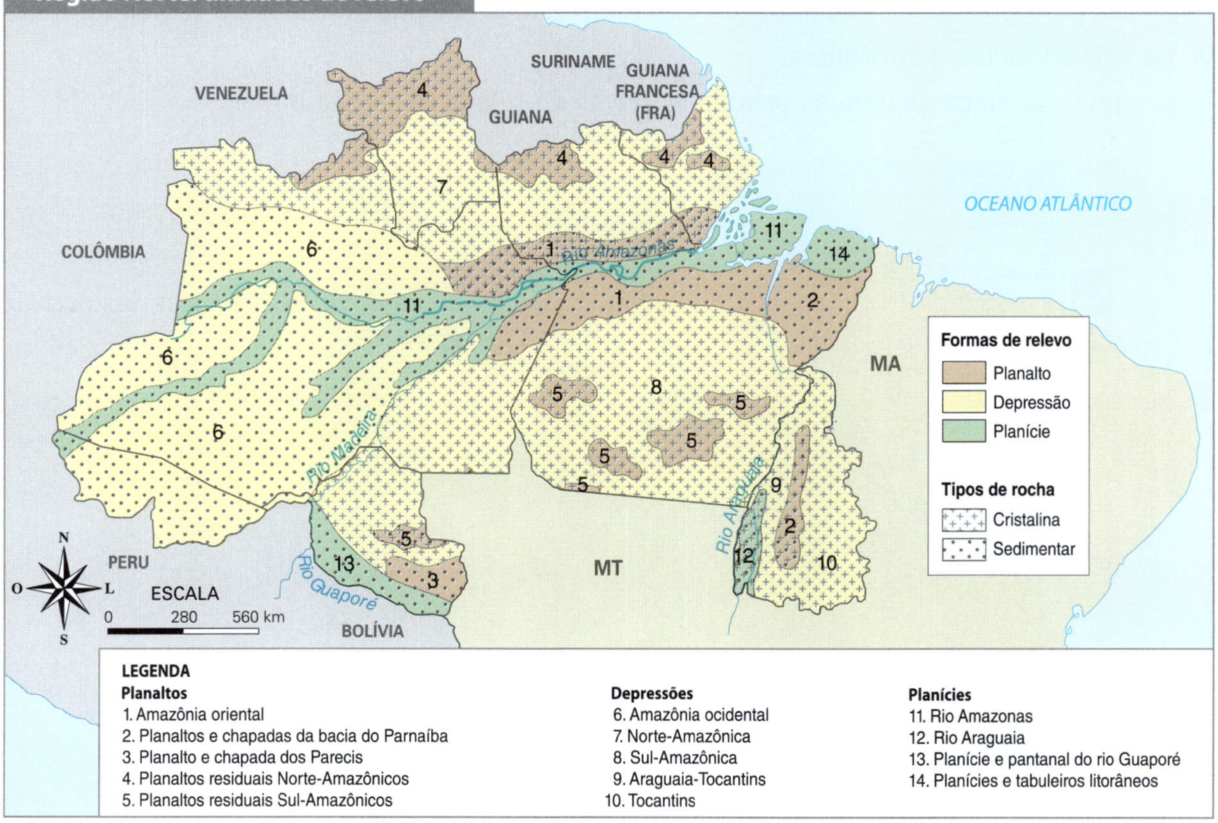

FONTE: ELABORADO COM BASE EM JURANDYR L. ROSS. RELEVO BRASILEIRO: UMA NOVA PROPOSTA DE CLASSIFICAÇÃO. *REVISTA DO DEPARTAMENTO DE GEOGRAFIA*. FACULDADE DE FILOSOFIA, LETRAS E CIÊNCIAS HUMANAS DA UNIVERSIDADE DE SÃO PAULO, N. 4, 1990.

Região Norte: perfil do relevo

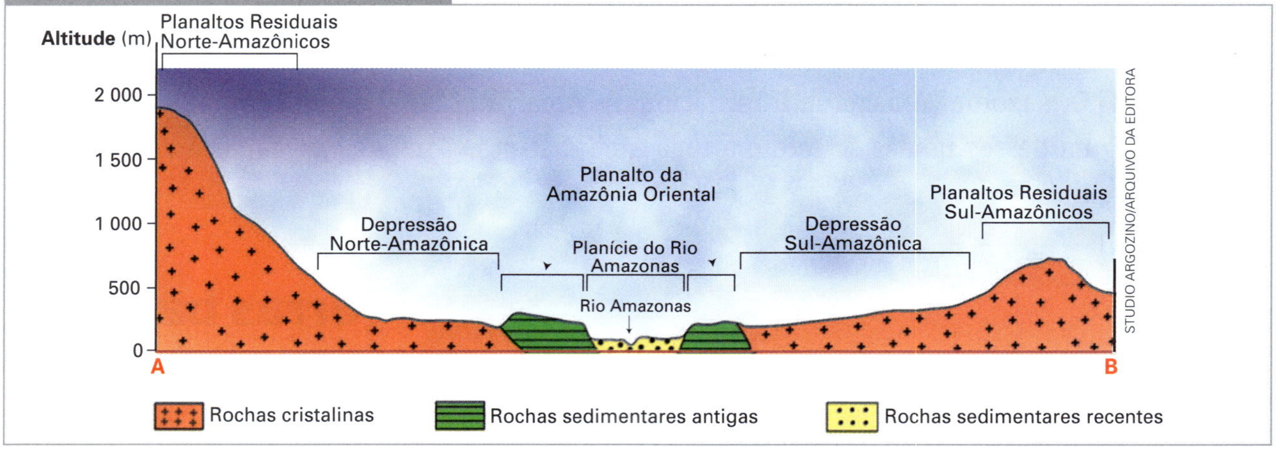

FONTE: ADAPTADO DE ROSS, JURANDYR. RELEVO BRASILEIRO: UMA NOVA PROPOSTA DE CLASSIFICAÇÃO. *REVISTA DO DEPARTAMENTO DE GEOGRAFIA*. FACULDADE DE FILOSOFIA, LETRAS E CIÊNCIAS HUMANAS DA UNIVERSIDADE DE SÃO PAULO, Nº 4, 1990.

Trabalhando com mapas

Observe o mapa das unidades de relevo da Região Norte e responda às questões no seu caderno.

1. Que forma de relevo predomina na região Norte?
2. O que são depressões?
3. Onde estão localizadas as planícies na região Norte?
4. Quantas unidades de relevo encontramos na região Norte?

Mesmo tendo predominantemente baixas altitudes, a região apresenta, nos planaltos Residuais Norte-Amazônicos, as maiores altitudes do território brasileiro: o pico da Neblina (2 993 metros) e o pico 31 de março (2 972 metros). Ambos estão localizados no estado do Amazonas, na fronteira com a Venezuela.

Veja agora, no mapa abaixo, as principais serras do relevo da região Norte.

Região Norte: serras e picos

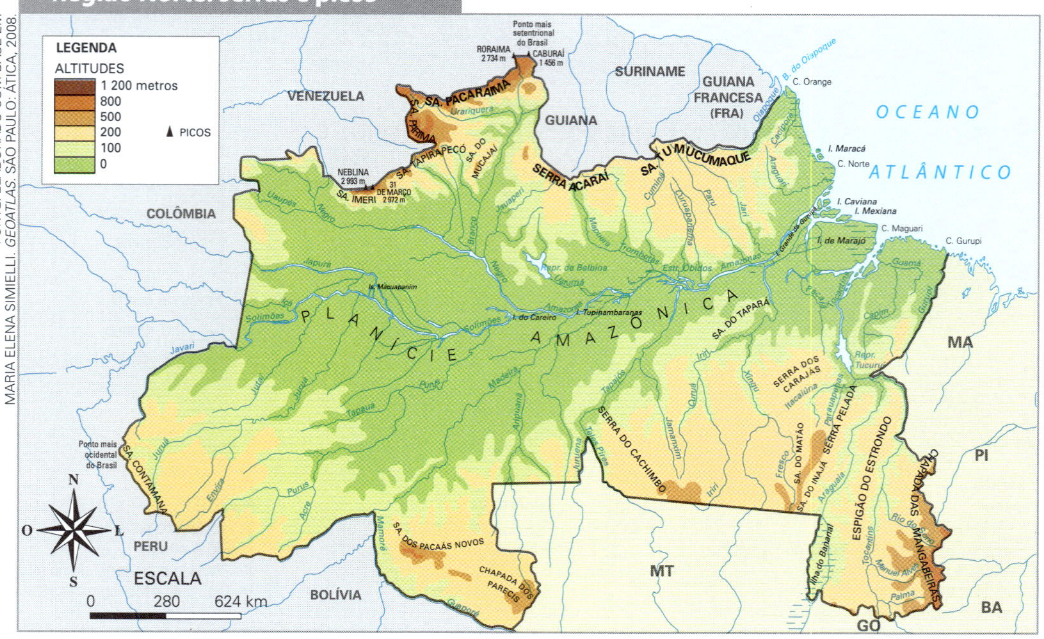

FONTE: ELABORADO COM BASE EM MARIA ELENA SIMIELLI. *GEOATLAS*. SÃO PAULO: ÁTICA, 2008.

Domínio do clima equatorial

O clima predominante na região Norte é o equatorial (quente e chuvoso). Mas, observando o mapa a seguir, você nota que a região apresenta outro tipo de clima entre os principais: o tropical continental, sobre o qual você aprendeu ao estudar as regiões Sudeste e Centro-Oeste.

Região Norte: tipos de clima

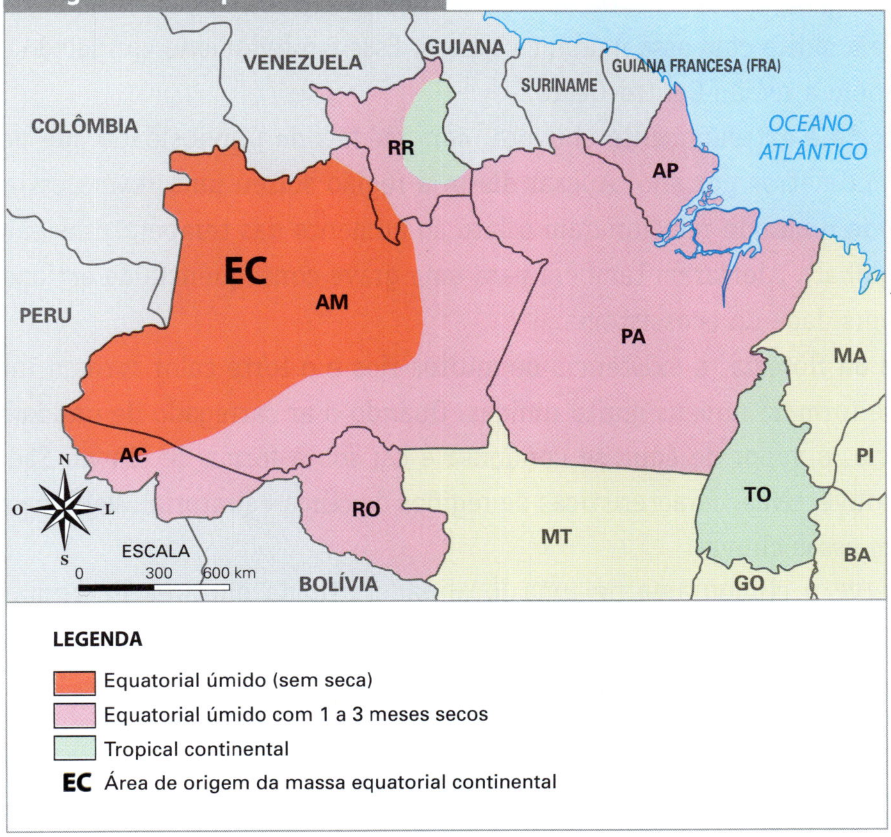

FONTE: ADAPTADO DE IBGE. *ATLAS GEOGRÁFICO ESCOLAR*. RIO DE JANEIRO: IBGE, 2007.

No domínio do clima equatorial, as temperaturas médias são elevadas (de 25 °C a 27 °C) e o relevo baixo ajuda a intensificar o calor. A amplitude térmica é muito pequena, não passando de 2 °C, ou seja, é sempre verão.

Encontramos alguns subtipos de clima equatorial que se diferenciam pela duração da estação seca. Na Amazônia Ocidental, predomina o mais chuvoso desses climas, sem estação seca. Aí se origina uma massa de ar quente e úmida (equatorial continental) que traz chuvas quase diárias à região. No verão, avançando, ela provoca chuvas em praticamente todas as regiões brasileiras.

Geralmente as massas de ar que se formam sobre o continente são de ar seco; a equatorial continental é uma exceção. Por se originar de uma enorme floresta e de uma região abundante

Os rios da Amazônia estão sempre recebendo águas das chuvas. Isso acontece porque a região é atravessada pelo equador e os rios têm seus cursos tanto no hemisfério norte como no hemisfério sul. Portanto, alguns deles têm duplo período de cheias, em alguns trechos de seu curso: um no verão do hemisfério norte e outro no verão do hemisfério sul.

em rios, apresenta umidade local elevada, com forte presença de vapor de água na atmosfera. Esse assunto você vai estudar mais adiante, neste capítulo.

Em outras áreas de clima equatorial, o período mais seco pode demorar de um a cinco meses, e é chamado de **estiagem**.

No "inverno" regional, a massa de ar polar atlântica (que você estudou no capítulo 16), vinda do Atlântico Sul, atinge o estado de Rondônia e o sudoeste do Amazonas, fazendo a temperatura cair muito (para até 10 °C). Os habitantes dessas áreas, não acostumados a temperaturas tão baixas, sofrem muito com essa mudança brusca. Esse é o fenômeno conhecido como **friagem**, que atinge também a região Centro-Oeste.

A região Norte é extremamente chuvosa, com médias de pluviosidade que podem variar de 1 750 a 3 000 milímetros por ano. Apesar disso, a região sofreu uma severa estiagem em 2005. Cientistas de todo o mundo relacionaram o fato ao aumento das temperaturas em nível mundial (aquecimento global). Alertaram também para uma grave consequência da estiagem, que seria a perda da biodiversidade do ecossistema.

A presença da floresta, a existência de muitos rios e o forte calor tornam intensa a evaporação, porque se formam nuvens muito úmidas. Quando o ar carregado de umidade em ascensão vertical se resfria, o vapor de água se condensa e cai sob a forma de chuva. São as **chuvas de convecção** ou convectivas, características de regiões de clima equatorial. Veja, na figura a seguir, como se formam essas chuvas.

Agora observe o climograma de uma localidade situada em área de clima equatorial na região Norte.

Chuva de convecção

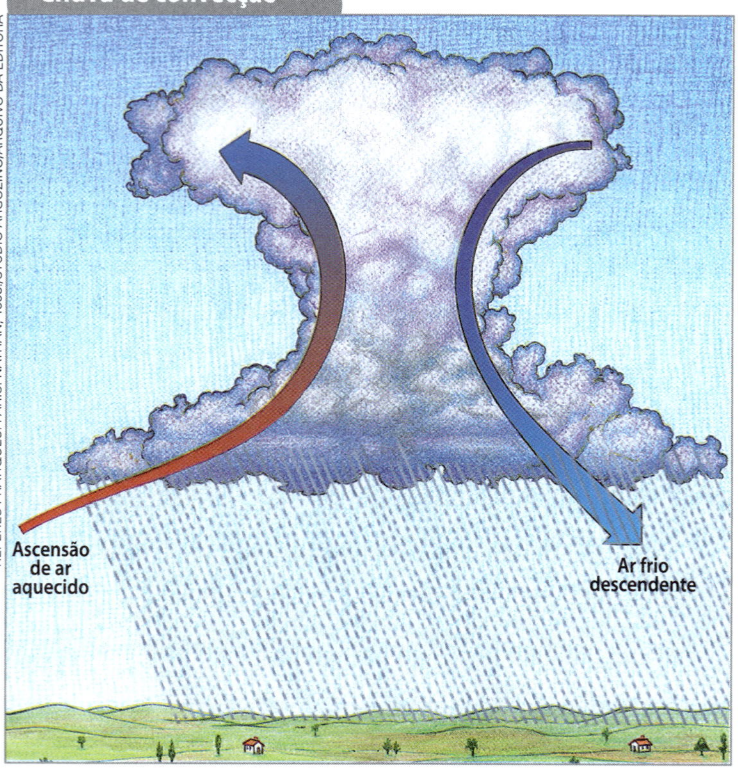

FONTE: ADAPTADO DE BEAUX, JEAN-FRANÇOISE. *L'ENVIRONNEMENT*; REPÈRES PRATIQUES. PARIS: NATHAN, 1998./STUDIO ARGOZINO/ARQUIVO DA EDITORA

Belém (Pará)

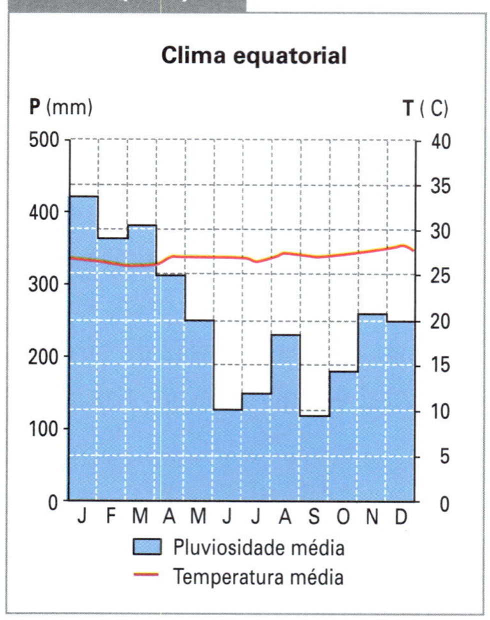

Fonte: adaptado de IBGE. *Anuário Estatístico do Brasil 2001*.

O clima tropical continental ocorre no estado de Tocantins e na porção leste de Roraima. Esse tipo de clima, como você deve se lembrar, é marcado pela existência de duas estações bem delimitadas: uma seca (inverno) e outra chuvosa (verão). Veja o climograma deste tipo de clima no capítulo 20, página 220.

A floresta Amazônica

A floresta Amazônica, classificada como equatorial, é um tipo de floresta tropical que ocorre nas áreas mais chuvosas do mundo, como a região Norte do Brasil. Abaixo, algumas características dessa surpreendente floresta:

- é sempre verde ou perene – não perde suas folhas em nenhuma estação do ano;
- é higrófila – adaptada à umidade;
- é latifoliada – sua vegetação tem folhas largas;
- apresenta imensa biodiversidade, isto é, milhares e milhares de espécies vegetais e animais em pequenas porções de espaço.

Assim é a maior floresta do mundo, que cobre uma área de mais de 5,5 milhões de quilômetros quadrados em vários países da América do Sul, a maior parte no Brasil.

Veja, no primeiro mapa a seguir, a vegetação original da região Norte e, no segundo, como a intervenção humana já alterou essa vegetação.

Região Norte: vegetação original

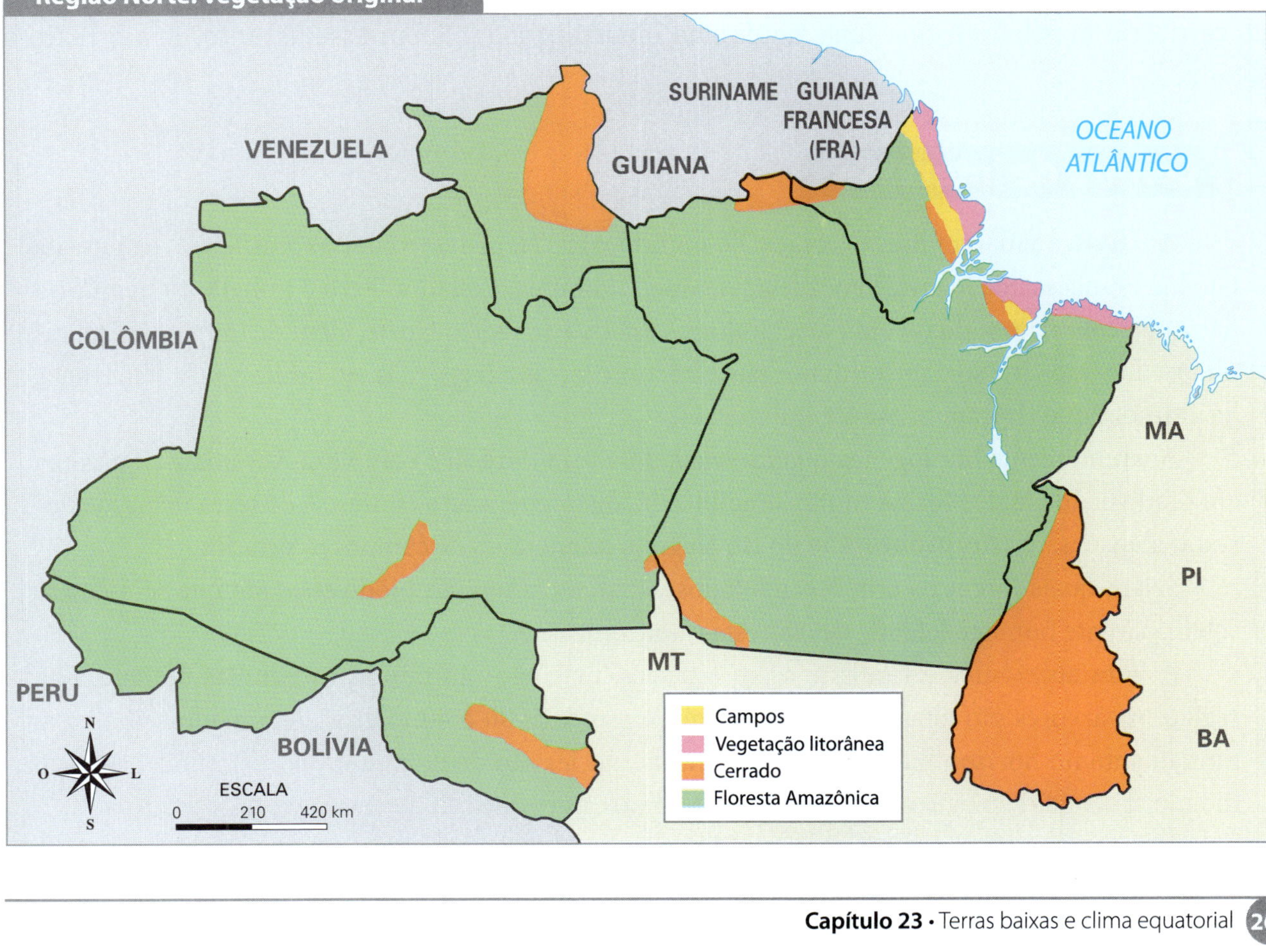

FONTE: ELABORADO COM BASE EM IBGE. *ATLAS NACIONAL DO BRASIL*. RIO DE JANEIRO: IBGE, 2000 E MARIA ELENA SIMIELLI. *GEOATLAS*. SÃO PAULO: ÁTICA, 2008.

Região Norte: vegetação atual

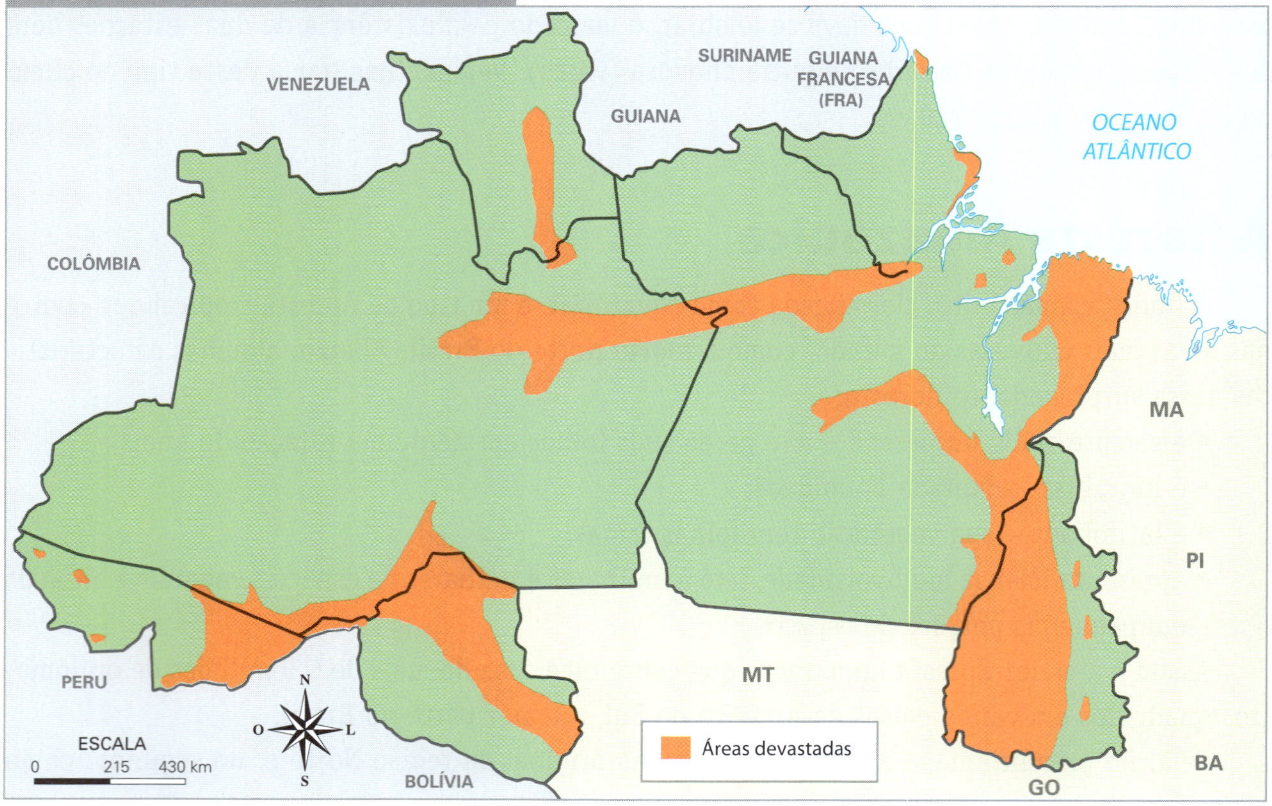

FONTE: ELABORADO COM BASE EM MARIA ELENA SIMIELLI. *GEOATLAS*. SÃO PAULO: ÁTICA, 2008.

Um tesouro verde

A imensa floresta equatorial, cuja foto você viu na abertura da unidade, cobre cerca de 60% do território brasileiro e tem uma riquíssima biodiversidade. Sobre esse assunto, leia o texto a seguir.

Leitura de interesse

A **Hileia** é a maior floresta tropical do mundo. Mais além das fronteiras brasileiras, penetra na Guiana Francesa, Suriname, Venezuela, Guiana, Colômbia, Equador, Peru e Bolívia. No território nacional, cobre, no todo ou em parte, todos os estados da região Norte, além de trechos do Maranhão e de Mato Grosso. Em sua maior parte, recobre terras baixas, mas, no limite com a Venezuela, há altitudes que chegam quase a 3 mil metros.

Ciências

Aparentemente homogênea quando vista do alto, a floresta é complexa, variada e riquíssima em biodiversidade. De forma muito simplificada, distinguem-se as florestas de terra firme, as florestas alagadas, as **campinaramas** do rio Negro e os encraves de campos e cerrados.

Sejam quais forem os critérios adotados, é patente a imensa biodiversidade que se esconde sob a aparente homogeneidade das florestas amazônicas.

A flora amazônica é riquíssima em espécies, mas não são muitas as famílias botânicas da região. As árvores são altas, chegam a atingir, em média, 30 a 40 metros. A sumaúma sobressai nitidamente no horizonte da floresta. Algumas espécies são de grande valor econômico, como o mogno, a cerejeira, o pau-rosa e a seringueira. Entre as palmeiras, destacam-se o buriti e o açaí.

A fauna da floresta também é muito variada. São conhecidas 560 espécies de mamíferos e mais de mil espécies de aves. O número de peixes, ainda desconhecido, deve chegar a 2 mil ou 3 mil espécies. A quantidade de insetos também é assombrosa.

Alguns animais merecem ser citados: o peixe-boi, o boto-cor-de-rosa, o preguiça-real, o galo da serra, a ararajuba, o jacaré-açu, o pirarucu, a piraíba e as várias tartarugas.

Trechos adaptados de I. G. Câmara. *Megabiodiversidade do Brasil Sextante*. Rio de Janeiro: Artes, 2001. p. 43-53.

HAROLDO PALO JR/KINO.COM.BR

Palmeiras de buriti (*Mauritia flexuoxa*) na floresta Amazônica, em Presidente Figueiredo (AM), 2007.

ENRICO MARONE/PULSAR IMAGENS

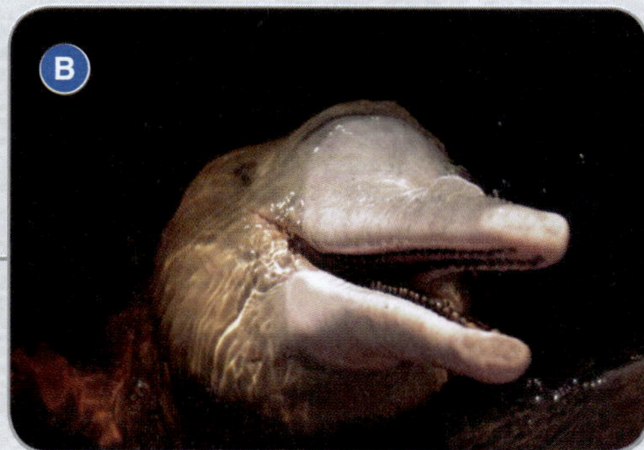
HAROLDO PALO JR/KINO.COM.BR

(A) Ararajuba (*Aratinga guarouba*) e **(B)** Boto-cor-de-rosa (*Inia geoffrensis*), espécies endêmicas da região Norte.

Vários tipos de mata

Para diferenciar os vários tipos de floresta equatorial, consideram-se os níveis de altitude em que se encontram, podendo ou não ser inundados pelas águas dos rios.

- Mata de igapó – sempre inundada pelas águas, é rica em trepadeiras e árvores que atingem 20 metros de altura.
- Mata de várzea – é atingida pelas águas na época das cheias e possui árvores típicas, como a seringueira, o cacaueiro e a imbaúba.
- Mata de terra firme ou "firme" – é chamada ***caá-etê***, palavra indígena que significa 'mata verdadeira'. Em geral é composta de árvores muito altas e localiza-se em áreas não atingidas pelas enchentes dos rios. Encontramos aí o guaraná, o castanheiro e madeiras de lei, como o mogno.

FONTE: VALQUÍRIA E BELUCE. *PROJETO RADIX* – GEOGRAFIA 6ª SÉRIE. SÃO PAULO: SCIPIONE, 2006. P. 190. /STÚDIO ARGOZINO/ARQUIVO DA EDITORA

A floresta ameaçada

> A floresta vem sendo derrubada para dar lugar a projetos agropecuários e à ocupação humana. Embora quase 6,5 milhões de hectares tenham sido transformados em áreas de proteção, a ameaça prossegue.
>
> WALLACE, Scott. *National Geographic – Brasil*, janeiro de 2007, p. 32.

A floresta Amazônica vem sofrendo um processo de desmatamento, principalmente desde as últimas décadas do século XX. Entre as ações humanas responsáveis por esse processo, podemos ressaltar:

- a derrubada de árvores para o uso da terra com agricultura e pecuária;
- a abertura de estradas e a expansão de áreas urbanas;
- a construção de hidrelétricas;
- a extração da madeira;
- a exploração mineral.

O cultivo da soja e a pecuária vêm se expandindo pela região à custa da destruição das árvores pelo método das queimadas. (Leia mais sobre o assunto no capítulo 25.)

As represas, construídas para servir às hidrelétricas, inundaram grandes áreas da floresta, cujos restos apodrecem debaixo da água.

Outra ameaça constante à biodiversidade da floresta Amazônica é a biopirataria. Esse tipo de pirataria consiste no contrabando ou comércio ilegal de plantas e animais, que são enviados principalmente para outros países. Muitos produtos de uso medicinal, alimentício ou cosmético fabricados a partir de substâncias vegetais e animais retiradas da Amazônia já estão registrados em países europeus e no Japão. Lá eles geram riquezas que deveriam pertencer ao Brasil.

A devastação da Amazônia é um assunto muito discutido nos âmbitos nacional e internacional. Leia o texto a seguir e veja por que a Amazônia é fundamental para o equilíbrio do clima do planeta.

Aprendendo mais

Desmatamento e clima mundial

Não é só por sua enorme biodiversidade que a Amazônia chama a atenção do mundo. Pesa muito, nessa fama, a descoberta de que a mais extensa floresta tropical, por causa de seu próprio tamanho, influencia o clima mundial. Em especial quando é desmatada.

Ciências

Quando a floresta é queimada, a enorme quantidade de folhas, madeiras e raízes (**biomassa**) que ela possui vira, literalmente, fumaça. Quando apodrece, libera na atmosfera diversos tipos de gases. Um deles é o CO_2, que agrava o efeito estufa, fenômeno natural que retém parte da energia do Sol na atmosfera da Terra, mantendo-a aquecida. Dessa forma, o desmatamento ajuda a esquentar o ar além da conta, causando o que se chama, hoje, de aquecimento global.

Imagine, na pior das hipóteses, que, se a floresta Amazônica fosse toda destruída, aqueles 260 bilhões de toneladas de biomassa se transformariam em gases lançados na atmosfera e contribuiriam para um aumento anormal da temperatura. Isso afetaria o clima de todo o planeta.

Adaptado de: Marcelo Leite. *Amazônia, terra com futuro*. São Paulo: Ática, 2005. p. 42-3.

Região de grandes rios

A região Norte tem apenas duas das bacias hidrográficas do Brasil, mas uma delas, a bacia Amazônica, é a maior do mundo, e a outra, a bacia do Tocantins-Araguaia, é a maior entre as situadas inteiramente em terras brasileiras.

Veja no mapa a seguir as bacias hidrográficas, os principais rios e as usinas hidrelétricas da região Norte.

Região Norte: as bacias hidrográficas, os principais rios e as hidrelétricas

FONTES: ELABORADO COM BASE EM MARIA ELENA SIMIELLI. *GEOATLAS*. SÃO PAULO: ÁTICA, 2008; <WWW.ELN.GOV.BR>, ACESSO EM: MAIO DE 2008.

O maior rio do mundo

O rio Amazonas nasce no trecho peruano da cordilheira dos Andes e desemboca no oceano Atlântico. É o maior rio do mundo em extensão e em volume de água. Desde que entra em território brasileiro, percorre a planície Amazônica e tem uma declividade de apenas 60 m até sua foz.

Ao entrar em território brasileiro, recebe o nome de Solimões, que conserva até 30 km a leste de Manaus, quando encontra as águas do rio Negro. A partir daí até a foz, é chamado de Amazonas.

TARCÍSIO BENTES & JADER GAMA/PREFEITURA MUNICIPAL DE ÓBIDOS

Até atingir a cidade de Óbidos, no estado do Pará, o rio Amazonas apresenta larguras de até 13 quilômetros. Nesse ponto, ele faz a sua "passagem heroica", isto é, um desfiladeiro de cerca de 1,8 quilômetro de largura e com as maiores profundidades de seu curso.

Centro da cidade de Óbidos, na margem esquerda do rio Amazonas, no Pará. Foto de 2008.

O rio recebe quase 7 mil afluentes e subafluentes, além de uma rede de cursos de água para os quais o habitante regional deu nomes típicos:

- paranás-mirins – pequenos cursos de água que contornam ilhas fluviais;
- furos – canais naturais que unem os integrantes dessa rede (rios, paranás, lagos, furos);
- igarapés – pequenos cursos de água que atravessam terrenos livres das inundações. O termo indígena significa 'caminho de canoas'.

O rio Amazonas forma tipos de lagos que tornam a sua rede hidrográfica ainda mais complexa:

- lagos de várzea – quando as águas dos rios invadem determinadas áreas mais baixas;
- lagos de barragem – quando o acúmulo de sedimentos, trazidos pelas águas fluviais, "fecham" essas águas e formam lagos.

Veja, ainda, outros fenômenos típicos do rio Amazonas:

- as terras caídas – quando a força das águas, em épocas de cheia, arranca enormes trechos de terra das margens dos rios, que flutuam como ilhas nas águas do rio, às vezes com casas, pessoas e animais sobre elas;
- as grandes inundações – quando chuvas abundantes coincidem com o derretimento das neves da cordilheira dos Andes, atingindo até mesmo regiões mais elevadas (terra firme) e causando grandes prejuízos aos moradores das áreas atingidas;
- a pororoca – quando as águas do rio, na época das cheias, encontram-se na foz com as do mar, na maré cheia, formando uma enorme onda, cujo barulho intenso é ouvido a quilômetros de distância.

RENATA MELLO/PULSAR IMAGENS

Igarapé próximo à cidade de Manaus (AM), 2007.

FÁBIO PARADISE/PULSAR IMAGENS

Surfista enfrenta a pororoca no rio Araguaia, no estado do Pará, em 2001.

WILSON DIAS/AGÊNCIA BRASIL

Reserva de Desenvolvimento Sustentável Mamirauá, no estado do Amazonas, que concilia preservação e desenvolvimento com planos de manejo feitos por pesquisadores e moradores. Foto de janeiro de 2008.

Os rios da região Norte são fundamentais para a vida dos habitantes locais. Como quase todos eles são navegáveis, servem de "estrada" e fornecem água e alimentação para essas populações.

O Tocantins e o Araguaia

O rio Tocantins nasce no estado de Goiás, na serra do Paranã, cerca de 60 km ao norte de Brasília. Nasce com o nome de rio Maranhão e é chamado de Tocantins após a confluência com o rio Paranã. Desemboca no oceano Atlântico, perto da foz do rio Amazonas. Corre no sentido sul-norte e, nas proximidades do município de Marabá (PA), recebe o Araguaia, seu principal afluente. No trecho inferior do rio Tocantins está localizada a usina de Tucuruí, que abastece de energia o Projeto Carajás de mineração (ver capítulo 25).

Relações ambientais

Você já sabe que os elementos naturais de uma área são sempre interdependentes. A vegetação depende dos tipos de solo, do clima, que por sua vez está ligado à hidrografia, e do relevo, que influencia os tipos de solo, e assim por diante.

Veja como isso tudo se apresenta na região Norte:

- O clima quente e muito chuvoso favorece a existência da floresta densa, com grande quantidade de espécies e sempre verde.
- A floresta, por sua vez, também contribui com a umidade que ajuda a formar as chuvas da região. As folhas das plantas transpiram e formam gotinhas, evaporadas juntamente com a água contida no solo, nos rios e nos lagos. Essas evaporações denominam-se, no conjunto, **evapotranspiração**.
- As águas evaporadas dos rios formam nuvens carregadas de umidade, que se precipitam em forma de chuva sobre os leitos, causando enchentes.
- Os solos da região não são, de modo geral, ricos em nutrientes. Sua fertilidade depende da altitude do relevo e das enchentes dos cursos fluviais. Os solos das planícies ou várzeas, situadas ao longo dos rios, são mais férteis, pois as águas trazem consigo sedimentos que deixam os solos ricos em **húmus**.
- A floresta fornece aos solos a maior parte de seus nutrientes, alimentando-se de si mesma. Ou seja, retira seiva da camada superficial desses solos, formada pela decomposição de folhas, frutos, cascas de árvores e excrementos de animais.

Você percebe, portanto, que qualquer alteração em um desses elementos rompe o equilíbrio ecológico. O desmatamento, por exemplo, põe em risco não só a floresta, mas todo o ambiente amazônico.

Repensando o capítulo

Faça no caderno as atividades a seguir.

1 Sobre a grande área localizada no Norte brasileiro, responda:

a) Amazônia e região Norte significam diferentes conceitos. Explique-os.

b) Desenhe a região Norte e a Amazônia. Não se esqueça de criar uma legenda para distingui-las.

2

Ciências

> Nessa hora, voltarão para a mesa as palavras do presidente francês François Mitterrand, em 1989: "O Brasil precisa aceitar uma soberania relativa sobre a Amazônia". Ou ainda uma frase do Prêmio Nobel Al Gore: "Ao contrário do que os brasileiros pensam, a Amazônia não é deles. Ela pertence a todos nós".
>
> Trechos de Elio Gaspari. "A Guiana quer virar protetorado florestal", *Folha de S.Paulo*, 28 de novembro de 2007, p. A9. Disponível em: <www1.folha.uol.com.br/fsp/brasil/fe2811200712.htm>. Acesso em março de 2009.

• O que você achou das duas afirmações anteriores? Responda utilizando argumentos a favor ou contra.

3

> Vivo na aldeia de São Miguel, próxima a Santarém. Vivemos em uma ilha no meio do rio. Normalmente, construímos nossas casas a mais de 45 metros da margem. Fazemos assim porque o rio é tão poderoso que, em certas ocasiões, arrasta grandes pedaços da ilha. Às vezes, desaparecem ilhas inteiras e se formam outras novas, todo o tempo.
>
> Edward Parker. *El Amazonas: grandes ríos del mundo*. Naucalpan, México: Signo, 2004. p. 11.

a) Em que estado está localizada a cidade de Santarém?

b) Que rio banha essa cidade? De que outro rio importante ele é afluente? Pesquise em um atlas geográfico ou nos capítulos anteriores.

c) Identifique e explique o fenômeno descrito pelo texto anterior.

Glossário

biomassa: quantidade total de matéria viva existente em um ecossistema.

campinarama: tipo de savana que aparece no vale do rio Negro.

Hileia: nome dado pelos naturalistas Alexander von Humboldt e Aimé Bonpland à floresta Amazônica.

húmus: matéria orgânica resultante da decomposição de animais e plantas.

Outras fontes de informação

Por dentro da rede (acesso em dez. 2008)

- www.NGBrasil.com.br
- http://iba.cptec.inpe.br/lba/
- http://www.amazonia.org.br/
- http://cptec.inpe.br/products/queimadas/

Consultando a biblioteca

- *Amazônia: terra com futuro*, de Marcelo Leite, Ática, 2005.
- *No coração da Amazônia*, de Manoel Filho, Escala, 2007.
- *Norte: a floresta em transformação*, de Paulo Roberto Moraes e Carlos Fioravanti, Harbra, 1998.
- *Preserve as florestas tropicais*, de Martin Banks, Scipione, 1996.

LALO DE ALMEIDA/FOLHA IMAGEM

BR-163, que liga região sul à região norte do Brasil, no trecho conhecido como Cuiabá-Santarém. Belterra (PA), em 2000.

Capítulo 24

Os habitantes do Norte

A região Norte começou a ser efetivamente integrada à economia nacional entre o final da década de 1950 e o começo da década de 1960. De 1960 a 1980, o isolamento da região foi quebrado pela construção de várias rodovias que a ligaram a outras regiões do país. Atividades como agricultura, indústria e extrativismo mineral fizeram surgir cidades e provocaram o crescimento demográfico da região.

Avenida Juscelino Kubitschek, com a Serra do Carmo ao fundo, em Palmas (TO), 2007.

CLÁUDIO ROSSI/EDITORA ABRIL

Neste capítulo você vai estudar os principais aspectos da ocupação e povoamento da região Norte ao longo de sua história.

Ocupação e povoamento

A ocupação e o povoamento da região Norte tiveram início apenas no século XVII. Daí até o século XXI, alguns fatores foram decisivos para esse processo:

- exploradores, missionários, entradas e bandeiras em busca de indígenas e das drogas do sertão;
- o estabelecimento de fortes e postos militares avançados;
- a exploração do **látex** e a produção de borracha;
- as plantações de seringais no Pará;
- a construção da Estrada de Ferro Madeira-Mamoré;
- a colonização japonesa no vale baixo do Amazonas (Pará);
- a construção de rodovias de 1950 a 1980;
- a exploração mineral de ouro, estanho, ferro, manganês;
- a criação da Sudam (Superintendência do Desenvolvimento da Amazônia);
- os projetos agropecuários;
- a criação da Zona Franca de Manaus;
- o Projeto Calha Norte.

Você vai estudar esses assuntos em seguida.

Explorando a região

Ainda em 1500, a atual região Norte foi visitada pelo explorador espanhol Vicente Yanez Pinzón, que passou pela foz do rio Amazonas. Algumas décadas mais tarde, Francisco Orellana, outro explorador espanhol, também navegou nas águas desse rio e o batizou com o nome que tem até hoje.

História

Francisco Orellana, dizendo ter sido atacado por mulheres às margens do rio que navegara, chamou-o de "rio das Amazonas", fazendo referência às lendárias guerreiras gregas que tinham esse nome.

Os portugueses tomam posse

No século XVII, as chamadas **drogas do sertão** encontradas na região Norte chamaram a atenção de europeus (ingleses, holandeses, espanhóis). Eram especiarias e plantas, como a castanha, a baunilha, o cravo, a canela e o guaraná, que não existiam na Europa. Como eram muito valorizadas, os europeus passaram a contrabandeá-las para seus países.

Para impedir esse contrabando e tomar posse de terras que, pelo Tratado de Tordesilhas, estavam fora de seus domínios (ver o mapa do capítulo 1, página 12), os portugueses construíram, em 1616, o forte do Presépio, que deu origem à cidade de Belém, atual capital do Pará.

DELFIM MARTINS/PULSAR IMAGENS

Partes de canhões na entrada do Forte do Presépio, hoje museu, na cidade de Belém, capital do Pará. Foto de 2004.

Nos séculos XVII e XVIII, **missionários** religiosos (jesuítas, carmelitas, franciscanos, mercedários e outros) estabeleceram-se nos vales do rio Amazonas e de seus afluentes. Os portugueses, por sua vez, construíram outras fortificações, para a defesa do território, que funcionaram como um novo tipo de povoamento, a **colonização militar**.

Veja no mapa a ocupação da região Norte nos séculos XVII e XVIII. Note que os **bandeirantes** também chegaram à região nesse mesmo período.

Região Norte: ocupação nos séculos XVII e XVIII

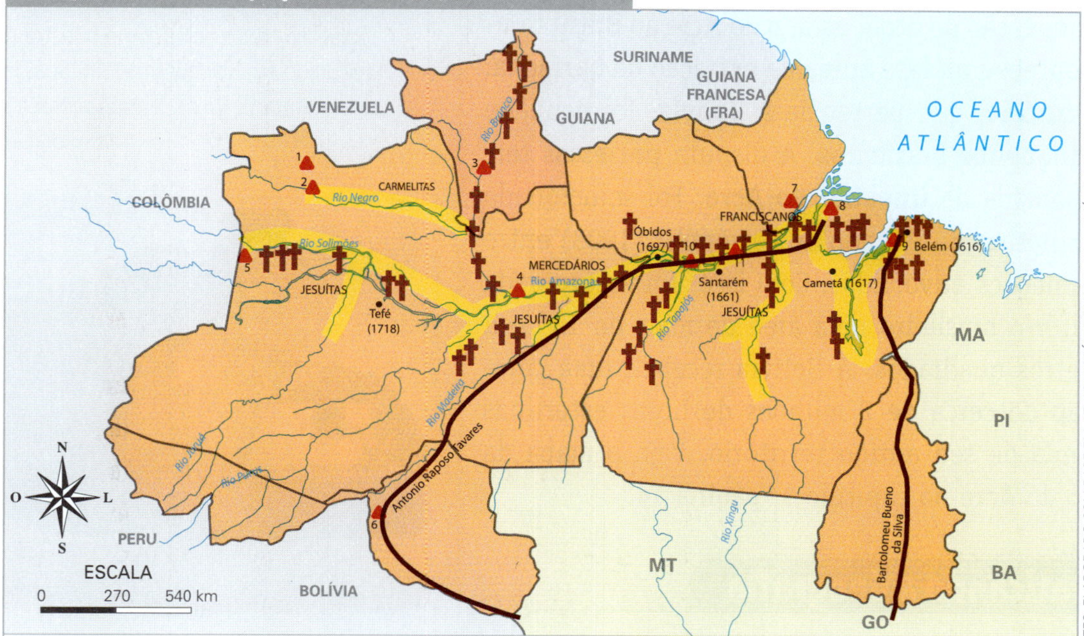

FONTES: ELABORADO COM BASE EM *ATLAS HISTÓRICO ESCOLAR*. BRASÍLIA: MEC/FENAME, 1977. P. 28; "AÇÃO MISSIONÁRIA NO AMAZONAS". DISPONÍVEL EM: <HTTP://BR.GEOCITIES.COM/TERRABRASILEIRA>. ACESSO EM: FEVEREIRO DE 2008.

LEGENDA

- Entradas e bandeiras
- Missões
- Área de extração das "drogas do sertão"
- Fortificações
  1. Forte São José de Marabitana (1763)
  2. Forte São Gabriel da Cachoeira (1763)
  3. Forte São Joaquim (1775)
  4. Forte São José do Rio Negro (1684)
  5. Forte São Francisco Xavier de Itabatinga (1766)
  6. Forte Príncipe da Beira (1776)
  7. Forte São José de Macapá (1738)
  8. Forte de Gurupá (1623)
  9. Forte do Presépio (1616)
  10. Forte de Santo Antonio de Pauxis de Óbidos (1689)
  11. Forte dos Tapajós de Santarém (1697)

A economia da borracha

Uma das mais importantes migrações inter-regionais da história do Brasil ocorreu entre 1869 e 1912, quando milhares de nordestinos se dirigiram para a região amazônica com o objetivo de "melhorar de vida", extraindo látex das seringueiras nativas para a fabricação de borracha.

O Nordeste, principalmente o estado do Ceará, enfrentava severas secas, desde 1870. A notícia do aumento da procura internacional pela seiva das seringueiras provocou essa grande migração, a partir do final do século XIX. Historiadores chegam a falar em 60 mil homens.

O consumo mundial de borracha era cada vez maior: a Europa passava pela segunda fase da **Revolução Industrial** e os Estados Unidos desenvolviam a indústria automobilística. A borracha era essencial para a indústria desses mercados. Com isso, a região amazônica tornou-se o principal centro produtor do mundo, até 1910. O Brasil perdeu essa posição para a Ásia, para onde os ingleses contrabandearam mudas de seringueira, a fim de cultivá-las em locais de clima semelhante ao da região Norte.

Um dado positivo do interesse pela borracha foi que ela chegou a ser o segundo produto mais importante das exportações brasileiras do fim do século XIX ao início do XX, perdendo apenas para o café. Já a decorrência negativa foi que isso provocou a ocupação de terras onde viviam diferentes povos indígenas e o consequente extermínio de grande parte desses povos.

A anexação do atual estado do Acre ao Brasil também aconteceu na fase áurea da extração da borracha. Esse território, que pertencia à Bolívia, foi ocupado por seringueiros brasileiros. A disputa por essas terras é chamada de **Questão do Acre**. Foi solucionada pela assinatura do Tratado de Petrópolis (1903) entre as duas nações envolvidas. Com isso, foi incorporada ao território brasileiro uma área de mais de 189 mil quilômetros quadrados. A Bolívia recebeu uma compensação de cerca de 2 milhões de libras esterlinas pela perda de seu antigo território. Veja o mapa da Questão do Acre no capítulo 1, página 14.

MAURÍCIO SIMONETTI/EDITORA ABRIL

A riqueza da borracha permitiu a construção, na região Norte, de obras como o Teatro Amazonas, inaugurado em Manaus em 1896. Suas instalações sintetizam o luxo e a riqueza propiciados pela exploração do látex.

ODAIR LEAL/FOLHA IMAGEM

Antiga locomotiva da Estrada de Ferro Madeira-Mamoré, também chamada de "Ferrovia do Diabo", pelo grande número de trabalhadores mortos durante sua construção, principalmente de doenças tropicais.

Praticando a Geografia

História

- Com a ajuda do seu professor de História, faça uma pesquisa sobre a Questão do Acre. Elabore um texto explicando por que o Acre passou a pertencer ao Brasil. Desenhe também o mapa da região Norte anterior a esses acontecimentos.

A Estrada de Ferro Madeira-Mamoré

Construída de 1907 a 1912, entre as cidades de Porto Velho e Guajará-Mirim, no atual estado de Rondônia, a Estrada de Ferro Madeira-Mamoré levou povoamento para a região que desbravou. Sua finalidade era realizar o escoamento da borracha da região e da Bolívia, vencendo o trecho encachoeirado do rio Madeira. A ferrovia foi totalmente desativada em 1972.

Veja no mapa o trajeto desta ferrovia.

Estrada de Ferro Madeira-Mamoré

FONTES: ELABORADO A PARTIR DE DADOS DA ASSOCIAÇÃO DOS AMIGOS DA MADEIRA-MAMORÉ, DISPONÍVEL EM <WWW.EFMM.NET> (ACESSO EM AGOSTO DE 2008).

A Fordlândia

Na década de 1920, o empresário estadunidense Henry Ford comprou uma área próxima à cidade de Santarém, no estado do Pará. Denominada Fordlândia, a propriedade deveria fornecer borracha para a fabricação de pneus para sua indústria de automóveis.

A falta de experiência no cultivo da seringueira e o aparecimento da borracha sintética, elaborada com base em derivados de petróleo, levaram a iniciativa ao fracasso e ao abandono dos seringais da Fordlândia.

A imigração japonesa no Pará

Em 1929, chegaram ao Pará os primeiros **imigrantes japoneses**. Estabeleceram-se principalmente em Acará, na região de Bragança, Tomé-Açu, Monte Alegre, Alenquer e Santarém. Além da agricultura de subsistência, dedicaram-se ao cultivo da pimenta-do-reino e da **juta**.

Veja no mapa a localização da Fordlândia e das colônias japonesas.

Região Norte: a Fordlândia e as colônias japonesas

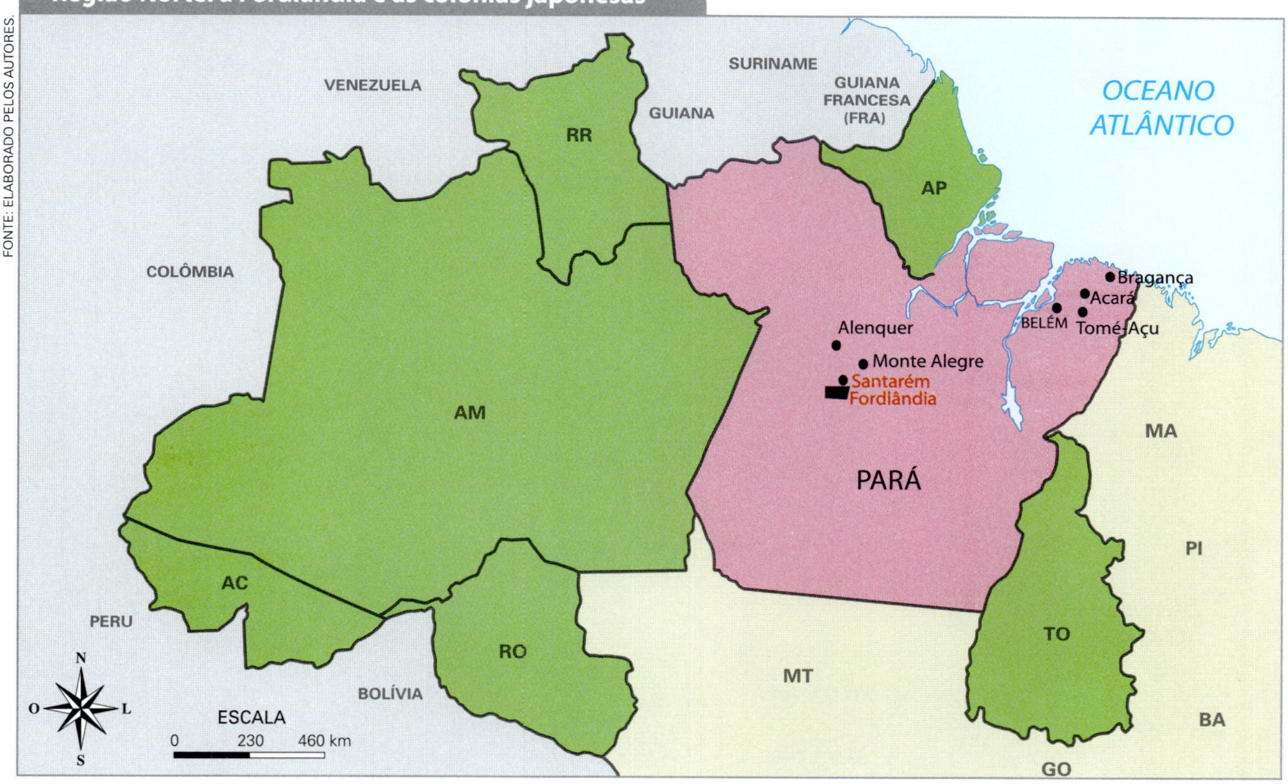

A construção de rodovias

A partir da segunda metade da década de 1950, começaram a ser construídas grandes rodovias, com o objetivo de ligar o Norte a outras regiões do país. A primeira delas foi a **Belém-Brasília**, inaugurada em 1961.

Durante os governos militares (1964-1985) foram desenvolvidos outros projetos rodoviários que acabaram não sendo concluídos de forma satisfatória.

Saiba o que aconteceu com alguns desses projetos:

- A **rodovia Transamazônica**, que deveria ligar o Acre à Paraíba, é praticamente intransitável. Isso ocorre principalmente em épocas de chuvas, pois a estrada não foi pavimentada em toda a sua extensão.
- A **Perimetral Norte**, que ligaria Macapá à Colômbia, tem apenas uma pequena parte construída. Mesmo assim, essa rodovia atravessou várias terras indígenas e foi responsável por muitas mortes da população **autóctone**.

Veja no mapa a seguir as principais rodovias federais e estaduais da região Norte.

Região Norte: rodovias federais e estaduais

FONTES: BASEADO NO *GUIA QUATRO RODAS 2008*. SÃO PAULO: ABRIL, 2008; DISPONÍVEL EM: <WWW.TRANSPORTES.GOV.BR>. ACESSO EM: AGOSTO DE 2008.

LEGENDA

BR-010 - Belém-Brasília
BR-153 - Rodovia Transbrasiliana
BR-158 - Altamira (PA)-Santana do Livramento (RS)
BR-163 - Cuiabá-Santarém
BR-174 - Boa Vista-Manaus
BR-210 - Perimetral Norte
BR-230 - Transamazônica
BR-364 - Cuiabá-Porto Velho
PA-150 - Belém-Redenção
PA-279 - S. Félix-Xinguara

Rodovias planejadas
Rodovias implantadas

Oficina de texto

MAURÍCIO DE SOUSA PRODUÇÕES/ACERVO DO ARTISTA

Língua Portuguesa

Leia com atenção o trecho da história da viagem da Mônica e de seus pais pela região Norte e responda às questões no caderno.

1. Quais são as capitais nortistas servidas pela BR-174?

2. Com base no que você aprendeu sobre o quadro natural da região Norte, neste e no capítulo anterior, quais seriam os principais problemas para a construção de rodovias nessa área?

A Sudam e a Zona Franca de Manaus

Para promover a integração da região Norte à economia do país, foi criada a **Sudam** (Superintendência do Desenvolvimento da Amazônia). Esse órgão tinha como área de atuação a Amazônia Legal. Foi criado em 1966, extinto em 2001 e recriado em janeiro de 2007, com a finalidade também de promover o desenvolvimento sustentável da região.

Outra medida para promover a integração da região Norte aconteceu em 1967, quando foi estabelecida a **Suframa** (Superintendência da Zona Franca de Manaus), que criou um **porto livre**. Você vai conhecê-la melhor no capítulo 25.

Projetos agropecuários e de mineração

Os governos militares (1964-1985) criaram projetos agropecuários, com o propósito de colonizar e integrar a Amazônia, visando à fixação de colonos ao longo das rodovias que estavam sendo construídas. Esses projetos, nem sempre bem-sucedidos, atraíram muitos migrantes e originaram vários núcleos de povoamento na região.

Foram também desenvolvidos projetos de mineração, dentre os quais se destacam o de exploração de manganês, no Amapá, e o maior deles, o Projeto Grande Carajás, no Pará.

O Projeto Calha Norte e o Sivam

A defesa das fronteiras do Brasil, na região amazônica, sempre foi uma preocupação do governo. Em 1985, foi criado o **Projeto Calha Norte**, que tinha por objetivo a ocupação, por bases militares, de uma faixa de território de 160 quilômetros ao longo da vasta fronteira de 6,5 mil quilômetros com vários países, como Guiana, Suriname, Guiana Francesa, Venezuela e Colômbia. Nos anos 2000, o projeto abrangia 194 municípios nos estados do Acre, Amazonas, Pará, Amapá, Roraima e Rondônia, sendo 95 deles na faixa de fronteira.

O **Sivam** (Sistema de Vigilância da Amazônia) foi elaborado pelas forças armadas brasileiras, iniciado em 1994 e inaugurado em 2002. Como o nome indica, o projeto pretende monitorar o espaço aéreo da Amazônia Legal.

Veja nos mapas a seguir a disposição do Projeto Calha Norte e dos centros de vigilância do Sivam.

Projeto Calha Norte

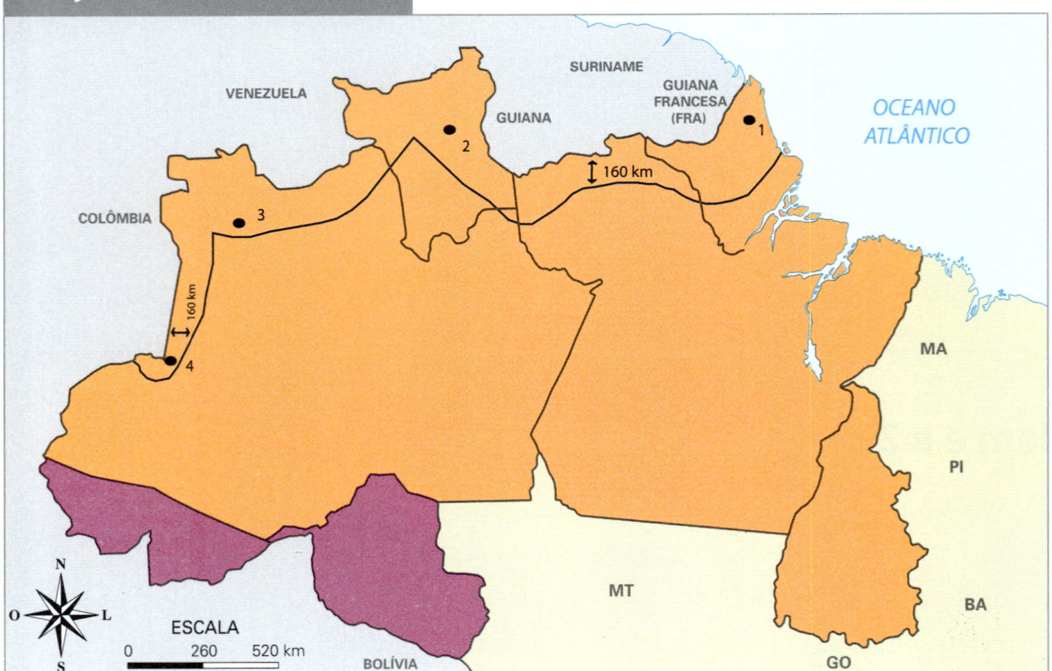

FONTE: ELABORADO PELOS AUTORES.

LEGENDA

- Comando de Fronteira
  1. Clevelândia do Norte (AP)
  2. Boa Vista (RR)
  3. São Gabriel da Cachoeira (AM)
  4. Tabatinga (AM)
- Estados que passaram a integrar o Projeto Calha Norte a partir de 2007.

Centros de vigilância do Sivam

FONTE: ADAPTADO DE *O ESTADO DE S.PAULO*, EDIÇÃO 25 DE JULHO DE 2002.

A população da região Norte

Como você pode ver no mapa a seguir, uma das características da população da região Norte é a sua distribuição rarefeita. A população está mais concentrada nas capitais dos estados e ao longo do rio Amazonas e de alguns de seus afluentes. As áreas mais povoadas são a foz do Amazonas, o médio Amazonas, o nordeste do Pará e o estado do Acre.

Região Norte: densidade demográfica

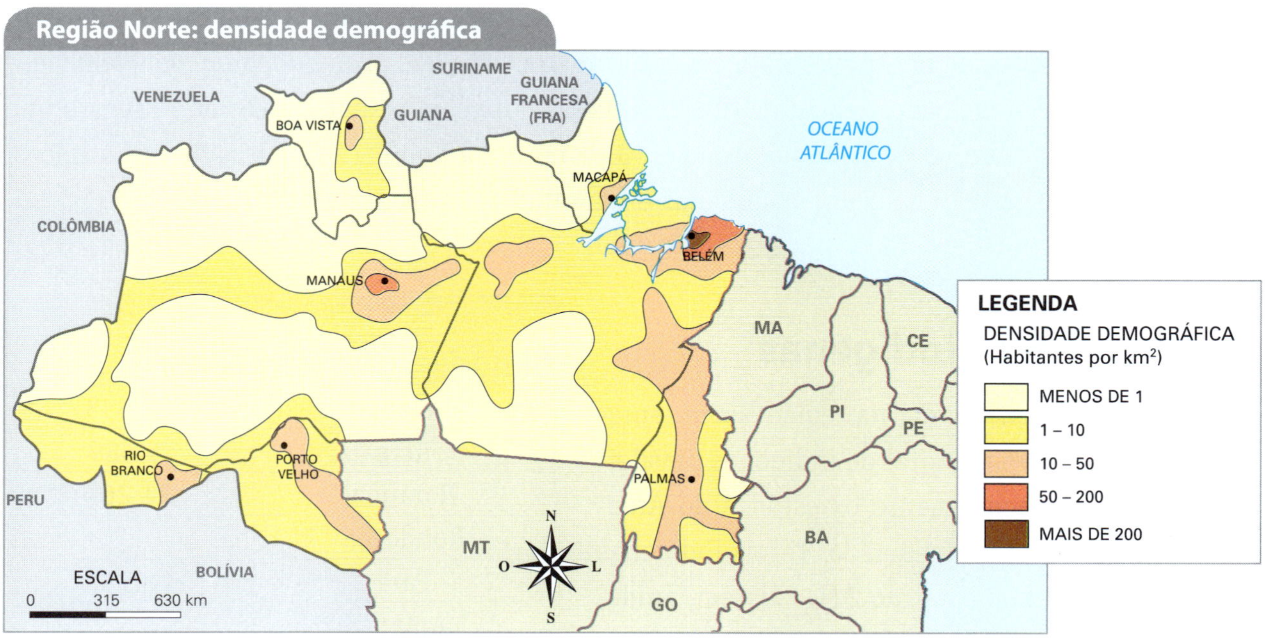

FONTE: ADAPTADO DE MARIA ELENA SIMIELLI. *GEOATLAS*. SÃO PAULO: ÁTICA, 2008.

Apesar de ser mais populosa do que o Centro-Oeste, com mais de 15 milhões de habitantes, a região Norte apresenta uma densidade demográfica bem menor: cerca de 4 hab./km^2. Isso se deve à sua extensa área territorial.

Em 1970, essa densidade não chegava a 1 hab./km^2 e a população não ultrapassava os 3,5 milhões de habitantes. Esses números dão uma ideia do grande crescimento populacional nas últimas décadas. O aumento teve quatro causas importantes:

- a intensa imigração de pessoas de outras regiões;
- a política governamental de colonização;
- a abertura de oportunidades com o programa de mineração;
- o desenvolvimento industrial.

Veja na tabela como, de 1970 a 2005, as densidades demográficas da região, embora ainda baixas, tiveram crescimento significativo.

Região Norte: densidades demográficas 1970-2005 (hab./km^2)		
Estados	**1970**	**2005**
Amazonas	0,61	2,1
Pará	1,66	5,6
Amapá	0,85	4,2
Roraima	0,2	1,7
Rondônia	0,53	6,7
Acre	1,31	4,2
Tocantins		4,7

Fontes: IBGE. *Censo Demográfico 1970; Contagem da População 2007.* Disponível em: <www.ibge.gov.br>. Acesso em novembro de 2008.

Como você aprendeu no capítulo 4, o Norte é a região com maior porcentagem (mais de 70%) de **população parda** ou **mestiça**. Dessa população, o tipo mais característico e numeroso é o **caboclo** (mestiço de indígena com branco), do qual existem dois tipos: o **caboclo amazônico**, com grande porcentagem de sangue indígena misturado com o dos primeiros brancos que chegaram à região, e o **caboclo nordestino**, fruto da mestiçagem com os habitantes do Nordeste que chegaram à região, durante o ciclo da borracha. O restante da população é formado por brancos, negros e os considerados **amarelos** (indígenas e imigrantes japoneses).

Como vivem os indígenas

Os indígenas que vivem na região Norte representam cerca de 60% do total de indígenas brasileiros e habitam principalmente os estados do Amazonas e de Roraima, nas chamadas terras indígenas (que você estudou no capítulo 21). Existem, ainda, mais de cinquenta grupos indígenas que vivem isolados na densa floresta.

A tabela ao lado mostra a distribuição dos indígenas por estado.

Região Norte: indígenas por estado (2003)	
Amazonas	65 433
Acre	9 489
Roraima	31 265
Rondônia	6 923
Pará	18 381
Amapá	4 723
Tocantins	4 417
Total	**140 631**

Fontes: IBGE (<www.ibge.gov.br>) e FUNAI (<www.funai.gob.br>).

Veja no mapa a seguir as **terras indígenas** da região Norte e as principais etnias que as habitam.

Região Norte: terras indígenas

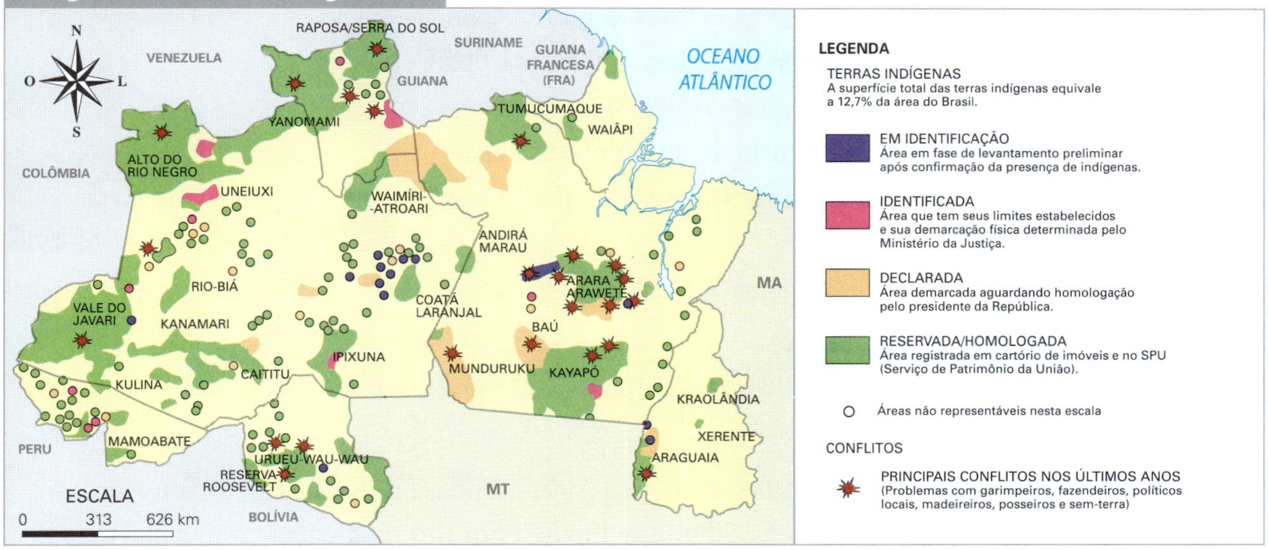

FONTE: MARIA ELENA SIMIELLI. *GEOATLAS*. SÃO PAULO: ÁTICA, 2008. P. 114.

Os problemas das terras indígenas do Centro-Oeste, que você estudou na página 238, estão presentes também nas terras indígenas da região Norte. Um exemplo são os conflitos da **Reserva Raposa Terra do Sol**. Localizada em Roraima, essa reserva é palco de enfrentamentos entre fazendeiros, posseiros e índios. O mesmo ocorre na Reserva Roosevelt, em Rondônia, onde garimpeiros que agiam de forma ilegal foram massacrados pelos índios cinta-larga.

Os quilombolas

Os descendentes de africanos escravizados que habitam as terras de antigos quilombos ganharam o direito a essas terras pela Constituição de 1988. Na região Norte há 115 desses antigos quilombos, a grande maioria concentrada no Pará, em municípios como Alenquer, Monte Alegre, Oriximiná, Santarém, Anajás, Gurupá, Ananindeua, Bujaru, Santa Isabel do Pará, Camatá, Bela Aurora e Augusto Correa.

WILSON DIAS/AGÊNCIA BRASIL

Comunidade do Curiaú, o primeiro grupo social quilombola reconhecido no Amapá, onde cerca de 4 mil pessoas vivem da agricultura, da pesca, da criação de búfalos e do turismo. Foto de 2008.

Seringueiros e ribeirinhos

A região Norte possui habitantes bem característicos, dos quais você conhecerá dois: o seringueiro e o ribeirinho.

Seringueiros são os trabalhadores que extraem o látex da árvore chamada seringueira, para produzir a borracha. Desde o auge da riqueza da borracha, esses trabalhadores, quase sempre migrantes nordestinos, foram explorados pelos donos dos seringais. Além de serem muito mal-remunerados pelo serviço, eram obrigados a comprar dos patrões tudo de que precisavam por preços muito elevados. Mais recentemente, muitos seringueiros começaram a ser ameaçados por fazendeiros que querem derrubar a floresta para outros fins e tirar-lhes o ganha-pão. Passaram, então, a se organizar em associações em defesa dos seus interesses.

No texto a seguir, conheça a história de um líder dos seringueiros que perdeu a vida na luta em defesa dos companheiros e da floresta.

CYNTHIA BRITO/PULSAR IMAGEM

Seringueiro trabalhando na defumação do látex em Cruzeiro do Sul (AC), década de 1990.

Leitura de interesse

Protetor da floresta

Na noite de 22 de dezembro de 1988, Francisco Alves Mendes Filho, 44 anos, foi interceptado ao lado de sua casa por Darly Alves da Silva, que lhe deu um tiro de escopeta à queima-roupa. Foi o ápice de assassinatos que aconteceram naquele ano no Acre. A morte de Chico Mendes teve repercussão internacional e a luta dos seringueiros contra o desmatamento se fortaleceu.

Em 1975, Chico Mendes entrou no movimento sindical. Nessa época, surgiram as primeiras ameaças de morte, intensificadas depois que assumiu a presidência do Sindicato de Xapuri, em 1980. Em 1987, ele recebeu o Prêmio Global 500, concedido pelas Nações Unidas aos defensores do meio ambiente. O Banco Interamericano de Desenvolvimento (BID) cancelou um investimento no Acre depois que Chico Mendes denunciou a utilização do dinheiro na devastação e na expulsão das famílias de extrativistas.

História e Ciências

Vendo seus interesses econômicos contrariados, o fazendeiro Darcy Alves da Silva, suspeito de outros crimes, encomendou o assassinato do líder seringalista ao seu filho, Darly. Pai e filho foram julgados e condenados a 19 anos de prisão.

Pouco mais de um ano depois da morte de Chico Mendes, um dos sonhos do líder foi finalmente concretizado. Em 1990, foram criadas as Reservas Extrativistas, áreas do Estado destinadas aos extrativistas, que exploram sua riqueza de forma sustentável.

Adaptado de Sérgio Alli e Thais Sauaya. *Amazônia: povos da floresta*. São Paulo: Salesianas, 2006. p. 19-20.

Os **ribeirinhos** ou **beiradeiros** moram nas margens dos rios que cortam as florestas. Vivem dos recursos da natureza e estão muito ligados aos rios. Muitas vezes, constroem **palafitas** para fugir das cheias. Dedicam-se basicamente à pesca, à agricultura para consumo próprio e à atividade extrativista vegetal. Também são afetados pela presença de madeireiros, fazendeiros e garimpeiros, que interferem no seu modo de vida e no meio em que vivem.

VALTER CAMPANATO/AGÊNCIA BRASIL

Casas e estabelecimentos comerciais à beira do rio Solimões, na cidade de Tabatinga (AM), fevereiro de 2009.

Repensando o capítulo

Faça no caderno as atividades a seguir.

1 Leia um trecho da letra de uma canção que foi samba-enredo no carnaval carioca:

Língua Portuguesa

> E abraço a Natureza
> em louvor a Chico Mendes
> sua luta, sua fé
> homem simples, seringueiro
> um valente brasileiro...
>
> Almir de Araújo e Marquinho Lessa. *Um louvor a Chico Mendes*. Sony Music.

- Como Chico Mendes passou a ser lembrado?

2 O que a matéria-prima retirada das seringueiras representou e ainda representa para a economia da Amazônia?

3 Relacione o Acre com o ciclo da borracha.

4

Ciências

> A questão amazônica é [...] sobretudo ética. A ética é a base de toda regra de convivência social. O conhecimento, a pesquisa, o desenvolvimento de tecnologias específicas são fundamentais, mas só poderão ser úteis – no sentido de preservação da cultura e do ecossistema – se presididos por esse tipo de sentimento e de compromisso.
>
> BRANCO, Samuel Murgel. *O desafio amazônico*. 3. ed. São Paulo: Moderna, 2004. p. 127. (Col. Polêmica).

a) Qual é a mensagem que tenta passar esse importante naturalista e biólogo?

b) O que ele recomenda para a Amazônia?

c) O que você tem feito para preservar o meio ambiente?

Glossário

autóctone: pessoa, animal ou planta originário do país ou região em que vivem.

juta: planta cultivada em locais de clima quente da qual se extrai uma fibra para uso no artesanato e na indústria (exemplo: saco de juta).

látex: seiva da seringueira que, depois de colhida, é enrolada num pedaço de madeira e defumada para ser transformada em borracha em estado bruto.

palafitas: casas construídas às margens de rios, apoiadas sobre estacas para não serem atingidas pelas enchentes.

porto livre: porto onde não são cobrados impostos sobre produtos importados de outros países.

Revolução Industrial: grande transformação técnica e científica que teve início na Inglaterra (século XVIII), irradiando-se depois para outros países da Europa e do mundo, e que promoveu grande avanço na fabricação de máquinas modernas e no uso da energia.

Outras fontes de informação

Por dentro da rede (acesso em dez. 2008)

- www.amazonialegal.com.br
- www.ada.gov.br
- www.cimi.org.br
- www.ipam.org.br

Consultando a biblioteca

- *A questão do índio*, de Fernando Portela e Betty Mindlin, Ática, 2002.
- *Como o Brasil ficou assim?*, de Enrique Peregalli, Global, 1997.
- *Galvez: o imperador do Acre*, de Márcio Souza, Marco Zero, 1983.
- *O Brasil em regiões: Norte*, de José Arbex e Nelson Bacic Olic, Moderna, 2000.
- *O cotidiano brasileiro no século XIX*, de Hernâni Donato, Melhoramentos,1999.

ALBERTO CESAR ARAÚJO/GREENPEACE

Capítulo 25

Região Norte: ocupação humana ou devastação?

Veja nas fotos algumas situações de ocupação predatória que vêm acontecendo em vários pontos da Amazônia.

Carvoaria no município de Santarém (PA), 2008.

Área desmatada da floresta Amazônica às margens da rodovia Transamazônica, próxima à cidade de Anapu (PA), 2008.

ANTÔNIO CRUZ/AGÊNCIA BRASIL

Área de garimpo do rio Juma, o novo eldorado do sul da Amazônia, no município de Novo Aripuanã (AM), em 2007.

JOSÉ LUÍS DA CONCEIÇÃO/AGÊNCIA ESTADO

Neste capítulo você vai estudar a urbanização, as principais atividades econômicas desenvolvidas na região Norte, os impactos ambientais por elas provocados e o que tem sido feito para evitar a destruição da floresta.

Uma rede urbana pouco articulada

Como você estudou, a maioria das ligações entre as cidades da região Norte é feita por meio da rede fluvial. Há poucas rodovias, e as existentes ficam intransitáveis na época das chuvas. Muitas cidades, localizadas no meio da floresta, ficam meses sem comunicação com as capitais ou cidades maiores da região.

Com uma taxa de urbanização de 75,6% em 2006, a região Norte é a segunda menos urbanizada do país, perdendo apenas para o Nordeste. Segundo o IBGE, conta com duas metrópoles regionais – Belém (PA) e Manaus (AM) –, dois centros regionais – Porto Velho (RO) e Rio Branco (AC) –, dois centros sub-regionais 1 – Macapá (AP) e Boa Vista (RR) – e alguns centros sub-regionais 2 – como Santarém (PA) e Ji-Paraná (RO). Possui, ainda, uma região metropolitana, a de Belém, composta por cinco municípios, que em 2007 contava com 2 043 543 habitantes.

A cidade mais populosa da região Norte é Manaus, com 1 646 602 habitantes, em 2007.

Veja, no mapa a seguir, onde estão essas localidades e as cidades que se destacam na rede urbana regional. Você vai perceber que o Pará é o estado mais urbanizado.

FLÁVYA MUTRAN/FOLHA IMAGEM

Centro comercial de Belém do Pará, com destaque para o Mercado Ver-o-Peso (prédio azul). Foto de 2005.

Região Norte: hierarquia urbana e cidades importantes

FONTE: IBGE. *ATLAS NACIONAL DO BRASIL*. RIO DE JANEIRO: IBGE, 2000. P. 162.

Extrativismo mineral e fontes de energia

Gás natural, ferro, cassiterita (minério de estanho), manganês, ouro, nióbio e bauxita (minério de alumínio) formam as principais jazidas minerais localizadas na região Norte, segundo a CPRM (Companhia de Recursos Minerais do Brasil). Outras reservas também são encontradas na região, como as de potássio, caulim, tântalo, tungstênio, calcário, rochas ornamentais e britadas, fluorita, fosfato, gipsita e mica.

Serra dos Carajás

Na região Norte se encontra a área mais rica em minérios do planeta e a maior reserva de minério de ferro de que se tem notícia, localizada em Carajás, sudeste do Pará, e descoberta em 1967. Além do ferro, também há manganês, níquel, ouro e cobre.

A exploração desses minérios faz parte de um projeto das décadas de 1970 e 1980, o **Programa Grande Carajás**, que foi entregue principalmente à Companhia Vale do Rio Doce, hoje denominada Vale, a maior mineradora do país.

A **hidrelétrica de Tucuruí**, no rio Tocantins, inaugurada em 1984, foi construída especialmente para fornecer energia para esse projeto. Tucuruí é exemplo de hidrelétrica construída na Amazônia que "deu certo", ou seja, cumpre seu objetivo de produzir energia. Como você verá mais adiante, nem todas as hidrelétricas foram bem-sucedidas na região amazônica.

Do Programa Grande Carajás faz parte, ainda, a **Ferrovia Carajás-Itaqui**, com 890 quilômetros de extensão. Entrou em funcionamento em 1985, com a função de transportar o minério extraído da área de Carajás, quase todo destinado à exportação, até o porto de Itaqui, em Ponta da Madeira, São Luís (MA). Veja no mapa a área compreendida pelo projeto e o trajeto da ferrovia.

Área do Programa Grande Carajás e trajeto da Ferrovia Carajás-Itaqui

FONTE: *CIÊNCIA HOJE*, N. 239, JULHO DE 2007, P. 32.

RICARDO AZOURY/PULSAR IMAGENS

Mina do Projeto Grande Carajás, no sul do Pará. Foto de 2000.

Manganês, cassiterita e bauxita

O **manganês**, além de Carajás, também tem sido muito extraído na **Serra do Navio**, no Amapá, mas suas reservas estão praticamente esgotadas. Essa área de exploração é ligada ao terminal de embarque do porto de Santana, pela **Estrada de Ferro do Amapá**, que também transporta, hoje, outros produtos, como areia e dormentes.

A **cassiterita**, minério de estanho, é explorada nos municípios de Presidente Figueiredo e Urucará (Mina do Pitinga), no estado do Amazonas. Esses municípios são os maiores produtores nacionais, com 70% da produção do país, apesar de a cassiterita também ser explorada em Rondônia.

A **bauxita**, minério de alumínio, constitui grande riqueza do estado do Pará. É encontrada no vale do rio Trombetas, localidade de Oriximiná, e em outros pontos do estado, como Paragominas e Juriti. Utilizando o minério do estado e a energia elétrica de Tucuruí, a Albrás (Alumínio do Brasil S.A.) mantém o projeto **Albrás-Alunorte**. Transforma a bauxita em alumínio no município de Barcarena (PA), servido pelo porto de Vila do Conde, localizado a 35 quilômetros de Belém. Pesquisas para a exploração da bauxita, nos municípios amazonenses de Presidente Figueiredo, Urucará, São Sebastião do Uatamã e Nhamundá, são realizadas pela Vale.

Outra riqueza da região é o ouro, cuja exploração causou e causa enormes prejuízos ao meio ambiente, como você verá mais adiante.

O estado do Amazonas explora petróleo em terra e conta com uma importante reserva de gás natural em Urucu. Há também projetos de construção de gasodutos para levar gás de Urucu (em Coari) para Manaus e Porto Velho.

Veja nos mapas a seguir a distribuição dos recursos minerais e do gás natural na região Norte, e o gasoduto Coari-Manaus.

Região Norte: recursos minerais e gás natural

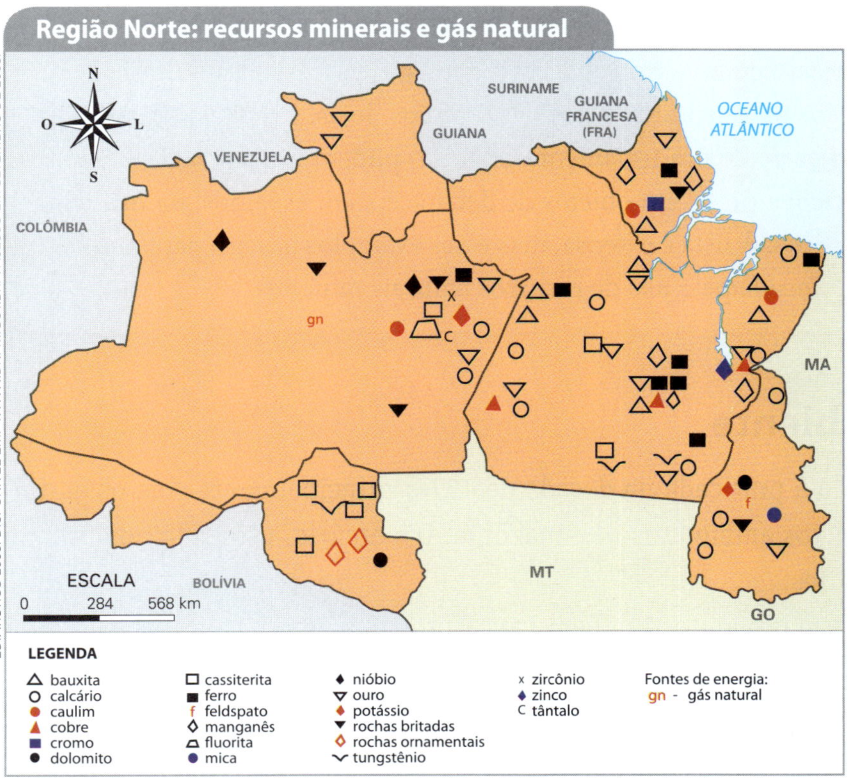

FONTE: ELABORADO COM BASE EM DNPM. DEPARTAMENTO NACIONAL DA PRODUÇÃO MINERAL. *ANUÁRIO ESTATÍSTICO 2006*. DISPONÍVEL EM: <WWW.DNPM.GOV.BR>. ACESSO EM SETEMBRO DE 2008.

WERNER RUDHART/KINO.COM.BR

Lingotes de alumínio fabricados pela Albrás, em Barcarena (PA), 2002.

A maior parte dessas fontes de energia, entretanto, ainda está inexplorada. Faltam investimentos em pesquisas e recursos para que essa riqueza seja mais bem aproveitada.

Gasoduto Coari-Manaus

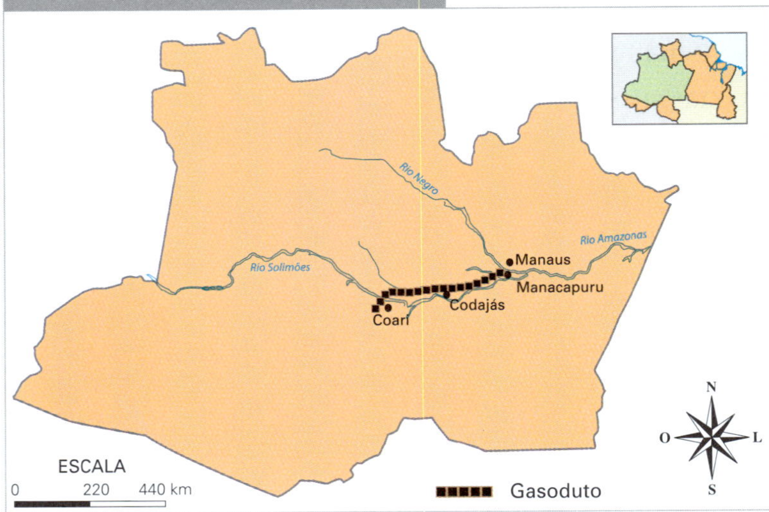

FONTE: ELABORADO PELOS AUTORES.

Aprendendo mais

Mineral é uma substância natural encontrada na crosta da Terra. Quando ele é aproveitado e utilizado também recebe o nome de **recurso mineral**. O ferro é um exemplo. Infelizmente, poucos países foram privilegiados com muitos desses recursos. A existência deles se deve a processos geológicos ocorridos ao longo de milhões ou bilhões de anos. O Brasil, o Canadá e a Rússia estão entre os países agraciados com essa dádiva da natureza. Já o Japão é um dos maiores importadores mundiais.

Ciências

Recursos minerais como o ferro, o ouro, o cobre e a prata, entre outros, podem ser transformados em produtos que utilizamos cotidianamente. Às vezes, nem percebemos como somos dependentes da sua utilidade. Você já reparou que grande parte dos componentes dos automóveis ou dos ônibus que o transportam até a escola é feita principalmente de aço, que é feito de uma liga de ferro e carbono conseguida em siderúrgicas? Lembre-se de que temos muitas dessas usinas no Brasil.

O ferro está presente também na estrutura de escolas, prédios, lojas, hospitais, estádios de futebol, aeroportos. Uma joia ou parte de um tratamento dentário podem utilizar ouro. O cobre pode ser utilizado como fio elétrico; a prata, em objetos de decoração, em espelhos, na medicina radiológica e em produtos eletrônicos. A lista é extensa, mas esses exemplos bastam para que você constate como toda sua vida é permeada pelo uso de recursos naturais minerais.

Mineração e meio ambiente

A atividade mineradora, como a praticada na década de 1970, principalmente com os garimpos, já provocou numerosos impactos ambientais na Amazônia. O mercúrio, utilizado no garimpo do ouro, envenena as águas dos rios.

O garimpo, assim como o desmatamento, também causa problemas sociais, ao levar garimpeiros e empresários a disputar terras com agricultores e indígenas.

Você pode observar, em uma das fotos da abertura deste capítulo, a destruição causada pelas atividades mineradoras na Amazônia.

A Zona Franca de Manaus e a indústria

A criação da **Suframa** (Superintendência da Zona Franca de Manaus), em 1967, foi o ponto de partida para a industrialização da região Norte, resultado de planejamento governamental.

A Zona Franca atraiu empresas pela isenção das taxas de importação de componentes para montagem de seus produtos e pela isenção de impostos por um determinado período. Esses incentivos fiscais da Zona Franca devem valer até 2023.

Na Zona Franca de Manaus, destacam-se os setores eletroeletrônico, de relógios, motocicletas, canetas, brinquedos, óptico, metalúrgico e químico.

Devido às grandes distâncias em relação aos centros consumidores do país e à deficiência da rede de transportes, as áreas industriais da região estão desarticuladas da economia regional.

No Pará, as principais indústrias são as alimentícias, têxteis, madeireiras e as de metalurgia do alumínio. Nesse estado, destacam-se os distritos industriais de Ananindeua, Barcarena e Marabá.

Linha de montagem de aparelhos de TV no Polo Industrial de Manaus (AM). Foto de 2006.

RICARDO OLIVEIRA/EDITORA ABRIL

Terras disputadas

Na época da implantação dos projetos agropecuários do governo militar na região Norte, formaram-se as colônias agrícolas com pequenas propriedades. Contudo, grande parte das terras englobadas nos projetos foi adquirida por empresas nacionais e internacionais, que deveriam utilizá-las para a criação de gado, mas as mantiveram improdutivas, esperando que valorizassem.

Os pequenos proprietários, por sua vez, não foram bem-sucedidos, devido à infertilidade do solo e à falta de assistência da **Sudam**. Por outro lado, como havia mais famílias interessadas por terra do que lotes disponíveis, começaram os conflitos.

Os latifúndios improdutivos e as terras desocupadas foram sendo ocupadas por madeireiros, pecuaristas e outros, que não tinham a posse legal. Segundo o Incra (Instituto da Colonização e Reforma Agrária), de cada 5 hectares de terra na Amazônia Legal, um está ocupado sem documentação ou com título falso. Existem, ainda, 104 milhões de hectares de terras públicas sem destino definido.

O mais comum, na região Norte, é a ocupação ilegal de terras. Aliada aos problemas derivados da grande concentração fundiária nas mãos de poucos, a ocupação ilegal faz da região um grande centro de disputas e conflitos no campo.

Veja no mapa as principais áreas de disputas de terra na região Norte.

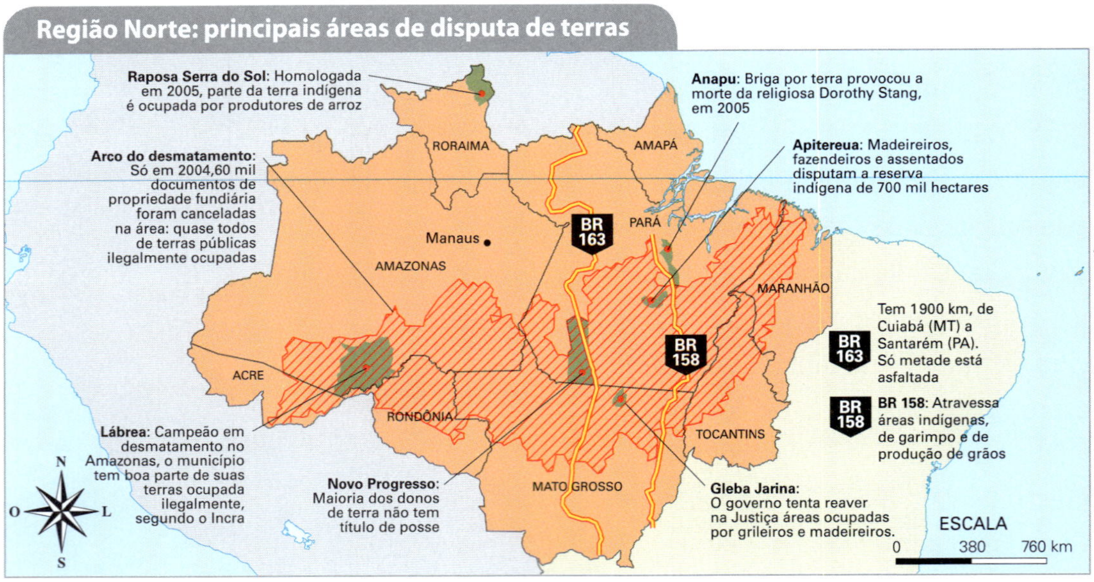

FONTE: ELABORADO COM BASE EM *AMAZÔNIA – GRANDES REPORTAGENS*, REVISTA DE *O ESTADO DE S. PAULO*, NOVEMBRO-DEZEMBRO DE 2007.

Na região Norte, o Pará é o estado que concentra maior número de conflitos no campo. Em 2006, dos 251 embates registrados na região Norte resultaram 143 mortes. Desses embates, 104 ocorreram no Pará, com o registro de 118 mortes. Um dos mais graves aconteceu no dia 17 de abril de 1996, na localidade de Eldorado dos Carajás, sul do estado, quando dezenove trabalhadores sem-terra foram mortos pela polícia.

Outros graves problemas das áreas rurais do Norte são o **trabalho escravo**, ainda encontrado nos grandes latifúndios, e o **trabalho infantil**, comum nas propriedades de fabricação de carvão.

Agropecuária e extrativismo vegetal

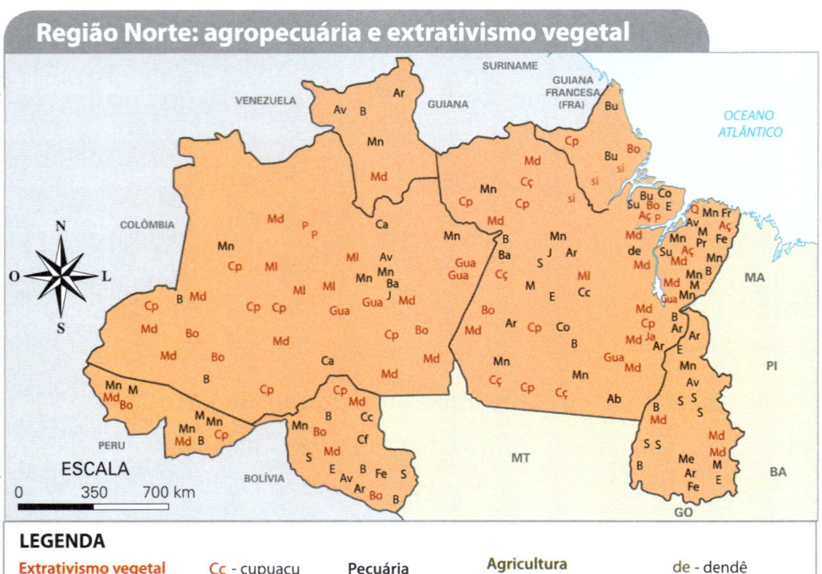

FONTES: ELABORADO PELOS AUTORES COM BASE EM MINISTÉRIO DA AGRICULTURA. *ANUÁRIO ESTATÍSTICO 2005*; IBGE. *PRODUÇÃO AGRÍCOLA MUNICIPAL: CEREAIS, LEGUMINOSAS E OLEAGINOSAS 2007*; IBGE. *CENSO AGROPECUÁRIO 2006*. RIO DE JANEIRO: IBGE, 2008.

A agricultura da região Norte, cujos principais produtos são apresentados no mapa a seguir, é praticada, muitas vezes, com técnicas rudimentares. O resultado é uma produtividade bem menor que a obtida em outras regiões do país.

Uma característica marcante da atividade agrícola na região Norte é o aumento das áreas ocupadas por monoculturas, como a da soja e, nos últimos anos, a da cana-de-açúcar, principalmente para a produção do álcool.

WILSON DIAS/AGÊNCIA ABRIL

Criação de búfalos em Curiaú (Amapá, 2008).

Outras lavouras comerciais são: juta, pimenta-do-reino, cacau e arroz (Pará) e café (Rondônia).

Nas pequenas propriedades, são cultivados gêneros alimentícios, como o feijão, o arroz e a mandioca. A pecuária é extensiva, com o gado criado solto em grandes propriedades. Destacam-se os rebanhos bovinos, suínos e bubalinos. O bubalino, sobretudo na ilha de Marajó (Pará), constitui o maior da espécie do país (foto acima).

Impactos ambientais na Amazônia

Depois de estudar as formas de ocupação humana na Amazônia você vai conhecer os principais impactos ambientais na região Norte.

A construção de hidrelétricas. Com seu relevo baixo e plano, de maiores altitudes em áreas menos habitadas, a região Norte parece não ter nas hidrelétricas a melhor solução para a obtenção de energia. Entretanto algumas grandes usinas têm sido construídas na região, como a de Balbina, no rio Uatumã (AM), e a de Samuel, no rio Jamari (RO). Há projetos de outras hidrelétricas nos seguintes rios:

- rio Madeira: Santo Antônio e Jirau;
- rio Xingu: Belo Monte;
- rio Tocantins: Estreito e Marabá;
- rio Tapajós: São Luís.

Alguns rios estão em estudo para a instalação de usinas, como o Trombetas (PA), Sucunduri (AM), Aripuanã (RO e MT) e Branco (RR). (Veja o mapa da página 268, capítulo 23).

Como você sabe, a construção de usinas hidrelétricas implica sérias questões ambientais. Leia o texto a seguir sobre um desastre ambiental causado pela construção de uma hidrelétrica.

Leitura de interesse

Atende pelo nome de Balbina o maior pesadelo hidrelétrico da Amazônia. Construída entre 1985 e 1989, já depois da ditadura militar, no município de Presidente Figueiredo (AM), com potência de apenas 250 MW, a usina alagou uma área equivalente a uma vez e meia a cidade de São Paulo. Além disso, pesquisa recente mostrou que a hidrelétrica é altamente poluente. Em 2005, Balbina gerou uma quantidade de carbono equivalente à metade do gás carbônico emitido em 1999 na cidade de São Paulo com a queima de combustíveis fósseis.

Ciências

No caso de Balbina, o fato de a vegetação nativa não ter sido removida apenas agravou a emissão de gases de efeito estufa, pois a vegetação ficou submersa, apodrecendo sob a água e produzindo gases estufa. Balbina tornou-se um caso emblemático por causa da relação catastrófica entre grandes danos ambientais e pequena geração de energia. Daí por que a usina não pode ser comparada à usina de Tucuruí.

Localizada no rio Tocantins e inaugurada em 1984, a hidrelétrica de Tucuruí inundou uma área de 500 quilômetros quadrados de floresta a mais do que Balbina, mas é considerada hoje a maior hidrelétrica nacional, com potência de 8776 MW.

Adaptado de *Folha de S.Paulo*, Caderno Dinheiro, p. B-12, 9 de dezembro de 2007.

A extração da madeira para a exportação. Essa atividade, quase sempre realizada de forma ilegal, desmata e agrava os conflitos com seringueiros, grupos de ambientalistas e outros defensores da floresta.

O crescimento demográfico. Quanto maior a população, maior a demanda de espaço habitável a ser ocupado e de produção de alimentos, o que significa mais desmatamento.

O extrativismo mineral. Os grandes projetos de mineração agridem o meio ambiente, principalmente os garimpos de ouro, que predominam no Amazonas, em Roraima e no Pará.

A construção de rodovias e ferrovias. É responsável pela diminuição da vegetação original.

O avanço da agricultura e da pecuária. Desmata grandes porções da floresta e agride os solos, já fracos, do ecossistema.

Estratégias de preservação

Governos estrangeiros se acham no direito de opinar sobre o que o governo brasileiro deve fazer em relação à Amazônia. Imagine o contrário: o Brasil interferindo na política interna dos Estados Unidos, dos países da União Europeia ou do Japão. O espaço amazônico pode e deve receber técnicos, pesquisas e apoio internacional, mas as decisões precisam sempre respeitar a soberania brasileira.

Uma opinião persistente é a de que o Brasil deve encontrar um método de exploração da floresta Amazônica que permita o sustento de seus habitantes sem colocar em risco o equilíbrio desse bioma fundamental. Já existem experiências que comprovam ser possível o manejo da floresta sem destruí-la.

Uma dessas experiências é o projeto que estabelece os **corredores ecológicos**, cujo objetivo é desenvolver atividades comunitárias, como o manejo sustentável da floresta e o ecoturismo, sempre preservando a biodiversidade. Veja no mapa a seguir os cinco corredores ecológicos que abrangem cerca de 32% da área da Amazônia.

Corredores ecológicos da Amazônia

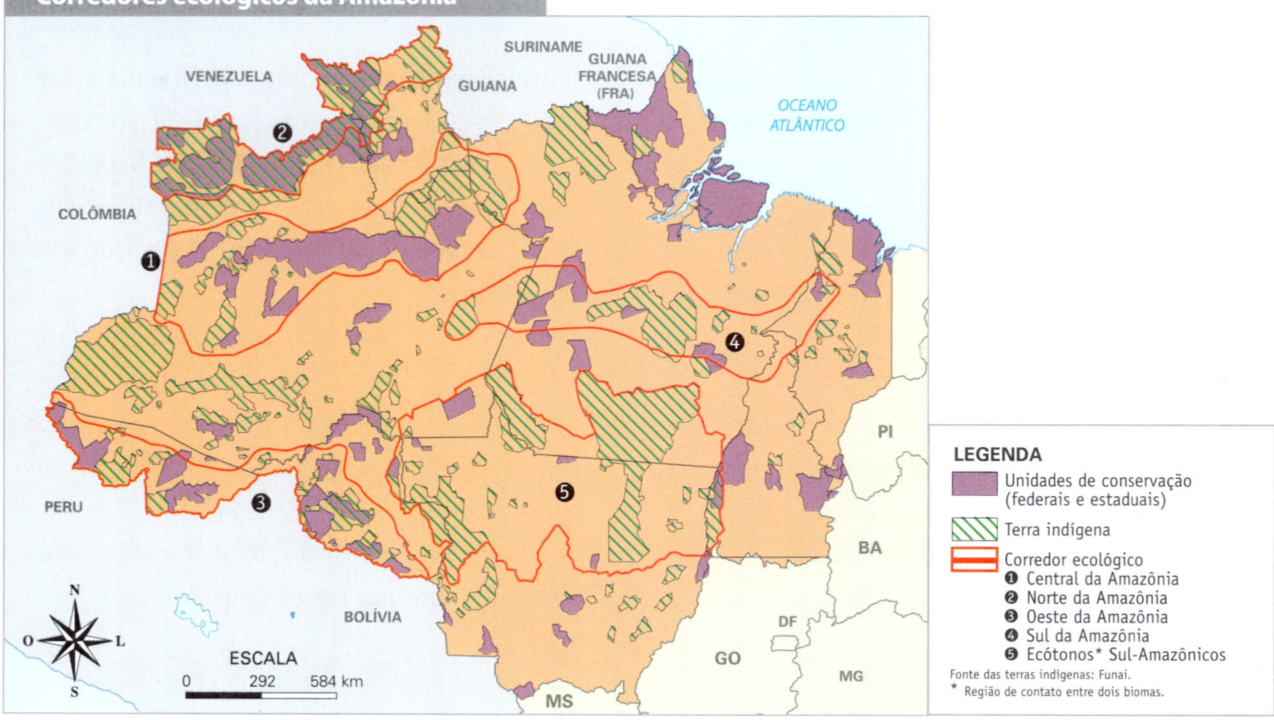

FONTE: <WWW.IBAMA.GOV.BR>. ACESSO EM SETEMBRO DE 2007.

As **reservas de desenvolvimento sustentável** fazem parte do Projeto dos Corredores Ecológicos. Em algumas delas, devido à distância de centros que ofereçam recursos e à falta de apoio governamental, a tentativa não deu bons resultados. Os habitantes regionais alegam que quando faziam a exploração predatória do meio ambiente (caça de animais e corte da floresta) conseguiam melhores condições de sobrevivência.

Leia o texto a seguir e saiba o que é uma reserva de desenvolvimento sustentável.

Leitura de interesse

Reserva de desenvolvimento sustentável

A Reserva de Desenvolvimento Sustentável é uma área natural que abriga populações tradicionais. Sua existência baseia-se em sistemas sustentáveis de exploração dos recursos naturais, desenvolvidos ao longo de gerações e adaptados às condições ecológicas locais. Desempenham papel fundamental na proteção da natureza e na manutenção da diversidade biológica.

Ciências

A Reserva de Desenvolvimento Sustentável tem como objetivo básico preservar a natureza. Ao mesmo tempo, assegurar as condições e os meios necessários para a reprodução e melhora dos modos e da qualidade de vida e exploração dos recursos naturais das populações tradicionais. Mais ainda, valorizar, conservar e aperfeiçoar o conhecimento e as técnicas de manejo do ambiente, desenvolvidos por estas populações.

Fonte: <www.ambientebrasil.com.br>. Acesso em dezembro de 2007.

A Região Norte abriga também catorze parques nacionais, como você pode ver no mapa a seguir.

Região Norte: parques nacionais

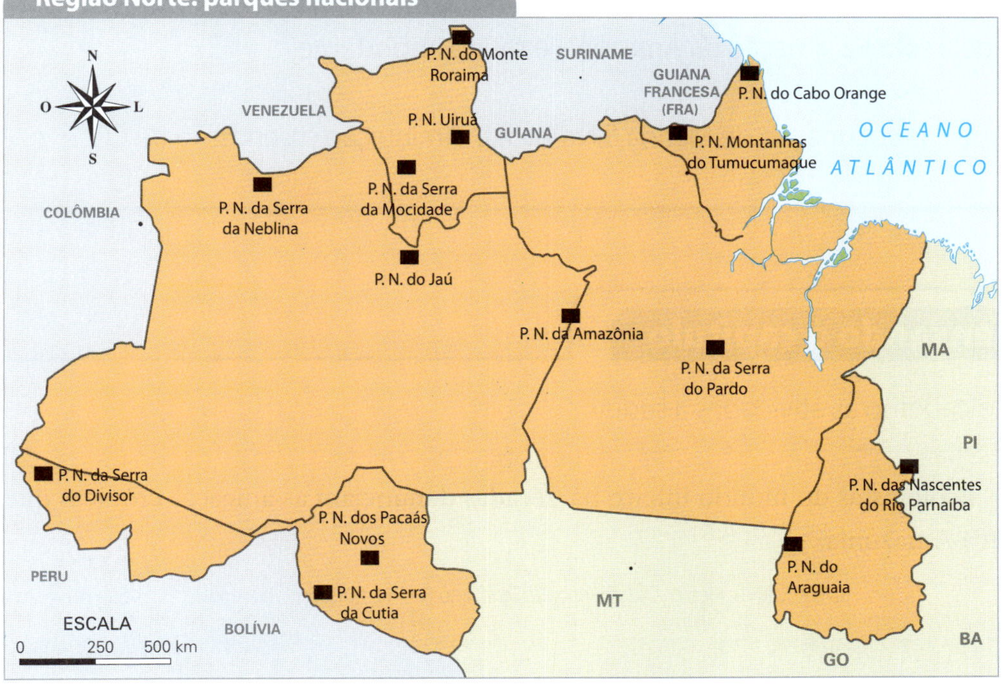

FONTE: ELABORADO A PARTIR DE<WWW.IBAMA.GOV.BR> (ACESSO EM NOVEMBRO DE 2007) E MARIA ELENA SIMIELLI. *GEOATLAS*. SÃO PAULO: ÁTICA, 2008.

Oficina de texto

Leia com atenção a entrevista concedida pela senadora e ex-ministra do Meio Ambiente, Marina Silva, a um dos maiores jornais do país. Saiba o que ela pensa a respeito do desmatamento na Amazônia e responda às questões propostas.

O Globo: Como está o Brasil no debate mundial sobre mudanças climáticas?

Marina Silva: Estamos dando total prioridade à questão das mudanças de clima. Já logramos a redução de meio bilhão de toneladas de CO_2 nos últimos três anos. Nossa meta é o desmatamento ilegal zero. Além disso, queremos reverter um quadro que identificamos entre julho e outubro, quando houve um aumento de 10% do desmatamento na Amazônia, com incidência maior no Pará e no Mato Grosso.

Língua Portuguesa

O Globo: Por que é tão difícil evitar as queimadas?

MS: No caso do Brasil, há uma combinação de queimadas para desmatamento e outras para a renovação de pastagens, estas constituem a maior parte. Essa prática, feita no período seco, colocando fogo no capim, atinge a floresta. Além disso, parte das queimadas é acidental, parte é criminosa.

O Globo: Apesar dos esforços feitos, o Brasil ainda é criticado devido ao desmatamento da Amazônia...

MS: O Brasil está iniciando um processo. Não se faz um discurso ufanista de que os problemas estão resolvidos. O importante é que não queremos cometer os erros dos países desenvolvidos. Antigamente, o desmatamento aumentava e ninguém sabia. Antes, as pessoas só pensavam na inflação. Agora, o povo brasileiro pensa no desmatamento. Isso é uma mudança de paradigma, uma mudança de mentalidade.

Adaptado do jornal *O Globo*, Rio de Janeiro, 03 de dezembro de 2007, p. 25.

1. Faça uma pesquisa sobre a vida da ex-ministra do Meio Ambiente e responda por que a opinião dela sobre a situação da Amazônia é muito importante.

2. Por que a preocupação de Marina Silva com a diminuição da emissão de CO_2?

Repensando o capítulo

Faça no caderno as atividades a seguir.

1. Ecologistas do mundo inteiro há décadas denunciam as ameaças crônicas que rondam a Amazônia.

Ciências

CAVALCANTI, Klester. *Os Caminhos da Terra*, ano 8, n. 11, edição 91, novembro 1999. São Paulo: Abril, p. 51.

a) Aponte três das ameaças de que fala o texto.

b) Faça um desenho ilustrando uma dessas ameaças.

c) Aponte e explique dois impactos ambientais causados por atividades humanas na Amazônia.

2 Ciências

> A biopirataria é a apropriação de recursos biológicos ou científicos sem autorização das populações tradicionais ou do estado. A enorme biodiversidade e a falta de políticas para sua proteção fazem da Amazônia um alvo frequente desse tipo de ação.
>
> Manoel Filho. *No coração da Amazônia*. São Paulo: Escala Educacional, 2007. p. 49. (Série (En)cantos do Brasil.)

a) Por que a biopirataria implica prejuízos para o país que a sofre?

b) A partir de 1876, sementes de seringueira foram levadas por ingleses da Amazônia para a Ásia. Mais tarde, o Brasil deixou de ser o maior produtor de borracha. Podemos considerar esse episódio como um exemplo de biopirataria? Justifique sua resposta.

3 Ciências

> Quando se destrói a cobertura vegetal da Amazônia, as consequências são:
>
> - na estação chuvosa: redução do período de trânsito das águas, resultando em inundações incontroláveis;
> - na estação seca: diminuição do armazenamento da água em reservatórios subterrâneos e consequente redução da vazão dos rios.
>
> RIBEIRO, Berta G. *Amazônia urgente*. 2. ed. Belo Horizonte: Itatiaia, 1990. p. 25.

- A que conclusão se pode chegar quanto ao desmatamento da Amazônia?

Glossário

Sudam: Superintendência do Desenvolvimento da Amazônia. Tem como finalidade promover o desenvolvimento sustentável da Amazônia Legal. Também pretende realizar a integração da região à economia nacional.

Outras fontes de informação

Por dentro da rede (acesso em dez. 2008)

- www.coiab.com.br
- www.imazon.org.br
- www.ada.gov.br
- www.bioamazonia.org.br

Consultando a biblioteca

- *Amazônia urgente*, de Berta G. Ribeiro, Itatiaia, 1990.
- *Eldorado: garimpo coragem*, de Paula Saldanha, FTD, 1997.
- *No coração da Amazônia*, de Manoel Filho, Escala Educacional, 2007.
- *O desafio amazônico*, de Samuel Murgel Branco, Moderna, 2004.
- *O livro de ouro da Amazônia*, de João Meirelles Filho, Ediouro, 2007.

Referências bibliográficas

AB'SÁBER, Aziz. *Amazônia*: do discurso à práxis. 2. ed. São Paulo: Edusp, 2004.

____________. *Brasil*: paisagens de exceção. Cotia: Ateliê Editorial, 2006.

____________. *Litoral do Brasil*. São Paulo: Metalivros, 2001.

____________. *Os domínios da natureza no Brasil*: potencialidades paisagísticas. Cotia: Ateliê Editorial, 2007.

ALBA, Rosa S. *Estudos de geografia agrária no oeste catarinense*. Chapecó: Argos, 2008.

ANDRADE, Manuel Correia de. *A terra e o homem no Nordeste*: contribuição ao estudo da questão agrária no Nordeste. 7. ed. São Paulo: Cortez, 2007.

____________. *Geopolítica do Brasil*. 3. ed. Campinas: Papirus, 2007.

____________; ANDRADE, Sandra Maria C. de. *A Federação Brasileira*: uma análise geopolítica e geossocial. São Paulo: Contexto, 2003. (Coleção Repensando a Geografia).

____________. *Geografia*: ciência da sociedade. 2. ed. Recife: Ed. da UFPE, 2008.

ANDRIGHETTI, Yná. *Nordeste*: mito e realidade. São Paulo: Moderna, 2004.

ANUÁRIO ESTATÍSTICO DO BRASIL. Rio de Janeiro: IBGE, 2003.

AQUINO, Rubim S. Leão de (Org.). *Sociedade brasileira*: uma história através dos movimentos sociais. 2. ed. Rio de Janeiro: Record, 2000.

BRANCO, Samuel M. *O desafio amazônico*. 3. ed. São Paulo: Moderna, 2004. (Coleção Polêmica).

BRASIL EM NÚMEROS. Rio de Janeiro: IBGE, 2008. v. 16.

BRASIL, 500 ANOS DE POVOAMENTO. Rio de Janeiro: IBGE, 2000.

BUENO, Eduardo. *Brasil*: uma história. A incrível saga de um país. 2. ed. São Paulo: Ática, 2003.

CÂMARA, Ibsen de Gusmão. *Megadiversidade Brasil*. Rio de Janeiro: Sextante, 2001.

CAMPOS, Raymundo. *Grandezas do Brasil no tempo de Antonil (1681-1716)*. 4. ed. São Paulo: Atual, 1996. (Coleção O Olhar Estrangeiro).

CENSO AGROPECUÁRIO – RESULTADOS PRELIMINARES. Rio de Janeiro: IBGE, 2008.

CONTAGEM DA POPULAÇÃO 2007. Rio de Janeiro: IBGE, 2008.

CONTI, José Bueno. *Clima e meio ambiente*. São Paulo: Atual, 1998. (Série Meio Ambiente).

COSTA, Maria de Fátima. *História de um país inexistente*: o Pantanal entre os séculos XVI e XVIII. São Paulo: Estação Liberdade-Livraria Kosmos Editora, 1999.

COSTA, Wagner M. da. *O Estado e as políticas territoriais no Brasil*. São Paulo: Contexto, 1988.

CUNHA, Sandra B. da; GUERRA, Antonio José T. (Orgs.). *Geomorfologia do Brasil*. Rio de Janeiro: Bertrand Brasil, 1998.

____________; ____________. (Orgs.). *Impactos ambientais urbanos no Brasil*. São Paulo: Bertrand Brasil, 2001.

DECCA, Maria Auxiliadora G. de. *Indústria, trabalho e cotidiano. Brasil – 1889 a 1930*. 9. ed. São Paulo: Atual, 1991. (Coleção História em Documentos).

FREITAS, Sônia Maria. *O café e a imigração*. São Paulo: Saraiva, 2003. (Coleção Que História é Esta?).

FURLAN, Sueli; NUCCI, João Carlos. *A conservação das florestas tropicais*. São Paulo: Atual, 1999. Série Meio Ambiente).

FURTADO, Celso. *Formação econômica do Brasil*. 15. ed. São Paulo: Nacional, 1977.

GIOVANNETTI, Gilberto; LACERDA, Madalena. *Dicionário de Geografia*. 2. ed. São Paulo: Melhoramentos, 1996.

LEITE, Marcelo. *Brasil*: paisagens naturais. São Paulo: Ática, 2007.

MAGNOLI, Demétrio. *O corpo da pátria*. São Paulo: Moderna, 2007.

NEIMAN, Zysman. *Era verde? Ecossistemas brasileiros ameaçados*. 19. ed. São Paulo: Atual, 1989. (Série Meio Ambiente).

NOVAIS, Fernando A. O Brasil nos quadros do antigo sistema colonial. In: MOTA, Carlos Guilherme (Org.). *Brasil em perspectiva*. 2. ed. São Paulo: Difel, 1969.

PESQUISA NACIONAL POR AMOSTRA DE DOMICÍLIOS 2007. Rio de Janeiro: IBGE, 2008.

PORTELA, Fernando; OLIVEIRA, Ariovaldo Umbelino. *A Amazônia*. 13. ed. São Paulo: Ática, 1997. (Coleção Viagem pela Geografia).

PRADO, Caio. *Evolução política do Brasil*: Colônia e Império. 13. ed. São Paulo: Brasiliense, 1983.

RODRIGUES, Jaime. *O tráfico de escravos para o Brasil*. São Paulo: Ática, 1997. (Coleção História em Movimento).

RODRIGUES, Rosicler M. *Vida na Terra*: conhecer para proteger. 8. ed. São Paulo: Moderna, 1991. (Coleção Desafios).

____________. *Cidades brasileiras*: do passado ao presente. São Paulo: Moderna, 2003.

ROSS, Jurandyr L. S. *Geomorfologia*: ambiente e planejamento. São Paulo: Contexto, 2000. (Coleção Repensando a Geografia).

____________. *Ecogeografia do Brasil*. Subsídios para planejamento ambiental. São Paulo: Oficina de Textos, 2006.

____________. *Geografia do Brasil*. São Paulo: Edusp, 2008.

SACHS, Ignacy; WILHEIM, Jorge; PINHEIRO, Paulo S. (Orgs.). *Brasil*: um século de transformações. São Paulo: Cia. das Letras, 2001.

SANTOS, Milton. *O país distorcido*. São Paulo: Publifolha, 2002.

____________; SILVEIRA, Maria Laura. *O Brasil*: território e sociedade no início do século XXI. Rio de Janeiro/São Paulo: Record, 2001.

SANTOS, Regina Bega. *Migração no Brasil*. São Paulo: Scipione, 1994. (Coleção Ponto de Apoio).

SCARLATO, Francisco; PONTIN, Joel Arnaldo. *O ambiente urbano*. São Paulo: Atual, 1999. (Série Meio Ambiente).

TENDÊNCIAS DEMOGRÁFICAS. Rio de Janeiro: IBGE, 2001.

TRUZZI, Oswaldo. *Sírios e libaneses*: narrativas de história e cultura. São Paulo: Nacional, 2005.

VALIM, Ana. *Migrações*: da perda da terra à exclusão social. São Paulo: Atual, 1996. (Coleção Espaço e Debate).

VAMOS COMPREENDER O BRASIL. Rio de Janeiro: IBGE, 2005.

Atlas

ATLAS DO CENSO DEMOGRÁFICO 2000. Acesso em 23 fev. 2009. Disponível em: http://www.ibge.gov.br/home/estatistica/populacao/censo2000/atlas/default_mapas.shtm.

ATLAS DO MEIO AMBIENTE DO BRASIL. 2. ed. Brasília: Terra Viva, 1996.

ATLAS GEOGRÁFICO ESCOLAR. Rio de Janeiro: IBGE, 2007.

ATLAS HISTÓRICO ESCOLAR. 7. ed. Rio de Janeiro: MEC/Fename, 1977.

ATLAS NACIONAL DO BRASIL. 3. ed. Rio de Janeiro: IBGE, 2000.

FERREIRA, Graça Maria L. *Atlas geográfico*. São Paulo: Moderna, 2000.

MARTINELLI, Marcello. *Atlas geográfico*: natureza e espaço da sociedade. São Paulo: Editora do Brasil, 2003.

SIMIELLI, M. E. *Geoatlas*. 32. ed. São Paulo: Ática, 2006.

THÉRY, Hervé; MELLO, Neli A. *Atlas do Brasil*. São Paulo: Imesp, 2008.

____________; ____________. *Atlas do Brasil*: disparidades e dinâmicas do território. São Paulo: Edusp, 2005.

Revistas e jornais (Diversos números)

CIÊNCIA HOJE. Rio de Janeiro: SBPC.

COMCIÊNCIA AMBIENTAL. São Paulo: Editora Casa Latina.

DISCUTINDO GEOGRAFIA. São Paulo: Escala Educacional.

GALILEU. São Paulo: Globo.

HORIZONTE GEOGRÁFICO. São Paulo: Horizonte.

NATIONAL GEOGRAPHIC BRASIL. São Paulo: Abril.

TERRA. São Paulo: Peixes.

VEJA. São Paulo: Abril.